Les soins infirmiers

Vers de nouvelles perspectives

Sous la direction de
Olive Goulet et Clémence Dallaire

Les soins infirmiers

Vers de nouvelles perspectives

gaëtan morin
éditeur
CHENELIÈRE ÉDUCATION

Les soins infirmiers
vers de nouvelles perspectives

Sous la direction de Olive Goulet et Clémence Dallaire

Révision linguistique : Céline Bouchard

Tableau de la couverture :
Les bras ouverts
Œuvre d'**André Prégent**

Né à Montréal en 1947, André Prégent poursuit une carrière comme cadre d'entreprise avant de se découvrir, accidentellement, une véritable passion pour la peinture. Son objectif consistera désormais à traduire l'émotion qu'il ressent au moyen des couleurs, des formes et des lignes. Cet artiste, qui accorde une importance primordiale à la composition, a une prédilection pour l'abstraction, laquelle lui permet d'accéder à la créativité pure.

On peut se procurer les œuvres d'André Prégent chez Micheline Basilières à Saint-Lambert.

Catalogage avant publication
de la Bibliothèque nationale du Canada

Vedette principale au titre :

Les soins infirmiers : vers de nouvelles perspectives

Comprend des réf. bibliogr. et un index.
Pour les étudiants du niveau collégial et universitaire

IISBN 2-89105-827-5

1. Soins infirmiers – Québec (Province). 2. Soins infirmiers – Pratique – Québec (Province). 3. Santé, Services de – Québec (Province). 4. Soins infirmiers – Aspect social – Québec (Province). 5. Infirmières – Responsabilité professionnelle – Québec (Province). I. Goulet, Olive, 1935- . II. Dallaire, Clémence, 1953- .

RT6.Q8S64 2002 610.73'09714 C2002-941743-0

gaëtan morin éditeur

CHENELIÈRE ÉDUCATION

7001, boul. Saint-Laurent
Montréal (Québec)
Canada H2S 3E3
Téléphone : (514) 273-1066
Télécopieur : (514) 276-0324
info@cheneliere-education.ca

ISBN 2-89105-827-5

Dépôt légal : 4e trimestre 2002
Bibliothèque nationale du Québec
Bibliothèque nationale du Canada

Imprimé au Canada

2 3 4 5 ITG 07 06 05 04

Nous reconnaissons l'aide financière du gouvernement du Canada par l'entremise du Programme d'aide au développement de l'industrie de l'édition (PADIÉ) pour nos activités d'édition.

Gouvernement du Québec — Programme de crédit d'impôt pour l'édition de livres — Gestion SODEC

Les auteurs

Danielle Blondeau est infirmière et possède un doctorat en philosophie. Professeure titulaire à la Faculté des sciences infirmières de l'Université Laval, elle s'intéresse à la bioéthique, à l'éthique, à la déontologie et aux fondements philosophiques de la discipline infirmière. Elle a publié plusieurs articles et quelques ouvrages, sa plus récente publication étant consacrée à une réflexion sur les soins infirmiers en tant qu'art pratique.

Édith Côté, inf., M.Sc. (épidémiologie), M.Sc. (éducation), est professeure titulaire à la Faculté des sciences infirmières de l'Université Laval. Elle y enseigne depuis 1977, en a été la directrice de 1991 à 1997 et la première doyenne de 1997 à 1998. Ses intérêts professionnels, la pédagogie et l'avancement de l'expertise infirmière, se traduisent par un engagement soutenu à la vie universitaire et politique entourant la profession.

Danielle D'Amour est infirmière et titulaire d'un doctorat en santé publique. Elle est professeure à la Faculté des sciences infirmières de l'Université de Montréal et chercheuse au Groupe de recherche interdisciplinaire en santé (GRIS). Elle a été un des principaux acteurs de la fondation du Centre de formation et d'expertise en recherche appliquée à l'administration des services infirmiers (FERASI). Elle s'intéresse à l'organisation des services de santé et à la régulation des pratiques professionnelles, notamment en première ligne. Elle a conduit de nombreux travaux de recherche sur la collaboration interprofessionnelle et interorganisationnelle.

Gyslaine Desrosiers, bachelière en sciences infirmières et titulaire d'un M.B.A., est présidente de l'Ordre des infirmières et infirmiers du Québec depuis 1992. Une carrière fort diversifiée lui a permis de se familiariser avec plusieurs volets de la profession, dont la pratique et la gestion, et de devenir directrice des programmes de santé à l'Association des hôpitaux du Québec. Elle a à son actif plusieurs publications dans le domaine de la gestion des soins de santé ainsi que des conférences portant sur l'évolution de la profession infirmière et sur l'analyse du système de santé. Elle est également vice-présidente de la section Québec de l'Association internationale des professions de la santé. Elle a en outre été honorée par l'Association des diplômés de l'Université de Montréal et par le Comité Action femmes d'affaires de la Chambre de commerce du Montréal métropolitain pour son rayonnement professionnel.

Francine Ducharme possède un doctorat en sciences infirmières de l'Université McGill et une formation postdoctorale de l'unité psychosociale du Centre de recherche de l'hôpital Douglas, centre collaborant de l'OMS. Elle est professeure titulaire à la Faculté des sciences infirmières de l'Université de Montréal et chercheuse boursière senior du Fonds de la recherche en santé du Québec. Depuis 2000, elle est titulaire de la Chaire Desjardins en soins infirmiers à la personne âgée et à la famille. Ses intérêts portent sur l'évaluation d'interventions auprès des aidants familiaux des personnes âgées.

Jacqueline Fawcett, Ph.D., R.N., FAAN, est professeure émérite à la University of Pennsylvania School of Nursing et professeure associée à la University of Prince Edward Island. Elle est une spécialiste reconnue dans le domaine de la métathéorie, ayant publié, entre autres ouvrages, *Analysis and Evaluation of Conceptual Models of Nursing, Analysis and Evaluation of Nursing Theories* et *The Relationship of Theory and Research.*

Lorraine Fournier est sociologue de formation. Pendant plusieurs années elle a enseigné les cours relatifs à la sociologie de la santé et au système de santé québécois à titre de chargée de cours à la Faculté des sciences infirmières de l'Université Laval. Elle a également été professeure de sociologie au niveau collégial. Elle est maintenant agente de recherche et de planification socio-économique au gouvernement du Québec.

France Gagnon, Ph.D., est politologue et s'intéresse depuis plusieurs années à la santé publique comme champ de production et d'utilisation des connaissances. Ses plus récents travaux portent sur les dimensions politiques de la santé. Elle est professeure à la Télé-Université dans le domaine de la gestion des services de santé et depuis juin 2000, est directrice de l'unité d'enseignement et de recherche Travail, économie et gestion. Elle est également professeure associée au Centre de formation et d'expertise en recherche appliquée à l'administration des services infirmiers (FERASI).

Joël Gauthier est titulaire d'une maîtrise en histoire de l'Université de Sherbrooke. Il est présentement étudiant au doctorat en administration publique à l'École nationale d'administration publique.

Martin Hébert est avocat de pratique privée. En octobre 1998, il s'est joint à l'équipe du droit de la santé du cabinet Heenan Blaikie. Admis au Barreau du Québec en 1977, il est spécialiste en bioéthique et en droit de la santé. Il a obtenu une maîtrise dans ces deux disciplines au King's College de Londres. Il a enseigné dans plusieurs universités du Québec et il a exercé en cabinet privé à Québec et à Montréal, représentant entre autres des établissements de santé et de services sociaux, des associations d'établissements ainsi que des regroupements de professionnels.

Denise Lévesque-Boudreau est titulaire d'un baccalauréat ès sciences de la Faculté des sciences infirmières de l'Université Laval et d'une maîtrise en pédagogie universitaire des sciences de la santé de la même université. Elle est actuellement coordonnatrice des activités du secteur clinique, de l'enseignement et de la recherche en soins infirmiers à l'Hôpital Laval, après avoir occupé plusieurs postes dans divers champs cliniques et à différents ordres hiérarchiques dans quelques milieux hospitaliers.

Carole Mercier est directrice-conseil à l'OIIQ. Elle s'occupe notamment des dossiers concernant les conseils des infirmières et infirmiers, les commissions infirmières régionales et la modernisation du champ d'exercice prévu à la *Loi sur les infirmières et les infirmiers*. Elle a occupé les postes d'infirmière à l'Hôpital Saint-Luc et d'infirmière-chef à l'Hôpital Charles-LeMoyne. Elle est titulaire d'un baccalauréat en sciences infirmières et d'une maîtrise en administration de la santé de l'Université de Montréal.

Valerie Parker Shannon est directrice des soins infirmiers du Centre universitaire de santé McGill et professeure associée à l'École des sciences infirmières de l'Université McGill. Elle exerce la profession infirmière depuis plus de 30 ans, d'abord comme infirmière de chevet, puis comme infirmière cadre. Diplômée de l'Université McGill (B.Sc.N., 1970) et de l'Université de la Colombie-Britannique (MSN, 1976), elle est aussi « Fellow » du Johnson & Johnson/Wharton Leadership Program pour infirmières de la University of Pennsylvania (1991). En 1997, on lui a décerné l'Insigne du mérite de l'Ordre des infirmières et infirmiers du Québec.

Hélène Provencher est professeure agrégée à la Faculté des sciences infirmières de l'Université Laval. Elle est titulaire d'un baccalauréat en sciences infirmières de l'Université Laval, d'une maîtrise en sciences infirmières de l'Université de Montréal et d'un doctorat en sciences infirmières de la University of Pennsylvania. Son programme de recherche porte sur l'adaptation individuelle et familiale aux troubles mentaux graves et persistants.

Jean Turgeon a obtenu un doctorat en sciences politiques de l'Université Laval. Durant les années 80, il a travaillé au ministère de la Santé et des Services sociaux. Depuis 1991, il est professeur à l'École nationale d'administration publique (ENAP). Ses champs d'intérêt concernent l'analyse et l'évaluation des politiques du domaine de la santé et du bien-être.

Sylvie Vallières est attachée de presse et directrice du *Journal* à l'OIIQ. Elle agit à titre d'intermédiaire entre l'OIIQ et le milieu journalistique. Elle dirige aussi la production du *Journal* et de diverses autres publications, dont les bulletins *CII à l'écoute* et *Le Scribe*. Elle est titulaire d'un baccalauréat ès sciences, incluant une majeure en communications de l'Université de Montréal et un certificat en gestion des ressources humaines de l'École des Hautes Études Commerciales.

Marie Valois est à l'emploi de l'Ordre des infirmières et infirmiers du Québec depuis 1994. Elle est directrice à la Direction de l'exploitation des données corporatives et directrice conseil à la Direction des Affaires externes. Elle se spécialise dans les domaines de la gestion publique, de l'économie de la santé et des systèmes d'information. Ses principaux employeurs dans le domaine de la santé ont été le Conseil d'évaluation des technologies de la santé du Québec, l'Association des hôpitaux du Québec et le Groupe de recherche interdisciplinaire en santé.

Table des matières

Avertissement

Chaque fois qu'il est utilisé pour désigner le personnel infirmier, le féminin représente l'infirmière ou l'infirmier. Dans les autres cas, le masculin est utilisé comme représentant des deux sexes, dans le seul but d'alléger le texte.

Introduction

Plus que jamais auparavant, la santé et le réseau sociosanitaire sont devenus des enjeux sociaux et politiques de premier ordre. La pertinence sociale du système de santé est en effet scrutée à la loupe. Ses orientations, son financement, ses structures et son organisation, sans compter les caractéristiques et les attributions de sa main-d'œuvre, sont soumis à des remises en question émanant de tous les niveaux de la société. Dans un contexte où des changements et une conjoncture économique difficile se conjuguent, la main-d'œuvre est particulièrement visée et les apports spécifiques des différents groupes de producteurs de services de santé sont l'objet d'examens attentifs.

Les soins infirmiers n'y échappent pas. Ils sont eux aussi interpellés et doivent faire face à la nécessité de justifier leur identité professionnelle en vue d'obtenir une juste reconnaissance de leur contribution à l'amélioration de la santé de la population. Cette tâche n'est pas réservée exclusivement aux associations professionnelles. Dans la mesure où les infirmières veulent être reconnues comme des professionnelles à part entière, il leur appartient, dans leur pratique quotidienne ou en prenant part aux débats entourant les questions d'importance, de prendre leur place sur l'échiquier politique et dans leur milieu respectif. En d'autres mots, il s'agit de faire valoir l'expertise propre des acteurs dans le domaine des soins infirmiers, expertise garante de l'autonomie professionnelle.

En revanche, cette quête de reconnaissance sociale se présente à un moment où la complexité des besoins en santé, ainsi que celle de l'organisation du réseau de distribution de soins et de services, exigent de tous les professionnels un esprit de collaboration sans précédent. Il y a obligation, pour la profession, de sauvegarder le champ d'exercice propre des soins infirmiers, tout en collaborant efficacement aux travaux de l'ensemble des intervenants. Le défi est de taille pour une grande majorité d'infirmières et leur pratique, tout comme la recherche, la formation et la gestion, est conviée non seulement à s'adapter à cette réalité mais encore à profiter de cette conjoncture particulière.

Cet ouvrage a pour but de familiariser la communauté professionnelle, notamment les étudiantes, avec les enjeux d'une occupation judicieuse de ce champ d'activité exclusif au sein du système de santé et de les inviter à jeter un regard critique sur les nouvelles perspectives qui s'offrent à cet égard. En effet, sans ignorer une morosité mentionnée à plus d'une reprise, les auteurs, des experts dans leurs domaines respectifs, ont cherché à faire ressortir les possibilités de développement qu'admet la conjoncture actuelle. L'ouvrage est composé de cinq parties. Comme le système de santé québécois représente un ensemble complexe, la première partie est consacrée à la description de chacune de ses composantes ainsi qu'à l'examen des effets, sur chaque unité de ce système, des enjeux et des défis qui se présentent à l'ensemble, la situation problématique de la main-d'œuvre en santé n'étant pas le moindre.

La deuxième partie traite de la contribution des soins infirmiers au système de santé et prend comme point de départ leurs grandes fonctions. Les modes d'organisation de la pratique infirmière y sont ensuite abordés, de même que l'efficacité et l'efficience de l'ensemble des interventions sans oublier les responsabilités professionnelles qui couvrent désormais un champ de préoccupations élargi.

Réinterprétant la vision « terrain » de cette occupation, la troisième partie de l'ouvrage est consacrée aux aspects sociaux et politiques des soins infirmiers. La pratique infirmière autonome étant le symbole de la reconnaissance sociale, ultime finalité du processus de professionnalisation, cette partie propose un exposé de la problématique entourant cette question. Par la suite, les deux principales structures organisationnelles encadrant socialement le travail des infirmières – l'Ordre des infirmières et infirmiers du Québec (OIIQ) et les syndicats – sont examinées en fonction d'une synergie possible entre ces deux instances. Comme le travail accompli par ces deux structures provinciales ainsi que par les Conseils des infirmières et des infirmiers (CII) et les nouvelles Commissions infirmières régionales (CIR) requiert un sens politique bien développé, le sujet est également traité dans cette partie, de même que l'évolution des Conseils des infirmières et des infirmiers.

La quatrième partie est consacrée à la nature de la discipline. Puisque l'existence d'un champ d'expertise infirmière repose sur celle d'un savoir propre dont la nature demeure encore énigmatique, un développement cohérent de la discipline infirmière est essentiel à la reconnaissance de l'identité sociale de ce champ professionnel. Cette partie contient un essai sur le savoir infirmier, précédé d'une analyse critique de l'interface entre ce savoir et la promotion de la santé, et suivi d'une étude des relations entre les soins infirmiers – art ou science ? – et l'éthique. Une structure épistémologique de la discipline infirmière y est également proposée.

Enfin, dans la cinquième et dernière partie, la collaboration, voire le partenariat, une formation renouvelée et les perspectives de recherche au seuil du troisième millénaire sont présentées comme incontournables en vue d'une reconnaissance sociale de la profession et de la discipline infirmières.

Cet ouvrage est dédié aux étudiants qui, au cours des années, ont suscité en nous un questionnement constant et une réflexion qui n'étaient pas toujours de tout repos. D'un point de vue pédagogique, nous estimons que les expertises parfois divergentes des auteurs et leurs optiques différentes stimuleront l'esprit critique du lecteur et inciteront à poursuivre la réflexion.

Nous remercions les auteurs qui ont collaboré à cet ouvrage, sans lesquels il eût été irréalisable. Nous voulons également souligner que les redevances qu'il générera seront versées à la Fondation de recherche en sciences infirmières du Québec (FRESIQ).

Première partie

Le système de santé

À une époque où les remises en question en santé fusent de partout sans qu'un consensus véritable n'émane jamais d'une panoplie de recommandations qui touchent la plupart de ses composantes, la profession infirmière est perçue comme l'une des pierres angulaires du système sociosanitaire. Il est dès lors impérieux que chaque infirmière se familiarise avec les éléments constitutifs de ce système, afin que la profession soit en mesure d'y exercer une influence proportionnelle à son poids. Dans l'espoir de comprendre le schème politique qui préside actuellement au processus décisionnel en matière de santé, l'objectif de cette première partie est de décrire le système de santé québécois par rapport à ses finalités, à sa structure et à l'ensemble de la main-d'œuvre qui le soutient, sans oublier les facteurs socioéconomiques, politiques et culturels dont il est tributaire.

Dans le chapitre 1, Lorraine Fournier fait ressortir l'importance du rôle de l'État dans l'évolution du système de santé. Elle y décrit les grandes tendances, de même que des facteurs démographiques et technologiques liés à la transformation du système québécois. Elle explique également la relation entre cette évolution et le virage ambulatoire, expression consacrée pour désigner la réforme du système de santé québécois.

Dans le chapitre 2, Jean Turgeon donne un aperçu du système sociosanitaire du Québec, depuis ses finalités, les politiques qui l'orientent, son cadre organisationnel et les éléments de sa structure, jusqu'à ses forces et ses faiblesses.

Préoccupée par la situation problématique qui caractérise maintenant la main-d'œuvre en santé, Édith Côté traite plus particulièrement du profil du personnel infirmier.

Premier chapitre

Pourquoi le virage ambulatoire? Les déterminants de la réforme québécoise des services de santé[1]

LORRAINE FOURNIER

INTRODUCTION

Pour celui ou celle que l'actualité intéresse, les transformations du système de santé apparaissent comme une préoccupation majeure de la société québécoise. En effet, la presse rapporte presque quotidiennement des événements qui reflètent les mouvements quant aux modalités de prise en charge des problèmes associés à la santé et au bien-être. La réforme du système de santé québécois, qui retient ici notre attention, est le plus souvent désignée par l'expression «virage ambulatoire». L'objectif de ce chapitre est de décrire sommairement les tendances qui, à l'aube de ce nouveau millénaire, sont liées aux transformations de ce système[2].

Nous verrons d'abord les forces économiques et sociales qui, au Québec et dans les sociétés occidentales industrialisées, orientent le rôle de l'État en matière de protection sociale. Par la suite, et toujours en adoptant une optique

---

1. L'auteure remercie Clémence Dallaire, Olive Goulet et tout particulièrement Michel O'Neill, professeurs à la Faculté des sciences infirmières de l'Université Laval, qui ont lu et commenté les premières versions de ce texte, dont elle prend par ailleurs l'entière responsabilité. Elle désire également remercier Nicole Labonté, secrétaire à la Faculté des sciences infirmières de l'Université Laval, pour les nombreux remaniements de ce texte.

2. Ce texte ne prétend pas faire une analyse exhaustive des transformations récentes du système de santé québécois, pas plus d'ailleurs qu'une revue de littérature complète sur le sujet.

globale, nous examinerons certains éléments clés qui contribuent à l'évolution des systèmes de santé, dont, entre autres, les facteurs démographique et technologique ainsi que la critique des systèmes médico-hospitaliers. Enfin, nous terminerons ce chapitre par une réflexion sur le concept de virage ambulatoire.

LE RÔLE DE L'ÉTAT

Une approche globale, macrosociologique et macroéconomique des changements au sein du système de santé québécois offre aux usagers et aux travailleurs qui les vivent au quotidien une perspective différente qui permet de mieux situer les défis et les enjeux auxquels ce système fait face. Le modèle adopté pour répondre aux divers problèmes de santé et de bien-être d'une société est influencé, entre autres, par la conception que celle-ci a, à une époque déterminée, du rôle que l'État doit jouer en matière de protection sociale.

On peut dire qu'au cours du XXe siècle deux conceptions du rôle de l'État auront dominé dans les sociétés occidentales. Les systèmes politiques du libéralisme (ou du néolibéralisme) et de la social-démocratie se sont mutuellement construits par l'affirmation de leurs différences. C'est ainsi qu'on pourrait comprendre le développement de la social-démocratie après la Deuxième Guerre mondiale comme une réaction aux excès du libéralisme, et le retour des idées libérales au début des années 80 comme la réponse aux limites de l'État interventionniste. Ces mouvements politiques ont grandement influencé la forme des solutions privilégiées pour répondre aux différents besoins sociaux, dont ceux associés à la santé, à l'éducation et à la sécurité économique des populations vulnérables.

La première section de ce chapitre illustre ces mouvements politiques en relatant brièvement les événements et les facteurs ayant favorisé, d'une part, le développement d'un État-providence au lendemain de la Deuxième Guerre mondiale et, d'autre part, une remise en question d'une conception interventionniste de l'État au début des années 80.

LE DÉVELOPPEMENT DE L'ÉTAT-PROVIDENCE

Les origines et la dynamique des fonctions protectrices de l'État remontent jusqu'au XIVe siècle[3], mais c'est à la faveur des grandes crises du milieu du

3. Pour une explication des fondements de l'État-providence, on peut consulter Rosanvallon (1992).

XXe siècle que l'État-providence moderne s'affirme nettement en Occident. Les périodes de crises économiques, sociales ou internationales semblent en effet représenter des temps d'épreuves qui suscitent un certain consensus social nécessaire à la reformulation du contrat social.

La grande crise économique de 1929 apparaît comme un moment déterminant pour justifier un interventionnisme accru de l'État dans la vie économique et sociale. En effet, cette crise a démontré que le marché, laissé à lui-même, pouvait entraîner une profonde désorganisation socioéconomique (effondrement de la production, chômage massif, misères humaines et sociales). Les deux guerres mondiales, périodes d'épreuves et d'horreurs, ont également justifié une intervention de plus en plus importante de l'État dans la planification des sociétés.

On doit enfin ajouter que la période d'expansion économique pour le moins impressionnante que les sociétés occidentales ont connue après la Deuxième Guerre mondiale a favorisé l'essor de l'État-providence. On parle de 30 glorieuses années (1945-1975) de production et de consommation massives se traduisant par une remarquable augmentation du niveau de vie et l'instauration de divers programmes sociaux[4].

En Grande-Bretagne, le *Rapport Beveridge* (1942), bien souvent désigné comme le premier document traduisant les grands principes de l'État-providence moderne, inspira plusieurs pays occidentaux dans l'élaboration de leurs réformes respectives. L'idéal préconisé était désormais de libérer l'homme du besoin. Au Canada, les années 40 virent la mise en place des pensions de vieillesse, des allocations familiales, de l'assurance-chômage ainsi que l'établissement du salaire minimum. Au Québec, c'est surtout au cours des années 60 et 70 que l'État affirme son rôle social, et cela particulièrement dans les champs de compétence provinciaux, dont ceux de l'éducation et de la santé[5].

---

4. Jean Fourastié décrit fort bien, dans *Les trente glorieuses ou la Révolution invisible de 1946 à 1975,* les changements impressionnants survenus dans les domaines de la production et de la consommation au cours de cette période d'après-guerre. L'industrialisation a permis de « libérer » l'homme du travail long et pénible nécessaire auparavant pour répondre à ses besoins fondamentaux (se nourrir et se protéger). L'élargissement considérable de la production et de la consommation après la Deuxième Guerre mondiale – dans le domaine de la santé, entre autres – laissait croire à l'atteinte du bonheur, ce vieil idéal qui s'appuyait sur la libération de l'homme face à ses besoins.
5. Plusieurs auteurs ont analysé et décrit les interventions de l'État québécois dans le champ sociosanitaire au cours des années 1960 à 1980. Les textes du sociologue Marc Renaud (1977, 1981) sont à ce sujet particulièrement explicites. Voir aussi Lesemann (1981).

LA REMISE EN QUESTION DE L'ÉTAT-PROVIDENCE

La crise des finances publiques et la déresponsabilisation des citoyens représentent des problèmes fréquemment associés à l'interventionnisme étatique. Ces problèmes, et bien d'autres, ont alimenté la critique néolibérale du début des années 80 pour remettre en question l'État-providence.

La crise des finances publiques

Les mouvements de l'économie contemporaine ne sont pas sans rapport avec la crise des finances publiques des États occidentaux modernes et leurs difficultés à financer les mesures de protection sociale dont font partie les services de santé. Ainsi, la mondialisation de l'économie, commencée il y a une trentaine d'années, a entraîné un déclin de la production industrielle dans les pays occidentaux au profit des pays d'Asie et d'Amérique latine. Ces pays offrent aux entreprises occidentales une production à faibles coûts en raison d'une main-d'œuvre bon marché et non syndiquée. Ainsi, avec la mondialisation des marchés, les pays occidentaux font face à une vive concurrence de la part des nouveaux pays industriels. De plus, l'automatisation et l'informatisation des tâches ont progressivement bouleversé l'organisation du travail au cours des dernières décennies. Selon plusieurs analystes, ces innovations technologiques se sont traduites par des pertes d'emplois massives[6].

Ces transformations du marché du travail, au cours des dernières décennies, ont eu diverses répercussions. Ainsi, pour demeurer concurrentielles, les entreprises ont recherché la flexibilité et ont par conséquent favorisé le travail dit atypique, en d'autres mots, le travail temporaire, contractuel, à la pige ou occasionnel ; en somme, précaire. La fragilisation du monde du travail ne fut pas sans créer son lot d'exclus – chômeurs, prestataires de la sécurité du revenu, sans-abri. Les pays occidentaux ont en effet connu une augmentation constante de leurs taux de chômage, la durée des périodes d'inactivité s'accroissant également. Le chômage ne peut plus être considéré comme une crise ponctuelle ; il est désormais l'indice d'une véritable mutation du monde du travail[7].

---

6. En fait, le bilan en ce qui concerne les gains et les pertes d'emplois relatifs à l'innovation technologique n'est pas encore dressé ; l'automatisation et l'informatisation créant aussi de nouveaux emplois et de nouveaux secteurs d'activité. Plusieurs auteurs relèvent néanmoins les conséquences négatives des développements technologiques sur l'emploi. À ce sujet, on peut consulter les ouvrages de Roustang et autres (1996) et de Rifkin (1996).
7. Au Canada, le taux de chômage était de 4,2 % en moyenne pendant les années 50, de 5 % dans les années 60, de 6,7 % dans les années 70, de 9,5 % dans les années 80 et de 11 % au début des années 90 (Foot et Stoffman, 1996).

Ces changements d'ordre socioéconomique ne sont pas sans conséquences sur les finances publiques. Pour reprendre l'expression de Rosanvallon (1995, p. 108), « un nombre croissant d'inactifs sont pris en charge par un nombre décroissant d'actifs ». L'État a d'autant plus de difficulté à boucler son budget que les misères humaines et sociales (chômage, détresse psychologique, etc.) exercent des pressions sur la demande de services publics. Aux prises avec des revenus insuffisants et des charges plus élevées, les gouvernements ont été progressivement amenés à contracter des dettes pour demeurer fidèles à leurs idéaux (libérer l'homme des situations de besoin). Cette conjoncture a entraîné une crise des finances publiques[8].

Au cours des dernières décennies, les gouvernements canadien et québécois ont accumulé des dettes importantes limitant leur marge de manœuvre dans l'établissement de priorités budgétaires. Ainsi, on estime qu'au Québec « la dette publique est de l'ordre de 100 milliards de dollars. En pourcentage du PIB, notre endettement est le plus élevé au Canada. Le paiement des intérêts sur cette dette, plus de 7 milliards de dollars par année, équivaut à environ 20 % des taxes et impôts versés au gouvernement du Québec[9] ». La situation est d'autant plus corsée que le gouvernement canadien a diminué son financement des programmes établis, entraînant ainsi un manque à gagner important pour les provinces[10]. Dans un tel contexte, le financement des programmes sociaux peut difficilement être isolé de la problématique des finances publiques. Et, plus précisément, le secteur de la santé et des services sociaux apparaît comme une cible majeure et incontournable puisque les crédits alloués à ce secteur représentent le poste de dépenses le plus important du gouvernement québécois[11].

---

8. En fait, la « crise » des finances publiques implique un questionnement sur une « limite » au financement de l'État. Quel est le degré idéal de socialisation des biens et des services ? Autrement dit, jusqu'où, comme individus et comme collectivité, sommes-nous disposés à financer les services assurés par l'État ? La réponse demeure subjective et théorique.
9. Gouvernement du Québec. Commission d'étude sur les services de santé et les services sociaux (2000, p. 142).
10. En fait, les transferts fédéraux versés dans le cadre du TCSPS (Transfert canadien en matière de santé et de programmes sociaux) ont augmenté jusqu'en 1993-1994, puis ont baissé fortement pour se stabiliser en 1997-1998. En 2000, une entente est intervenue entre les gouvernements fédéral et provinciaux quant à une hausse du TCSPS. Mais selon les estimations du gouvernement du Québec, cette entente ne permettra pas de ramener la contribution fédérale au niveau de celle des années 1993-1994.
11. En 2001-2002, les dépenses liées à la mission Santé et services sociaux atteindront 16,7 milliards de dollars, soit 34 % de l'ensemble des dépenses gouvernementales (Ministère de la Santé et des Services sociaux, 2001).

La déresponsabilisation des citoyens

La déresponsabilisation des citoyens représente une autre critique adressée à l'État-providence. Il n'y a pas que le poids des dépenses sociales qui soit en cause, les rapports de la société civile avec l'État le sont également. Selon plusieurs analystes, l'extension de la prise en charge par l'État des différents besoins des citoyens a certes contribué à développer la solidarité, mais, au bout du compte, il s'agit d'une solidarité institutionnelle et professionnelle rognant sur les solidarités traditionnelles familiales et de voisinage qui engagent activement les personnes à se débrouiller et à régler leurs problèmes. Dans un article publié en 1981, le sociologue Marc Renaud (p. 534) décrivait cette situation pour les services de santé.

> Comme ce fut, par le passé, le cas de plusieurs autres conduites humaines, la santé des gens est entrée, après la seconde guerre, dans l'orbite de la production, de la distribution et de la consommation à l'intérieur de ce que l'on n'appelle pas le « marché » de la santé – cela heurterait nos valeurs humanistes – mais le « secteur » de la santé ou le « système » de santé. Dès lors, rejoints dans leur intimité par des professionnels de la relation d'aide en qui ils ont appris à avoir confiance, les gens sont soumis à un certain despotisme cognitif. Nos vies deviennent de plus en plus soumises aux commandements et aux visions du monde des élites médicales, dont l'efficacité thérapeutique est d'ailleurs beaucoup moins évidente qu'au moment de la lutte contre les maladies infectieuses.

Toutefois, paradoxalement, et peut-être en réaction à cette situation de déresponsabilisation-passivité du citoyen associée à l'institutionnalisation et à la professionnalisation de la production de différents services, plusieurs analystes ont noté le redéploiement, au cours des années 70, des mouvements autonomistes de prise en charge et de responsabilisation du citoyen, particulièrement vigoureux dans le champ sociosanitaire et largement animés par le féminisme[12].

Sur la base des problèmes associés à l'État-providence (crise des finances publiques, affaiblissement des solidarités traditionnelles, passivité des citoyens et lourdeur de l'appareil bureaucratique), des solutions néolibérales proposées au début des années 80 ont orienté les politiques des pays occidentaux. Cette orientation insiste sur l'importance de l'économie de marché – la loi de l'offre et de la demande – pour résoudre les différents effets pervers produits par l'État-providence. Les solutions néolibérales préconisent le désengagement de l'État dans les domaines économique et social. Plus précisément, dans le domaine des programmes sociaux les néolibéraux suggèrent

12. Commission d'enquête sur les services de santé et les services sociaux (1988).

une intervention étatique minimale basée sur des problèmes ou des besoins sélectifs[13].

C'est sur cette toile de fond macroéconomique et macrosociologique que s'insère une réflexion sur les réformes des systèmes de santé occidentaux. À ces grandes tendances succinctement décrites s'ajoutent des facteurs structurels et culturels dont on doit tenir compte pour mieux comprendre les transformations actuelles de l'organisation des services de santé et des services sociaux, non seulement au Canada et au Québec, mais dans l'ensemble du monde occidental. C'est à quelques-uns de ces facteurs que s'intéresse la prochaine section.

DES FACTEURS DE CHANGEMENT DU SYSTÈME DE SANTÉ

> En matière de soins médicaux, presque tous les pays de l'OCDE sont confrontés aux mêmes problèmes et ont tous des objectifs communs, notamment la fourniture de soins de qualité à un coût raisonnable. Ils ont tous, au cours des treize dernières années, connu une croissance économique médiocre comparée à celle des trois premières décennies qui ont suivi la Seconde Guerre mondiale. Leur population vieillit et ils sont tous confrontés au problème que risque de susciter l'évolution constante des technologies de la santé[14].

Cet extrait de l'introduction d'un document de l'Organisation de coopération et de développement économiques (1994, p. 11) énonce bien le contexte difficile que connaissent actuellement la plupart des systèmes de santé des pays occidentaux. La présente section traite de trois facteurs particuliers qui contribuent à l'évolution des systèmes de santé, soit le vieillissement de la population, le développement des technologies de la santé et le questionnement sur les finalités du système de santé.

LE VIEILLISSEMENT DE LA POPULATION

La proportion de personnes âgées au sein des sociétés occidentales a particulièrement augmenté au cours des dernières décennies. Le vieillissement de la population s'explique principalement par la baisse de la fécondité et de la natalité. La structure démographique de la société québécoise est encore

---

13. Trottier (1988).
14. Organisation de coopération et de développement économiques (1994, p. 11).

relativement jeune si on la compare à celle de plusieurs pays d'Europe, mais elle est appelée à vieillir rapidement.

En 1901, la proportion de Québécois âgés de 65 ans et plus était de 4,8 % alors qu'elle était de 5,8 % en 1961, ce qui représente une augmentation de 1 % en 60 ans. Seulement 30 années plus tard, cette proportion a presque doublé, pour atteindre 11,2 % en 1991. Des scénarios prédisent des proportions de 16 % de gens âgés en 2011, de 21,5 % en 2021 et de 26,7 % en 2031[15].

Ces prévisions invitent à un questionnement sur les incidences du vieillissement de la population sur les dépenses de l'État. On sait que la vieillesse apporte son lot de problèmes de santé, ce qui suggère une utilisation accrue des services médicaux et hospitaliers. Par exemple, les données relatives à l'hospitalisation dévoilent qu'en 1995 et 1996 les personnes âgées de 65 ans et plus, même si elles ne constituent environ que 12 % de la population, ont représenté 33 % des hospitalisations et 51 % des jours-présence[16]. En 1992 et 1993, 25,1 % des personnes de 65 ans et plus ont consulté leur médecin au cours des deux dernières semaines précédant l'enquête de Santé Québec (la proportion la plus élevée) contre 11,3 % chez les 15-24 ans (la proportion la plus faible)[17].

Selon certaines estimations, « les coûts de la santé devraient augmenter parallèlement au vieillissement de la population. Cette augmentation devrait être de 1,8 % par an entre 1991 et l'an 2031[18] ». Les prévisions restent néanmoins difficiles à faire dans la mesure où les problèmes de santé des personnes âgées ne sont pas seuls en cause dans l'explication de l'utilisation des services. En fait, l'organisation et la rémunération de la pratique médicale ainsi que l'augmentation des coûts des technologies constituent également des facteurs importants qui influent sur l'utilisation des services et les coûts des programmes de santé[19]. Quoi qu'il en soit, il reste que le vieillissement de la population commandera des modifications dans les structures du système de santé et dans les façons de faire des effectifs.

15. Delisle (1996).
16. Perry (1997).
17. Santé Québec (1995).
18. Delisle (1996, p. 73).
19. Conseil de la santé et du bien-être (1995) ; David (1995) ; Paré (1996, p. A1).

LE DÉVELOPPEMENT DES TECHNOLOGIES DE LA SANTÉ

Les nombreuses nouvelles technologies actuellement utilisées dans la pratique médicale relevaient véritablement de la science-fiction il y a quelques années à peine[20]. L'utilisation des nouvelles techniques endoscopiques permet une pratique chirurgicale moins « agressive » et, conséquemment, une récupération beaucoup plus rapide du patient. Par l'utilisation de narcotiques plus efficaces et de gaz à élimination rapide, l'anesthésie d'aujourd'hui écourte pour sa part les effets secondaires postopératoires et rend en quelque sorte possible le concept de chirurgie d'un jour. De nombreuses autres innovations technologiques diminuent le recours à l'appareil médico-hospitalier et laissent presque entrevoir un processus de « démédicalisation »[21]. Ainsi en est-il des bronchodilatateurs autoadministrés pour les personnes asthmatiques, des ensembles d'auto-injection pour les diabétiques et de toute une nouvelle génération d'antibiotiques oraux à action ciblée pour les infections graves. Enfin, que dire des différents projets d'inforoutes de la santé et de télémédecine qui ont déjà commencé à faire éclater les frontières entre établissements, entre régions et même entre nations, et à rendre accessibles au grand public toute une somme de renseignements autrefois réservés aux professionnels.

Il est difficile de ne pas s'emballer devant le potentiel de ces technologies. On entrevoit rapidement les économies de souffrances et d'argent qu'elles permettent. Dans un tel contexte, rien ne s'oppose à l'accès aux technologies. Malheureusement, la situation n'est pas aussi simple qu'elle ne le paraît. En fait, dans le secteur de la santé, les progrès technologiques ne représentent pas toujours un facteur de réduction des coûts. Bien souvent, c'est la logique de production qui prend le pas sur la logique de santé. De nouvelles technologies, toujours plus coûteuses, s'ajoutent aux anciennes pour accroître le volume des services offerts[22].

Au Québec, le Conseil de la santé et du bien-être retenait le défunt programme de médicaments gratuits comme un des facteurs importants de l'augmentation des dépenses totales des services de santé. Ainsi, au cours de la période 1982-1992, les dépenses du programme de médicaments gratuits ont augmenté de 133 % pour les prestataires de la sécurité du revenu et de

---

20. On peut entre autres lire Sormany (1995).
21. La mise au point de tests et d'outils médicaux simplifiés et accessibles à une population de plus en plus instruite et responsable de sa santé peut être interprétée comme une perte de pouvoir pour les médecins.
22. Contandriopoulos (1985).

218 % pour les personnes âgées. La moitié (50,2 %) de la hausse totale enregistrée s'expliquerait par l'arrivée sur le marché de nouvelles molécules et par l'augmentation des prix des produits génériques et d'origine[23].

Si les innovations technologiques nous permettent d'affronter la maladie d'une manière bien souvent plus efficace, elles concourent également à l'élargissement des besoins et à l'augmentation des coûts dans le secteur de la santé. Concilier les développements technologiques avec la rationalisation des dépenses de santé apparaît donc comme un défi majeur pour les prochaines décennies.

LE QUESTIONNEMENT SUR LA FINALITÉ DU SYSTÈME DE SANTÉ

Le but d'un tel système est de résoudre les divers problèmes de santé d'une société et de protéger les individus, voire même d'améliorer leur capacité de jouer leurs rôles sociaux[24]. Les systèmes de santé atteignent-ils ce but?

Un questionnement sur l'efficacité de la médecine et des systèmes de santé basés sur l'appareil médico-hospitalier s'est progressivement construit au cours des dernières décennies. En effet, de nombreuses études portant sur l'état de santé des populations ont fait le point sur l'équation « consommation de soins = amélioration de la santé ». Ainsi, des auteurs ont démontré que la chute de la mortalité due aux maladies infectieuses, principale cause de décès dans les pays occidentaux jusqu'au milieu du XXe siècle, s'est amorcée bien avant l'introduction de mesures médicales efficaces telles que les vaccins et les antibiotiques[25]. Sous un autre angle, plusieurs études ont également démontré la persistance des inégalités sociales en matière de santé, et cela malgré des progrès importants quant à un accès plus égalitaire aux soins médico-hospitaliers depuis 30 ans. En fait, même au sein des pays industrialisés, les personnes pauvres sont toujours plus malades que les riches[26]. Enfin, des études comparatives entre pays montrent que les indicateurs de santé ne réagissent pas en proportion des investissements consentis dans un système de santé.

> Ainsi, que l'on investisse dans les soins 1 000 dollars US per capita comme au Japon, 1 500 dollars US comme au Canada ou 2 000 dollars US comme aux États-Unis, ne change rien à l'espérance de vie. En

23. Conseil de la santé et du bien-être (1995, p. 6).
24. Field (1973).
25. McKeown (1979) ; McKinlay, McKinlay et Beaglehole (1989).
26. Ferland, Paquette et Lapointe (1995) ; Wilkinson (1992).

d'autres mots, ce ne sont pas les pays qui ont le plus de médecins et de lits d'hôpitaux qui ont les meilleurs indicateurs de santé[27].

Les résultats de ces études et de bien d'autres encore remettent en question toute expansion possible du système de soins et favorisent la poursuite de la recherche sur l'état de santé des populations. Selon l'état actuel des connaissances, on comprend bien qu'investir dans le seul système de soins n'est pas suffisant pour améliorer la santé d'une société. On reconnaît de plus en plus l'importance des déterminants sociaux, économiques et culturels de la santé[28]. Tout en s'assurant que le système de soins peut exercer son rôle dans le soulagement des souffrances et le rétablissement de diverses incapacités, la société doit également soutenir la création d'emplois, l'essor des solidarités, la répartition équitable des richesses, l'accès à l'éducation, etc. Le développement des connaissances sur les déterminants de la santé oblige désormais les sociétés à établir des priorités. Au moment où plusieurs pays occidentaux constatent qu'ils ont atteint la limite du financement de leur système de santé, sur quels déterminants les efforts doivent-ils être concentrés pour améliorer la santé des populations ? Voilà donc un autre défi de taille à relever.

Le vieillissement de la population, la mise au point de nouvelles technologies et une compréhension plus approfondie des déterminants de la santé sont donc des facteurs qui incitent à une transformation des systèmes de santé. En d'autres mots, ces adaptations majeures, associées à un contexte de crise des finances publiques, commandent aux pays occidentaux, dont le Québec, de procéder à des réflexions et à des réformes de leurs systèmes de santé. La section qui suit traite de la réforme du système de santé québécois, souvent désignée par l'expression « virage ambulatoire ».

LE VIRAGE AMBULATOIRE QUÉBÉCOIS

Un ensemble pour le moins impressionnant de réflexions, d'orientations, de recommandations et de réformes frappe le système de santé québécois. Au tournant d'un millénaire, ce système est véritablement en effervescence : dépôt du *Rapport de la Commission d'enquête sur les services de santé et les services sociaux* (1988), orientations de la ministre Thérèse Lavoie-Roux (1989), présentation du livre blanc du ministre Marc-Yvan Côté (1990), adoption du projet de loi 120 (1991), réflexion sur le financement du système de services de santé et de services sociaux (1991), établissement de la

27. Renaud et Bouchard (1996, p. 44).
28. Evans, Barrer et Marmor (1996).

Politique de la santé et de bien-être (1992), lancement du programme Défi qualité performance (1994), planification de la transformation du réseau par les régies régionales (1995-1996), mise en place de l'assurance-médicaments (1996-1997), dépôt du *Rapport de la Commission d'étude sur les services de santé et les services sociaux* (2000), etc. Ajoutons à cela un contexte de contraintes budgétaires concentrées dans le temps, une perte d'expertise à la suite du départ à la retraite de milliers de professionnels et un climat d'insatisfaction et de morosité trop souvent relevé dans les établissements.

Ce bouillonnement d'idées et ces bouleversements structurels ne sont pas propres au Québec. En fait, plusieurs autres provinces canadiennes et pays industrialisés ont entrepris au cours des dernières années des réformes importantes de leur système de santé[29]. C'est l'avènement d'un « virage ambulatoire » au Québec qui retient plus particulièrement notre attention, car c'est autour de ce concept que s'est cristallisée la conscience populaire de ces réformes. Nous délimiterons d'abord le concept de virage ambulatoire, puis nous situerons ce virage dans la courbe plus étendue des réflexions et des réformes qui ont orienté le système de santé québécois au cours des dernières années.

LA DÉLIMITATION DU CONCEPT DE VIRAGE AMBULATOIRE

Dans le langage médical, le terme *ambulatoire* désigne la capacité du malade à se déplacer, à déambuler. Le malade ambulatoire ne recourt donc pas à l'hospitalisation. Pour un système de santé, prendre un virage ambulatoire implique une organisation où l'on favorise désormais le déplacement des patients pour l'obtention des services ou le déplacement des fournisseurs de services au domicile des patients. Le virage ambulatoire consiste donc à limiter le recours à l'hôpital tout en favorisant l'utilisation de structures plus légères telles que le centre local de services communautaires (CLSC), le cabinet privé du médecin, l'organisme communautaire, la ligne Info-santé ou même le soutien familial.

Une utilisation plus restreinte de l'hôpital, ou plus « efficiente » comme diraient certains gestionnaires, se traduit par la réduction de la durée du

29. Ces différentes réformes partagent l'objectif de contrainte de la croissance des coûts par une amélioration de l'efficience des systèmes. En 1994, le taux de chirurgie d'un jour pour une centaine d'interventions était plus élevé en Ontario et en Colombie-Britannique qu'au Québec. Le nombre de lits de courte durée par 1 000 habitants était également plus élevé au Québec qu'en Ontario et en Colombie-Britannique (Iglesias, 1996).

séjour hospitalier, l'augmentation du taux d'occupation, la réduction des taux d'inscription, l'augmentation du pourcentage de chirurgie d'un jour[30]… Ces diverses mesures impliquent la fermeture de lits, voire d'hôpitaux (ou du moins la transformation de leur vocation et de nombreuses réductions de personnel)[31]. On ne peut cependant limiter le virage ambulatoire à une simple opération de réduction du recours à l'hôpital, et cela malgré la toile de fond de crise fiscale et de réduction des dépenses gouvernementales sur laquelle se dessine cette réforme. Le virage ambulatoire est également une reformulation du rôle et des fonctions de l'hôpital. Le centre hospitalier devient un lieu où se trouvent concentrées les technologies coûteuses et les expertises diversifiées, spécialisées et surspécialisées. L'hôpital est désormais l'espace privilégié du traitement ; les services de convalescence, eux, sont dispersés dans divers lieux. Enfin, il faut revenir sur le fait que toute cette opération de transformation de l'hôpital est favorisée, d'une part, par une intensification de la pratique de la chirurgie d'un jour, elle-même rendue possible grâce aux développements technologiques, et, d'autre part, par les économies potentielles liées à cette réorganisation[32].

Le virage ambulatoire implique également un recours à des structures plus légères, aux ressources de la communauté et du milieu familial. On assiste ici à une substitution de certaines fonctions qu'assumait l'hôpital depuis une quarantaine d'années. En effet, si l'hôpital est le lieu spécialisé du traitement, d'autres structures doivent prendre la relève pour ce qui est de l'hébergement, des services de première ligne et des soins liés à la convalescence. L'utilisation de ressources communautaires ou familiales est justifiée, dans la vision du ministère et des régies régionales, par leur coût moindre et par la reconnaissance de la capacité et du désir des individus à se prendre en charge.

---

30. Pour une explication de ces diverses mesures, on peut consulter le document de Perry (1997).

31. Les fermetures d'hôpitaux et les changements de vocation d'établissements, à Montréal et à Québec, ont suscité de vives réactions de la part de différents groupes (population, syndicats, gestionnaires). Certaines réactions furent spectaculaires : manifestations à grand déploiement, démissions fracassantes de gestionnaires, poursuite devant les tribunaux pour contester la fermeture d'un établissement, etc. Ces événements largement médiatisés représentent certainement un des effets les plus directement perceptibles du virage ambulatoire. À titre d'exemple, pensons aux 15 000 manifestants qui se sont opposés à la fermeture de l'hôpital Chauveau, à la chaîne humaine de 8 000 personnes rassemblées pour maintenir la vocation de l'hôpital Christ-Roi, à l'utilisation d'un hélicoptère au cours d'une manifestation à l'hôpital Saint-Laurent, etc.

32. Le tarif journalier moyen pour un séjour en centre hospitalier de soins de courte durée (CHSCD) est de 500 dollars. Il est de 175 dollars pour une journée de soins de longue durée et de 150 dollars pour les soins à domicile (Perry, 1997, p. 21).

> La volonté de plus en plus affirmée des personnes de vivre dans leur milieu naturel et la capacité de ce milieu à les prendre en charge sont des tendances à encourager. Le réseau devra donc prendre des mesures pour éviter et réduire l'hospitalisation et miser de plus en plus sur des services ambulatoires, tout en assurant des services de bonne qualité[33].
> Ainsi, il faut mettre en place une nouvelle configuration des services, en remplaçant les traitements donnés à coût élevé à l'hôpital par des soins continus, qui complètent ou suppléent les services offerts en milieu hospitalier par des soins à domicile et d'autres services communautaires. Il faut également mettre l'accent sur le soutien aux familles, aux amis et aux autres fournisseurs de soins non structurés[34].

En résumé, pour le système de santé québécois, le virage ambulatoire signifie une révision des pratiques hospitalières orientée sur l'efficience ainsi que l'appel à une responsabilisation plus grande des individus et des communautés. Ce virage ambulatoire prend forme dans le contexte d'une crise des finances publiques et d'un consensus social basé sur des valeurs de plus en plus néolibérales.

UN VIRAGE DANS UNE COURBE ÉTENDUE

L'expression « virage ambulatoire » est froide et technocratique. Elle va pourtant frapper l'imagination et stimuler la créativité des médias et de la population. En fait, le concept semble amuser ; on parle de virage, mais aussi de dérapage, de mirage, de courbe dangereuse, de virage dépressif, etc. De prime abord, le virage ambulatoire apparaît comme la dernière trouvaille pour remodeler le système de santé, mais une analyse plus attentive permet de l'inscrire en continuité avec les mouvements des dernières années. Par ailleurs, la production importante de documents politiques et ministériels sur le système de santé québécois au cours des années 80 et 90 donne au public, et même à de nombreux professionnels de la santé, une image pour le moins confuse de ce système et des changements qu'il subit.

> D'entrée de jeu, qu'inspire toute cette profusion de matériel ? D'abord une impression de fractionnement de l'information rendant celle-ci difficilement compréhensible. Dans ce contexte, il n'est pas surprenant que le virage ambulatoire apparaisse comme un phénomène impromptu et improvisé alors qu'à y regarder de plus près, plusieurs de ses composantes étaient annoncées et élaborées dès les premiers travaux de la Commission d'enquête sur les services de santé et les services sociaux (commission Rochon, 1988)[35].

---

33. Rochon (1995, p. 2).
34. Régie régionale de la santé et des services sociaux de Québec (1995, p. 6).
35. Di Domenico (1996, p. 9).

À un premier niveau d'analyse, on doit dire que certaines pratiques qui caractérisent le virage ambulatoire, qu'on parle de la chirurgie d'un jour ou des services à domicile, ne sont pas des nouveautés. La chirurgie d'un jour se pratique au Québec depuis plus de 25 ans[36]. Quant aux services pour un maintien à domicile, bien qu'ils aient toujours existé, ils ont été véritablement pris en charge et favorisés par l'État québécois au cours des années 70[37]. Ce qui est cependant clairement affirmé avec d'adoption du virage ambulatoire, c'est l'optimisation de ces services pour accroître la performance du réseau de la santé. Par exemple, le potentiel de développement de la chirurgie d'un jour est évalué en tenant compte de la libération de lits de courte durée et des économies qui lui sont associées[38].

À un second niveau, bien que l'espace nous manque ici pour procéder à une véritable analyse, on peut percevoir le virage ambulatoire comme un mouvement qui s'inscrit en continuité avec les réformes et les réflexions des dernières années sur le système de santé québécois. L'appel à une responsabilisation plus grande des individus à l'égard de leur santé et des services de santé, qui fait écho au virage ambulatoire, est constamment réaffirmé dans le rapport de la commission Rochon (1988) et dans le livre blanc du ministre Côté (1990). Ces documents proposaient de recentrer le système sur la personne, de replacer le citoyen au centre du réseau.

> Il importe de souligner que c'est l'effet de maturation de nos sociétés, marquée entre autres par l'adoption de chartes des droits et des libertés de la personne, de même que la reconnaissance des limites de ce système de soins qui ont conduit à proposer ce recentrement sur la personne. Cette orientation porte en elle des possibilités de transformation majeure dans la dispensation des soins, dans la reconnaissance de la légitimité des ressources auxquelles la personne fait appel et même dans les modalités de contrôle des différentes instances du système. Toutefois, la primauté accordée à la personne ne doit pas signifier un désengagement de l'État dans la prestation de services[39].

Le rapport Rochon et le livre blanc ont aussi insisté sur la capacité de prise en charge que possèdent les milieux de vie et la communauté. Cette capacité du milieu à se prendre en charge, à se responsabiliser à l'égard de la santé et des services de santé, représente un élément essentiel à la réussite du virage ambulatoire. L'intégration officielle des organismes communautaires au sein du réseau de la santé et des services sociaux était préconisée dans ces documents et fut finalement sanctionnée par le projet de loi 120 (1991).

---

36. Nadeau et Boyle (1995).
37. Roy (1994).
38. Brosseau et Héroux (1995).
39. Gouvernement du Québec (1988, p. 450).

Certains analystes y ont vu, entre autres, une récupération étatique du travail communautaire ou encore l'occasion pour l'État, dans un contexte de crise des finances publiques, de fournir des services à moindre coût[40]. Par ailleurs, plusieurs analystes ont nuancé cette affirmation de la capacité du milieu à se prendre en charge. Ainsi, les soins fournis par la famille, par les femmes tout particulièrement, impliquent un travail de conciliation difficile. Les transformations familiales, la présence des femmes sur le marché du travail et l'alourdissement des problèmes vécus par les personnes maintenues à domicile représentent une véritable course à obstacles lorsque vient le moment de prendre en charge un parent malade ou handicapé[41]. L'expérience de la désinstitutionnalisation dans le domaine de la santé mentale invite également à nuancer la capacité de l'individu et de la communauté à se prendre en charge[42].

Enfin, les réflexions sur le financement du système de santé (livre blanc, 1990 ; livre vert, 1991) n'ont pas laissé de doute sur l'urgence d'accroître l'efficience du système et ont par conséquent ouvert la voie au virage ambulatoire, dont il est clair qu'il constitue un moyen d'amélioration du rendement et du contrôle des dépenses.

> Le développement économique doit aujourd'hui obéir aux nouvelles règles imposées par l'ouverture des marchés et la mondialisation de l'économie […] Le Québec doit également soutenir la concurrence au regard des dépenses totales de santé, dont l'augmentation nuirait à son tour à la capacité concurrentielle du Québec sur le plan économique […] Les mesures choisies ne doivent pas entraîner la consommation de services plus coûteux. Il faut éviter en effet que des personnes soient incitées à renoncer aux services préventifs ou ambulatoires au profit d'une consommation accrue de services curatifs en milieu institutionnel[43].

Le virage ambulatoire n'est pas entièrement une nouveauté. Les quelques éléments énoncés précédemment laissent plutôt entrevoir un virage dans une courbe plus étendue. Le virage ambulatoire s'inscrit donc dans un mouvement plus large de responsabilisation des individus, de participation des milieux de vie et des communautés, et de recherche d'efficacité. Cette quête de l'efficacité ne peut cependant reposer que sur la seule responsabilisation des individus et de la communauté. D'autres manières de penser et d'agir doivent également être remises en question. C'est entre autres le cas de l'orientation nettement curative de notre système de santé ainsi que de l'utilisation des technologies médicales.

---

40. Caillouette (1992) ; Trottier (1991).
41. Guberman et Maheu (1994).
42. Wallot (1988).
43. Ministère de la Santé et des Services sociaux (1990a, p. 77).

CONCLUSION

Au tournant du troisième millénaire, plusieurs facteurs se conjuguent pour refondre les modalités de prise en charge des problèmes associés à la santé et au bien-être. Un contexte de crise des finances publiques où les valeurs néolibérales sont très présentes favorise un engagement plus timide de l'État en matière de protection sociale[44]. Le vieillissement de la population, les nombreux développements technologiques dans le secteur de la médecine ainsi qu'une critique de plus en plus étayée des limites des systèmes de soins basés principalement sur une approche biomédicale forcent les sociétés occidentales à modifier leurs structures et leurs manières de faire relativement aux problèmes associés à la santé.

Le Québec n'échappe pas à cette dynamique d'ensemble ; son système de santé s'est d'ailleurs orienté dans la direction ambulatoire. Le « virage ambulatoire » est l'expression désormais consacrée pour désigner la réforme du système de santé québécois. On y trouve les tendances d'une recherche d'efficience, d'une responsabilisation plus grande des individus et d'un engagement plus profond de la communauté. Cependant, au risque de glissements par rapport à l'atteinte des objectifs de santé et de bien-être pour tous, les Québécois devront, un jour prochain, répondre à des questions essentielles. Qu'obtenons-nous pour les sommes investies dans notre système de santé ? Quelle place concrète sommes-nous prêts à accorder à la prévention des problèmes sociaux ? Quelle utilisation faisons-nous des technologies médicales ? Quelle est la réelle contribution de ces technologies à l'amélioration de notre santé et de notre bien-être ? Les réponses à ces questions et parfois les méandres dans lesquels on se perd dessinent les mouvements des systèmes de santé contemporains.

44. Ce qu'on traduit bien souvent comme un « désengagement » de l'État mériterait un examen approfondi. Dans un contexte économique plus fragile, le contrôle de l'information devient un enjeu décisif. En ce qui concerne ce contrôle, le « désengagement » de l'État reste à démontrer.

Deuxième chapitre

Le réseau de la santé et des services sociaux

JEAN TURGEON et JOËL GAUTHIER

INTRODUCTION

Le financement du système public de santé et des services sociaux du Québec accapare en 2001-2002 plus du tiers du budget provincial. Le « réseau sociosanitaire », comme on l'appelle communément, constitue l'une des pierres d'assise de la politique sociale du Québec et joue un rôle fondamental en ce qui concerne la qualité de vie des citoyens. Il est donc normal que les enjeux entourant son avenir figurent tout en haut de la liste des grands débats qui animent la société québécoise. Ce chapitre présente un bref survol du système sociosanitaire du Québec en décrivant ses finalités, les politiques qui l'ont orienté, son cadre organisationnel ainsi que ses forces et ses faiblesses.

LES FINALITÉS DU SYSTÈME DE SANTÉ

Entrée en vigueur en 1972, la *Loi sur les services de santé et les services sociaux* est à l'origine de la création du système public de santé actuel au Québec, dont l'une des principales caractéristiques réside dans l'intégration au sein d'un même ministère de la responsabilité des services de santé et des services sociaux. Cette particularité, que l'on ne retrouve pas nécessairement dans les autres provinces ou les autres pays, s'explique par une volonté d'adopter une approche globale prenant en considération le fait que les problèmes de santé et les problèmes sociaux sont interreliés. Au début des années 70, le gouvernement québécois a voulu que le système sociosanitaire remplisse deux missions : d'une part, maintenir et améliorer la santé et le bien-être de la population, d'autre part, garantir que tous les citoyens, peu importe leur revenu, puissent accéder à des services de qualité. L'universalité, l'accessibilité et la continuité dans la prestation des services constituent encore aujourd'hui les principes à la base de l'organisation du réseau public.

Par ailleurs, la Commission d'étude sur les services de santé et les services sociaux, présidée par Michel Clair, a présenté un rapport en janvier 2001 qui, sans remettre en question les missions attribuées au système de santé, suggère quelques précisions. Selon les membres de la commission, prévenir, guérir et soigner constituent les trois finalités du système. Le défi qui se pose à présent est de mieux cibler les besoins des citoyens en fonction de leur état de santé. Ainsi, l'objectif prioritaire est de « prévenir » d'éventuelles maladies auprès des personnes en bonne santé, de « guérir » les individus souffrant de problèmes auxquels on peut remédier à l'aide de traitements efficaces, et de « soigner » les personnes âgées de même que les patients aux prises avec des maladies incurables. L'expression « objectif prioritaire » est utilisée pour rappeler que, même si l'état de santé d'un citoyen requiert en priorité un seul de ces trois types d'intervention, cette personne peut également bénéficier de services visant les deux autres objectifs. Les auteurs du rapport Clair avancent que le volet « prévenir » a été négligé dans le passé et recommandent l'adoption d'une approche de gestion préventive afin d'assurer un meilleur équilibre entre les trois finalités du système de santé et des services sociaux.

LES GRANDES POLITIQUES QUI ONT ORIENTÉ LE SYSTÈME DE SANTÉ

Sur la scène fédérale

D'après la Constitution canadienne, les soins de santé et l'éducation relèvent de la juridiction des provinces. Mais à l'époque où fut rédigée la Constitution, ce n'est pas l'État qui se chargeait d'aider les plus démunis et d'administrer les écoles et les hôpitaux. Ces tâches incombaient plutôt aux communautés religieuses, aux organismes de charité ou encore aux municipalités. Les pères de la Confédération ne pouvaient prévoir que les besoins engendrés par l'industrialisation et l'urbanisation allaient mener, au Canada, à l'essor de l'État-providence. Puisqu'elles s'étaient vu attribuer des responsabilités jugées mineures en 1867, les provinces ne possédaient pas d'importants pouvoirs de taxation et n'avaient donc pas les ressources nécessaires pour créer des programmes sociaux coûteux. Ottawa disposait en revanche de moyens financiers substantiels. Au fil des décennies, le gouvernement fédéral aura recours au « pouvoir de dépenser » que lui accorde la Constitution pour proposer aux gouvernements des provinces de financer différentes interventions dans des domaines de leur compétence. Même si l'administration et la prestation des services sont assumées par les gouvernements provinciaux, le fédéral peut ainsi orienter les politiques de santé puisqu'il lie les subventions qu'il verse à des normes que les provinces doivent respecter.

Le rôle du gouvernement du Canada se fera davantage sentir après la Deuxième Guerre mondiale. C'est à partir de ce moment que l'idée d'instaurer un système de santé canadien fera partie des priorités des différents gouvernements qui vont se succéder à la tête du pays. À ce chapitre, soulignons la création de différents programmes, financés à moitié par le gouvernement fédéral et offerts aux provinces et territoires pour la construction d'hôpitaux (1948), l'assurance-hospitalisation (1957) et l'assurance-santé (1965).

À partir de 1977, le gouvernement fédéral abolit la règle de financement moitié-moitié et adopte le Financement des Programmes Établis (FPÉ) pour la santé et l'éducation postsecondaire, ces programmes étant désormais financés sur la base d'un budget fixe pour chaque province, modifié annuellement en fonction des variations démographiques et de l'augmentation du produit intérieur brut (PIB). Ainsi, le budget fédéral ne sera plus à la merci des décisions de dépenses des provinces.

Au début des années 80, certains gouvernements provinciaux songent à imposer des frais modérateurs en vue de remédier en partie à leurs problèmes budgétaires. Craignant l'apparition d'un système à deux vitesses, Ottawa réagit en adoptant en 1984 la *Loi canadienne sur la santé* de façon à réaffirmer cinq principes que les provinces sont tenues de respecter. Premièrement, le régime d'assurance-maladie est universel, c'est-à-dire qu'il doit protéger tous les citoyens. Deuxièmement, tous les Canadiens doivent y avoir accès sans égard à leur statut socio-économique, ce qui implique que tout obstacle financier doit être éliminé. Troisièmement, l'assurance-maladie doit couvrir l'intégralité des services médicalement requis. Quatrièmement, la couverture médicale doit être garantie d'une province à l'autre – c'est ce qu'on appelle la transférabilité – et les Canadiens voyageant à l'extérieur du pays doivent aussi être protégés. Enfin, le système de santé doit être administré par les pouvoirs publics. Les gouvernements provinciaux qui contreviennent aux principes d'universalité, d'accessibilité, d'intégralité, de transférabilité et de gestion publique risquent encore aujourd'hui des sanctions financières. Certains observateurs voient dans l'adoption de la *Loi canadienne sur la santé* un moyen pour le gouvernement fédéral d'obliger les provinces à respecter des principes qui lui tiennent à cœur, malgré le fait que la part relative du fédéral dans le financement des systèmes de santé des provinces diminue régulièrement depuis 1978.

Au milieu des années 90, le gouvernement canadien s'engage dans la lutte au déficit budgétaire. En 1996, sous prétexte de vouloir consentir une plus grande marge de manœuvre aux provinces, le gouvernement fédéral modifie une fois de plus les règles du jeu en matière de financement des systèmes de santé. Après avoir aboli le Régime d'assistance publique du Canada (RAPC) en place depuis 1966, de même que le FPÉ, il crée le Transfert social canadien (TSC), aujourd'hui connu sous le nom de Transfert canadien en matière de santé et de programmes sociaux (TCSPS). Les sommes destinées à l'aide sociale, à la santé et à l'enseignement postsecondaire sont désormais versées en une seule enveloppe. Ce financement global permet aux provinces de répartir à leur guise les subventions fédérales entre chacun de ces secteurs. Cependant, le ministre des Finances indique du même souffle – lutte au déficit oblige – que la contribution financière fédérale diminuera de 15 % au cours des deux prochaines années. Ce manque à gagner se fait encore sentir aujourd'hui dans les différentes capitales provinciales. Les prévisions font même état qu'en 2005-2006, pour le Québec, le total des transferts fédéraux, soit les transferts financiers (les sommes d'argent directement transférées aux provinces) et les transferts fiscaux (les points d'impôt transférés aux provinces en vue d'agrandir leur assiette fiscale) ne seront que légèrement supérieurs au total des transferts fédéraux de... 1995.

La santé budgétaire de l'État canadien s'est sensiblement améliorée à la fin de la décennie 90, l'ère des surplus ayant succédé à celle des déficits. Ottawa serait donc en mesure de réinjecter de l'argent dans les programmes sociaux. Le gouvernement n'entend toutefois pas céder aux demandes des provinces, qui réclament que les transferts fédéraux soient immédiatement rétablis sans condition à leur niveau d'avant 1995. Le gouvernement fédéral songe plutôt à proposer aux provinces des programmes pancanadiens et à assujettir toute subvention additionnelle à un plan national de santé qui contiendrait des objectifs pancanadiens. Voilà le contexte dans lequel est mise sur pied, à l'été 2001, la Commission sur l'avenir des soins de santé au Canada, dirigée par l'ancien premier ministre de la Saskatchewan, Roy Romanow.

Certains observateurs soutiennent la position d'Ottawa et s'opposent à toute révision de la *Loi canadienne sur la santé*. Accorder plus de marge de manœuvre aux provinces et renoncer aux normes nationales pourraient mener au démantèlement et à la balkanisation du système de santé canadien. On verrait apparaître d'importants écarts entre les provinces en matière de qualité et d'accessibilité des soins. Pour éviter un tel scénario, d'autres experts suggèrent un renforcement de la loi actuelle qui se traduirait par une définition plus précise du principe de l'intégralité des services assurés. Actuellement, le panier de services assurés varie d'une province à l'autre parce que l'expression « services médicalement requis » n'a pas été explicitement définie dans la *Loi canadienne sur la santé*.

En revanche, nombre d'analystes recommandent de modifier la loi puisqu'en réduisant ses paiements de transferts sans pour autant diminuer sensiblement les impôts et taxes qu'il perçoit, le gouvernement fédéral diminue la capacité des provinces à répondre aux critères qu'il a lui-même fixés. Ils soutiennent donc que la loi actuelle – qui ne prévoit que le financement des services médicalement requis et interdit, par exemple, le recours aux frais modérateurs et aux cliniques privées – est aujourd'hui trop rigide.

Sur la scène provinciale[1]

À partir de la seconde moitié du XIXe siècle, l'administration provinciale intervient dans le domaine de la santé publique. Ainsi, une *Loi d'hygiène publique* est adoptée dès 1886. En 1922, le Service provincial d'hygiène vient remplacer le Conseil d'hygiène mis sur pied en 1887. La création de ce service fait suite à l'adoption de la *Loi d'assistance publique* qui a également fixé la contribution respective du gouvernement, des municipalités et des institutions de charité dans le financement des soins hospitaliers aux indigents. Les premières unités sanitaires, lieux où œuvreront durant plusieurs décennies des générations d'infirmières, verront le jour en 1926. En 1936, le département (ministère) de la Santé qui vient d'être créé surveillera l'application de différentes lois portant sur la santé publique, l'hygiène, l'assistance publique, les hôpitaux, etc.

Le rôle important du gouvernement fédéral durant la période de l'après-guerre a déjà été souligné. Cependant, le Québec aborde les années 60 sans vraiment avoir de plan d'ensemble cohérent à propos de ce que devrait être un véritable système de santé. Il remédiera à cette situation en mettant sur pied, en 1966, la Commission d'enquête sur la santé et le bien-être social, commission qui fournira une vision d'ensemble de ce que sera la politique sociale du Québec, incluant la politique sanitaire.

Après de longues négociations avec Ottawa, le Québec instaure son régime d'assurance-hospitalisation en 1961. En 1965, la *Loi sur le régime des rentes du Québec* est sanctionnée et, l'année suivante, c'est le cas d'une

1. Cette section s'inspire largement d'un document du ministère de la Santé et des Services sociaux. *Le système de santé et de services sociaux du Québec : une image chiffrée*, Québec, gouvernement du Québec, août 2001.

nouvelle *Loi sur les accidents du travail.* À la fin de 1969, la *Loi sur l'aide sociale* est adoptée. Enfin, un régime d'assurance-maladie couvrant gratuitement les soins médicaux reçus hors de l'hôpital, certains services de chirurgie buccale et certains services d'optométrie voit le jour en 1970. L'ensemble de ces interventions législatives seront regroupées sous le vocable « Affaires sociales », dénomination retenue pour identifier le nouveau ministère qui agira comme maître d'œuvre de cette immense réforme. La *Loi créant le ministère des Affaires sociales* est sanctionnée en décembre 1970. L'année suivante, le gouvernement fait adopter la *Loi sur les services de santé et les services sociaux* qui vise à garantir l'implantation d'un ensemble de services de santé et de services sociaux continus, complets et complémentaires auxquels auront accès tous les citoyens du Québec. Cette vision, propre aux grands exercices de planification des années 60, laisse place durant les années 80 à la réalité d'un système sociosanitaire d'une complexité croissante où compressions budgétaires et rationalisations sont devenues incontournables pour le gouvernement du Québec.

En 1985, le gouvernement met sur pied une Commission d'enquête sur les services de santé et les services sociaux présidée par Jean Rochon. Le rapport final déposé en 1988 propose trois orientations pour la gouverne du système sociosanitaire : l'adoption d'une politique de la santé et du bien-être devant servir à orienter l'ensemble des activités du secteur, une régionalisation plus marquée et une approche « populationnelle » devant servir de base à de nouvelles formes d'allocation des ressources et de prestation de services. Les recommandations de cette commission serviront d'assise à une vaste réforme qui commencera au début des années 90 avec l'adoption d'une nouvelle *Loi sur les services de santé et les services sociaux* (1991). Cette loi concrétisera plusieurs orientations suggérées par la commission : régionalisation et démocratisation plus importantes, affirmation des droits des usagers, redéfinition des missions des établissements en fonction des clientèles et renforcement des services de première ligne.

Le rythme des transformations s'accélère avec la nomination, en 1994, de Jean Rochon à la tête du ministère de la Santé et des Services sociaux. Le gouvernement veut décloisonner le réseau afin de rendre les différents établissements plus complémentaires. Les cliniques privées, les CLSC, les CHSLD se voient confier diverses responsabilités autrefois assumées par les hôpitaux qui, pour leur part, doivent se concentrer sur leur mission originale. Le virage ambulatoire est l'un des aspects importants de la réforme. Les progrès de la médecine et de la technologie aidant, on peut de plus en plus diminuer le temps d'hospitalisation des patients. Les « chirurgies d'un jour » vont donc se multiplier. Plusieurs de ces transformations impliquent des fermetures et des fusions d'hôpitaux. Certains établissements doivent aussi changer de vocation. Toutes ces transformations se concrétisent par l'adoption d'un bon nombre de lois et règlements.

Durant la même période cependant, les efforts du gouvernement du Québec en vue d'assainir les finances publiques, ajoutés à ceux du gouvernement canadien, imposent au MSSS des compressions budgétaires qui, selon certains, compromettent l'implantation de la réforme.

Ce sont justement des considérations financières qui ont mené à la création d'un régime d'assurance-médicaments qui entre en vigueur le 1er janvier 1997. Tous les Québécois qui ne sont pas protégés par un régime d'assurance privé ou qui ne reçoivent pas déjà l'aide de l'État, soit environ 1,4 million de personnes, doivent obligatoirement s'y inscrire. En plus de limiter l'augmentation des coûts, le gouvernement espère améliorer l'accessibilité aux médicaments et en assurer une meilleure utilisation. Les récents développements dans ce dossier, notamment le fait que le nombre d'adhérents soit plus élevé que prévu, que le coût des primes ait doublé en trois ans et que des augmentations annuelles de 15 % à 20 % soient à prévoir, soulèvent de sérieuses interrogations au ministère des Finances du Québec.

Puisque de nombreux obstacles demeurent et que l'on anticipe une importante croissance des dépenses en raison du vieillissement de la population et des nouvelles découvertes technologiques, une nouvelle Commission d'étude sur les services de santé et les services sociaux est chargée, en juin 2000, de revoir l'organisation et le financement des services. Le rapport Clair, du nom du président de la commission, est déposé au ministre en janvier 2001. Il propose une nouvelle vision d'avenir à la population québécoise, vision qui se fonde sur la responsabilisation de tous et sur une alliance et une complicité plus étroites entre les acteurs du réseau.

À l'automne 2001, le ministre de la Santé et des Services sociaux annonce son intention de réaliser le bilan de la Politique de la santé et du bien-être de 1992 et d'en déposer une nouvelle version à l'automne 2002.

LE CADRE ORGANISATIONNEL DU SYSTÈME DE SOINS DE SANTÉ

Le système de santé et de services sociaux du Québec est composé d'une structure à trois niveaux : celui des établissements et autres acteurs locaux, celui des régies régionales et enfin celui du ministère et, plus largement, du gouvernement du Québec. Ajoutons que, bien que ne représentant pas un des paliers de l'organisation du système québécois de la santé, le rôle du gouvernement fédéral ne peut être ignoré comme facteur structurant.

Le ministère de la Santé et des Services sociaux

Durant les années 80, le ministère des Affaires sociales se départ de la gestion de l'aide sociale et troque son nom pour celui de ministère de la Santé et des Services sociaux (MSSS). Ses principaux mandats sont aujourd'hui de coordonner et de réguler le système sociosanitaire en fixant les orientations et les objectifs, en proposant au gouvernement la législation à adopter en matière de santé et de bien-être, en répartissant les ressources entre les différentes régies régionales et en évaluant les résultats des diverses politiques dont il est responsable. Il sanctionne également les priorités et les plans réalisés par les deux autres niveaux de l'organisation, fait la promotion de l'enseignement et de la recherche, coordonne le programme de santé publique par l'intermédiaire de l'Institut de santé publique du Québec, planifie l'offre de main-d'œuvre et négocie les conditions de rémunération des professionnels et de tout le personnel du réseau de la santé et des services sociaux.

Pour sa part, la Régie de l'assurance maladie du Québec (RAMQ) a pour fonction d'appliquer et d'administrer le régime d'assurance-maladie, celui de l'assurance-médicaments ainsi que tout autre programme que la loi ou le gouvernement lui confie. Ce rôle fait en sorte que la RAMQ représente l'une des principales sources de données sociosanitaires au Québec.

Les régies régionales

Les régies régionales de la santé et des services sociaux (RRSSS), dont la création constituait une des pièces maîtresses de la réforme de 1991, ont pour mandat, selon la loi, de « planifier, d'organiser, de mettre en œuvre et d'évaluer, dans la région, les orientations et politiques élaborées par le ministre ». Il s'agit, en d'autres mots, d'adapter les politiques nationales aux réalités locales et régionales. La commission Rochon avait recommandé l'implantation des régies afin de pallier l'absence de mécanismes d'arbitrage entre les différents groupes d'intérêts qui, estimait-on, avaient pris le système en otage. On souhaitait donc mettre en place des structures démocratiques permettant de dépasser cette dynamique de stricte défense d'intérêts particuliers dans laquelle le bien commun passe en second. Cette démocratisation s'est traduite par la présence, au sein des conseils d'administration des 16 régies régionales, de représentants des citoyens qui proviennent des conseils d'administration des différents établissements et qui ont de ce fait été élus au suffrage universel. En outre, les réunions des conseils d'administration des RRSSS sont publiques et offrent à l'audience la possibilité de poser des questions.

Le projet de loi 28 adopté en juin 2001 marque cependant un changement de cap, puisqu'il modifie la composition des conseils d'administration des régies régionales et des établissements. Les personnes y siégeant seront désormais pour la plupart nommées par le ministre, mais non sans une consultation préalable du milieu. Le ministre désignera également le président-directeur général de chacune des régies régionales. D'après les explications du ministère, l'objectif visé est de clarifier les responsabilités des différents acteurs et d'accroître leur imputabilité. Les régies régionales ne disposent d'aucun pouvoir de taxation ; par conséquent, rien ne viendrait justifier l'élection au suffrage universel de représentants des citoyens. Le gouvernement, qui est élu et qui détient ces pouvoirs fiscaux, estime donc que c'est à lui que les gestionnaires régionaux doivent rendre des comptes. Dans un mémoire déposé en commission parlementaire en mai 2001, la Conférence des régies régionales, organisme qui s'est sabordé depuis, a déploré cette décision prise par le gouvernement. Elle jugeait que la présence de citoyens élus parmi les décideurs régionaux avait permis de mieux prendre en considération les besoins de la population. Leur connaissance du milieu leur aurait également conféré une crédibilité et une légitimité qui se seraient révélées fort précieuses lorsqu'ils ont dû faire des choix difficiles pendant la période de compressions des dernières années.

Les citoyens ne sont toutefois pas complètement évincés du processus de décision sur la scène régionale. En juin 2001, le gouvernement revient avec l'idée des défuntes assemblées régionales (créées en 1991 et abolies en 1996) en créant des Forums de la population dans chacune des régions. C'est principalement là que devrait jouer la participation de la population et la dimension plus politique de cette « nouvelle » régionalisation. Les Forums de la population ont pour mandat de donner des avis aux conseils d'administration et sont chargés d'assurer l'établissement de modes de consultation de la population. Chaque forum est formé dans le cadre d'une entente avec le Conseil régional de développement (CRD). Il est constitué de 15 à 20 membres en provenance des différents secteurs d'activité. Bien que sa coordination soit assurée par le P.D.G. de la régie, le forum établit ses propres règles de fonctionnement.

Les modifications législatives votées en 2001 prévoient aussi la mise sur pied des Commissions infirmières régionales (CIR). Avant l'adoption du projet de loi 28, huit régies régionales s'étaient déjà dotées de commissions infirmières, qui ont été abolies au profit des nouvelles CIR créées dans toutes les régions depuis le 1er octobre 2001. Elles bénéficient à présent d'une reconnaissance légale et deviennent l'une des composantes structurelles du système. Selon la loi, chaque CIR a les responsabilités suivantes :

1. Donner son avis sur l'organisation, la distribution et l'intégration des soins infirmiers sur le territoire ainsi que sur la planification de la main-d'œuvre infirmière, à la lumière des plans régionaux d'organisation de services ;
2. Donner son avis sur certaines questions relatives à l'accessibilité et à la coordination des services dans la région et qui impliquent les soins infirmiers ;
3. Donner son avis sur les approches innovatrices de soins et leurs incidences sur la santé et le bien-être de la population ;
4. Exécuter tout autre mandat que lui confie le conseil d'administration et lui faire rapport périodiquement.

Les CIR sont composées de quatre infirmières provenant de conseils des infirmières et infirmiers des différents établissements de la région, de deux directrices de soins infirmiers, de deux infirmières enseignant aux niveaux collégial et universitaire, d'une infirmière spécialement reconnue pour son expertise, d'une infirmière auxiliaire et de quatre personnes-ressources.

Avant d'implanter les commissions infirmières, le gouvernement avait déjà mis sur pied les Commissions médicales régionales (CMR), qui ont sensiblement le même mandat que les CIR mais qui s'intéressent d'abord aux enjeux qui touchent les médecins. Une structure similaire, les Départements régionaux de médecine générale (DRMG), existe également pour les médecins omnipraticiens. Ajoutons enfin les commissions multidisciplinaires régionales, composées de professionnels œuvrant dans différents secteurs du réseau, qui doivent elles aussi donner leur avis sur l'organisation, la distribution et l'intégration des services dispensés sur le territoire de leur région de même que sur la planification de la main-d'œuvre.

Les composantes du niveau local

Cinq grandes missions ministérielles sont assumées par le réseau d'établissements :

1. Les centres de protection de l'enfance et de la jeunesse (CPEJ) ont la mission d'offrir dans chaque région des services de nature psychosociale aux jeunes dont la situation l'exige en vertu de la *Loi sur la protection de la jeunesse* et de la *Loi sur les jeunes contrevenants.* Ils offrent également d'autres services, par exemple en matière de placement d'enfants, de médiation familiale et d'adoption ;

2. Les centres locaux de services communautaires (CLSC) doivent pour leur part offrir, en première ligne, des services de santé et des services sociaux courants de nature préventive ou curative, de réadaptation ou de réinsertion ;
3. Les centres hospitaliers (CH) offrent des services diagnostiques et des soins médicaux généraux et spécialisés dans les secteurs de la santé physique et de la santé mentale ;
4. Les centres d'hébergement et de soins de longue durée (CHSLD) offrent un milieu de vie substitut, des services d'hébergement, d'assistance, de soutien et de surveillance ainsi que d'autres services aux adultes qui, en raison de leur perte d'autonomie fonctionnelle ou psychosociale, ne peuvent plus demeurer dans leur milieu de vie naturel ;
5. Les centres de réadaptation (CR) doivent quant à eux offrir des services d'adaptation, de réadaptation et d'intégration sociale à des personnes qui, en raison de leurs déficiences physiques ou intellectuelles, de leurs difficultés d'ordre comportemental, psychosocial ou familial, ou à cause de leur alcoolisme ou d'autres toxicomanies, ont besoin de tels services ainsi que de services d'accompagnement et de soutien à leur entourage.

La réforme des années 90, qui s'est accompagnée d'une série de fusions, de fermetures et de changements de vocation, a considérablement changé la carte des établissements composant le réseau de la santé et des services sociaux au Québec. En 2001, celui-ci est formé de 482 établissements alors qu'il en comptait près d'un millier à la fin des années 1980. Plusieurs établissements ont deux, voire trois missions. Par exemple, un même établissement peut posséder à la fois une mission CLSC et une mission CHSLD. Quatre établissements ont même en 2001 les cinq missions ! On dénombre 146 établissements ayant la mission de centre local de services communautaires (CLSC), 124 ayant celle de centre hospitalier (CH), 321 ayant la mission de centre d'hébergement et de soins de longue durée (CHSLD), 20 ayant celle de centre jeunesse (CJ) et 91 ayant celle de centre de réadaptation (CR).

Par ailleurs, depuis l'adoption en 1991 de la nouvelle *Loi sur les services de santé et les services sociaux,* les établissements où travaillent plus de cinq infirmières doivent être pourvus d'un conseil des infirmières et des infirmiers (CII). Les CII ont notamment pour rôle d'évaluer la qualité de la pratique professionnelle des infirmières de même que la qualité des soins infirmiers et de faire des recommandations au conseil d'administration de l'établissement en vue d'améliorer les services offerts. Ce conseil est formé de toutes les infirmières travaillant dans un établissement. Celles-ci désignent quatre des membres du comité exécutif, qui détient tous les pouvoirs du CII. Les autres membres de ce comité sont la présidente du comité des infirmières auxiliaires, le directeur général de l'établissement et la directrice des soins infirmiers.

On compte également au Québec un très grand nombre de cabinets privés de professionnels, environ 5 000 organismes communautaires (en 1999-2000) dont plus de 2 700 sont subventionnés par le MSSS et 600 par les RRSSS, des centres de jour, des services d'apprentissage aux habitudes de travail, des foyers de groupe et des appartements supervisés.

LES FORCES ET LES FAIBLESSES DU SYSTÈME DE SANTÉ

Depuis trois décennies, le système de santé québécois a grandement contribué à améliorer l'état de santé de la population. Les principes d'universalité et d'équité à la base du système sociosanitaire font en sorte que tous les citoyens du Québec sont couverts. Les gouvernements qui se sont succédé à la tête du Québec ont fait de l'assurance-maladie une des pièces maîtresses de la politique sociale québécoise.

Par ailleurs, aux yeux de plusieurs observateurs, l'intégration des soins de santé et des services sociaux à l'intérieur d'un même système de même que le fait que cette intégration s'inscrive dans une politique sociale plus large constituent un avantage important qui permet de tenir compte du fait que les progrès en matière de santé sont liés au développement social.

En revanche, selon le rapport Clair, il faut continuer de réaffirmer l'importance de la prévention et de l'amélioration des conditions de vie. Certaines sociétés ont déjà effectué ce virage. Les pays scandinaves, par exemple, investissent davantage dans les services sociaux et dans la sécurité du revenu, mais dépensent moins d'argent pour le traitement des maladies.

Une autre faiblesse du système québécois résiderait dans l'organisation des services. La plupart des intervenants conviennent de la nécessité de la réforme réalisée pendant les années 90, mais rappellent que plusieurs lacunes demeurent. Certains « éléments structurants » du réseau n'ont pas changé depuis les années 70. À l'époque, les patients se rendaient soit dans un établissement, soit dans un cabinet de médecins pour obtenir des soins. Un seul professionnel était habituellement en charge de l'intervention. L'allocation budgétaire, l'organisation du travail, les modes de rémunération, etc., correspondaient donc à cette réalité. Aujourd'hui, un grand nombre d'interventions impliquent un travail multidisciplinaire de même que la collaboration de plusieurs établissements ou partenaires. Mais l'organisation des services est encore largement basée sur une pratique professionnelle individuelle, et peu de mécanismes favorisent la coordination entre les différents intervenants, qui sont ainsi davantage portés à protéger leur juridiction et leur budget.

Le problème se pose avec d'autant plus d'acuité que depuis quelques années une partie grandissante des soins de santé sont dispensés dans le milieu de vie des patients. Plusieurs responsabilités autrefois assumées par les hôpitaux et les centres d'accueil sont désormais confiées à d'autres établissements, aux familles et aux organismes communautaires. Le nombre d'intervenants se multiplie. Chacun d'entre eux se charge d'un segment de l'intervention sans que personne n'ait la responsabilité d'assurer un suivi, ce qui limite la continuité des services.

Le sous-développement des services de base représenterait un autre point faible. Selon le MSSS, des services de première ligne efficaces permettraient de régler 80 % des problèmes de santé et des problèmes sociaux. Or, les services offerts ne sont pas les mêmes d'un territoire à l'autre et les citoyens connaissent mal leurs points d'accès. Ni les CLSC ni les cliniques médicales ne dispensent l'ensemble des services de base et plusieurs Québécois considèrent encore que les hôpitaux constituent la meilleure porte d'entrée du réseau. Les établissements spécialisés viennent donc pallier les déficiences des services de base, mais nécessitent en retour des ressources financières importantes qui pourraient être consacrées aux interventions de première ligne.

Enfin, certains experts jugent que le réseau sociosanitaire est beaucoup trop centralisé. Les partisans de la décentralisation font valoir que le fait de céder plus de pouvoirs aux régies régionales, aux établissements ou encore directement aux citoyens permettrait une prise de décisions mieux adaptées aux réalités locales et éviterait les politiques « mur à mur » qui se sont révélées inefficaces dans le passé. La participation des communautés au processus de décision, afin de mieux répondre aux attentes des citoyens, est également un objectif recherché. Cependant, la façon dont s'est opérée la régionalisation à partir de 1992 dans le secteur de la santé et des services sociaux fait l'objet de nombreuses critiques. Il ne s'agirait pas d'une véritable décentralisation, dans la mesure où le transfert de responsabilités vers les régies régionales ne s'est pas accompagné des pouvoirs administratifs et financiers nécessaires. Les régies doivent rendre des comptes au ministère et non pas à des élus locaux. Aux dires de certains observateurs, le peu de marge de manœuvre dont dispose le niveau régional lui aurait surtout permis de porter l'odieux des importantes compressions budgétaires effectuées à partir de 1994. Quant aux changements apportés récemment à la composition des conseils d'administration des RRSSS, plusieurs y voient le signal d'une nouvelle centralisation.

CONCLUSION

Bien que d'importants progrès aient été réalisés au cours des dernières années, le système de santé et des services sociaux doit encore faire face à d'importants défis. Au moment où nous écrivons ces lignes, différentes idées circulent dans le milieu. Par exemple, certains suggèrent l'instauration d'une caisse d'assurance-vieillesse en vue de financer les coûts associés au vieillissement de la population. En octobre 2001, Michel Clair a été chargé de présider le comité de travail ayant pour mandat d'évaluer cette question. Sur la scène fédérale, la commission Romanow poursuit ses travaux. Son rapport est attendu pour l'automne 2002. En somme, on le voit bien, le réseau sociosanitaire québécois est en perpétuelle transformation, ce qui semble maintenant être une caractéristique de l'ensemble des systèmes de santé contemporains.

Troisième chapitre

La main-d'œuvre en soins infirmiers

ÉDITH CÔTÉ

INTRODUCTION

Prendre la décision, à l'été 2001, d'inclure un chapitre sur la main-d'œuvre en soins infirmiers dans ce volume démontre un certain goût du risque. La situation de ces effectifs est en effet dans une telle mouvance que l'entreprise est pour le moins périlleuse. Aussi la lecture de ce chapitre doit-elle être accompagnée de questionnements visant à actualiser les éléments du contexte, toujours inspirés par l'obligation imposée au système de santé de fournir une main-d'œuvre de qualité et en quantité suffisante pour assurer l'accessibilité et la qualité des soins et services à la population.

C'est juste avant le tournant du nouveau millénaire que la question de la main-d'œuvre infirmière est redevenue un enjeu important pour le réseau de la santé. Le Québec parle aujourd'hui de pénurie de main-d'œuvre en soins infirmiers et il n'est pas seul. La majorité des pays industrialisés connaît en effet le même phénomène.

Après avoir présenté un cadre de référence pour supporter l'examen de la situation des effectifs en soins infirmiers, ce chapitre présentera un tableau de la main-d'œuvre en soins infirmiers au Québec, incluant les faits saillants des planifications en cours pour dégager par la suite quelques-uns des enjeux que pose cette problématique pour la profession infirmière.

UN CADRE DE RÉFÉRENCE

Le cadre de référence proposé ici offre la possibilité d'examiner la main-d'œuvre en soins infirmiers à la fois dans son lieu d'appartenance qu'est le système de santé et dans ses multiples interactions avec la société qu'elle dessert et avec ses partenaires les plus proches. Ce cadre de systèmes en interaction nous semble un référent incontournable pour l'analyse de la majorité des problématiques touchant la profession infirmière. L'Ordre des infirmières et infirmiers du Québec utilise d'ailleurs cette approche pour exercer son rôle de vigie et planifier sa stratégie organisationnelle[1].

Des systèmes en interaction

Le système de santé engage la main-d'œuvre infirmière pour offrir à la population les services et les soins infirmiers requis. Il doit s'assurer que les effectifs sont en nombre suffisant, qu'ils détiennent les compétences nécessaires et qu'ils exercent dans les lieux appropriés afin que l'accessibilité à des soins de qualité soit maintenue. Puisque, comme nous le verrons plus loin, les soins infirmiers représentent environ 40 % des activités de service du système de santé, la responsabilité de rendre cette main-d'œuvre disponible est significative. Plusieurs facteurs peuvent cependant influer sur cette disponibilité.

La figure 3.1 présente les trois grands systèmes qui peuvent constituer un cadre de référence utile à l'examen de la main-d'œuvre infirmière. Chacun de ces systèmes peut exercer une influence sur la quantité, les qualifications et la répartition de la main-d'œuvre.

D'une part, le système de santé détermine le nombre de personnes dont il a besoin pour offrir les services et les soins infirmiers requis par la société. Il indique aussi, dans ses appels d'offres, les qualifications que doivent posséder les candidats. Il détermine également, lors des négociations des conventions collectives, les conditions qu'il entend offrir aux effectifs infirmiers et influence ainsi l'attraction et la rétention de la main-d'œuvre. D'autre part, le système de santé est tributaire des relations qu'il entretient avec le système d'éducation et le système professionnel.

Dans ce cadre, le système d'éducation peut être considéré comme le fournisseur de la main-d'œuvre infirmière. Par un jeu de modifications des programmes offerts, de leur accessibilité et des règles de contingentement, le système d'éducation peut modifier le volume et les qualifications de la main-d'œuvre fournie au système de santé. En raison du temps nécessaire à

1. Ordre des infirmières et infirmiers du Québec (1998c).

Figure 3.1
Le cadre de référence

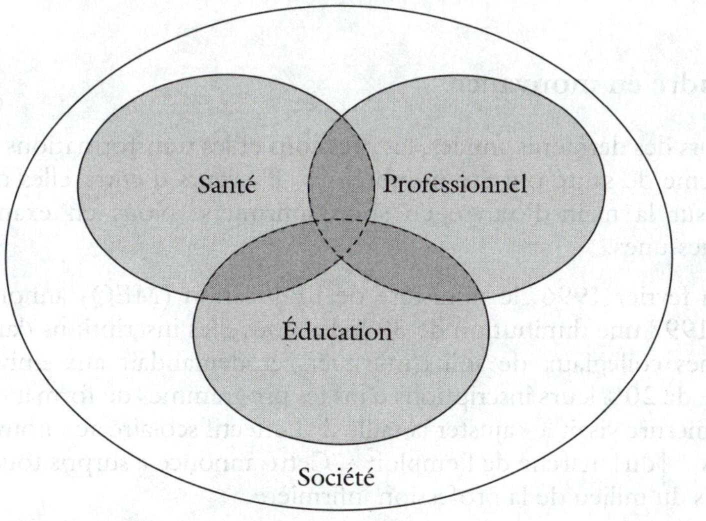

la formation de la main-d'œuvre, le système d'éducation ne peut, de façon générale, exercer une influence immédiate sur le système de santé. En revanche, nous le verrons plus loin, certaines décisions peuvent avoir un effet relativement rapide et modifier sensiblement la marge de manœuvre du système de santé.

De son côté, le système professionnel est garant de la protection du public. Son influence sur le système de santé s'exerce par l'intermédiaire de l'Office des professions qui gère les lois professionnelles et s'assure que les ordres professionnels assument leur mandat de protection du public. Ce système exerce sur la main-d'œuvre une influence plus discrète quoique potentiellement déterminante. Une révision des lois professionnelles peut en effet entraîner des changements dans les domaines d'exercice professionnels et, par conséquent, dans les qualifications exigées auprès de la main-d'œuvre en soins infirmiers. C'est d'ailleurs un phénomène qui se produit actuellement. Une réorganisation des champs de pratique peut également avoir pour effet de modifier le nombre de personnes nécessaires à l'offre de service.

Ces trois systèmes interagissent à l'intérieur d'un plus grand ensemble que représente la société et peuvent donc subir les influences de modifications ou de tendances d'autres systèmes ou de la société en général. Les disponibilités budgétaires, la perception sociale du rôle de l'infirmière ou encore l'attrait que peuvent exercer d'autres professions ou occupations sont donc des exemples de facteurs qui peuvent influer sur la disponibilité de la main-d'œuvre.

Un cadre en mouvance

Au cours des dernières années, les pressions et les transformations subies par le système de santé ont été nombreuses. Plusieurs d'entre elles ont eu des effets sur la main-d'œuvre en soins infirmiers. Nous en examinons ici quelques-unes.

En février 1996, le ministère de l'Éducation (MEQ) annonçait pour 1996-1997 une diminution de 30 % des nouvelles inscriptions dans les programmes collégiaux de soins infirmiers et demandait aux universités de réduire de 20 % leurs inscriptions dans les programmes de formation initiale. Cette mesure visait à « ajuster la taille de l'effectif scolaire aux nouvelles conditions... [du] marché de l'emploi[2] ». Cette annonce a surpris tous les intervenants du milieu de la profession infirmière.

Il est vrai que dans ces années-là le nombre d'emplois disponibles pour les infirmières était restreint, sinon inexistant. Les diplômées de cette époque s'en souviennent encore. C'est donc en tenant compte de cette situation et de celle qu'il envisageait après la mise en œuvre du virage ambulatoire que le MEQ a posé le diagnostic suivant : « le taux de remplacement et d'accroissement des postes d'infirmières et d'infirmiers sera, pendant cette période, à peu près nul[3] ». Cette hypothèse, nous le savons maintenant, ne s'est pas matérialisée, bien au contraire !

Le réseau collégial était tenu d'appliquer cette mesure, ce qui n'était pas le cas de l'ordre d'enseignement universitaire. Les universités avaient décidé de ne pas y donner suite.

La décision du MEQ a eu un impact plus important que celui qui était escompté. Par exemple, au cours des quelques années qui ont suivi, plusieurs collèges n'ont pas réussi à combler les contingents auxquels ils avaient droit, car la perception que cette annonce avait provoquée dans la population était qu'il n'y avait plus de possibilités d'emploi en soins infirmiers. Les jeunes se sont donc orientés dans d'autres domaines.

Une autre décision, émanant celle-là du gouvernement, est venue modifier de façon inattendue l'hypothèse émise par le MEQ. La société québécoise

2. Ministère de l'Éducation (1996).
3. *Ibid.*

vivait à l'ère du déficit zéro. Tous les ministères étaient conviés à contribuer à l'atteinte de cet objectif. Une des stratégies utilisées par le ministère de la Santé et des Services sociaux (MSSS) fut de faciliter le départ à la retraite de plusieurs de ses employés, y compris bien sûr le personnel infirmier. À la suite du programme mis en œuvre en juillet 1997, plus de 4 000 infirmières soignantes ont pris leur retraite[4].

À la même époque, le système de santé vivait une réforme majeure à laquelle la société québécoise réfère en parlant de « virage ambulatoire ». Bien que cette notion couvre plusieurs facettes de la dynamique du réseau de la santé[5], les données suivantes suffiront à illustrer l'impact de cette réforme sur la main-d'œuvre en soins infirmiers. Dans la foulée de cette réorganisation, plusieurs établissements ont été fusionnés et d'autres ont été fermés. Ces seules mesures ont obligé 9 000 infirmières à changer de milieu de travail[6]. On observe également qu'au cours des 10 dernières années, diverses structures et activités de nature ambulatoire ont été mises en place. Les données suivantes en témoignent :

- Le pourcentage des hospitalisations pour des soins de courte durée a diminué de plus de 15 % de 1994-1995 à 1999-2000[7] ;
- Depuis le milieu des années 90, le nombre de lits dressés pour les soins généraux et spécialisés a chuté de 31 %[8] ;
- La durée moyenne de séjour est passée de 8,8 jours à un peu plus de 7 jours en soins de courte durée entre 1980 et 1990[9].

Le gouvernement québécois est actuellement à terminer une opération majeure de mise à jour du système professionnel. Le ministre responsable de l'application des lois professionnelles, Paul Bégin, a constitué en février 2000 un groupe de travail dont le mandat porte principalement sur la modernisation des champs de pratique de 13 professions du réseau de la santé et des services sociaux. Le Groupe de travail sur les professions de la santé et des relations humaines, qu'on a communément appelé le Groupe Bernier[10], a terminé la première phase de ses travaux en novembre 2001 et a déposé son rapport final au printemps 2002.

---

4. Ordre des infirmières et infirmiers du Québec (1999).
5. Voir le chapitre 1 de ce volume, écrit par Lorraine Fournier et portant sur le virage ambulatoire, pour une discussion sur les principales forces et tendances qui ont présidé à cette transformation du système de santé québécois.
6. OIIQ (1999, p. 4).
7. Ministère de la Santé et des Services sociaux du Québec (2001, p. 70).
8. MSSS (2001, p. 59).
9. MSSS (2001, p. 70).
10. Groupe de travail ministériel sur les professions de la santé et des relations humaines (2001).

Rappelons que la finalité du système professionnel est la protection du public. Le groupe de travail a donc bien sûr maintenu ce principe à la base de ses travaux.

Les notions d'efficacité et d'efficience sont également retenues : « le service approprié fourni par la personne compétente au moment opportun et à l'endroit souhaité[11] ». Le groupe Bernier considère que la modernisation des champs de pratique et des conditions d'exercice vise « l'assouplissement et l'allègement du cadre réglementaire ainsi qu'une ouverture accrue des milieux professionnels à la multidisciplinarité[12] ».

On peut d'ores et déjà mesurer l'ampleur qu'une telle révision des champs de pratique des infirmières, des infirmières auxiliaires et des médecins aura sur la main-d'œuvre en soins infirmiers : une nouvelle définition légale de la pratique infirmière ; une répartition modifiée des activités entre les divers types d'intervenants en soins infirmiers ; de nouvelles compétences requises.

Les cas esquissés ici reflètent la mouvance actuelle du contexte dans lequel évolue la main-d'œuvre en soins infirmiers. Et ce ne sont que quelques exemples des diverses influences exercées sur les effectifs du système de santé. Afin de produire une analyse plus complète de la mouvance actuelle dans ce dossier, il faudrait ajouter l'examen des impacts des diverses orientations prises par d'autres acteurs stratégiques et fort influents, par exemple la Fédération des infirmières et infirmiers du Québec et l'Ordre des infirmières et infirmiers du Québec. Ou encore, les conséquences de l'inversion de la structure démographique québécoise qui amènera une vive compétition pour attirer les jeunes vers des professions de la santé, particulièrement les soins infirmiers.

Ce portrait devrait suffire à illustrer la mouvance du cadre de référence, à saisir la difficulté de faire une description de la situation de la main-d'œuvre en soins infirmiers qui soit pertinente pour un minimum de temps et à comprendre les nombreuses divergences dans les propos et les perspectives concernant les effectifs infirmiers.

LA MAIN-D'ŒUVRE EN SOINS INFIRMIERS

La main-d'œuvre en soins infirmiers est, dans le système de santé, une notion plurielle. La majorité des études portant sur l'analyse de l'évolution de la

11. Groupe de travail ministériel sur les professions de la santé et des relations humaines (2001, p. 5).
12. Groupe de travail ministériel sur les professions de la santé et des relations humaines (2001, p. 3).

main-d'œuvre en soins infirmiers inclut l'ensemble des types d'intervenants qui contribuent aux soins infirmiers dans le réseau : les infirmières, les infirmières auxiliaires et les préposées aux bénéficiaires[13]. D'un point de vue professionnel, il serait plus approprié de considérer chacun des groupes séparément, compte tenu de leurs formations et de leurs statuts professionnels distincts. Mais du point de vue du système de santé, c'est l'ensemble de ces trois groupes qui dispensent les soins. Sauf pour mettre en relief certains aspects particuliers, la description qui suit retient cette notion plurielle de la main-d'œuvre en soins infirmiers.

Une description des effectifs

On vient de le voir, au Québec, on considère comme effectifs du domaine des soins infirmiers les infirmières, les infirmières auxiliaires et les préposées aux bénéficiaires. Prise globalement, cette main-d'œuvre compte près de 100 000 personnes, soit près de 45 %[14] des effectifs du réseau de la santé et des services sociaux.

Outre l'importance quantitative des ressources en soins infirmiers, il convient de signaler que cette main-d'œuvre est présente dans tous les secteurs du système de santé. Ce sont donc toutes les composantes du réseau qui s'appuient sur ces effectifs, comme en fait foi le tableau 3.1.

Ce tableau présente la répartition de la main-d'œuvre en soins infirmiers actuellement en emploi dans l'ensemble des établissements du réseau. On y remarque que, quelle que soit la mission des centres, il y a présence de soins infirmiers. La majorité des infirmières sont à l'emploi des centres hospitaliers de soins généraux et spécialisés (CHSGS 67,8 %) et des centres locaux de services communautaires (CLSC 15,4 %). Également présentes dans tous les centres, les infirmières auxiliaires sont toutefois réparties différemment. Les CHSGS en comptent 38,3 % alors que les centres hospitaliers de longue durée les embauchent dans une proportion de 37,2 %.

---

13. C'est notamment le cas des travaux suivants : Dussault, G. et autres (2000) ; Ministère de la Santé et des Services sociaux du Québec (1987).
14. Ministère de la Santé et des Services sociaux du Québec (2001). En page 16 de ce rapport, on indique que les 55 076 infirmières constituent 25 % des effectifs du réseau de la santé. Le tableau 2 de l'annexe 1 de ce même rapport, en page 71, dénombre 99 765 personnes dans la main-d'œuvre infirmière en incluant les infirmières auxiliaires et les préposées aux bénéficiaires. Le réseau employant 222 327 personnes, le personnel infirmier constitue donc 44,8 % du réseau.

Tableau 3.1

Répartition des infirmières en emploi par mission au 31 mars 1999

Mission	Infirmières	%	Infirmières bachelières	%	Infirmières cadres	%	Total	%	Infirmières auxiliaires	%
CHPSY	1 819	4,4	227	2,8	156	6,2	2 202	4,0	432	2,6
CHSGS	31 786	71,4	4 260	52,9	1 308	51,7	37 354	67,8	6 373	38,3
CHSLD	3 711	8,3	391	4,9	650	25,7	4 752	8,6	6 108	37,2
CJ	53	0,1	7	0,1	1	—	61	0,1	8	—
CLSC	5 228	11,7	3 035	37,7	206	8,1	8 469	15,4		
CR	361	0,8	24	0,3	12	0,5	397	0,7	162	1,0
PR CH	166	0,4	20	0,2	21	0,8	207	0,4	71	0,4
PR CR	43	0,1		—	4	0,2	47	0,1	11	0,1
PR LD	1 307	2,9	70	0,9	171	6,8	1 548	2,8	846	5,2
RRSSS	27	0,1	12	0,1		—	39	0,1	1	—
Total	44 501	100	8 046	100	2 529	100	55 076	100	14 012	85,4*

* autres : 6,9 % ; aucun emploi : 7,7 %.

Le tableau 3.2 présente la distribution des heures travaillées en soins infirmiers selon la catégorie d'emploi.

Au cours des 15 années présentées dans ce tableau, la contribution quantitative de chacun des groupes aux soins infirmiers n'est restée stable que pour les préposées aux bénéficiaires. On remarque en effet que le nombre d'heures travaillées a diminué de 7 % chez les infirmières auxiliaires, qu'il a augmenté de 5 % chez les infirmières et qu'il a aussi augmenté de près de 2 % chez les auxiliaires familiales. Il faut également noter que les infirmières ont travaillé la moitié du nombre total d'heures effectuées.

Plusieurs facteurs ont sans doute influencé les tendances observées ici quant au nombre d'heures travaillées. Le document sur la planification de la main-d'œuvre pour les infirmières auxiliaires[15] avance les explications suivantes :

– Une majorité de centres hospitaliers n'embaucherait pratiquement plus d'infirmières auxiliaires ;

15. Ministère de la Santé et des Services sociaux du Québec (2001, p. 36).

Tableau 3.2

Distribution des heures travaillées en soins infirmiers selon la catégorie d'emploi

Année	Infirmières auxiliaires	Infirmières bachelières	Préposées aux bénéficiaires	Auxiliaires familiales	Total
1985-1986	19,5 %	48,5 %	30,3 %	1,7 %	100 %
1986-1987	18,9 %	48,9 %	30,1 %	2 %	100 %
1987-1988	18,3 %	49,5 %	29,9 %	2,2 %	100 %
1988-1989	17,7 %	50 %	29,9 %	2,4 %	100 %
1989-1990	17,4 %	49,9 %	30,1 %	2,6 %	100 %
1990-1991	16,9 %	50,7 %	29,8 %	2,6 %	100 %
1991-1992	16,7 %	50,9 %	29,7 %	2,7 %	100 %
1992-1993	16,6 %	51,4 %	29,2 %	2,8 %	100 %
1993-1994	16,3 %	51,8 %	29 %	2,9 %	100 %
1994-1995	16 %	52,1 %	29 %	2,9 %	100 %
1995-1996	15,8 %	52,4 %	28,7 %	3 %	100 %
1996-1997	15,4 %	52,3 %	29,1 %	3,2 %	100 %
1997-1998	14,3 %	53,1 %	29,2 %	3,4 %	100 %
1998-1999	13,2 %	53,7 %	29,7 %	3,4 %	100 %
1999-2000	12,9 %	53,5 %	30 %	3,5 %	100 %

– Plusieurs catégories d'établissements privilégient le recours à des infirmières ou à d'autres catégories de personnel comme les préposées aux bénéficiaires et les auxiliaires familiales ;

– De nombreuses infirmières auxiliaires ont pris leur retraite ou ont quitté le réseau et n'ont pas été remplacées.

Les statistiques de l'OIIQ, au 31 mars 2000, démontrent que la cohorte des infirmières en emploi est vieillissante. « C'est dans la classe des 45 à 49 ans que se retrouve le plus fort pourcentage de membres, soit 17,9 %. En outre, 60,3 % des membres ont 40 ans ou plus et 25,6 % ont 50 ans ou plus. Les infirmières de moins de 40 ans représentent 39,7 % de l'ensemble des membres[16] ».

16. Ordre des infirmières et infirmiers du Québec (2000a, p. 8).

En ce qui concerne le secteur clinique où elles pratiquent, les infirmières se répartissent comme suit, par ordre décroissant : 17 % en médecine et en chirurgie, 14,9 % en gérontologie et en gériatrie ; 6,7 % œuvrent en santé mentale et en psychiatrie, 6,2 % dans les soins d'urgence, 5,5 % aux soins intensifs, 4,4 % en périnatalité, 3,6 % en soins périopératoires et 3,4 % au maintien et aux soins à domicile. Les autres, soit 17,4 %, pratiquent dans divers autres domaines[17].

Selon les estimations du groupe de travail sur la planification de la main-d'œuvre des infirmières auxiliaires, 72 % de celles-ci travaillent dans le domaine des soins de longue durée alors que les 28 % qui restent sont associées à des soins de courte durée[18].

L'importance de la main-d'œuvre en soins infirmiers

Les ressources humaines du réseau de la santé ont toujours été qualifiées, mais pas toujours considérées dans les faits, comme très importantes par le réseau de la santé. En présentant ses orientations ministérielles (1998-1999 à 2000-2001), le MSSS titre son document relatif aux ressources humaines *Notre force, des personnes compétentes et dévouées*[19]. On peut lire, dans le texte de ces orientations : « Aux yeux de la population, le réseau sociosanitaire n'est pas un réseau d'établissements ou d'organismes, ce n'est pas un système ou une organisation. **Quand elle s'adresse au réseau, la population s'adresse toujours à des femmes et des hommes qui lui donnent des soins ou lui fournissent des services** » (en gras dans le texte original)[20].

De son côté, la Commission d'étude sur les services de santé et les services sociaux, à laquelle nous référons en parlant de la commission Clair, consacre tout un chapitre de son rapport aux ressources humaines et réaffirme leur importance : « Les grandes organisations qui connaissent le succès ont une marque de commerce commune : l'importance qu'elles accordent aux personnes qui sont à leur service[21]. »

Au cours des 10 dernières années, tous les ministres de la Santé ont eu les ressources humaines parmi leurs priorités. L'Association des hôpitaux du Québec (AHQ) rapporte que François Legault, lors de sa visite, peu après sa nomination à titre de ministre de la Santé et des Services sociaux en janvier

17. *Ibid.*, p. 11.
18. Ministère de la Santé et des Services sociaux du Québec (2001, p. 25).
19. Ministère de la Santé et des Services sociaux du Québec (1998).
20. *Ibid.*, p. 2.
21. Commission d'étude sur les services de santé et les services sociaux (2000, p. 112).

2002, a indiqué que le dossier des ressources humaines était sa deuxième priorité, la première étant l'accessibilité et l'intégration des services[22].

Malgré ces énoncés soulignant l'importance des membres du personnel du réseau, trop rarement a-t-on vu des gestes ou des politiques confirmer ces affirmations. Il faut souvent attendre que le système soit en crise pour observer une mobilisation réelle autour des ressources humaines.

C'est d'ailleurs le cas actuellement. Le système connaît en ce moment une crise financière et humaine, et tous les gestionnaires et observateurs du réseau se préoccupent de la main-d'œuvre, particulièrement de celle dédiée aux soins infirmiers. On s'en étonnera peu après le diagnostic qu'ont posé les membres de la Commission d'étude sur les services de santé et les services sociaux, diagnostic qu'ils qualifient eux-mêmes de grave :

> Les dernières années ont été éprouvantes… Encore aujourd'hui, la surcharge de travail, l'instabilité des équipes, les pénuries dans certaines catégories de professionnels, notamment les infirmières, s'ajoutent aux rigidités de toutes sortes pour entretenir un sentiment général d'insatisfaction, d'épuisement et de morosité[23]…

UNE GRANDE ABSENTE

En considérant les services et les soins infirmiers au sens large du terme comme le fait le MSSS et comme nous le faisons ici, c'est-à-dire en tenant compte des acteurs qui produisent les soins et les services infirmiers, il y a une grande absente : la contribution des aidants dits « naturels » et des nombreux organismes bénévoles. Ces « producteurs » de soins sont loin d'être une entité négligeable, et cela d'autant plus dans un contexte de virage ambulatoire. Les données sur l'apport de ces personnes sont encore peu nombreuses même si le réseau y accorde une place de plus en plus significative.

Dans une publication où elle examine les soins comme concept et comme pratique, Francine Saillant[24] signale quelques données permettant de prendre conscience de l'envergure de cette contribution. En 1981, on rapporte des études indiquant que la « proportion de soins dispensés sans intervention professionnelle atteindrait des pourcentages élevés, variant de 65 à 85 %[25] ». En 1990, au Québec, une recension des écrits sur l'aide fournie aux personnes âgées par les proches montre qu'« entre 70 [et] 80 % de ces soins de

22. Association des hôpitaux du Québec (2002).
23. Commission d'étude sur les services de santé et les services sociaux (2000, p. 112).
24. Saillant (1991, p. 11-29).
25. Levin (1981, p. 208-217). Cité dans Saillant, *Ibid.*, p. 15.

santé sont donnés par la famille[26] ». Depuis, la transformation vers des services ambulatoires a eu cours au Québec et il serait raisonnable de penser que la contribution de ces soignants est à la hausse.

LES FAITS SAILLANTS DES RÉCENTES PLANIFICATIONS DE LA MAIN-D'ŒUVRE

Le MSSS a établi un processus général de planification de la main-d'œuvre qui « permet de comparer les besoins futurs de recrutement pour les différents titres d'emploi du réseau avec les prévisions des diplômés dans ces programmes[27] ». Ce système de monitorage et de prévision des besoins en main-d'œuvre comporte les étapes suivantes : détermination de la main-d'œuvre disponible au début du processus de planification ; projection de l'attrition au cours des prochaines années ; estimation des besoins de main-d'œuvre dans le futur ; estimation du nombre de diplômés disponibles et enfin, comparaison des besoins de recrutement avec la relève disponible.

En ce qui a trait à la main-d'œuvre en soins infirmiers, deux opérations importantes et distinctes ont été menées : l'une pour le personnel infirmier et l'autre pour les infirmiers et infirmières auxiliaires. On trouve aussi, en annexe du Rapport sur la planification de la main-d'œuvre des infirmières auxiliaires, les résultats de deux analyses prévisionnelles, l'une relative aux préposées aux bénéficiaires et l'autre s'intéressant aux auxiliaires familiales.

Le Forum national sur la planification de la main-d'œuvre infirmière

C'est à l'automne 1999 que le ministère de la Santé et des Services sociaux (MSSS) mettait sur pied un Forum national sur la planification de la main-d'œuvre infirmière et conviait différents collaborateurs à « mettre en commun les expertises, les préoccupations et les informations reliées à la planification des effectifs et proposer au Ministère des orientations et des plans d'action[28]… »

---

26. Garant et Bolduc (1990). Cité dans Saillant, *Ibid.*, p. 15.
27. Jean (2000). Ce document est placé à l'annexe 2 de Ministère de la Santé et des Services sociaux du Québec (2001).
28. Ministère de la Santé et des Services sociaux du Québec (2001, p. 10).

En février 2001, le membres de ce forum déposaient leur rapport. Ce dernier établit les besoins quantitatifs et qualitatifs en main-d'œuvre infirmière pour le Québec, pour les prochaines années, et propose un plan d'action.

Après avoir rappelé l'importance des infirmières dans le réseau de la santé en indiquant qu'elles constituent à elles seules près de 25 % des effectifs totaux du réseau, le rapport prévoit une pénurie globale d'infirmières. L'analyse indique que, pour combler les départs (retraite, décès, cessation d'emploi) et répondre aux besoins croissants résultant du vieillissement de la population, il faudrait recruter 2 500 nouvelles infirmières en 2002 et jusqu'à 3 600 en 2015. Cela se traduit par une demande au ministère de l'Éducation (MEQ) de former 1 000 infirmières de plus chaque année. Si les trois systèmes de la figure 3.1 continuaient de fonctionner comme c'est le cas actuellement, le réseau de la santé ferait face à une pénurie estimée à 17 500 infirmières en 2015[29].

Il est difficile d'imaginer un tel manque de ressources. Ce nombre correspond à une pénurie cumulée que les membres du forum ont qualifiée de chronique. Ainsi, le déficit d'infirmières pour 2002 a été estimé à 421, pour 2005, à 776, et pour 2010, à 1 418. C'est la somme de ces déficits annuels estimés qui est représentée dans l'ampleur de la pénurie projetée en 2015. Le rapport indique toutefois qu'il faut tenir compte du fait que le déficit sera celui prévu pour chaque année si, et seulement si, toutes les autres variables restent identiques, c'est-à-dire si les pratiques professionnelles restent les mêmes, si l'organisation du travail ne change pas, si l'attraction et la rétention du personnel demeurent identiques à celles observées aujourd'hui.

Le rapport du forum poursuit en soulignant la « nécessité de mettre l'accent sur la formation ». Le vieillissement de la population, la demande croissante de soins et de services, la plus grande complexité des soins à donner aux diverses clientèles, les nouvelles façons de faire, l'évolution de la technologie dans le domaine de la santé, de même que les attentes et les exigences d'une population plus avertie sont les facteurs repris dans le rapport pour souligner le besoin d'infirmières mieux formées et la nécessité d'améliorer tant la formation initiale que la formation en cours d'emploi. Dans ce contexte de besoins de soins qui se complexifient, il faut également, selon les membres du forum, maximiser l'apport de l'expertise et de l'expérience.

La demande faite au système d'éducation de former un plus grand nombre d'infirmières ne peut s'inscrire dans un contexte plus exigeant. Les facteurs suivants permettent d'en saisir la difficulté : le nombre de jeunes

29. *Ibid.*, p. 7.

personnes diminue au Québec ; le MEQ prévoit donc une diminution du nombre d'étudiants, tant au cégep qu'à l'université ; la demande de personnel qualifié dans les secteurs scientifiques et techniques, y compris le secteur de la santé, ira en augmentant ; les femmes continuent d'être de plus en plus présentes dans les professions non traditionnelles. C'est donc un défi de taille, ces années-ci, que d'assurer la formation d'un nombre suffisant d'infirmières.

Un autre contexte jouant un rôle déterminant sur l'attraction et la rétention des infirmières est celui du milieu de travail. Ces dernières années, un cercle vicieux semble vouloir s'installer. La pénurie de professionnelles, la surcharge de travail qui y est associée, le recours accru aux heures supplémentaires – et même aux heures supplémentaires obligatoires – « accentuent les risques d'épuisement professionnel et font augmenter l'absentéisme, ce qui contribue à aggraver les problèmes dans les établissements[30] ». Le rapport poursuit en soulignant que « la situation ne pourra s'améliorer qu'à condition de mettre en place un milieu de travail assurant une réelle qualité de vie et donnant aux infirmières l'occasion de réaliser leurs aspirations tant sur le plan professionnel que sur le plan personnel[31] ».

Parmi les facteurs les plus susceptibles d'améliorer la qualité de vie au travail, mentionnons une charge de travail appropriée, le leadership professionnel et le soutien clinique, une formation continue adéquate, un cheminement de carrière, l'aménagement du temps de travail, le respect professionnel, la protection contre les blessures et maladies professionnelles et des salaires convenables.

Le diagnostic posé par le forum est très sérieux et « à moins que l'on mette en place un plan d'action énergique [...], la situation de la main-d'œuvre infirmière, déjà difficile, le deviendra encore plus, compromettant la capacité des établissements de maintenir l'accessibilité des soins et la qualité des services[32] ». C'est un constat pour le moins inquiétant qui souligne l'urgence d'agir.

Planification de la main-d'œuvre des infirmières auxiliaires

Le réseau de la santé et des services sociaux comptait 19 312 infirmières auxiliaires en 1985-1986. Au cours des 10 années suivantes, les effectifs ont diminué lentement mais régulièrement pour atteindre, comme on le voit au tableau 3.1 (p. 46), un peu plus de 16 000 en 1999. Le rapport indique qu'à

30. *Ibid.*, p. 8.
31. *Ibid.*, p. 8.
32. *Ibid.*, p. 7.

« compter de 1995-1996, avec la transformation du réseau, les compressions budgétaires et le surplus d'infirmières, le nombre d'infirmières auxiliaires a décliné rapidement : en deux ans, soit de 1996 à 1998, leur nombre a baissé de 2 738[33] ». On observe également, depuis 1999, une croissance de la demande d'infirmières auxiliaires évaluée à 2,2 % et attribuée à la pénurie d'infirmières.

Un programme révisé de formation pour les infirmières auxiliaires a par ailleurs été implanté en septembre 2000. Il vise à préparer les diplômées à travailler principalement dans les centres d'hébergement et de soins de longue durée.

« Parallèlement, les associations d'établissements ont poursuivi diverses réflexions sur le profil de compétence de la main-d'œuvre en soins infirmiers et dans le domaine de l'assistance aux personnes afin de répondre aux nouveaux besoins qu'entraîne la réorganisation du réseau[34]. » Cela n'a pas été sans provoquer de nombreuses inquiétudes chez les infirmières auxiliaires.

Le rapport indique toutefois que « plusieurs facteurs ont contribué à convaincre le groupe [de travail] de la pertinence de poursuivre les travaux sur l'organisation du travail en soins infirmiers en vue de permettre l'application du plan d'action. En effet, les prévisions annonçant une pénurie généralisée et chronique de main-d'œuvre dans tous les domaines des soins infirmiers et de l'assistance aux personnes incitent actuellement l'ensemble des partenaires à entreprendre des actions immédiates[35]. »

Utilisant le même système de monitorage que lors de la planification pour les infirmières, le MSSS indique que « le manque d'infirmières auxiliaires, déjà tangible en 2001, est appelé à croître progressivement selon l'analyse prévisionnelle présentée [...], et entraînera des carences annuelles qui, se cumulant, pourraient s'élever à 8 552 infirmières auxiliaires en 2016[36] ».

Les besoins de recrutement, 56 % en fait, se feront surtout sentir pour le remplacement des infirmières auxiliaires qui quitteront le réseau en raison des retraites, des décès ou des cessations d'emploi au cours des 16 prochaines années. Ils seront également tributaires de l'organisation des services, notamment en soins de longue durée, un champ d'activité qui occupe actuellement environ 72 % des heures travaillées par des infirmières auxiliaires.

---

33. Ministère de la Santé et des Services sociaux du Québec (2001, p. 13).
34. *Ibid.*, p. 13.
35. *Ibid.*, p. 14.
36. *Ibid.*, p. 14.

Les préposées aux bénéficiaires et les auxiliaires familiales

Le réseau évalue ses besoins de préposées aux bénéficiaires à 37 952 d'ici l'an 2016. De son côté, le programme Assistance aux bénéficiaires en établissements de santé serait en mesure de fournir 15 940 diplômées. « Il faut cependant noter que, pour ce titre d'emploi, le diplôme ne constitue pas nécessairement une condition d'embauche. [...] si la relève se limitait à ces diplômées et que le diplôme était exigé pour obtenir un poste de préposée aux bénéficiaires, le déficit cumulatif serait de 23 602 préposées aux bénéficiaires en 2016[37]. »

En ce qui concerne la demande d'auxiliaires familiales, les paramètres actuels indiquent une situation d'équilibre entre l'offre et la demande. Comme pour toutes les composantes de la main-d'œuvre infirmière, un monitorage continu est nécessaire afin d'évaluer les changements qui pourraient avoir lieu dans la demande en rapport avec la réorganisation du travail, et cela particulièrement dans les services de soutien à domicile.

LA PÉNURIE, UNE NOTION DIFFICILE À SAISIR

La notion de pénurie paraît simple ; il y a un certain nombre de postes vacants, de façon permanente ou temporaire, que l'on cherche à combler et la main-d'œuvre nécessaire n'est pas disponible. Pourtant, les spécialistes de la question notent que « le terme pénurie de main-d'œuvre est loin d'avoir un sens clair, [et] dans la littérature spécialisée, [et] dans les discussions concrètes de solution de problèmes[38] ». Cela illustre parfaitement la situation actuelle.

On se demande souvent comment les quotidiens et les revues spécialisées d'une part peuvent titrer leurs articles en utilisant le mot *pénurie* alors que d'autre part des infirmières ne trouvent pas d'emploi. Comment peut-on parler de pénurie quand près de 40 % des infirmières ne travaillent qu'à mi-temps ? Ces remarques sont fondées sur des données anecdotiques pour la première, mais la seconde a été évaluée par le Forum de planification de main-d'œuvre. En 1987, on estimait en effet qu'il y « avait environ deux fois plus d'infirmières diplômées que de postes en équivalent temps plein[39] » et au 31 mars 1999, le nombre d'infirmières en emploi, soit 55 076, équivalait à

37. *Ibid.*, p. 131.
38. Ministère de la Santé et des Services sociaux du Québec (1987, p. 7).
39. *Ibid.*, p. 8.

38 621 postes en équivalent temps plein[40]. Ces données devraient permettre de parler de surplus mais on parle de pénurie partout. Comment expliquer cette situation ?

Dans le réseau, il est souvent mentionné que la pénurie actuelle est de nature structurelle. Elle est définie comme « la non-correspondance, dans l'espace ou dans les qualifications, entre les besoins de main-d'œuvre et les disponibilités réelles[41] ». C'est donc dire qu'il existe en même temps des postes vacants et des personnes qui cherchent un emploi. Il faut donc comprendre que la main-d'œuvre disponible ne se trouve pas aux endroits où se font sentir les besoins ou qu'elle ne possède pas les qualifications nécessaires pour combler les postes vacants.

Cette analyse est corroborée par les résultats d'une enquête menée en 1998 par l'Association des hôpitaux du Québec[42], qui indiquaient que, dans le réseau, le terme « pénurie semble se définir et se présente (sic) différemment » dans les centres hospitaliers et les centres de santé. Cette enquête, à laquelle 80 % des établissements ont participé, permet également de constater qu'un « grand nombre d'établissements vivent des difficultés pour combler tous leurs besoins dans certaines spécialités et plusieurs craignent le départ d'infirmières qualifiées ».

Par ailleurs, une autre variable peut expliquer la difficulté de saisir la situation actuelle ; il s'agit de la répartition régionale de la main-d'œuvre. Pour les infirmières par exemple, les travaux de Marie Valois, directrice de la Direction de l'exploitation des données corporatives de l'OIIQ[43], indiquent une disponibilité inégale des infirmières selon les régions. Ainsi, sur 17 régions sociosanitaires, seulement 8 ont un nombre d'infirmières par 1 000 habitants supérieur à la moyenne provinciale. Valois a aussi examiné le résultat net des entrées et des sorties au fichier des membres de l'OIIQ entre 2000 et 2001. Elle constate que certaines régions ont un solde positif (c'est le cas des régions de Québec [03], de Laval [13], de Lanaudière [14], des Laurentides [15] et de la Montérégie [16]) et d'autres (les régions du Bas-Saint-Laurent [01], de Montréal-Centre [06], de l'Outaouais [07], de l'Abitibi-Témiscamingue [08] et de la Gaspésie–Îles-de-la-Madeleine [11]), un solde négatif. Dans cette série de données, la région de Montréal (06) se démarque de façon significative, accusant un déficit d'environ 450 entre les entrées et les sorties. La région la plus déficitaire après Montréal est

40. Ministère de la Santé et des Services sociaux du Québec (2001, p. 71).
41. Ministère de la Santé et des Services sociaux du Québec (1987, p. 16).
42. Association des hôpitaux du Québec (1998).
43. Valois (2002).

l'Outaouais (07) avec un manque d'environ 50. Il n'est donc pas surprenant que les échos émanant de Montréal soient dramatiques.

Il faut cependant se garder de prendre pour seul critère la situation montréalaise et de croire que des solutions efficaces dans cette région remédieront aux besoins dans toutes les autres. La pénurie de la main-d'œuvre infirmière est, rappelons-le, une notion plurielle dans le contexte actuel et demande d'être précisée et qualifiée sur une base régionale afin que les plans d'action mis en œuvre ciblent toutes les problématiques particulières en cause.

UNE HISTOIRE VRAIE

Avant de faire le point sur certains enjeux de la situation actuelle de la main-d'œuvre infirmière, il convient de rappeler l'histoire suivante, qui recèle certaines leçons pouvant inspirer la profession dans la consolidation de son plan d'action.

En 1986, la ministre de la Santé d'alors, Mme Thérèse Lavoie-Roux, formait un Comité d'étude sur la main-d'œuvre infirmière (CEMOSI) afin de « répondre à des préoccupations du milieu quant au recrutement, à la rétention et aux conditions de travail de ce personnel[44] ». Le rapport de ce comité fut déposé en mars 1987. En introduction de l'annexe I, qui présente l'analyse de l'évolution de la main-d'œuvre, on peut lire : « Le malaise qui a donné naissance à ce rapport provient de problèmes soulevés par les établissements touchant la disponibilité d'infirmières qualifiées, les craintes des infirmières auxiliaires face à leurs perspectives de rôle et d'emploi au sein du réseau de la santé et des services sociaux, et les interrogations posées sur l'évolution future du rôle et de la formation des infirmières. »

Le malaise décrit ressemble tellement à la situation qui prévaut actuellement qu'il est difficile de croire que 16 années se sont écoulées depuis le dépôt de ce rapport.

Les 38 recommandations du CEMOSI portaient sur la formation, les conditions de travail de même que l'imputabilité, l'évaluation et l'information de gestion. Les commentaires présentés par les directeurs des soins infirmiers et l'Ordre des infirmières et infirmiers du Québec, à la suite du dépôt de ce rapport, offraient également de nombreuses pistes de solutions, notamment un appel à la planification continue. Cet appel n'a pas reçu d'écho dans les années subséquentes.

44. Ministère de la Santé et des Services sociaux du Québec (1987).

En août 1988, après une tournée de consultation et de discussion sur le rapport avec les groupes représentatifs et les intervenants du réseau, la ministre proposait son plan d'action. Les interventions qui y étaient proposées, dont l'adaptation des conditions de travail, l'amélioration de l'organisation du travail, la révision des modes de fonctionnement des établissements afin d'accroître la place des soins infirmiers dans la gestion courante ainsi que la détermination des orientations de l'établissement, rappellent étrangement les actions prévues par le Forum de planification de la main-d'œuvre infirmière en 2001.

Mme Lavoie-Roux proposait également la mise en place, sur une base permanente, d'un groupe de concertation pour assurer une suite à cette démarche et « pour la permanence de l'attention devant être accordée à cette réalité si importante ».

La profession doit se rappeler cet épisode et doit en tirer certaines leçons de manière à mieux agir sur la situation actuelle.

DES ENJEUX POUR LA PROFESSION INFIRMIÈRE

Dans le dossier de la main-d'œuvre en soins infirmiers, la profession infirmière est appelée à relever plusieurs défis. Ils sont nombreux certes, mais certains apparaissent plus stratégiques et porteurs d'avenir. Nous examinerons brièvement trois d'entre eux : le besoin d'une planification permanente de la main-d'œuvre en soins infirmiers, la nécessité d'une planification locale continue et l'urgence de reconnaître formellement l'expertise infirmière.

Dans un article présentant une synthèse de données probantes sur l'apport des infirmières à la qualité et à l'efficience des services de santé, Judith Shamian[45] définit 10 situations qui font obstacle à une telle contribution. On trouve parmi celles-ci la pénurie d'infirmières que la majorité des pays industrialisés connaît une ou deux fois par décennie. Plus récemment, trois associations infirmières nationales – l'Academy of Canadian Executive Nurses (ACEN), l'Association canadienne des écoles universitaires de nursing (ACEUN) et l'Association des infirmières et infirmiers du Canada (AIIC) – rencontraient les premiers ministres provinciaux réunis à Vancouver et on rapporte dans le communiqué de presse que la présidente de l'AIIC précisait que « la tendance, en temps de pénuries d'infirmières, est de songer à la déréglementation et à la diminution des exigences de formation des infirmières comme moyen de faire entrer les nouvelles diplômées plus rapidement dans

45. Shamian (1997, p. 79-84).

le système. En fait, les causes de la pénurie infirmière n'ont rien à voir avec les exigences de formation, et tout à voir avec une mauvaise planification à long terme[46] ».

Près de 15 ans séparent ces deux citations. Plus de 15 ans séparent la situation actuelle de celle relatée plus haut dans l'« histoire vraie ». Il est plus que temps de tenir compte de ces données et d'agir.

Si l'on ne veut pas une évolution en « dents de scie » de la main-d'œuvre infirmière, si l'on ne veut pas d'une situation qui mine la qualité et l'efficacité des soins infirmiers et celle des services de santé, il importe qu'une planification permanente soit mise en œuvre. C'est là un des grands enjeux liés à la main-d'œuvre infirmière.

Le plan d'action de 1987 prévoyait la mise en place d'un groupe de concertation. Pourtant… On ne peut laisser 40 % de la main-d'œuvre du réseau aux aléas des contingences politiques et administratives. Une direction des soins infirmiers détenant des pouvoirs exécutifs doit être mise en place au MSSS.

Un deuxième enjeu est la résistance nécessaire à la tentation de croire que des stratégies uniques pour l'ensemble du Québec permettront d'apporter une solution au problème actuel de pénurie et qu'elles seront garantes d'une planification responsable de la main-d'œuvre infirmière. En ce sens, le Forum de planification de la main-d'œuvre infirmière a été bien inspiré quand il a inscrit dans son plan d'action le besoin d'une stratégie de planification régionale sous la responsabilité des régies régionales de la santé et des services sociaux. Plusieurs régies ont donné suite à ce plan, mais pas toutes.

Bien sûr, certaines approches doivent être mises en œuvre sur la scène provinciale. Mais comme la question de la pénurie présente une acuité différente et prend des formes diverses selon les régions, l'élaboration de stratégies régionales contribue très directement à l'efficacité du plan d'action ministériel. Qui plus est, une planification locale tenant compte de chaque établissement est également porteuse d'efficacité.

La Fédération des infirmières et infirmiers du Québec (FIIQ) a conçu un outil pour supporter les organisations qui souhaitent s'engager dans une telle démarche de planification locale de la main-d'œuvre. Cet outil, appelé *Agir sur notre devenir*[47], permet entre autres d'assurer la participation des premières personnes concernées, les infirmières, à une démarche concertée

46. Academy of Canadian Executive Nurses, Association canadienne des écoles universitaires de nursing, Association des Infirmières et infirmiers du Canada (2002).
47. Fédération des infirmières et infirmiers du Québec (2002).

avec les administrateurs et d'explorer en profondeur l'organisation du travail dans chaque établissement. Le processus présenté est articulé dans le temps, global, continu et mobilisateur. On peut facilement imaginer l'impact potentiel d'une telle approche mise en œuvre par les principaux acteurs de ce secteur d'activité.

Le troisième enjeu concerne la reconnaissance du processus d'acquisition de l'expertise infirmière et la reconnaissance formelle de cette expertise même. Depuis plusieurs années maintenant, les infirmières se sont familiarisées avec la notion de développement de l'expertise présentée par Patricia Benner. En revanche, nous avons peu traduit, concrètement, les impératifs liés à ce processus.

Aujourd'hui, le réseau regrette la perte de ses infirmières expertes et la relève est privée des modèles de rôle et de l'encadrement professionnel auquel elle a droit et dont elle a besoin pour entreprendre sa socialisation professionnelle et le développement de ses compétences. On peut bien accuser la poursuite de l'objectif « déficit zéro » d'être le déclencheur de ce gâchis, mais on peut aussi se demander si la stratégie de mise à la retraite massive aurait pris cette forme si le réseau avait reconnu formellement les expertises infirmières.

Quoi qu'il en soit, les références aux expertises infirmières évoquées régulièrement au cours des derniers mois sont sans doute une douce musique aux oreilles des membres de la profession ! Cynique ? Oui. Un peu. Mais elles constituent aussi une occasion sans précédent d'inscrire officiellement dans les conventions collectives les mécanismes nécessaires à la protection du développement de l'expertise et sa reconnaissance formelle.

La profession, c'est-à-dire les infirmières et les infirmiers comme individus et comme groupe, doit extirper la pratique infirmière du paradoxe auquel Saillant se réfère en écrivant : « Par rapport aux soins, les femmes reçoivent un double message, puisqu'elles sont à la fois considérées comme une main-d'œuvre sans expertise et des expert-e-s sur lesquelles on compte[48]. »

CONCLUSION

Nous l'avons vu, la main-d'œuvre en soins infirmiers est importante tant au point de vue quantitatif que sur le plan qualitatif. On peut sans exagérer la considérer comme un pilier majeur du réseau de la santé. Mais comment ne

48. Saillant (1991, p. 24).

pas constater que ce pilier est régulièrement fragilisé et qu'à cause de cela la qualité des soins et des services est menacée ? Une société comme la nôtre, qui tient à son système de santé, qui le valorise en acceptant d'y investir des sommes faramineuses et qui en exige une performance de haut niveau, ne peut et ne devrait pas consentir à ces perturbations.

Le constat est clair : échec de l'immobilisme et urgence d'agir. Il faut dire « fini, les vœux pieux » qui mettent en péril la santé de la population et jettent le discrédit sur une main-d'œuvre encore, malgré tout, engagée et désireuse de servir la population.

L'absence de planification à long terme peut être retenue comme un échec des 15 dernières années. Elle peut aussi être le signal que les planifications en cours doivent recevoir le support approprié pour devenir continues et permanentes. Il serait également impératif de se rappeler les propos de la commission Clair sur l'omniprésence nécessaire d'une véritable culture de la relève dans le processus de planification[49].

Qu'il me soit permis, en terminant, de saluer et de rendre hommage à tout le personnel infirmier, à mes collègues infirmières qui, à court d'énergie, tiennent le réseau souvent à bout de bras, et tout particulièrement, les jeunes diplômées qui, le cœur palpitant de fierté, de joie et d'anxiété face au contexte actuel, s'apprêtent à y entrer. En tant que citoyens, gestionnaires, enseignants ou collègues, nous leur devons le meilleur de nos efforts.

49. Commission d'étude sur les services de santé et les services sociaux (2000, p. 124).

Deuxième partie

La contribution des soins infirmiers

La contribution sociale des soins infirmiers à l'intérieur du système de santé est particulièrement visible au fil de la pratique quotidienne. Elle est inspirée par des valeurs héritées d'une longue tradition de service et témoigne d'un savoir qui sert de fondement à l'exercice des grandes fonctions infirmières durement mises à l'épreuve dans la présente conjoncture économique. L'environnement de la pratique infirmière doit cependant favoriser de façon optimale l'épanouissement du potentiel de la profession en prévoyant des modes d'organisation de la pratique qui mettent en valeur l'expertise des effectifs. Par ailleurs, l'efficacité et l'efficience des gestes professionnels prennent une nouvelle signification depuis que la gestion du système est orientée vers les résultats à obtenir. Enfin, les responsabilités professionnelles de l'infirmière revêtent une importance primordiale alors que la profession est plus que jamais contrainte d'assurer sa pertinence sociale.

Aux yeux de la population, la pertinence sociale de la profession infirmière est intimement liée à son système de valeurs. Dans le chapitre 4, Danielle Blondeau utilise des images pour illustrer les principales valeurs qui ont marqué le processus de transformation de la profession et fait ressortir leurs liens avec le contexte social et culturel de différentes époques. Malgré le passage du temps, plusieurs de ces images sont toujours appropriées et se confondent dans les représentations populaires de l'infirmière : servante du Seigneur (vocation), servante du médecin (subordination), technicienne (début de libération), « avocate » des usagers, puis professionnelle autonome (poussée autonomiste). Elle met ainsi en évidence les valeurs et les comportements liés à la pratique, lesquels, au fil des ans, ont modifié la responsabilité éthique. Mais pour l'auteure, le *caring* a une signification toute particulière en tant que valeur fondamentale et essentielle des soins infirmiers. Elle associe enfin l'évolution des comportements inspirés par ces valeurs et qui ont été observés dans la pratique par suite de la modification de la responsabilité éthique.

Pratique et fonctions vont de pair. Clémence Dallaire, au chapitre 5, examine les grandes fonctions infirmières que sont le soin, l'éducation à la santé, la collaboration, la coordination et la supervision, du point de vue de leur contribution à la santé de la population. Elle distingue par ailleurs les notions de fonction et de rôle, précisant en cela que la « fonction » représente tout ce que doit accomplir une personne pour jouer son rôle dans la société. C'est à partir de ces définitions qu'elle aborde l'ensemble des fonctions décrites comme constituant le rôle des infirmières dans le système de santé.

La majorité des infirmières jouent leur rôle dans un environnement institutionnel qui devrait en principe offrir un climat favorable à leur plein épanouissement professionnel. Dans le chapitre 6, Valerie Shannon met justement en relief les résultats d'un milieu de travail positif. Elle examine l'organisation des soins infirmiers, les relations de ce milieu avec la situation des usagers et de leur famille. L'auteure insiste sur les défis et les possibilités qui s'offrent aux infirmières et aux autres dirigeants du système de santé pour améliorer les soins à long terme.

Dans la conjoncture économique actuelle, efficacité, efficience et résultats à obtenir sont devenus des leitmotivs. Il s'agit cependant de notions avec lesquelles plusieurs infirmières ne sont pas toujours familiarisées. Dans le chapitre 7, Gyslaine Desrosiers et Marie Valois exposent les caractéristiques de la recherche d'efficacité et d'efficience. Elles cernent également la dynamique des forces en présence qui influent sur l'allocation de la ressource infirmière et l'organisation des soins. Elles étudient la transformation des structures, la régionalisation, la performance des centres hospitaliers et la réduction des dépenses en santé. Elles émettent l'hypothèse qu'une compréhension fine de ces éléments aiderait les infirmières à rechercher et à promouvoir des solutions organisationnelles pour la prise en charge des clientèles qui, tout en respectant les standards de la profession, seraient recevables par les décideurs.

L'obligation de tenir compte de l'efficacité et de l'efficience des soins dans la pratique quotidienne ajoute une dimension aux responsabilités professionnelles de l'infirmière, tant du point de vue de la reconnaissance professionnelle que de celui du statut juridique. Ces deux volets distincts et complémentaires de la responsabilité professionnelle sont traités par Danielle Blondeau et Martin Hébert au chapitre 8, qui se divise en deux parties, l'une portant sur les responsabilités morales associées au statut professionnel et l'autre, sur les responsabilités légales associées au statut juridique.

Quatrième chapitre

Les valeurs de la profession infirmière d'hier à aujourd'hui

DANIELLE BLONDEAU

INTRODUCTION

L'évolution de la profession infirmière s'est accomplie selon un processus de transformations tributaires du contexte social et culturel des dernières décennies. Cette évolution s'accompagne, inévitablement, de profondes remises en question qui décideront de sa prochaine orientation. Un survol rapide permettra de dégager certaines images qui se sont succédé au fil de l'histoire des soins infirmiers et qui révèlent l'important mouvement qui s'est développé jusqu'à nos jours. Il ne s'agit pas, ici, de retracer fidèlement l'évolution historique de la pratique des soins infirmiers[1], mais plutôt d'en souligner quelques étapes afin de mettre en évidence des valeurs et des modèles de comportement qui ont caractérisé cette pratique et qui en ont modifié la responsabilité éthique au fil des ans.

Servante du Seigneur, auxiliaire du médecin, mère substitut, domestique, technicienne, clinicienne, « avocate » des clients, professionnelle autonome, etc., les analogies sont nombreuses. Chacune d'elles véhicule des valeurs qui lui sont propres et qui se traduisent tant dans la prestation quotidienne des soins que dans la relation entre l'infirmière et le client. Même si ces images caricaturales se chevauchent dans le temps et s'entremêlent parfois, nous porterons davantage notre intérêt sur certaines d'entre elles pour

1. À ce sujet, voir Collière (1982) et Saillant (1991).

marquer l'évolution de la trame morale associée à la pratique des soins infirmiers. Il n'en demeure pas moins que certaines valeurs fondamentales comme le *caring*, notamment, ont toujours constitué l'essence même des soins infirmiers et que, selon les époques, ces valeurs ont été tantôt oubliées ou absentes, tantôt dévalorisées ou sacralisées.

L'illustration des analogies que nous venons d'énumérer se fera en quatre parties, qui correspondent aux valeurs caractéristiques des différentes « époques » de la profession : la vocation, la subordination, la libération et la poussée autonomiste.

LA VOCATION

Qu'on l'attribue à la multiplication des communautés soignantes chrétiennes depuis la fin du Moyen Âge[2], à la vocation de la chrétienté en général, qui fut de secourir les malheureux, les infortunés, les pauvres et les malades, à l'évolution hospitalière au XXe siècle[3] ou à la prolifération des écoles de formation infirmière dans les hôpitaux, l'idée de la « religieuse » ou de la « femme consacrée[4] » est intimement associée à l'imagerie de la pratique des soins infirmiers. Dès ses débuts, et même à des époques très anciennes, cette pratique se caractérise par le souci de la préservation de la vie humaine et par une préoccupation morale profonde. Toutefois, l'impératif éthique s'amplifie à l'époque du christianisme : amour, charité, dignité et respect de la personne sont alors des valeurs essentielles. C'est dans le dévouement et le don de soi, dans le sacrifice et l'oubli que les religieuses se soumettent à leur vocation. Servantes du Seigneur, elles intègrent à leur pratique l'enseignement religieux, soignant ainsi le corps et l'esprit. L'assistance physique et le soutien spirituel deviennent alors des préoccupations morales dictées et inspirées par le respect de la personne et l'amour du prochain.

La place qu'occupent les religieuses crée, à l'égard de la profession, certaines attentes. D'une part, l'accent est mis sur les qualités vertueuses de la personne qui dispense les soins. Celle-ci doit être soumise, charitable, attentive, compatissante, dévouée et effacée, puisque c'est par le don de soi qu'elle se met au service du prochain et au service de Dieu. D'autre part, il semble qu'on attribue ces qualités exclusivement aux personnes de sexe féminin. La tradition, d'ailleurs, a longtemps associé au rôle féminin les attri-

2. Petitat (1989, p. 28).
3. *Ibid.*, p. 33.
4. Bien que l'expression soit empruntée à Collière, celle-ci l'analyse à partir d'un contexte élargi (voir Collière, 1982, p. 56-71).

buts de compassion, de bonté, de dévouement, de don de soi, etc. Subissant l'influence de cette tradition morale, la pratique des soins infirmiers évolue sous la tutelle du pouvoir religieux, gardien des valeurs morales. Parallèlement se développe l'image de la femme soignante, qu'on identifie à un rôle social reconnu.

Religion et féminité vont imprégner fortement le devenir de la pratique infirmière, à un point tel que, dès le début du XXe siècle, l'exercice de la profession infirmière repose essentiellement sur cette double caractéristique. Fait peu étonnant puisque, à cette époque, la religion tient lieu de morale et que la responsabilité éthique des infirmières se résume à servir de même qu'à « prendre soin ».

LA SUBORDINATION

Au stade de la vocation, l'activité infirmière s'est développée au sein d'une structure de dépendance hiérarchique qui a continué de se perpétuer dans le temps ; on associe le rôle de l'infirmière à celui de mère, d'auxiliaire, de domestique, etc. Quelles que soient les analogies utilisées, elles comportent toutes un lien de subordination qui rattache l'infirmière à une autorité quelconque. Il n'y a qu'un pas entre la soumission au Seigneur, ainsi qu'au clergé, et la subordination au père, au médecin, au supérieur ou à la supérieure.

Le modèle de substitution

Le modèle de la mère substitut occupe une place importante dans la littérature et, surtout, dans l'imagerie associée à la pratique des soins infirmiers. D'ailleurs, le mot anglais *nursing* vient du latin *nutrix* qui signifie « celle qui nourrit, allaite, soigne, abrite, berce, dorlote, tient dans ses bras, chérit, prend soin », etc. Tous ces termes renvoient à un type de comportement requérant le don de soi et l'ouverture à autrui, ce que le code canadien de déontologie, effectivement, associe au mot *caring*[5]. Pour peu qu'on s'y attarde, il est facile d'y déceler toutes les qualités ou les « vertus » qu'on exige de la mère traditionnelle qui s'occupe de ses enfants et dont on associe le rôle à celui de l'infirmière qui, elle, s'occupe de ses « patients ». En effet, en tant que mère substitut, l'infirmière prend soin de ses « enfants » malades, c'est-à-dire vulnérables, démunis et dépendants. Il n'est pas étonnant que le mot « patient » ait traversé le temps et fasse encore partie du langage populaire.

5. Association des infirmières et infirmiers du Canada (1980).

En associant l'idée de la personne malade à celle de l'enfant, on évoque d'emblée un certain type de comportement : l'abandon à la bienveillance d'une présence qui veille, protège et soigne. Le rôle passif du malade repose sur la perception de sa grande vulnérabilité, mais surtout sur l'assurance qu'il peut s'en remettre entièrement aux soins de la figure maternelle. Le terme « patient » fait donc écho à l'idée de dépendance et à son corollaire, la passivité.

Sheri Smith (1980) a analysé le modèle de la mère substitut. Elle fait correspondre la responsabilité éthique de l'infirmière à un engagement total, voire inconditionnel, envers le patient, au point où elle seule connaît véritablement les besoins à combler. Son rôle s'inscrit dans la recherche des meilleurs intérêts du patient. Ce modèle, porteur d'une conception paternaliste des soins infirmiers, compromet inévitablement la responsabilité du patient dans la gestion de sa santé puisque ce dernier y est considéré comme un enfant incapable de juger ni de choisir. Toutes les décisions émanent en effet de la figure maternelle, que le malade associe automatiquement à la réponse à ses besoins. L'infantilisation qui en découle renforce l'impuissance et la passivité des patients, et affermit le pouvoir de l'autorité maternelle.

En dépit du rôle exercé par l'infirmière à l'endroit du patient, celle-ci est néanmoins assujettie à l'immense autorité attribuée au médecin. Mila Ann Aroskar (1980), infirmière et éthicienne américaine, a suggéré l'idée que, dans les premières écoles américaines et pour des raisons strictement économiques, le modèle familial est le modèle adopté dans le milieu hospitalier. La politique et les procédures servent à guider la bonne gestion de la « maisonnée ». Suivant le modèle familial, le médecin se voit attribuer le rôle du père pourvoyeur, c'est-à-dire celui qui répond à l'appel des patients et détecte la maladie en posant un diagnostic, les envoie à l'hôpital s'il le juge à propos et détermine le processus thérapeutique. Quant à l'infirmière, la « mère », elle accomplit sa tâche en contribuant à l'œuvre du médecin. Don de soi et esprit de sacrifice l'animent dans l'exécution des « ordres » dictés par l'autorité paternelle. En maintenant une présence 24 heures sur 24, elle tente de combler les besoins du père et des enfants et veille au bonheur de la « famille[6] ». En d'autres mots, le rôle de mère se confond avec celui de domestique pour assurer la survie de l'établissement, et avec celui d'auxiliaire pour garantir la satisfaction du médecin.

Une valeur fondamentale se dégage du modèle familial : la loyauté. En dépit d'une probité scrupuleuse envers le patient, c'est d'abord et avant tout la loyauté envers le médecin qui domine. Isabel Hampton Robb, en 1900, décrit ainsi les obligations morales de l'infirmière : « Après s'être soumise au

6. Ashley (1976).

médecin, elle doit demeurer loyale envers lui et exécuter ses ordres au pied de la lettre[7]. » Évidemment, la loyauté doit se traduire par une obéissance indéfectible, pour ne pas dire aveugle, à l'autorité médicale. Cette norme de conduite fait d'ailleurs partie intégrante de tous les aspects de la carrière de l'infirmière[8]. Dans une allocution destinée à des étudiantes en 1906, Charlotte M. Perry rappelle l'esprit de la pratique infirmière : « Des directives claires et explicites sont données et on doit y obéir sans se poser de questions. Le respect de l'autorité implique une obéissance totale[9]. » Kelly (1981, p. 171) va dans le même sens. Elle décrit le contexte dans lequel évolue le service infirmier au début du siècle : « La formation de l'infirmière valorisait l'obéissance, la soumission aux règlements, les bonnes manières et la loyauté envers le médecin plutôt que le jugement, le sens des responsabilités et l'humanisme[10]. »

À cette époque, l'éthique de la profession est axée essentiellement sur la soumission et l'obéissance de l'infirmière. En d'autres mots, elle se limite aux règles découlant du respect de l'autorité. De même, les « bonnes manières » doivent se refléter tant dans l'allure, la voix, le langage (la politesse) que dans la démarche[11].

Gerald Winslow (1984), qui s'est intéressé aux changements et à l'évolution de l'éthique des services infirmiers, a comparé l'obéissance et la loyauté envers le médecin avec celles que l'on exige de la part des militaires envers leurs supérieurs (*military metaphore*). C'est d'abord dans un contexte militaire, explique Winslow (p. 32), qu'a émergé la profession infirmière moderne sous l'influence de Florence Nightingale. Il décrit cette pionnière comme le *superintendent* des infirmières au sein des hôpitaux militaires britanniques. Elle s'est d'ailleurs rendue sur les champs de bataille, lors de la guerre de Crimée (1854-1855), pour porter assistance aux blessés. Dans la même veine, Winslow associe également le vocabulaire de la médecine à cette époque avec celui des militaires : la maladie est l'ennemie que la médecine combat ; elle envahit le corps et affaiblit ses défenses ; la médecine déploie son arsenal de médicaments et ses batteries de tests ; son artillerie s'organise, etc. La formation des infirmières, ajoute-t-il, poursuit des objectifs de discipline qui ressemblent à ceux qu'on cherche à atteindre par l'entraînement militaire. Charlotte M. Perry (1906, p. 450) met également l'accent sur cette caractéristique de formation de la future infirmière : « Elle

7. Citation tirée de Becker (1986). Notre traduction.
8. Perry (1906, p. 452).
9. *Ibid.*, p. 10. Notre traduction.
10. Notre traduction.
11. Perry (1906, p. 451).

(l'infirmière) apprend vite l'aspect militaire de la vie professionnelle, c'est-à-dire une vie de labeur et de discipline où la répétition des mêmes tâches conduit à une précision et à une dextérité absolues dans l'exécution des gestes[12]. »

L'aspect militaire, comme le mentionne Perry, s'exprime autant par la discipline issue de l'entraînement et le port de l'uniforme « galonné selon le rang », dirait Winslow, que par le respect envers toute personne représentant l'autorité. À ce sujet, particulièrement, toute position hiérarchique est clairement déterminée. Des frontières s'établissent et interdisent toute forme de familiarité. Perry (1906, p. 452) ira jusqu'à dire qu'une simple « proposition de suggestion » adressée aux personnes possédant un poste supérieur constitue une faute grave. La structure hiérarchique s'impose autant au sein du personnel infirmier même (directrice, infirmière-chef, *senior, junior,* novices) qu'à l'intérieur de l'ensemble du corps médical, où le médecin représente le commandant.

La responsabilité éthique de l'infirmière consiste, d'abord et avant tout, à obéir aux supérieurs et à manifester une loyauté absolue envers le médecin, tout comme elle le ferait dans l'armée ou en tant que mère protectrice et soumise. En portant assistance aux patients, l'infirmière renforce la figure de l'autorité médicale, ce qui contribue à affermir la confiance de la personne malade envers son « sauveur » et à assurer sa guérison.

Soldat, auxiliaire du médecin, mère ou servante du Seigneur : toutes ces images sont sous-jacentes à la subordination de l'infirmière et à sa soumission. En dépit du fait que l'infirmière soit constamment en présence de la souffrance et de la maladie, sa contribution, même si elle est nécessaire à la survie de l'entreprise, la maintient au rang de subalterne, la soumission exigeant obéissance, compassion, don de soi, dévouement, sacrifice. La trame morale se fige dans la contrainte.

VERS LA LIBÉRATION

On attribue généralement, nous l'avons vu, l'émergence de la profession infirmière moderne à Florence Nightingale, vers le milieu du XIXe siècle. Cependant, des recherches récentes viennent mettre en doute le rôle qu'aurait pu jouer Florence Nightingale concernant la formation des infirmières[13]. En dépit de cette percée notoire, qui distinguait nettement le soin

12. Notre traduction.
13. Baly (1986).

infirmier du « soin médical » et qui allait marquer une étape décisive dans l'histoire de la profession, diverses influences allaient refréner l'ascension autonomiste des infirmières. Il s'agit, principalement, du développement de la science médicale et de la pénétration du courant de l'empirisme logique[14]. La révolution scientifique et technologique qu'a connue le XIXe siècle reposait sur l'objectivité, l'expérience, les faits, la recherche de résultats, la mesure du plus en plus petit, l'instrumentation et la validité[15].

Le modèle technique

L'émancipation de la pratique infirmière évolue sous la protection et le prestige de la « science » médicale : les infirmières « formées » deviennent des auxiliaires recherchées. Malgré la persistance d'un lien de subordination, l'infirmière se taille une place considérable dans les services de santé et devient, par la même occasion, indispensable au maintien de la qualité des soins.

Sous ces influences, un virage s'effectue, orienté sur la formation scientifique. À l'idéal moral du début s'ajoutent les dimensions de connaissances et d'habiletés techniques. Une transformation importante survient : de la recherche de la qualité de la personne soignante elle-même, on se dirige vers la qualité du geste à accomplir. Le souci moral s'oriente davantage vers l'acte professionnel que vers la personne qui dispense les soins. La vertu seule ne suffit plus pour soigner ! Désormais sont exigés savoir, compétence et efficacité : connaître pour mieux soigner. C'est dans cette optique qu'émerge la dimension technicisée.

Sheri Smith (1980, p. 176-188), qui s'est aussi penchée sur l'étude du modèle technique[16], suggère l'émergence d'une conception scientifique des soins. À ce sujet, elle écrit (p. 180) :

> L'infirmière doit utiliser des méthodes scientifiques et des traitements scientifiques pour soigner les patients. L'engagement de l'infirmière envers le patient est un engagement à fournir les meilleurs soins infirmiers possible, en répondant aux besoins du patient au meilleur de ses connaissances[17].

La profession en vient donc à reposer sur une base scientifique qui domine, à cette époque, la dimension morale initiale. La responsabilité

14. Cull-Wilby et Pepin (1985).
15. Watson, cité dans Cull-Wilby et Pepin (1985, p. 516).
16. Cette appellation vient de Smith.
17. Notre traduction.

éthique de l'infirmière est cependant confinée à l'application exacte de ses connaissances et de ses habiletés. Ce qui compte, c'est un service compétent et efficace : un bon service donne de bons résultats.

Selon le modèle technique, le patient devient le client, c'est-à-dire celui qui consomme le service et qui conserve l'entière responsabilité de ses choix et de ses demandes. On exige de l'infirmière la neutralité éthique. Faisant abstraction de ses propres valeurs et de son jugement personnel, elle ne met que ses connaissances au service du consommateur. En d'autres mots, elle recherche l'objectivité pure et simple ; les phénomènes biologiques qui se manifestent chez le client indiqueront ses besoins.

La multiplication des progrès scientifiques, l'explosion des possibilités technologiques et la spécialisation ont conduit fatalement à une conception mécaniste de la personne. Celle-ci est considérée comme un assemblage d'organes et de tissus, eux-mêmes perçus comme un agencement de cellules. L'objectivation de la personne et, par conséquent, son morcellement favorisent l'apparition de la déshumanisation des soins, qui engendrera des situations qu'il faudra redresser plus tard.

LA POUSSÉE AUTONOMISTE

Il faudra attendre les années 50 et même les années 60 pour assister à une convergence d'efforts en vue de redresser les soins infirmiers et d'élaborer un corpus unique de connaissances[18]. Sans délaisser le savoir issu de l'expérience, acquis dans la pratique, le développement des connaissances et l'organisation du savoir s'inscrivent dans la quête d'une identité professionnelle. Aujourd'hui, l'ascension autonomiste de la profession se poursuit de concert avec la libération des contraintes d'antan et la consolidation d'une pratique des soins infirmiers mieux définie.

La trame morale qui avait toujours été le support des soins infirmiers, mais qui s'était estompée au profit de la dimension scientifique, refait surface dans un contexte différent et à partir d'un questionnement renouvelé. Les signes de cette transformation sur le plan éthique sont particulièrement abondants. La révision des différents codes de déontologie infirmière en est un bon exemple. Les rapports de subordination entre médecins et infirmières, notamment, sont désormais des rapports de collaboration. Ainsi, la prescription déontologique suivante, qui date de 1953, est retirée du code international : « L'infirmière a l'obligation d'exécuter les prescriptions du médecin

18. Cull-Wilby et Pepin (1985, p. 517) ; Silva et Rothbart (1984).

avec intelligence et loyauté, et de refuser de participer à des actes que la déontologie condamne[19]. » Cette prescription sera remplacée, en 1973, par celle-ci : « L'infirmière coopère étroitement avec tous ceux et celles avec lesquels elle travaille, tant dans le domaine des soins infirmiers que dans d'autres domaines[20]. » Bref, la sacro-sainte valeur que constituait la loyauté envers le médecin s'estompe et affaiblit, du coup, la structure hiérarchique qui déterminait auparavant les rapports entre les infirmières et les médecins.

Le modèle de la professionnelle autonome

L'émergence d'une littérature sur l'éthique des soins infirmiers concourt également à une nouvelle perception des obligations professionnelles. Dorénavant, l'éthique ne se réduit plus à des règles de bonne conduite et à des exhortations à l'obéissance. Elle concerne plutôt la responsabilité professionnelle. L'infirmière n'est plus perçue comme une auxiliaire, une subalterne, un automate ni comme une exécutrice d'ordonnances. Au contraire, elle est considérée comme une personne dont l'autonomie, tant personnelle que professionnelle, exige une grande compétence, du jugement et du discernement : la pratique infirmière requiert maintenant des prises de décisions multiples se concrétisant dans des actions précises qui, elles, sont réfléchies, choisies, planifiées en fonction de buts particuliers. La notion de jugement professionnel est désormais considérée comme une composante majeure au sein de l'activité infirmière. Barbara Carper (1978, p. 20) a bien saisi l'importance éthique du jugement professionnel quand elle écrit :

> La connaissance de la moralité dans les soins infirmiers va plus loin que la simple connaissance des codes de déontologie ou de discipline. Elle inclut toutes les actions volontaires auxquelles on a dû réfléchir parce que les questions du bien et du mal se posaient[21].

La reconnaissance de la nécessité du jugement professionnel vient affermir l'identité de la profession infirmière. Des procès tristement célèbres, d'ailleurs, ont démontré l'importance et la reconnaissance légale du jugement professionnel des infirmières[22]. En effet, un manque de jugement professionnel, dans certaines circonstances particulières, est considéré comme une faute de négligence grave qui peut conduire à des pénalités importantes. L'obligation éthique du jugement professionnel rompt définitivement tous les liens de subordination qui avaient entravé les débuts de la profession.

---

19. Conseil international des infirmières (1953).
20. Conseil international des infirmières (1973).
21. Notre traduction.
22. Cushing (1982) ; Langslow (1987) ; Wilson (1983).

L'acquisition d'une autorité légitime vient, en quelque sorte, consacrer l'autonomie de l'exercice de la profession et, avec elle, la responsabilité découlant de la pratique professionnelle.

Peu importe la manière d'y accéder, l'identité infirmière se fonde désormais sur la reconnaissance de l'autonomie professionnelle. L'avènement d'une nouvelle « image professionnelle » figure, d'ailleurs, dans les modèles récents proposés par la littérature contemporaine. Par exemple, Smith (1980, p. 181-183) oppose à l'image traditionnelle de la mère substitut celle d'une entrepreneure autonome qui négocie avec son client un programme de soins et consulte les autres professionnels de la santé. Dans cet esprit, d'ailleurs, un nouveau concept de soins tend à émerger au Canada. Il s'agit du *case management*[23], qu'on peut traduire par « gestion par cas[24] ». De plus, la littérature véhicule constamment le concept d'autonomie d'où proviennent, entre autres, les notions de pouvoir et de politique[25], tout comme la notion d'*advocacy,* attribuant à l'infirmière un rôle d'avocate qui se porte à la défense des droits et des intérêts des bénéficiaires. La loyauté envers le client, signe de rupture avec les traditions, est dorénavant la responsabilité éthique primordiale de l'infirmière. Les conceptions qui lui attribuaient des rôles de nourrice, de servante, d'auxiliaire et de subalterne font désormais partie du folklore. L'orientation contemporaine des soins infirmiers suppose qu'on accorde à l'infirmière un rôle indépendant, et c'est le bénéficiaire qui se trouve maintenant au centre de ses préoccupations, d'où un intérêt marqué pour les relations avec les clients, la réappropriation du *caring,* le respect de l'unicité de la personne, l'humanisation des soins, la loyauté envers le client et, par conséquent, la défense de ses intérêts. Dans sa poussée autonomiste, la profession a relégué au passé ses rapports de subordination et sa loyauté sans bornes envers le médecin. Du même coup, elle a modifié sa perception à l'égard de l'« ancien patient », être biologique passif, pour le considérer comme une personne à part entière, c'est-à-dire un être humain. Le soin infirmier s'humanise et délaisse la conception mécaniste et technicisée des décennies précédentes.

En résumé, la dimension éthique représente, aujourd'hui, une composante majeure de l'exercice professionnel. Elle implique des obligations et des responsabilités inégalées qui résultent forcément de toute pratique professionnelle autonome.

---

23. King (1992).
24. Yergeau (1992, p. 5).
25. À ce sujet, voir le chapitre 5, de Clémence Dallaire, ainsi que les articles qu'elle a publiés en 1987 dans *L'Appui,* le bulletin d'information de la Corporation des infirmières et des infirmiers de la Rive-Nord.

Le nouveau paradigme infirmier suit également l'évolution des valeurs sociales et culturelles de notre époque. Nous retiendrons deux aspects majeurs qui ne sont pas étrangers à la poussée autonomiste de la profession. Il s'agit, premièrement, de l'ampleur du mouvement en faveur des droits de la personne et, deuxièmement, de l'évolution étonnamment rapide de la technologie dans le domaine des sciences de la santé.

La reconnaissance des droits de la personne

La reconnaissance des droits de la personne s'accroît de jour en jour. La popularité des chartes des droits, défenseurs publics et universels d'une revendication pourtant individualiste, témoigne de cette percée. Soulignons, par exemple, l'émergence des droits des femmes, des droits des enfants, des droits des personnes âgées, des droits des étudiants, des droits des bénéficiaires, etc. Dans cette foulée, notamment, le « citoyen-à-droits » s'insurge contre la prise en charge paternaliste de sa santé et revendique son autonomie. Il réclame le droit de prendre des décisions au sujet de sa vie, de sa santé et de sa mort. Plusieurs indices manifestent cette préoccupation. Par exemple, l'apparition de formulaires où un citoyen exprime à l'avance ses choix en ce qui concerne les traitements entourant la fin de sa vie ; l'arrivée, sur la scène juridique, de personnes qui réclament le droit de mourir dans la dignité, arguant de leur droit de refuser certains traitements ; la récente réforme du système de santé québécois, dont l'objectif fondamental est « de replacer le citoyen au centre du réseau de la santé et des services sociaux[26] », etc.

La reconnaissance des droits de la personne suppose forcément la reconnaissance de l'autonomie de la personne. L'exercice du droit à l'autodétermination qui en découle fait désormais figure d'acquis, du moins en Amérique du Nord, sur les plans éthique, social et juridique. La revendication du respect de la personne passe nécessairement par la reconnaissance de son autonomie. Dans cette perspective, nul ne peut s'étonner de l'émergence d'un nouveau rôle infirmier qu'on appelle l'*advocacy,* qui s'appuie sur le droit à l'autodétermination des bénéficiaires, une « valeur hautement privilégiée », et qui, comme nous l'avons vu, consiste dans la défense de leurs intérêts. Néanmoins, comme le rappelle Patricia Becker (1986), l'exercice de ce rôle comporte des exigences de taille pour l'infirmière. Becker distingue le rôle passif, qui est celui de la défense, du rôle actif. Lorsqu'elle remplit un rôle passif, l'infirmière dispense les soins aux bénéficiaires conformément à leurs besoins dans la mesure où ces soins ne contreviennent pas aux normes

26. Ministère de la Santé et des Services sociaux (1990b, p. 12).

de l'établissement ou aux règles édictées par l'autorité. L'auteure va même jusqu'à dire que ce rôle passif, subordonné aux attentes du milieu, crée chez l'infirmière une incapacité à exercer son autonomie morale au moment d'une prise de décision. Le rôle actif, qu'elle privilégie, présuppose l'affirmation de soi tant sur le plan des valeurs personnelles que sur celui des valeurs professionnelles. Elle écrit (p. 56) : « Il n'est pas suffisant, pour une infirmière, de connaître ce qui est moralement acceptable. Elle doit agir et faire ce qui est moralement acceptable[27]. » Elle va même plus loin (p. 58) : « L'affirmation de soi est essentielle pour être en mesure de défendre les droits du patient et ceux de la société[28]. » En d'autres mots, l'*advocacy* « requiert une identité claire, un engagement envers soi-même et l'autonomie qui permet de supporter cet engagement[29] ».

Bref, en dépit des contraintes réelles imposées par le milieu et des conditions d'exercice parfois difficiles dans lesquelles s'effectue le service infirmier, l'autonomie professionnelle s'identifie au pouvoir qu'une personne se reconnaît dans chacune de ses actions quotidiennes. Qui plus est, l'autonomie peut être préservée dans l'exercice des fonctions dépendantes de l'infirmière. Tout repose sur l'attitude. Prenons simplement l'exemple d'une prescription médicale. Bien que la prescription soit dictée par autrui, le geste infirmier fait néanmoins appel au jugement professionnel tant dans la préparation, l'administration que dans l'évaluation. L'autonomie ne se mesure pas exclusivement à l'aune des actions spectaculaires, mais elle repose, d'abord et avant tout, sur la responsabilité qu'on s'attribue dans le geste coutumier et quotidien.

Le rôle actif de l'*advocacy* s'oppose à une conception paternaliste de la profession infirmière. Le type de relations qui en résulte est fondé sur le respect mutuel : ce sont les besoins d'autrui qui en orientent la direction. Voilà pourquoi Sally Gadow (1980), infirmière et philosophe, est d'avis que le fondement philosophique de la profession doit reposer sur l'*advocacy*, qu'elle a même qualifié d'existentiel. Dans cet esprit, le bénéficiaire et l'infirmière « [...] peuvent choisir librement la nature de leur relation : parent-enfant, client-conseiller, ami-ami, collègue-collègue, et ainsi de suite tant que les possibilités se présentent[30] ». Le rôle actif et autonome de l'infirmière consiste à percevoir le caractère unique d'une relation interpersonnelle et à saisir chez l'autre le sens intime qu'il accorde à l'expérience de sa maladie et de sa souffrance.

---

27. Notre traduction.
28. Notre traduction.
29. Becker (1986, p. 60).
30. Gadow (1980, p. 81). Notre traduction.

En d'autres mots, l'apparition du rôle de l'*advocacy* raffermit davantage la loyauté envers le client en ce sens qu'il respecte les choix, l'identité et la dignité de celui-ci. Par ailleurs, ce rôle exige de l'infirmière non seulement jugement et autonomie, mais parfois aussi courage et héroïsme[31]. Dans un tel contexte, la notion de consentement aux soins devient capitale.

Il importe de noter que la défense des droits de la personne s'est faite parallèlement à l'avènement du mouvement féministe. Ces deux facteurs ont largement contribué à l'expansion du statut de la profession infirmière par l'entremise de la valorisation de la personne et de la reconnaissance de l'égalité des droits de tous les êtres humains. Valorisée dans la société actuelle, la contribution sociale de la femme a pris la forme d'un acquis indéniable et incontestable. En conséquence, il devient évident que la combinaison de ces deux mouvements a imprégné les paramètres du nouveau paradigme infirmier.

Le questionnement relatif à l'envahissement technologique

Une deuxième source d'influence a également contribué à la poussée autonomiste de la profession. Il s'agit d'une prise de conscience culturelle sans précédent, issue d'une remise en question des valeurs de la société actuelle : consommation, production, quantité, gain, efficacité, etc. La culture technicisée, qui semble sacrifier l'« être » aux dépens de l'« avoir », a suscité un profond questionnement sur le sens des choses et, notamment, sur la valeur de la vie humaine. C'est ainsi que l'intolérance à l'endroit de la déshumanisation a atteint un seuil. La croissance des approches dites « alternatives » (acupuncture, ostéopathie, polarité, réflexologie, homéopathie, etc.), par exemple, indique le désir de se réapproprier un humanisme perdu. On dénonce la culture marchande, technique et surtout impersonnelle. Signe des temps : la notion de *caring* refait surface et gagne ses titres de noblesse. La littérature, qu'elle soit issue des revues infirmières ou féministes, décrit la « valeur » *caring* en tant qu'idéal moral au sein des rapports humains. La force du *caring* vient du fait qu'il est éminemment relationnel[32]. Sara T. Fry (1989, p. 93) explique que « le *caring* éthique est tout simplement une relation où deux personnes se rencontrent moralement[33] ». On comprend pourquoi Benner et Wrubel écrivent : « *Caring* signifie que la personne, les préoccupations interpersonnelles et les choses sont importantes[34]. » L'importance et la popularité de cette valeur démontrent un désir d'humanisation

31. Lanara (1986).
32. Fry (1989) ; Tronto (1989).
33. Notre traduction.
34. Benner et Wrubel, cités dans Tanner (1990, p. 71). Notre traduction.

qu'on a mis de côté au profit des valeurs dominantes d'une culture technicisée. En ce sens, le choix du *caring* comme valeur fondamentale illustre bien le mouvement de volte-face qu'on constate à l'égard de l'envahissement technologique qui dénature la qualité des rapports entre les individus.

Les images aujourd'hui associées à la profession infirmière témoignent d'une évolution véritable de la conception de la pratique des soins. Les valeurs et les comportements ont subi des transformations et ont modifié considérablement le rôle des infirmières et leur responsabilité morale à l'endroit des bénéficiaires. D'un état de servitude la liant d'abord au clergé, puis à l'autorité médicale, la profession est passée à une pratique autonome, où les contraintes de subordination sont bannies. La conquête ardue de sa libération débouche sur la consolidation de son identité. La réappropriation du *caring* situe la relation entre l'infirmière et le client au cœur de l'activité infirmière et accorde un rôle actif aux membres de la profession. Objet d'idées préconçues par le passé, l'infirmière d'aujourd'hui est reconnue comme un être autonome et responsable de sa pratique.

CONCLUSION

En guise de prospective, il n'est pas inutile de revenir à la notion même de *caring*. Il faut comprendre que le *caring* suggère une éthique de la solidarité qui prône le souci de l'autre à travers la vie, la maladie et la mort. À l'heure où la société s'encombre du « mal-être » de l'individualisme et se replie dans les requêtes infinies du « citoyen-à-droits », à l'heure où l'institutionnalisation annihile l'individualité, le *caring* annonce un changement de cap : il rétablit la relation entre les êtres humains et fait échec à leur isolement. Sa venue en tant que valeur fondamentale du soin infirmier démontre bien le souci de maintenir le caractère unique de chaque individu. Valeur traditionnelle au point de départ, valeur dévaluée par une époque dominée par la rentabilité et la productivité, elle est recherchée aujourd'hui pour combler les manques engendrés par une rationalité stérile. Le *caring* restitue à l'être humain sa place dans l'univers et rétablit ses liens avec les autres. Pour ces raisons, c'est autour d'une éthique de la solidarité que doit se poursuivre la consolidation du soin infirmier qui, à l'heure actuelle et plus que jamais, représente un espoir pour l'humanité, pour l'établissement d'un humanisme véritable.

Cinquième chapitre

Les grandes fonctions de la pratique infirmière

CLÉMENCE DALLAIRE

INTRODUCTION

Les infirmières exercent leurs fonctions dans un univers complexe constitué à la fois du système de santé, du système professionnel et, d'une manière plus large, de l'environnement social. À l'heure actuelle, tout cet environnement est en mouvance, ce qui modifie les règles du jeu pour les professionnels concernés, y compris les infirmières. Comme nous l'avons vu dans le chapitre 1, l'évolution du système de santé est liée à des facteurs qui influent sur les fonctions infirmières : l'apparition de nouveaux problèmes de santé, le vieillissement de la population, les progrès scientifiques, particulièrement en matière de technologie, et enfin la crise des finances publiques. Ce dernier facteur est à l'origine des changements qui ont conduit à ce qu'on nomme le virage ambulatoire, dont l'objectif est une réduction du recours à l'hospitalisation. Par conséquent, des modifications quant aux lieux de la pratique infirmière sont à prévoir en raison du développement accru de l'activité en santé communautaire et des services de maintien à domicile, ainsi que de l'émergence possible de la pratique privée. Tous ces changements auront une influence sur certaines fonctions infirmières.

Le cadre juridique qui délimite les domaines d'exercice des professionnels de la santé est lui aussi remis en question. Le système professionnel québécois avait reconnu un champ d'exercice exclusif aux infirmières en 1973 et un projet de réforme envisage une déréglementation concernant ces domaines[1]. Notons également que la professionnalisation des soins infirmiers, soit leur transformation en un service à temps complet qui correspond aux critères d'une profession[2], a été la stratégie privilégiée au cours du siècle dernier afin de promouvoir la reconnaissance du savoir et de l'expertise des infirmières (voir le chapitre 9 sur l'autonomie). Dans ce contexte, la description des fonctions infirmières doit s'inspirer de la définition actuelle de la pratique infirmière sans toutefois s'y limiter, afin d'éviter d'être rapidement dépassée.

Sur le plan plus général de l'environnement social, on observe une mutation du travail qui se traduit par une diminution importante du nombre d'emplois offerts et la précarisation des emplois, associées à une utilisation croissante de la technologie[3]. Tous ces changements ont des répercussions sur la pratique infirmière, comme l'a montré une analyse récente, où l'on décrivait la profession à l'aide de l'expression « 5 D », qui signifie division, désertion, difficulté des conditions de travail, déqualification et démotivation[4]. Ces « 5 D » semblent encore d'actualité et, à certains égards, ils sont accentués par le virage ambulatoire du système de santé.

Au-delà de ces changements aux règles du jeu, ce sont les fonctions essentielles des infirmières qui nous intéressent ici. Décrire les fonctions infirmières, c'est discuter de « l'importance des soins et [de] l'ignorance dont ils sont l'objet[5] ». Dans cette perspective, nous décrirons les fonctions infirmières dans un langage large et englobant – celui des soins de santé – afin d'éviter toute confusion sémantique qui pourrait surgir d'un langage propre aux soins infirmiers. Ce choix d'un langage simple n'est pas courant dans un contexte où le langage utilisé par les professionnels tend à exclure les profanes et à assurer l'hégémonie de l'expertise[6]. Par ailleurs, cet exercice a une visée pédagogique puisqu'il permettra aux infirmières de s'en inspirer à l'occasion de leurs échanges avec des collègues ou les personnes qu'elles soignent. Pour les mêmes raisons, le ton du chapitre se veut affirmatif, plutôt

1. Ce projet de réforme a conduit à l'adoption, le 14 juin 2002, de la loi 90 mettant à jour les champs d'exercice des professions de la santé. Cette loi décrit le champ d'exercice distinct de chaque profession et les activités réservées, souvent partagées entre plusieurs professions.
2. Les principaux critères d'une profession sont le regroupement en association, la surveillance de l'exercice, l'émission d'un permis de pratique, une formation longue et l'autonomie dans l'exercice.
3. Rifkin (1996).
4. Dallaire, O'Neill et Lessard (1994).
5. Saillant (1991, 1992).
6. Saul (1993).

que « victimaire[7] », afin de préparer à l'exercice effectif des fonctions dans un environnement interdisciplinaire en mouvance.

Ce chapitre décrit d'abord chacune des grandes fonctions infirmières suivantes : soin, éducation, collaboration, coordination et supervision. Nous examinerons ensuite les fonctions du point de vue de leur contribution au système de santé, à la profession médicale, aux autres professionnels de la santé et finalement à la santé de la population elle-même. L'examen des différentes contributions permettra d'entrevoir des pistes d'avenir pour les infirmières.

LES GRANDES FONCTIONS INFIRMIÈRES

Une fonction se définit comme ce que doit accomplir une personne pour jouer son rôle dans la société, dans un groupe social[8]. L'expression « être dans l'exercice de ses fonctions » réfère à l'ensemble des obligations d'une profession[9]. Ainsi, les fonctions infirmières désigneront l'ensemble de ce que doivent accomplir les infirmières afin de jouer leur rôle dans le système de santé. Les grandes fonctions de l'infirmière sont les suivantes : une fonction relative aux soins, une fonction d'éducation, une fonction de collaboration, une fonction de coordination et une fonction de supervision. Les buts visés par ces fonctions sont exprimés de différentes façons, selon qu'elles facilitent les transitions[10], préconisent l'adaptation[11] ou la santé[12], favorisent l'indépendance[13], visent le développement ou la restauration des capacités d'autosoins[14], etc. Toutes ces fonctions sont importantes même si elles ne sont pas nécessairement et obligatoirement exécutées par chaque infirmière.

SOIGNER

La fonction fondamentale des infirmières est de prodiguer des soins. Ces derniers comprennent des soins d'entretien de la vie et des soins techniques[15] généraux et spécialisés.

---

7. Bruckner (1995).
8. *Le Petit Robert* (1991).
9. *Ibid.*
10. Meleis (1985).
11. Roy et Andrews (1991).
12. Gottlieb et Rowat (1987) ; Pender (1982).
13. Henderson (1966).
14. Orem (1971).
15. Collière (1982).

Les soins d'entretien de la vie

Les soins d'entretien englobent tout ce qui permet à la vie d'exister : respirer, manger, boire, se laver, établir des liens avec les autres, etc.[16]. Habituellement, une personne s'occupe elle-même de ces soins. Cependant, dans une situation d'incapacité, ces soins pourront être prodigués par des infirmières[17]. Les soins d'entretien de la vie se prodiguent donc dans les conditions particulières d'une maladie, d'une fragilité qui justifient l'intervention de l'infirmière. Dans ce contexte, les soins infirmiers axés sur l'entretien de la vie sont « l'ensemble des efforts qui doivent être déployés pour soutenir et stimuler les forces vitales[18] ».

Les modalités de prestation de soins sont variées : être avec, remplacer, se substituer à, faire à la place de, de façon temporaire ou permanente, soutenir, etc. Les interventions infirmières utilisées dans cette fonction sont donc nombreuses. Elles se trouvent parmi les interventions infirmières que cinq études tentent actuellement de répertorier : l'*International Classification in Nursing Project*[19], la *Nursing Interventions Classification*[20], l'*Omaha Project*[21] et les études de Grobe (1992) et de Saba (1992). Parmi les interventions répertoriées dans ces taxinomies se trouvent l'humour, la relaxation (par exemple, la relaxation musculaire progressive, la relaxation musculaire passive, les exercices respiratoires), la surveillance de l'alimentation, l'utilisation du froid et de la chaleur, la réminiscence, la stimulation cognitive et les soins d'hygiène.

Les infirmières doivent régulièrement prodiguer des soins d'entretien de la vie, notamment des soins d'hygiène. Cependant, laver une personne ou lui donner un bain ne se borne pas à l'application de savon et d'eau. Afin d'illustrer ce type de soins infirmiers, nous l'examinerons dans trois contextes différents : les soins aigus, les soins prolongés et les soins à domicile. En soins aigus, laver une personne hospitalisée et rendue incapable de le faire elle-même (à la suite d'un problème de santé ou en raison des problèmes qui surviennent concurremment – douleur, confusion, diminution de la mobilité, incontinence, déshydratation) exige une connaissance des phénomènes de santé et de maladie, une connaissance des modifications potentielles induites par les problèmes de santé (fragilité, vulnérabilité) et, finalement, une connaissance du processus de guérison. Tout en lavant la personne, l'infirmière

16. *Ibid.*
17. Pour une discussion plus poussée, voir Dallaire (1993).
18. Perreault et Saillant (1996).
19. International Council of Nurses (1993).
20. McCloskey et Bulechek (1992).
21. Martin et Scheet (1992).

tient compte du problème de santé, surveille son évolution, détecte les signes de complications, etc. Parallèlement, elle va initier la personne qu'elle soigne aux sensations nouvelles associées à son problème de santé. À cette occasion, elle pourra lui expliquer comment composer avec ce qui se passe tantôt à l'aide de mots, tantôt par sa façon de procéder. De plus, elle évalue les capacités d'autosoins de la personne et y adapte les soins tout en favorisant la prise en charge par la personne. Dans le contexte d'un problème de santé aigu, les soins infirmiers visent notamment la restauration de la capacité de prendre soin de soi.

Dans le contexte des soins prolongés aux personnes âgées, les soins d'entretien de la vie sont complexifiés par la présence de plusieurs maladies chroniques, de pertes fonctionnelles et souvent d'une forme ou l'autre de démence. Laver une personne très âgée, une personne ayant eu un accident cérébrovasculaire ou encore une personne démente exige que l'infirmière comprenne ce que signifie être vieux, agité, confus, paralysé. Les soins infirmiers d'entretien de la vie doivent donc être adaptés à ces conditions particulières de la personne âgée, différentes de celles qu'on observe en soins aigus. Ils viseront alors le maintien du *statu quo,* la prévention de la détérioration des capacités résiduelles et, souvent, l'accompagnement vers la mort.

Enfin, les soins infirmiers d'entretien de la vie prodigués à domicile sont rendus nécessaires dans le contexte du virage ambulatoire et s'adressent à différents types de clientèles. Au moment de leur retour à la maison, certaines personnes peuvent facilement trouver par elles-mêmes des stratégies qui leur permettront de compenser de façon temporaire leur incapacité. D'autres, en raison de leur fragilité, exigeront des soins, un enseignement et un suivi appropriés afin de diminuer la complexité de la situation et de permettre la mobilisation de leur énergie en vue de la récupération.

Les soins infirmiers d'entretien de la vie sont multiples et difficiles à décrire, notamment parce que, « tout comme la danse et la peinture, l'art infirmier ne relève pas principalement de l'écriture. Il est en partie kinesthésique, faisant intervenir les expressions faciales, l'attitude du corps, le toucher, les silences, les gestes, l'à-propos et l'intention[22] ». Le mot clé de cette énumération est « à-propos », qu'on désigne en anglais par *timing.* La qualité intrinsèque de chaque expression faciale, de chaque geste ou du silence de l'infirmière vient du fait qu'ils doivent être « à propos ». Ils doivent convenir aux besoins, ils doivent correspondre au manque. Pour faire preuve d'à-propos dans son attitude, l'infirmière doit comprendre le fonctionnement humain, les problèmes de santé, connaître les éléments de surveillance

22. Mallison (1993). Notre traduction.

nécessaires pour prévenir la détérioration de l'état de santé. Elle doit connaître les modifications à apporter aux différents modes d'assistance utilisés pour assurer le bien-être et le confort ainsi que les facteurs qui influent sur la participation des personnes aux soins et, surtout, elle doit connaître la personne qu'elle soigne. L'à-propos, si important, est invisible ; cependant, on remarque son absence[23]. Il fait partie de ce que certains appellent l'« art infirmier[24] », qui consiste à « prendre soin de quelqu'un » au lieu de « donner des soins à quelqu'un ».

Dans cette perspective, « les soins sont aussi des formes de liens et des processus : ils ne se limitent pas à restaurer des fonctions[25] ». Les soins d'entretien de la vie mettent ainsi « l'accent sur l'interdépendance plutôt que sur l'indépendance, sur le lien entre les individus plutôt que sur les individus eux-mêmes[26] ». Ils se reconnaissent par les liens d'aide et d'accompagnement, des attitudes d'écoute et de réconfort. « Soigner, c'est aussi soutenir et accompagner des individus fragilisés dans des périodes de transition que sont les expériences de maladie pendant lesquelles il y a privation plus ou moins grande d'autonomie[27]. » Dans ce type de soins figure l'« écoute active », qui se définit comme l'attention portée aux réponses verbales et non verbales de la personne soignée en vue de leur accorder un sens[28]. Une étude effectuée auprès de personnes âgées recevant des soins à domicile a montré l'importance accordée par ces personnes au fait que l'infirmière les écoute[29]. Les participants à cette étude se sont montrés plus satisfaits de l'écoute attentive que du temps passé avec eux et du nombre de visites de l'infirmière. L'écoute active en tant qu'intervention infirmière souligne les liens créés entre l'infirmière et la personne soignée. Voilà pourquoi elle contribue à l'entretien de la vie. Parmi les commentaires recueillis, les propos suivants illustrent et appuient ce constat : « Elles écoutent attentivement même si je suis vieux et qu'on pense souvent que les vieux répètent toujours la même chose. » Cette remarque souligne une qualité fondamentale des soins d'entretien de la vie, soit leur capacité de reconnaître, de confirmer et de favoriser la vie humaine dans des circonstances où elle l'est moins.

En résumé, on apprend tous à effectuer les soins d'entretien de sa propre vie, mais prodiguer de tels soins à quelqu'un d'autre, dans le contexte particulier de problèmes de santé, est une fonction infirmière. Cette fonction

23. Stelling (1995).
24. Carper (1978) ; Chinn et Jacobs (1987) ; Chinn et Kramer (1991) ; Stelling (1995).
25. Saillant et Gagnon (1996).
26. Saillant (1991, 1992).
27. Saillant et Gagnon (1996).
28. McCloskey et Bulechek (1992).
29. Dallaire (1984).

consiste à remplacer la personne, selon diverses modalités, à l'aider à trouver les meilleurs moyens d'utiliser ses ressources internes et externes et, éventuellement, à la rendre indépendante des soins infirmiers dans la poursuite de ses objectifs de santé. Les soins d'entretien de la vie prodigués par les infirmières comptent pour beaucoup dans la vie des personnes qui vivent des situations qui leur étaient jusqu'alors inconnues et auxquelles elles doivent être initiées afin d'être capables d'autosoins. Ajoutons que les soins d'entretien de la vie s'accompagnent souvent de soins infirmiers techniques, que nous abordons dans la section suivante.

Les soins infirmiers techniques

On recourt aux soins infirmiers techniques lorsque « la vie rencontre des obstacles », plus particulièrement, la maladie[30]. Dans ces circonstances, des soins de réparation sont nécessaires et ils s'ajoutent aux soins d'entretien de la vie[31]. Les soins de réparation, que nous appelons ici soins techniques, comprennent des soins techniques généraux et des soins techniques spécialisés.

Les soins infirmiers techniques généraux

Les soins techniques généraux impliquent la manipulation d'instruments, de matériel et la mise en application de procédures. Ces soins techniques comportent des activités telles que surveiller les signes vitaux, effectuer des prises de sang et des injections, faire et changer des pansements, installer et surveiller des perfusions intraveineuses, administrer des médicaments et en surveiller les effets principaux et secondaires. Ce type de soins sert souvent de repère lorsqu'on tente de départager les fonctions et les domaines de pratique des professionnels travaillant dans le contexte multidisciplinaire de la santé. Par exemple, on attribue rapidement les soins techniques d'injections et de prises de sang aux infirmières.

On prodigue des soins infirmiers techniques aux personnes qui vivent des perturbations de leur condition de santé ou qui présentent des vulnérabilités consécutives aux interventions des différents professionnels de la santé (par exemple, une chirurgie) ou à l'absorption de médicaments. Ces situations « artificielles » sont généralement peu connues de la personne en ce qui a trait aux sensations, aux réactions, aux douleurs, aux difficultés avec la vie quotidienne et aux perturbations des fonctions vitales et d'entretien de la

---

30. Collière (1982).
31. *Ibid.*

vie qu'elles entraînent. Les personnes ont alors besoin de l'expertise de l'infirmière pour effectuer la médiation entre l'inconnu et le connu. Une personne hospitalisée en soins aigus a ainsi besoin d'une infirmière qui prend soin de son problème de santé et de tout ce qui survient concurremment, qui surveille sa condition et l'informe de ce qui arrive. Aussi, l'infirmière prodiguera des soins infirmiers techniques qui accompagnent des soins médicaux[32] et qui nécessitent souvent des soins d'entretien de la vie. En soins prolongés, les soins infirmiers techniques viseront, notamment, le traitement et le suivi des problèmes de santé, y compris ceux des lésions de pression, la distribution des médicaments, la surveillance de la personne soignée, les mécanismes visant à connaître les volontés des personnes âgées au regard de la réanimation et, le cas échéant, la réanimation cardiorespiratoire. Quant aux soins infirmiers à domicile, on tente, en raison des contraintes budgétaires actuelles, de les centrer sur les soins infirmiers techniques en laissant aux proches les soins d'entretien de la vie.

Les soins infirmiers techniques sont bien connus de la population qui, en général, leur attribue une grande importance[33], et sont source de valorisation et de qualification pour les infirmières[34]. Ce type de soins infirmiers fait partie de la formation initiale de toutes les infirmières alors que les soins infirmiers techniques spécialisés, comme nous le verrons dans la prochaine section, sont réservés à un groupe d'infirmières.

Les soins infirmiers techniques spécialisés

Les soins infirmiers techniques spécialisés, comme les soins infirmiers techniques généraux, supposent la manipulation d'instruments, la maîtrise de certaines technologies et l'application de protocoles particuliers. Ils consistent, notamment, à surveiller des conditions instables, à instaurer et à adapter des traitements afin de répondre à la détérioration ou à l'amélioration de la condition, à rectifier des dosages de médicaments ou à en administrer au besoin. En soins spécialisés, la survie du client exige de l'infirmière une grande habileté à prévenir et à dépister les crises ainsi qu'à intervenir avec diligence et efficacité. Un retard ou une erreur dans le choix de l'intervention augmente à la fois le risque de complications ainsi que la durée et la complexité des traitements appliqués pour ces complications.

Les soins infirmiers techniques spécialisés font souvent appel à une technologie complexe utilisée dans des champs cliniques tels que les soins

32. Snyder, Egan et Nojima (1996).
33. Sutherland (1996).
34. Carpentier-Roy (1991) ; Perreault et Saillant (1996).

critiques : hémodialyse, chirurgie cardiaque, chirurgie pulmonaire, orthopédie, salle d'opération, salle de réveil, etc. Les soins infirmiers spécialisés sont donc prodigués par des infirmières formées en vue d'interpréter et d'utiliser des technologies très perfectionnées[35]. À l'inverse, un autre type de soins spécialisés ne requiert ni technologie ni instruments. Il s'agit notamment des soins prodigués en santé mentale, des soins prolongés et des soins palliatifs, qui nécessitent plutôt les habiletés relationnelles de l'infirmière.

La spécialisation fait appel à la notion plus large d'expertise infirmière. Les soins spécialisés exigent une connaissance approfondie de problèmes de santé particuliers, de leur évolution, des complications éventuelles et des interventions possibles. Les soins techniques spécialisés mettent à contribution un savoir théorique mais également des habiletés particulières, notamment sur le plan de la technologie utilisée. Le jugement clinique nécessaire aux soins infirmiers spécialisés s'acquiert par une formation de base, une mise à jour des connaissances et une longue expérience auprès d'un type particulier de clientèle[36]. La durée de l'expérience permet l'intégration du savoir et le développement d'un savoir personnel basé sur l'expérience de soigner et de surveiller des personnes ayant le même type de problèmes de santé[37]. La spécialisation infirmière est déjà largement répandue dans le système de santé[38], comme en font foi les travaux de Benner et de ses collaborateurs[39].

Les conditions essentielles aux soins

Prodiguer des soins d'entretien de la vie et des soins infirmiers techniques généraux et spécialisés exige certaines conditions : le temps de l'infirmière, la continuité du service offert et l'utilisation de son jugement clinique.

Le temps

Il s'est dit beaucoup de choses concernant le temps requis pour prodiguer des soins infirmiers[40]. Le temps est un élément fondamental dans les soins d'entretien de la vie et les soins infirmiers techniques. Il est nécessaire à la surveillance et à l'évaluation de la condition de santé, à la surveillance de

35. Levine (1995).
36. Benner (1982).
37. Benner (1982) ; Carper (1978) ; Chinn et Kramer (1991).
38. Sutherland (1996).
39. Benner (1982) ; Benner, Tanner et Chesla (1996) ; Benner et Wrubel (1989) ; Tanner et autres (1993).
40. Collière (1982) ; May (1990) ; Saillant (1991) ; Stelling (1991, 1995).

l'effet des traitements et des médicaments. C'est avec le temps qu'apparaîtront les effets indésirables, les complications, les signes d'une amélioration ou d'une guérison. Le temps permet également de connaître la personne dans sa globalité. Une étude récente a d'ailleurs souligné l'importance de ce dernier aspect chez les infirmières expertes, qui estiment cette connaissance indispensable à l'élaboration d'un jugement clinique et à la qualité des soins prodigués[41]. Finalement, le temps est important, car il permet d'assurer une continuité des soins.

La continuité

La notion de continuité s'applique ici au service professionnel et non pas à la personne, comme c'est le cas dans plusieurs professions[42]. Idéalement, la continuité du service s'effectue lorsque l'infirmière confie une partie des soins infirmiers à celle qui la suit dans l'épisode. Diverses modalités permettent d'assurer une continuité des soins : collecte de données systématique à l'aide d'instruments standardisés, utilisation de plans de soins écrits, élaboration et utilisation d'outils cliniques, transmission des renseignements au moment du rapport, inscription de notes d'observation dans le dossier, planification du départ et suivi du client après son départ du centre hospitalier.

Dans la notion de continuité domine une vision globale, donc non fragmentée, de la situation de soins par opposition à une conception de soins ponctuels souvent dissociée de la situation, qui incite les infirmières à se concentrer sur la tâche à accomplir. La continuité des soins infirmiers permet de comprendre l'ensemble des faits, de les situer dans le temps et en rapport les uns avec les autres. Une vision globale de la situation s'élabore à partir du traitement continu de l'information par les infirmières, vision qui prolonge une conception holistique de la personne. La continuité du service exige aussi du temps, qui peut toutefois être réparti entre plusieurs infirmières. Ainsi, une infirmière peut se consacrer à la phase aiguë au cours de l'hospitalisation et laisser, par exemple, le soin de l'enseignement et de la réadaptation à une collègue du suivi à domicile. Bref, la continuité est indispensable à tous les soins infirmiers et particulièrement aux soins d'entretien de la vie, qui ne peuvent être intermittents en raison de la nature même de la vie.

Le jugement clinique

Le jugement clinique combine le savoir théorique d'une infirmière à la connaissance particulière d'une personne soignée[43]. Autrement dit, le jugement

41. Tanner et autres (1993).
42. Stelling (1991).
43. Gadow (1995).

clinique établit le lien entre le savoir général de l'infirmière et le savoir particulier lié à une personne et à sa condition de santé. Selon Benner (1982), le jugement clinique s'affine avec le développement de l'expertise et repose sur une capacité d'appréhender globalement la situation afin d'intervenir de façon appropriée. Les fonctions infirmières, plus particulièrement celle qui consiste à soigner, font appel à différents types de savoirs[44]. Par exemple, selon Kim (1994), le savoir infirmier requis pour poser un jugement clinique s'inspire des théories qui définissent le problème de santé, des théories qui proposent des façons d'intervenir, des théories qui précisent comment choisir les interventions de façon à ce qu'elles correspondent à des besoins particuliers et, finalement, des théories qui précisent ce qui se produira lorsque les soins seront prodigués tels qu'ils ont été planifiés. Bref, le jugement clinique conduit à l'« à-propos » que nous avons évoqué plus haut[45].

En somme, les soins d'entretien de la vie et les soins techniques prennent du temps, nécessitent une continuité et mettent à profit les connaissances et l'expérience de l'infirmière dans l'élaboration d'un jugement clinique qui permet de prodiguer les bons soins, au bon moment et à la bonne personne de façon à entretenir la vie et à redresser la situation lorsque la vie rencontre des obstacles.

ÉDUQUER

La fonction éducative consiste à éduquer et à informer sur la santé et la maladie. Éduquer, « c'est à la fois enseigner et établir une relation d'aide en vue de favoriser chez les individus des choix libres et éclairés[46] ». Autrement dit, la fonction éducative suppose que les infirmières donnent des conseils de santé, mais qu'elles aident également les personnes à prendre des décisions à partir de ces renseignements. La fonction éducative s'exerce par « un éventail de méthodes et d'outils qui permettent de connaître, et surtout de prendre en considération, l'état de santé de la personne ainsi que ses connaissances et ses perceptions […] de la maladie ou du maintien de sa santé[47] ». Parmi les aspects motivant les interventions éducatives infirmières, ceux liés aux habitudes de vie, à la santé physique, à la santé mentale et aux stades de vie semblent les plus fréquents[48]. Cette fonction s'exerce dans tous les lieux de

---

44. Benner (1982); Benner, Tanner et Chesla (1996); Carper (1978); Chinn et Jacobs (1987); Kim (1994); Tanner et autres (1993).
45. Stelling (1995).
46. Hagan (1991).
47. Hagan et Proulx (1996).
48. Hagan (1991).

pratique infirmière et elle en constitue même l'essentiel dans certains cas, par exemple au cours d'entretiens téléphoniques, notamment à Info-santé CLSC[49] où l'infirmière est appelée à conseiller, informer et orienter la clientèle. Le réseau québécois d'enseignement sur l'asthme est un autre exemple de lieu où les infirmières exercent leur fonction éducative. En pratique privée, la fonction éducative comprend des activités comme l'établissement d'un bilan de santé, les conseils de santé, l'enseignement et la relation d'aide.

La fonction éducative fait partie de l'éducation pour la santé qui, selon Green et Kreuter (1991), est une combinaison d'apprentissages planifiés, destinés à faciliter l'adoption volontaire de comportements conduisant à la santé. Bien que la fonction éducative, et particulièrement l'information, soit importante, d'autres facteurs influent sur l'adoption du comportement favorisant la santé[50], notamment l'éventail des choix offerts au moment de la décision[51]. Dans cette perspective, éduquer consiste également à déceler les situations où les choix personnels manquent afin d'agir sur les déterminants structurels des comportements liés à la santé et sur la santé elle-même[52].

Une telle fonction exige une conception de l'environnement qui englobe les aspects sociaux, économiques et politiques. Cette conception permet une analyse des différences structurelles qui influent sur les possibilités et les ressources disponibles au moment de faire des choix personnels[53]. Cette façon de concevoir l'environnement diffère de la conception habituelle en soins infirmiers, mais respecte la vision holistique du *nursing*[54].

La fonction éducative doit donc être définie de façon à inclure, parmi les activités de l'infirmière, l'analyse de l'environnement et la planification d'interventions visant à modifier celui-ci quand cela s'avère nécessaire. Cette préoccupation amène l'infirmière, dans l'exercice de ses fonctions (du moins théoriquement), à remettre en question l'environnement et les choix politiques en matière de santé, et commande un autre type d'intervention, soit une intervention sur le plan sociopolitique[55]. En d'autres mots, les actions politiques doivent être vues comme un mode de pratique des soins infirmiers visant à influencer et à soutenir les changements de comportements[56]. La

49. Service d'information et de conseils téléphoniques offert par des infirmières.
50. Godin (1991).
51. Milio (1986).
52. O'Neill (1987) ; Williams (1989).
53. Duffy (1988) ; Meleis (1990), Milio (1986) ; O'Neill (1987, 1989) ; O'Neill, Gosselin et Boyer (1997) ; Stevens (1989) ; Williams (1989).
54. Stevens (1989).
55. Clark (1997) ; Meleis (1990) ; Milio (1986) ; O'Neill (1989) ; O'Neill, Gosselin et Boyer (1997) ; Stevens (1989) ; Williams (1989).
56. Butterfield (1990) ; Hagan et Proulx (1996) ; O'Neill, Gosselin et Boyer (1997).

fonction éducative comprend donc des interventions politiques aussi essentielles à la prévention de la maladie et à la promotion de la santé que les soins directs[57]. En résumé, la fonction éducative informe, aide à faire des choix sains et suggère des outils ou des stratégies afin d'agir politiquement sur l'environnement quand celui-ci présente des lacunes en matière de choix.

COLLABORER

La fonction de collaboration concerne les actions faites conjointement avec les autres professionnels de la santé, notamment les médecins. La collaboration entre les professionnels engagés dans les soins et les traitements d'une personne est indispensable dans notre système de santé, où les domaines professionnels sont partagés selon les spécialités médicales, qui correspondent souvent à des parties de la personne (par exemple, un organe ou un système). Une telle situation morcelle les soins donnés. À l'inverse, une vision holistique de la personne soignée et une vision globale de la situation de soin, visions privilégiées par les infirmières, conduisent directement à l'exercice d'une fonction de collaboration. Cette fonction de collaboration entre les infirmières et les autres professionnels est possible parce que les infirmières sont partout en contact avec eux.

Par ailleurs, la collaboration infirmière va de soi puisque l'admission dans un établissement de soins correspond à un besoin de soins infirmiers[58]. Ce besoin de soins en tant que raison d'admission est encore plus important dans le contexte du virage ambulatoire et souligne la nécessité de la collaboration. Plusieurs études ont montré qu'une bonne collaboration, notamment entre le médecin et l'infirmière, influe directement sur les personnes soignées, qui s'en portent mieux[59].

La présence continue des infirmières, leurs contacts avec les autres professionnels et leur vision globale exigent qu'elles consacrent du temps à la collaboration. Dans les faits, elles y accordent, en général, plus de temps que les autres professionnels[60]. La fonction de collaboration permet ainsi au personnel soignant de répondre aux besoins de la personne en s'appuyant sur les connaissances actuelles, sur le partage des responsabilités découlant de la répartition juridique des domaines d'exercice professionnel et sur la spécialisation des professionnels.

57. Butterfield (1990) ; Clark (1997) ; Epp (1986).
58. Aiken (1995).
59. Aiken, Smith et Lake (1994) ; Fagin (1992) ; Knaus et autres (1986) ; Roberts (1990).
60. Roberts (1990) ; Stelling (1991).

COORDONNER

La principale fonction organisationnelle des infirmières est celle de coordonner l'utilisation maximale des ressources et des personnes engagées dans les soins et les traitements. Cette fonction consiste à faire circuler l'information, autrement dit à faire le lien entre les différents professionnels de façon à ce que les personnes reçoivent les soins requis. Historiquement, la fonction de coordination de l'infirmière visait à assurer le bon fonctionnement d'un département[61]. À l'heure actuelle, la fonction infirmière de coordination s'est élargie afin d'inclure la coordination des interventions des différents professionnels et fait suite à la prolifération récente des types de professionnels de la santé (ergothérapeute, physiothérapeute, inhalothérapeute, travailleur social, etc.).

La fonction de coordination s'effectue au moyen d'une collecte de renseignements qui fait ensuite l'objet d'un jugement clinique, à la suite duquel les infirmières décident si l'intervention d'autres professionnels est requise. Par exemple, dans certains milieux de soins comme les soins prolongés, les infirmières décident du moment et souvent du contenu même des interventions médicales. Dans ces conditions, la participation du médecin se borne, à toutes fins utiles, à cautionner légalement les actions entreprises par l'infirmière. Par ailleurs, dans les lieux où l'on prodigue des soins aigus, les infirmières sont souvent les seules sur place et, par conséquent, les premières à effectuer une analyse de la situation et à porter un jugement clinique. Dans ces circonstances, elles détiennent des ordonnances de médicaments et des prescriptions de traitements au besoin, dont l'utilisation fait appel à la fois à une fonction de collaboration et à une fonction de coordination. L'infirmière intervient, surveille et administre les médicaments et les traitements prescrits selon les besoins et collabore ainsi aux actions des autres professionnels. La coordination des interventions des autres professionnels s'effectue plutôt en cas de détérioration de la condition d'une personne, plus précisément lorsque les prescriptions s'avèrent inadéquates, ou encore, de façon moins urgente, lorsque les ordonnances viennent à échéance. Cette fonction de coordination s'exerce également dans le contexte des soins à domicile, l'infirmière constituant souvent la porte d'entrée du système de santé. Dans cette perspective, l'infirmière intervient afin de répondre aux besoins de la personne, qu'elle dirige ensuite vers d'autres professionnels. La fonction de coordination consiste souvent à « apprivoiser » des personnes réticentes à consulter d'autres professionnels. Ces personnes se sont attachées à l'infirmière et préfèrent son approche globale, qui répond déjà à leurs besoins. En

61. Caraher (1994).

somme, la fonction de coordination des infirmières détermine, dans une large mesure, le moment opportun pour faire appel à d'autres professionnels et souvent aussi le type d'intervention à envisager.

SUPERVISER

La fonction de supervision s'exerce dans les établissements où les soins sont dispensés par plusieurs catégories de personnel regroupées de différentes façons (par exemple, les soins d'équipe, les soins fonctionnels, les soins modulaires[62]). Le regroupement du personnel varie selon les milieux, mais l'infirmière demeure toutefois légalement responsable de la majorité des soins prodigués par ce personnel. Les modalités de distribution des soins influent sur la fonction de supervision et font en sorte, dans certains cas, que les infirmières doivent y consacrer une partie importante de leur temps. Plusieurs auteurs américains rapportent une augmentation du temps consacré à la supervision au cours des dernières années[63]. Cette situation s'observe également dans les milieux québécois où les infirmières supervisent le personnel, notamment en soins prolongés. Cette fonction est rendue nécessaire par la structure hiérarchisée des établissements de santé, qui incite à privilégier des modalités de distribution de soins infirmiers faisant appel à différents types de personnels sous la supervision des infirmières. Un tel choix s'effectue toutefois davantage en fonction de critères administratifs qu'en fonction des exigences des soins.

*
* *

Les fonctions infirmières que nous venons de décrire permettent aux infirmières de jouer leur rôle dans le système de santé. Afin d'en compléter l'examen, nous aborderons leur contribution à la santé de la population.

LA CONTRIBUTION DES FONCTIONS INFIRMIÈRES À LA SANTÉ DE LA POPULATION

L'examen de la contribution des infirmières souligne l'importance des différentes fonctions que nous venons de décrire car, selon certains auteurs, seule une modification des fonctions infirmières pourrait entraîner une modification en profondeur de la distribution des soins dans le système de santé[64].

---

62. Sandhu, Duquette et Kérouac (1991).
63. Aiken (1995) ; Prescott et autres (1991).
64. Sutherland (1996) ; Van Maanen (1990).

Nous examinerons ici les contributions suivantes : la contribution au système de santé, la contribution à la profession médicale, la contribution au travail des autres professionnels de la santé et, finalement, la contribution à la santé de la population elle-même.

La contribution des infirmières au système de santé est importante dans un système construit autour de la notion de maladie, comme en fait foi la prépondérance accordée aux préoccupations curatives (voir le chapitre 1). Les choix curatifs du système de santé sont onéreux et ils contribuent directement à l'escalade des coûts, qu'on tente d'enrayer en évitant toutefois une remise en question fondamentale[65]. Cette situation a entraîné une réorientation des fonctions infirmières vers le système plutôt que vers la population[66]. En effet, le système compte sur les infirmières pour appliquer les règles bureaucratiques, exercer la gestion morcelée et souvent déshumanisée des soins de santé et pour contribuer à ses objectifs de contrôle budgétaire. On a ainsi vu croître toute une littérature qui vise à discipliner la profession en établissant un emploi du temps technocratique dans lequel l'individualisation des soins est intimement liée à l'efficacité opérationnelle, moyen utilisé afin de gérer les coûts d'un tel système[67]. Dans cette perspective, les infirmières contribuent aux efforts de réduction des dépenses, tantôt en accélérant leurs propres activités, tantôt en se substituant à des employés d'autres catégories en leur absence (soir, nuit et fin de semaine), ou encore en supervisant le personnel en place.

Les infirmières contribuent également au bon fonctionnement du système de santé lorsqu'elles déterminent l'admissibilité à des services ou à des soins, limitant ainsi l'accès au système ou agissant en tant que « chien de garde[68] ». Ce rôle est certes rentable puisque les infirmières doivent effectuer des choix selon les critères du système tout en subissant personnellement les réactions hostiles lorsqu'elles imposent des décisions résultant des contraintes budgétaires ou d'attentes prolongées[69]. En parallèle, l'introduction de nouvelles technologies et d'innovations scientifiques a servi de prétexte à une contribution accrue des infirmières à la satisfaction des besoins du système sur les plans technologique et administratif[70], ce qui a même entraîné des changements dans le contenu de la formation des infirmières.

---

65. Desrosiers (1996) ; Growe (1991). Voir aussi le chapitre 1.
66. Caraher (1994) ; Clark (1997) ; Perreault et Saillant (1996) ; Saillant et Gagnon (1996). Voir aussi le chapitre 1.
67. May (1995).
68. Traduction libre de *gatekeeper*.
69. Millar (1996) ; Rocher (1997).
70. Perreault et Saillant (1996) ; Sandelowski (1997).

Par ailleurs, les infirmières « ser[ven]t des systèmes de santé qui plus que jamais ont besoin de patients autonomes, requérant un minimum de soins[71] ». Dans cette perspective, les fonctions éducatives sont subtilement dirigées vers la satisfaction des besoins du système parce qu'elles visent avant tout à orienter les clients vers les services offerts plutôt qu'à les informer en fonction des besoins ressentis. Une étude récente a toutefois montré que les malaises d'une personne sont souvent diffus au moment de leur apparition et sont évalués en des termes qui correspondent difficilement à la segmentation du système de santé[72]. La réorientation de la fonction éducative au profit du système risque de s'accroître davantage avec la mainmise projetée du système de santé sur les services infirmiers d'Info-santé en le dépouillant de l'expertise infirmière, qui constitue sa valeur fondamentale. Cela risque de renforcer la mission d'information relative aux services offerts au détriment des autres fonctions infirmières.

Par ailleurs, les fonctions infirmières contribuent directement à la quantité et à la qualité des soins médicaux dans un contexte où les politiques de santé reposent sur une accommodation fondamentale entre les demandes des médecins et celles des administrateurs, distribuant les ressources en conséquence[73]. Plusieurs auteurs traitent de la domination exercée par les médecins sur les fonctions infirmières[74]. Selon Angus (1994), qui s'inspire de Smith (1990) :

> [...] sur le marché du travail et à la maison, les femmes s'occupent des détails concrets et particuliers sur lesquels repose le travail abstrait et mieux récompensé d'autres personnes. Ainsi, les infirmières accomplissent la tâche essentielle qu'est la prestation de soins physiques et affectifs, ce qui permet aux médecins de se livrer à leurs propres activités mieux rémunérées[75].

On enseigne aux étudiantes infirmières à exécuter les prescriptions médicales et à surveiller l'effet des traitements médicaux d'abord ; s'il leur reste du temps, elles pourront soigner. Au cours de ce siècle, les soins infirmiers sont passés graduellement des interventions infirmières traditionnelles (massage du dos, utilisation du froid et de la chaleur) à l'utilisation de la technologie et à la surveillance de la réaction aux traitements médicaux[76]. De cette façon, les infirmières contribuent aux soins médicaux, et il leur arrive même

71. Saillant et Gagnon (1996).
72. Dallaire (1997).
73. Tuhoy (1995).
74. Coburn (1988) ; Friedson (1986) ; Sutherland (1996).
75. Notre traduction.
76. Sandelowski (1997) ; Snyder, Egan et Nojima (1996).

de faire des actes pour lesquels les médecins sont directement rémunérés[77]. Les infirmières contribuent également à la médecine en s'occupant des personnes vivant dans les régions éloignées, ce qui permet aux médecins de demeurer dans des zones où la technologie est disponible et où les revenus sont intéressants. La contribution des infirmières à la médecine est également importante lorsque les interventions diagnostiques et curatives médicales sont limitées, notamment en soins prolongés. Notons également que les soins dispensés par les infirmières à ces clientèles, en plus de contribuer à la médecine, permettent au système d'atteindre ses objectifs d'accès universel pour toute la population.

Les autres professionnels bénéficient également des fonctions infirmières dans l'atteinte de leurs propres objectifs de soins (voir le chapitre 17). Comme nous l'avons déjà mentionné, les infirmières sont partout en contact avec les professionnels de la santé. Dans certains cas, l'infirmière est devenue la coordonnatrice des services des autres professions, mais, dans d'autres cas, les infirmières sont mises à leur disposition ou exercent un rôle d'auxiliaire.

Comme on peut le constater, la contribution des infirmières à la santé de la population est importante et se réalise sous tous les aspects de la profession que nous venons de voir et par la prestation de soins. Les soins infirmiers comptent pour beaucoup dans la vie des personnes qui en reçoivent : ils entretiennent la vie, ils aident à résoudre les problèmes lorsque la vie rencontre des obstacles, ils aident à traverser des situations critiques, ils informent, conseillent ; bref, ils soutiennent la poursuite des objectifs de santé de la population.

CONCLUSION

La description des fonctions infirmières et l'examen de leur contribution à la santé de la population permettent maintenant d'entrevoir l'évolution de ces fonctions dans un avenir proche. Le virage ambulatoire, avec le chaos administratif qu'il provoque, ouvre la voie à de nouvelles possibilités[78] et à une réorientation des fonctions infirmières vers les besoins de la population. Plusieurs possibilités prometteuses sont maintenant une réalité : cliniques de première ligne en CLSC, suivi systématique de clientèles, prise en charge globale de la clientèle dès son arrivée en établissement ou au service Info-santé. Les infirmières pourraient également être des entrepreneures privées

---

77. Griffith et Robinson (1993) ; Griffith, Thomas et Griffith (1991) ; Prescott (1993).
78. Tuhoy (1995).

au sein du système public, rémunérées à même la couverture universelle de l'assurance-maladie afin de contrer la désassurance progressive des soins infirmiers.

Ces rôles permettent une pratique plus autonome à l'extérieur des structures. Une telle situation exigera une marginalisation de plusieurs fonctions infirmières, notamment la supervision, la coordination et jusqu'à un certain point la collaboration avec les autres professionnels, car lorsque les infirmières sont au service des autres professionnels, elles ne peuvent prodiguer des soins infirmiers. Les infirmières deviendront des ressources pour les gens plutôt qu'une ressource au service du système de santé et des autres professionnels, et leurs fonctions seront principalement la fonction relative aux soins, la fonction éducative et, dans une moindre mesure, la fonction de collaboration et parfois celle de coordination.

Si les infirmières veulent être au premier rang et donner une quantité importante de soins de première ligne, elles doivent considérer les « soins de santé » comme faisant partie de leur domaine, et non seulement les soins infirmiers[79]. Les infirmières doivent tenter de jouer ce rôle dans les lieux où évoluent les autres professionnels, amenant ainsi l'exercice de leurs fonctions à s'effectuer dans un environnement interdisciplinaire.

79. Sutherland (1996).

Sixième chapitre

La profession infirmière dans un contexte organisationnel renouvelé

VALERIE J. PARKER SHANNON

Nos pires hantises dans les organisations –
les fluctuations, les perturbations, les déséquilibres…
sont aussi nos principales sources de créativité.
MARGARET J. WHEATLEY

INTRODUCTION

On présume depuis longtemps que le milieu de travail des infirmières façonne leur pratique et, par le fait même, leur rôle dans la société[1]. Mais la profession infirmière s'est principalement épanouie dans les lieux où elle est reconnue comme une discipline essentielle, où ses valeurs sont clairement énoncées par celles qui la pratiquent et où le contexte organisationnel reflète, renforce et fortifie son engagement envers le travail des infirmières. La recherche a permis de mettre en évidence la nature de la relation entre un milieu de travail constructif et l'évolution de l'état de santé des patients. L'ensemble de ce qui constitue un milieu de travail constructif est bien documenté, mais rarement reproduit dans la pratique. L'urgente nécessité de réduire les coûts du système de santé a plutôt suscité des initiatives de restructuration majeures qui n'étaient basées sur aucune donnée probante et qui n'ont été que rarement évaluées. Dans certains cas, ces initiatives ont

1. Allen (1983).

miné l'apport des soins infirmiers à la qualité de l'ensemble des soins de santé offerts aux patients et, dès lors, pour la profession et pour les infirmières elles-mêmes, le prix à payer a été considérable, tout comme il l'a été pour les répercussions de ces changements sur la vie des patients et de leur famille ainsi que sur les soins prodigués. Ce chapitre traite des liens évidents entre un milieu de travail constructif – y compris l'organisation des soins infirmiers – et l'évolution de la situation des patients et de leur famille, de même que des défis et possibilités qui s'offrent aux infirmières et aux autres dirigeants du réseau sociosanitaire afin d'accroître l'importance des soins dans le système de santé de demain.

LA RESTRUCTURATION DES SYSTÈMES ET DES SOINS

Au cours des années 80 et 90, ce sont les hôpitaux qui ont le plus réagi à l'augmentation des coûts des soins de santé en restructurant et en repensant la prestation des soins et des services, globalement et localement. Sur le plan global, on compte par exemple des fusions d'organismes de santé, la fermeture d'hôpitaux et le virage ambulatoire. Ces changements majeurs ont pu être réalisés grâce aux nouvelles connaissances et aux avancées technologiques ainsi qu'à la volonté d'offrir des soins de santé primaires complets dans une perspective communautaire. Localement, d'autres changements importants ont eu lieu dans le but d'axer davantage les soins sur les patients. À cet égard, une redéfinition des méthodes de travail, dont Lathrop (1991) a été l'instigateur, modifiait le recrutement du personnel et la distribution des expertises, préconisait le regroupement de la clientèle par catégorie, décentralisait les services auxiliaires et paramédicaux dans les unités de soins, offrait une formation polyvalente au personnel de ces unités, réduisait le nombre de cadres intermédiaires dans le système et, enfin, élargissait le rôle et les responsabilités de ceux qui demeuraient en poste. Dans les diverses organisations, la gestion par programmes a été adoptée comme moyen de procurer des soins interdisciplinaires, jugés plus efficaces et davantage axés sur le patient. Mais ce modèle perçoit les services fonctionnels tels que les soins infirmiers comme des silos impénétrables qui n'ont plus leur raison d'être. Dans plusieurs hôpitaux des États-Unis, du Canada et du Québec, les structures des services de toutes les disciplines professionnelles, exception faite de la médecine, ont été éliminées ou réorientées à l'occasion de l'implantation de la gestion par programmes. En fait, non seulement cette infrastructure hiérarchique des médecins n'a jamais été remise en question, mais ceux-ci ont été invités à participer plus avant à l'administration des organismes de santé, et cela à tous les niveaux. En revanche, en ce qui a trait aux soins infirmiers, dans certains milieux, des postes de chef de service des soins infirmiers ont été créés alors qu'ailleurs les directrices de soins infirmiers ont vu leurs responsabilités quant à la provision directe de soins presque éliminées. On a alors inclus dans les deux cas la responsabilité de l'établissement des normes, de l'expansion qualitative et quantitative de l'effectif infirmier, du remplacement provisoire du personnel et du contrôle de la qualité des soins. Mais en dépit de ce mandat, elles n'ont aucun pouvoir direct sur l'attribution des ressources nécessaires en fonction du type et des besoins de soins infirmiers ainsi que de la quantité de soins requis par les programmes cliniques. Cette décision revient aux directeurs de programmes qui peuvent être, mais ne sont pas nécessairement, des infirmières. De plus, la chef des soins infirmiers ou la directrice des soins infirmiers peuvent avoir des responsabilités additionnelles liées à d'autres services ou programmes. Clifford (1998) indique que cette situation a réduit l'influence de la profession infirmière sur l'établissement des priorités institutionnelles et sur la prise de décision quant au fonctionnement, et a affaibli les liens entre le personnel infirmier et les administrateurs. Elle souligne également que ces changements de structure ont réduit les possibilités de développement de la pratique clinique et d'avancement de la profession en freinant la réflexion et l'esprit de recherche (*scholarship*). Très peu de recherches ont porté sur les répercussions de ces changements majeurs et généralisés, et celles dont on connaît les résultats ne montrent aucun effet positif sur l'autonomie de l'infirmière, la primauté accordée aux patients et leur satisfaction[2], en dépit des investissements importants consentis pour la mise en œuvre du processus de changement. Au contraire, certaines études font état de résultats négatifs tels qu'un accroissement des coûts, une augmentation des heures de soins par patient par jour, une baisse de moral et une insatisfaction face au travail[3], une fragmentation des relations, une incertitude accrue et, enfin, une perte de pouvoir pour le personnel infirmier[4] et un manque de visibilité de l'administration[5]. Par ailleurs, des conséquences inattendues de la restructuration ont eu comme effet d'accroître l'insatisfaction des infirmières et d'augmenter l'attrition dans la profession. Une importante étude internationale portant sur 43 329 infirmières à laquelle participaient 711 hôpitaux de 5 pays – le Canada, les États-Unis, l'Angleterre, l'Écosse et l'Allemagne – révèle que la réingénierie et la restructuration des systèmes de santé visaient davantage à imiter les modèles industriels d'accroissement de la productivité qu'à tenter

2. Pillar et Jarjoura, (1999).
3. Barry-Walker, (2000).
4. Blythe, Baumann, Giovannetti, (2001).
5. Way, Baker, Chubbs et autres (2001).

de résoudre les problèmes des infirmières en exercice[6]. Les résultats ont fait ressortir une insatisfaction prononcée, une volonté d'abandonner le travail et un nombre élevé de cas d'épuisement professionnel. Les problèmes le plus fréquemment soulevés étaient le manque de personnel, le manque d'écoute et d'intervention de la part de l'administration quant aux préoccupations des infirmières, l'absence de participation à l'élaboration des politiques, la non-reconnaissance du public face à leur travail, la non-participation à l'établissement de leurs propres horaires, le manque de perspectives de carrière et les salaires inadéquats. S'y ajoutaient la frustration causée par l'obligation de délaisser des aspects importants de la pratique tels que les soins de la peau et l'éducation du patient pour effectuer des tâches ne relevant pas des soins infirmiers. Les infirmières réclamaient par ailleurs une meilleure communication avec la direction concernant l'affectation des ressources et la façon de créer un milieu offrant des soins sécuritaires aux patients. Il est cependant intéressant de noter que l'insatisfaction ne portait pas sur tous les aspects de la pratique hospitalière. Ainsi, une grande majorité des répondantes disaient travailler avec des médecins prodiguant des soins de grande qualité et avec des infirmières très compétentes. La relation entre les infirmières et les médecins n'apparaît donc pas comme aussi problématique qu'on le laisse généralement croire. L'élimination des postes de direction des soins infirmiers de première ligne – infirmière gestionnaire d'une unité de soins ou infirmière-chef qui avaient une autorité directe sur les services – a aboli un mécanisme clé de liaison entre la mission des soins infirmiers et les producteurs de soins de première ligne.

UN MILIEU DE TRAVAIL CONSTRUCTIF POUR LES INFIRMIÈRES

Au début des années 80, aux États-Unis, malgré une grave pénurie de personnel infirmier à cause des caractéristiques particulières du milieu de travail qu'ils proposaient, les *magnet hospitals*[7] ont permis de distinguer clairement les incitatifs que les infirmières considéraient comme particulièrement attrayants. On peut les considérer selon trois perspectives distinctes : les qualités propres au leadership des infirmières cadres, les particularités de la pratique professionnelle des infirmières de même que les principaux attributs de l'organisation à laquelle elles appartiennent[8].

6. Aiken et autres (2001).
7. On a ainsi désigné certains établissements qui prenaient des mesures particulières pour pallier la pénurie d'infirmières tout en assurant des soins centrés sur l'usager.
8. Scott et autres (1999) ; Havens et autres (1999).

Le leadership infirmier

Les cadres infirmiers en position d'exercer un leadership dans les *magnet hospitals* étaient des personnes visionnaires et enthousiastes. Ils ont établi des modèles de prestation des soins qui plaçaient les infirmières au cœur même du processus de prise de décision clinique. Ils maintenaient des normes élevées et avaient de grandes attentes envers le personnel, mais assuraient aux infirmières la formation et le soutien professionnels nécessaires au respect de ces normes. Ils avaient de la visibilité dans leur milieu de travail ainsi que sur les scènes nationale et internationale. Enfin, ils étaient attentifs aux préoccupations du personnel avec lequel ils étaient en communication constante.

La pratique professionnelle des infirmières

Dans la pratique infirmière professionnelle, trois caractéristiques étaient particulièrement évidentes. Dans un premier temps, les infirmières étaient en mesure d'établir et de maintenir une relation thérapeutique avec leurs patients grâce à la mise en œuvre d'un système de prestation des soins appelé soins de santé primaires et intégraux. Dans le cadre de ce système en fonction 24 heures sur 24, les infirmières (*primary nurses*) étaient responsables de la prestation de soins à un nombre prédéterminé de patients depuis leur admission jusqu'à leur sortie. Lorsqu'elles étaient présentes, elles dispensaient elles-mêmes les soins à leurs patients et, dans le cas contraire, elles assuraient leur suivi en partenariat avec leurs infirmières associées (*associate nurse*) à l'aide de plans de soins multidisciplinaires écrits. Ce système, qui réduisait la durée des séjours, valorisait aussi le suivi des soins aux patients, favorisait la prestation des soins par des infirmières habilitées à prendre des décisions et aidait celles-ci à prendre des décisions plus éclairées grâce à un contact direct avec les patients. D'autre part, les infirmières agissaient de façon autonome et étaient en mesure de prendre leur pratique en main. Enfin, la collaboration entre les infirmières et les médecins s'est accrue, alimentée par un respect mutuel concernant leurs connaissances et leur savoir-faire et par une volonté commune d'offrir des soins de qualité aux patients. L'évaluation de ce modèle de prestation des soins infirmiers est très bien documentée. La majorité des études indiquent que le système des soins de santé primaires intégraux a augmenté le degré de satisfaction des infirmières et des médecins. Des répercussions positives sur l'absentéisme, le maintien en poste et les pertes de temps occasionnées par la maladie ont également été rapportées. Le coût d'un tel fonctionnement était neutre, sinon positif, puisque les coûts d'ensemble étaient inférieurs[9]. Ces premières études n'ont cependant pas évalué les répercussions de ce système sur les soins aux patients.

L'organisation

Afin de bien illustrer la priorité accordée à la profession infirmière dans un *magnet hospital*, notons que la titulaire d'un poste de cadre supérieur ayant pleine autorité en matière de services infirmiers était appelée à devenir membre de l'organe décisionnel le plus élevé de l'établissement. Les services infirmiers étaient organisés de façon à réduire le nombre d'échelons de supervision. La prise de décision était décentralisée dans chaque unité, respectant ainsi les pouvoirs décisionnels discrétionnaires des infirmières sur des questions telles que l'organisation des soins et le recrutement en fonction du nombre de patients desservis. Des structures administratives ont également été créées pour aider les infirmières à prendre des décisions touchant les soins aux patients et, en général, la communication était bonne entre les médecins et les infirmières.

Aller à contre-courant

Au cours de la restructuration des années 90, ces hôpitaux (*magnet hospitals*), contrairement à plusieurs établissements analogues, ont choisi de renforcer les soins infirmiers plutôt que de les démanteler. En dépit du manque de personnel persistant et de l'obligation de réduire les coûts, les *magnet hospitals* ont opté pour un personnel presque exclusivement constitué d'infirmières (de 75 à 95 %) et ont augmenté le rapport infirmières/patients pour répondre à la nette augmentation de la demande de soins aigus. Par ailleurs, une étude a démontré que dans les hôpitaux où les compétences multidisciplinaires étaient moindres, les coûts par patient par jour étaient supérieurs et les séjours, plus longs[10]. Les *magnet hospitals* ont donc poursuivi l'aplanissement de leurs structures organisationnelles et mis en place des modèles de gestion partagée, étendant ainsi l'influence des infirmières. Des modèles souples et diversifiés de prestation des soins infirmiers ont aussi été expérimentés pour répondre au besoin de continuité des soins intégrés. La plus grande différence entre les *magnet hospitals* et ceux qui n'arboraient pas ce qualificatif se mesurait surtout par l'autonomie et l'esprit d'entreprise

9. Thibault et Desrosiers (1990).
10. Melberg (1997).

des infirmières professionnelles[11]. Il est intéressant de souligner le parallèle entre ces résultats et les écrits portant sur les caractéristiques de l'excellence dans le domaine des affaires[12].

Les répercussions sur les patients et sur les infirmières

À la fin des années 90, Linda Aiken et son équipe de chercheurs de l'Université de Pennsylvanie, poussées par les revendications soutenues des infirmières qui réclamaient un milieu de travail plus sécuritaire et maintenant en mesure de compter sur des méthodologies plus aptes à évaluer l'impact de changements majeurs sur les soins aux patients, ont reçu d'importantes subventions afin d'étudier les répercussions de la restructuration dans les établissements hospitaliers. Aiken a ainsi pu démontrer qu'un milieu de travail constructif s'apparentant à ceux des *magnet hospitals* entraînait une diminution du taux de mortalité (ajusté au risque) des patients qui bénéficiaient de Medicare, augmentait la satisfaction des patients et celle des infirmières, et améliorait la sécurité et le bien-être au travail, comme l'ont prouvé la diminution des cas d'épuisement émotionnel et de blessures avec des aiguilles[13]. Malgré ces résultats positifs, même dans les *magnet hospitals* la restructuration s'est poursuivie et, avec le temps, une importante érosion du milieu de travail s'est produite. Si l'on compare les résultats de 1986 à ceux de 1998 dans 22 hôpitaux de soins de courte durée, dont 20 étaient des *magnet hospitals* d'origine, on constate que les caractéristiques en déclin étaient l'adéquation des ressources, la perception de la compétence des infirmières gestionnaires et l'attitude générale envers la profession infirmière dans les établissements. Quelques caractéristiques affichaient cependant une amélioration, dont, par exemple, la perception de la compétence clinique des collègues infirmières, les occasions de travailler avec des infirmières d'expérience, les relations avec les services de diététique et d'entretien, et enfin, la reconnaissance du travail accompli. Dans cette cohorte d'hôpitaux, il existait une corrélation entre un personnel plus nombreux et des taux de mortalité plus bas[14]. Aiken estime que ces hôpitaux, en raison des bases solides mises en place, ont une plus grande capacité de réagir aux « expériences organisationnelles » et de se reconstruire rapidement.

Par rapport aux infirmières, un ensemble de variables caractérise un milieu de travail constructif. Aiken et Patrician (2000) ont mis au point un

---

11. Havens et autres (1999).
12. Peters et Austin (1985).
13. Havens et autres (1999).
14. Aiken et autres (2000).

outil de mesure appelé le *revised nursing work index* afin de cerner quatre sous-catégories de caractéristiques organisationnelles pour évaluer l'autonomie, le pouvoir décisionnel concernant la pratique, les relations entre les infirmières et les médecins ainsi que les supports organisationnels. Pour les unités de soins ou les services de soins infirmiers qui souhaitent consolider la profession infirmière, il s'agit d'un excellent outil de diagnostic.

Au cours des années 90, on a scruté dans le détail le milieu de travail hospitalier, et cela en particulier par rapport aux usagers. Les technologies de pointe, la dépersonnalisation et la fragmentation des soins qui le caractérisent ont eu des répercussions importantes sur la perception des patients et des membres de leur famille. Aux États-Unis, le modèle de redéfinition des hôpitaux Planetree est né d'un besoin de réconcilier les capacités technologiques de la médecine moderne avec les dimensions spirituelles de la guérison remontant à Hippocrate[15]. Les valeurs de compassion, de confort, d'esthétique, de dignité, de partage des connaissances et de liberté de choix ont été les instigatrices de la création de nouvelles installations qui favorisent la guérison sous tous ses aspects. Le modèle Planetree propose entre autres des centres de ressources de santé accessibles à tous les patients et aux membres de leur famille, des cuisinettes où les patients et leur famille peuvent préparer des repas à toute heure, un éclairage incandescent, une aire de repos qui reproduit l'ambiance du domicile et suffisamment d'espace dans les chambres pour que les aidants naturels puissent y passer la nuit. On encourage les patients à se documenter sur leur maladie, à prendre eux-mêmes leurs médicaments, à consulter leur dossier médical et à inscrire leurs propres notes d'évaluation à l'endroit approprié. On insiste fortement sur la réduction du stress à l'aide de diverses formes de relaxation telles que la musique, les arts, le divertissement et le massage. Le système de prestation de soins infirmiers utilisé dans le cadre de ce modèle rejoint celui des soins de santé primaires intégraux puisqu'on suppose qu'il approfondit le lien entre le soignant et le patient. Il facilite par ailleurs la philosophie de libre choix valorisée par Planetree, l'éducation en vue de mieux informer les usagers afin qu'ils gèrent mieux leur santé et soient capables d'autosoins pour eux-mêmes et les membres de leur famille. Martin et ses collègues (1998) ont réalisé un essai randomisé dans une unité où la primauté était accordée au patient, selon le modèle Planetree. Ils ont constaté que, comparativement à d'autres unités médicales et chirurgicales du même hôpital, les patients de l'unité Planetree étaient beaucoup plus satisfaits de leur séjour à l'hôpital, de leur environnement et des soins infirmiers que ceux du groupe témoin. Les patients du groupe Planetree participaient davantage à leurs soins et étaient

15. Weber (1992).

plus satisfaits de l'enseignement reçu. Ils affichaient une meilleure santé mentale et fonctionnaient mieux après leur sortie de l'hôpital que ceux des groupes témoins, mais on a noté peu de différences quant aux comportements des membres des deux groupes en ce qui avait trait à leur santé. Lors des suivis effectués après trois et six mois, les différences initiales dans l'état de santé des membres des deux groupes avaient disparu mais on n'a noté aucune différence quant à la longueur du séjour, aux frais d'hospitalisation, de réadmission ou de soins externes au cours de l'année qui a suivi. Le concept Planetree a été appliqué dans une unité à la fois, suivant l'amélioration des milieux hospitaliers. On peut se demander si on obtiendrait les mêmes résultats si un établissement entier était choisi pour appliquer les principes de primauté au patient.

Par ailleurs, dans le but de mieux saisir les attentes des patients et de leur famille à l'égard du système de santé, le Picker Institute, un nouvel organisme, a vu le jour aux États-Unis. Il a pour mission de mieux cerner le point de vue des patients quant à la qualité des soins. Un sondage a été effectué auprès de 60 000 patients et les résultats mettent en évidence 7 dimensions des soins clairement liées à la profession infirmière. Il s'agit du respect de la personne ; de la coordination des soins ; de l'information, de la communication et de l'éducation ; du bien-être physique ; du bien-être émotionnel ; de l'engagement de la famille et des amis, et enfin, de la transition harmonieuse entre les niveaux de soins[16]. Si les infirmières sont disponibles et aptes à assurer ces aspects des soins, les patients vivront une expérience satisfaisante et auront appris comment gérer leur maladie et leur santé.

LE RENFORCEMENT DE LA PRATIQUE INFIRMIÈRE DANS LES ÉTABLISSEMENTS

Un postulat clé sous-tend la place et le rôle des infirmières dans tout établissement. En effet, si, dans chaque établissement, les infirmières ne sont qu'une catégorie de personnel parmi tant d'autres pour appuyer le travail des médecins, alors un seul modèle de pratique prévaudra. Si, au contraire, les soins infirmiers sont perçus comme une discipline clinique capable d'apporter une contribution particulière à l'évolution de l'état de santé des patients, alors divers modèles organisationnels s'imposeront. En tant que producteurs de soins uniques et indispensables, les « infirmières doivent être systématiquement invitées à participer à l'élaboration des politiques de santé de même

16. Gerteis et autres (1993).

qu'aux politiques institutionnelles[17] ». Valoriser ainsi la profession infirmière équivaut à reconnaître que soigner est une obligation éthique fondamentale et constitue la base d'une société évoluée et progressiste[18], et les infirmières incarnent cette éthique du soin.

Étant donné que les soins infirmiers sont une discipline clinique clé, quelles en sont les implications du point de vue de leur organisation dans les établissements de soins ? La réduction des coûts, dans le domaine de la santé, a fait des ravages et les soins infirmiers doivent être renforcés. Pour ce faire, l'habilitation, ou *empowerment*[19], et le soutien à une culture communautaire ou, si l'on préfère, la création d'un sentiment d'appartenance à la communauté de pratique sont essentiels.

Habilitation et pratique professionnelle efficace

Kanter (1993) soutient que les milieux de travail qui offrent un accès à l'information, des ressources, du soutien et la possibilité d'apprendre et d'évoluer favorisent l'habilitation (*empowerment*) du personnel au regard de leur travail. Mais il faut d'abord s'assurer qu'il existe une masse critique d'infirmières pour créer une culture et des normes régissant l'apprentissage, la pratique, le développement et l'évaluation. Cette question du nombre est importante, on le constate de plus en plus souvent. Dans une récente étude détaillée sur la sécurité des patients réalisée par les chercheurs de l'Agency for Health Care Policy and Research, aux États-Unis, Seago (2001) rapporte qu'il existe un lien probant entre la réduction du nombre d'infirmières et l'augmentation du temps de séjour, les infections nosocomiales (infections des voies urinaires, infections postopératoires et pneumonies) et les plaies de pression. Il ressort de 11 études récentes sur 16 – dont les échantillons étaient plus larges et dont les méthodes de recherche plus sophistiquées tenaient compte des interférences – des preuves substantielles du lien entre une main-d'œuvre infirmière plus nombreuse et une meilleure évolution de l'état de santé des patients. O'Brien-Pallas et ses collègues (2001) corroborent ces résultats. Ces auteurs montrent que les infirmières gestionnaires doivent embaucher suffisamment de personnel pour répondre aux besoins des patients sans recourir aux heures supplémentaires. Il faut aussi augmenter les

---

17. Clifford (1998, p. 122).
18. Watson (1999).
19. L'habilitation, ou l'*empowerment*, peut être considérée comme une façon pour les infirmières d'acquérir du pouvoir par des actions politiques. Cette notion est explorée par Dallaire au chapitre 11 de cet ouvrage.

effectifs à temps plein et à mi-temps ainsi que le ratio temps plein/mi-temps, constituer des équipes solides, cohérentes et compétentes pour assurer la continuité des soins et créer un milieu de travail qui offre un soutien efficace. S'ajoutent à ces exigences la nécessité d'engager des gestionnaires et des infirmières cliniciennes adéquatement formées pour exercer un leadership, de même que le besoin d'analyser les fonctions des infirmières de première ligne afin d'augmenter le temps consacré aux soins des patients.

Les infirmières habilitées (*empowered*) sont compétentes, elles ont confiance en elles et sont capables d'agir et d'avoir une influence sur le milieu dans lequel elles travaillent de même que sur les soins interdisciplinaires qui y sont prodigués. Par les attentes qu'elles manifestent par rapport à leur poste (choix des interventions, utilisation des résultats de recherche, soins centrés sur la famille, possibilité d'apprentissage), à l'élargissement de leur rôle (participation à des projets ou comités, pratique avancée) et à des structures où leur expertise et celle de la profession sont visibles (discussion de cas, conférences cliniques, clubs de lecture, commission d'amélioration de la pratique et de la qualité), on peut observer que la perception que les infirmières ont d'elles-mêmes engendre l'habilitation ou l'*empowerment.* Il existe également à l'intérieur du service des soins infirmiers ou de la communauté infirmière une vision claire de ce que sont les soins infirmiers. Mais quels que soient les modèles infirmiers qui prévalent, ils doivent définir la discipline de façon claire et manifeste. Cette dernière doit être reconnue dans les interactions quotidiennes avec les autres professionnels ainsi qu'avec les patients et leur famille, et elle doit pouvoir influencer les priorités des cadres supérieurs et la prise de décision stratégique pour l'ensemble de l'établissement.

L'objet de la discipline et de la profession infirmière leur confère beaucoup de pouvoir en raison de son lien avec la vie et de ce qu'elle signifie en matière d'apprentissages. Tout au long du cycle vital, les infirmières travaillent avec les patients et leur famille pour les aider à s'adapter à leur situation, à apprendre, à contribuer à leur guérison, à alléger leurs souffrances et à leur permettre d'utiliser au mieux leur potentiel avec les ressources dont ils disposent ou qu'il est possible de rendre accessibles. Il n'est donc pas surprenant que les patients jugent la qualité des soins d'un établissement en fonction des soins infirmiers qu'ils reçoivent. Même si les soins médicaux sont excellents, leur perception de la qualité globale des soins de l'établissement dépend de la qualité des relations établies avec le personnel infirmier.

Comme le savoir infirmier évolue constamment et que les besoins de la clientèle deviennent plus complexes, on voit surgir une pratique infirmière avancée qui se traduit par la création de nouveaux rôles pour les infirmières. Hamric et ses collègues (1996) définissent la pratique avancée à l'intérieur d'un champ spécialisé de la discipline infirmière comme l'utilisation d'un large éventail d'actions thérapeutiques, produits de l'expérience ou dictées par la théorie ou des résultats de recherche probants, pour les appliquer aux situations vécues par les patients. Les infirmières qui remplissent ces fonctions sont généralement formées aux cycles universitaires supérieurs, maîtrise ou doctorat, elles dispensent des soins directs aux patients et des conseils d'expert, et elles fournissent de l'encadrement et de la consultation. Elles ont également les compétences nécessaires à la prise de décision éthique et à la recherche. En analysant les répercussions de ces fonctions sur l'évolution de l'état de santé des patients, on a trouvé que le travail des infirmières cliniciennes spécialisées avait une influence positive sur le degré de satisfaction des patients, qu'il permettait de réduire le coût par visite et avait contribué à diminuer la mortalité dans les unités de soins intensifs, de même que les complications et les admissions, notamment chez les patients atteints du cancer du poumon[20]. Mundinger et ses collègues (2000) ont également observé qu'en soins de santé primaires, pour 7 tâches sur 8, la performance des infirmières praticiennes était comparable ou supérieure à celle des médecins et que, par ailleurs, le coût d'une infirmière praticienne par période de soins était inférieur de 20 % à celui du médecin.

Il est encourageant de constater qu'au Québec la commission Clair (2000) a recommandé que les rôles associés à la pratique avancée soient sanctionnés légalement et établis afin d'appuyer le concept de soins interdisciplinaires et de réseaux intégrés, et de procurer à la population un meilleur accès à des soins de qualité.

Les établissements de santé sont maintenant des organisations où le savoir domine, à tel point que Snyder-Halpern et ses collaborateurs (2001) insistent pour présenter les infirmières comme des *knowledge workers* auxquelles ils assignent quatre fonctions liées à la collecte de données, à l'utilisation de l'information ainsi qu'à la consolidation du savoir et à son application. Pour leur part, Mohrman et ses collègues (1995, p. 63) soutiennent que « l'application des connaissances théoriques fondamentales et la capacité de traiter l'information constituent l'essence d'un travail ancré dans le savoir ». Ils ajoutent que si une partie du *knowledge work* est routinier et analysable, une partie encore plus importante appelle la réflexion et la créativité. Dans ce dernier cas, l'application du savoir exige de la subtilité de manière à mieux juger d'une situation. Les *knowledge workers* doivent donc acquérir et utiliser des connaissances théoriques, maîtriser des habiletés psychomotrices et exercer leur capacité d'analyse pour les appliquer à des

20. Brooten et Naylor (1995).

situations complexes[21]. On comprendra que le *knowledge work* nécessite un processus d'apprentissage continu.

Compte tenu de ce qui précède, on peut se demander si toutes les infirmières ou si seules les infirmières qui remplissent des fonctions de pratique avancée sont des *knowledge workers.* Si toutes les infirmières sont des travailleuses du savoir, pouvons-nous utiliser cette orientation pour redéfinir le rôle du personnel sans titre professionnel et du personnel de soutien ? Dans la mesure où ils voient toutes les infirmières comme des *knowledge workers,* Snyder-Halpern et ses collaborateurs (2001) jugent que les milieux de pratique doivent soutenir le *knowledge work* des infirmières et, pour ce faire, recommandent que la structure de distribution des soins confère un pouvoir décisionnel aux infirmières sur le lieu des soins en fournissant notamment un support informatique au processus de décision élaboré avec la participation des infirmières, afin que l'information puisse circuler librement. Ces systèmes d'appui au processus de décision devraient d'ailleurs viser non seulement la collecte de données et l'utilisation de l'information, mais aussi l'utilisation du savoir et son essor. En ce qui a trait à l'information, Rader et Gagnon (2000) considèrent le bibliothécaire comme un spécialiste à qui les infirmières peuvent avoir recours pour accéder aux bases de données pertinentes ou obtenir de l'aide pour faire des recensions d'écrits portant sur des sujets cliniques déterminés. Ainsi, le dialogue entre l'infirmière et le bibliothécaire renforcerait l'utilisation des données probantes dans la pratique. Une telle collaboration entre le bibliothécaire et la clinicienne est très prometteuse et servira de catalyseur pour accélérer la consolidation du savoir et le transfert des connaissances. Mais alors que les technologies de l'information sont vitales pour les infirmières, nous sommes encore loin de voir leur potentiel exploité pleinement dans le secteur de la santé.

L'habilitation (*empowerment*) des infirmières, qui dépend à la fois d'un accès suffisant au soutien, aux ressources et à l'information, et de leur imputabilité quant à l'état de santé des patients, est liée à leur capacité d'être efficaces dans leurs milieux de travail et de contribuer aux objectifs de productivité de l'organisation[22]. Il faudrait toutefois revoir ce concept de productivité. En effet, alors qu'on croyait par le passé que chaque redondance et chaque chevauchement de rôles et de processus devaient être éliminés pour améliorer l'efficience, DeMarco (2001) écrit aujourd'hui que, sans marge de manœuvre, une organisation ne peut favoriser l'apprentissage, la créativité et le renouvellement. Il indique que, dans nos organisations à la va-vite, personne, et encore moins les gestionnaires, n'a le temps de penser à

21. Drucker et Toffler, cités dans Sorrells-Jones et Weaver (1999).
22. Spence Laschinger et Wong (1999).

autre chose qu'aux activités courantes. À long terme, ce n'est pas de bon augure. Il est essentiel de prévoir un temps de réflexion pour faire de nos organisations des lieux de travail plus sains où le personnel peut s'épanouir plutôt que réagir constamment aux crises.

Travailler à l'habilitation des infirmières ou avec des infirmières déjà habilitées requiert une forme différente de leadership. En effet, le rôle de l'infirmière gestionnaire, leader mobilisateur, a énormément changé, et particulièrement dans un contexte de décentralisation, de complexité organisationnelle accrue et de prédominance d'équipes interdisciplinaires[23]. Nous avons nous-mêmes pu constater que les infirmières leaders visionnaires avec lesquelles nous avons travaillé avaient une façon particulière de fonctionner. Ces personnes ont toujours eu une idée claire de la nature des soins infirmiers et de l'orientation future de la profession, elles ont pris des risques en acceptant de confier des postes importants à des individus créatifs et en les laissant libres d'expérimenter. Elles étaient là pour soutenir, motiver, louanger et défendre. Elles savaient détecter chez les autres les attributs qu'elles ne possédaient pas elles-mêmes. En d'autres mots, elles recherchaient des expertises complémentaires pour augmenter la portée des soins infirmiers et en faire bénéficier les patients. Cela se traduisait parfois par l'embauche à des postes clés d'autres professionnels tels que des psychologues éducateurs, des épidémiologistes ou des sociologues. Ces leaders avaient une idée précise de la nature systémique de la problématique sous-tendant les questions complexes qu'elles percevaient globalement. Par ailleurs, elles partageaient volontiers leurs points de vue, leurs appréhensions et leurs préoccupations, elles prenaient des décisions difficiles, mais calculées et fondées sur une vision à long terme. Les caractéristiques de ces leaders sont fréquemment mentionnées dans la documentation portant sur la création d'organisations qui favorisent l'apprentissage. Ces leaders conceptrices, éducatrices et organisatrices ont pour tâche de bâtir une organisation « où les gens peuvent sans cesse accroître leur capacité de façonner l'avenir[24] ». Dans un même ordre de préoccupations, alors qu'il traite de la signification du leadership dans une culture en mutation, Michael Fullan (2001, p. 136) indique que « dans une culture où règne la complexité, la première fonction du leadership est de mobiliser la capacité collective de faire face aux conjonctures difficiles ». Il soutient que les dirigeants doivent posséder les compétences essentielles pour définir un objet moral, comprendre le processus de changement, établir des relations et favoriser la consolidation du savoir, et enfin, s'assurer de la cohérence de leur façon de faire. Toujours selon Fullan, ce savoir-faire peut

---

23. McGillis-Hall et Donner (1997).
24. Senge (1990, p. 9).

s'acquérir grâce à un long apprentissage en contexte et avec les autres, à tous les niveaux de l'organisation. Il soutient que l'efficacité du leadership ne sera pas évaluée en fonction des accomplissements du dirigeant, mais du leadership qu'il fait naître chez les autres. Dans le monde complexe d'aujourd'hui, ces idées s'appliquent très bien aux soins infirmiers en particulier et aux dirigeants en général.

La promotion d'un sentiment d'appartenance à une communauté de pratique infirmière

Si l'expertise individuelle est nécessaire à des soins de qualité pour les patients et leur famille, les organisations très performantes et leurs dirigeants doivent être capables de créer dans leur milieu une culture communautaire ou un sentiment d'appartenance à une communauté de pratique professionnelle. Il s'agit de favoriser à la fois la croissance personnelle de chacun et un sentiment de sécurité, d'encourager la prise de certains risques et d'offrir des occasions de remettre en question le *statu quo* afin de trouver de meilleures avenues pour la prestation des soins. La promotion d'un tel sentiment d'appartenance fait fréquemment appel aux notions d'inclusion, de collaboration, de dialogue, de relations mettant en valeur la diversité (soit l'unité sans uniformité), d'imputabilité, de confiance et de vision[25]. Dans un tel cadre de référence à connotation communautaire, tous les éléments – l'organisation dans son ensemble, le pouvoir, les autres et soi-même – sont forcément vus d'un autre œil. Ainsi, l'organisation entière devient semblable à une entité organique qui croît et émerge avec le temps, et, grâce aux structures parallèles, à la planification et la prise de décision intégrées et à l'établissement de relations, le pouvoir en vient à résulter de l'équilibre des influences. C'est ainsi que chacun devient partie prenante à une culture de l'association d'où les jugements sont exclus, où les hypothèses sont explorées et les perceptions, partagées. Le sentiment d'appartenance à la communauté naît alors du resserrement des relations et d'une meilleure compréhension du groupe. Finalement, les individus, en particulier ceux qui occupent des postes de direction, redéfinissent leur rôle et leurs fonctions[26]. Juanita Brown et ses collaborateurs (1994) énoncent ainsi les principes qui guident le développement de la culture communautaire : 1) se concentrer sur le travail et sur les préoccupations immédiates des gens ; 2) simplifier ; 3) apprendre de l'expérience ; 4) construire sur du solide, viser plus haut et se dépasser ; 5) discuter des choses importantes ; 6) concevoir des lieux qui favorisent l'éclosion de

25. Parker et Gadbois (2000b, partie 2).
26. Parker et Gadbois (2000b, partie 2).

la culture communautaire ; 7) obtenir l'engagement total de l'individu ; 8) apprendre à organiser un grand rassemblement ; 9) reconnaître la contribution des gens ; et 10) célébrer ! Ce que ces auteurs recommandent, en fait, c'est de se concentrer sur les forces en présence les plus fécondes. Ils soutiennent également que le bien-être et l'intégralité sont présents même dans l'organisation la plus déficiente et que ces forces constituent le point de départ pour aller de l'avant.

Par rapport à la manifestation d'un leadership chez les gestionnaires, la promotion d'un sentiment d'appartenance à la communauté dans le milieu de travail constitue une fonction d'importance capitale en soins infirmiers. Peck (1987) décrit quatre étapes à ce processus : la pseudo-communauté, le chaos, le vide et, finalement, la naissance du sentiment d'appartenance à la communauté. La pseudo-communauté est l'étape des illusions, du camouflage des divergences, des efforts pour prévenir les conflits assortis de communications farcies de généralités. À l'étape du chaos, il y a des risques que le groupe s'autodétruise, à moins qu'une direction éclairée ne propose des stratégies pour un dialogue véritable et pour une gestion efficace des conflits. La tendance est alors à l'aplanissement des différences plutôt qu'à leur harmonisation. À l'étape du vide, les membres examinent les obstacles à une communication véritable – les idées préconçues, les préjugés et certaines croyances de prédilection. Cette étape difficile à traverser est longue et les progrès sont graduels. Enfin, à l'étape finale s'épanouit le sentiment d'appartenance à la communauté. Cette phase du processus est habituellement spectaculaire et soudaine ; les membres du groupe s'expriment avec authenticité, travaillent ensemble avec un synchronisme admirable, prenant des décisions, planifiant et négociant avec efficacité et efficience. Mais à quoi peut bien ressembler une organisation où règne cette culture communautaire ?

Selon Wheatley, qui est cité dans Kreitzer (1997), les nouveaux types d'organisation qui émergeront au cours du XXIe siècle pourraient avoir les caractéristiques suivantes : les orientations ou les principes directeurs émaneront de processus tout à fait naturels de croissance et d'autorenouvellement, et l'accent sera davantage mis sur une direction informelle et mobile qui répond mieux aux besoins de l'heure. On s'emploiera moins à décrire les tâches et davantage à faciliter le processus et à encourager le maintien des relations et, pour ce faire, les structures internes seront constamment modifiées.

Le cas du Centre universitaire de santé McGill

Un court exemple s'impose pour montrer comment les concepts d'habilitation et de développement du sentiment d'appartenance peuvent être actualisés. En 1998, à Montréal, quatre hôpitaux d'enseignement ont été fusionnés pour former le Centre universitaire de santé McGill (CUSM). Plusieurs caractéristiques propres à cette fusion augmentaient ses chances de réussite : elle était volontaire, les conditions avaient été négociées par les partenaires, et elle était inspirée d'une vision pour l'avenir écrite et approuvée. L'Université McGill était engagée dans toutes les décisions stratégiques et jouait un rôle de leader. La fusion avait par ailleurs des appuis dans la collectivité et on observait un ferme engagement à bâtir des installations à l'avant-garde de la technologie médicale.

Avant la fusion, la directrice des soins infirmiers de l'un des quatre établissements était membre du groupe de travail qui a rédigé l'entente de fusion. Elle communiquait étroitement et régulièrement avec ses collègues des autres institutions. Pendant au moins un an avant la fusion, les 25 infirmières cadres supérieurs (*executive leadership group*) des quatre établissements se sont rencontrées régulièrement, et une de leurs activités, à laquelle participaient aussi les comités de direction des conseils des infirmières et infirmiers de chaque institution, a été de planifier un sommet qui devait être animé par un modérateur. Ce projet, intitulé « *Metamorphosis* », s'est déroulé pendant plus d'un an et demi, et 100 infirmières de chevet, les infirmières gestionnaires, le syndicat et d'autres invités tels que des médecins, des cadres supérieurs et des représentants de la Fédération des infirmières et infirmiers du Québec (FIIQ) et de l'Ordre des infirmières et infirmiers du Québec, y ont contribué. Les questions débattues touchaient la compréhension et la gestion des transitions, la constitution d'équipes, la prévision des besoins en matière de soins de santé, la gestion de changements complexes et l'adoption d'une vision partagée de la pratique infirmière. Ce travail a permis au groupe de préparer une déclaration de principe sur la pratique infirmière (voir le tableau 6.1). Alors pour la première fois, la possibilité de l'éclosion d'une culture communautaire différente est apparue.

En décembre 1998, la directrice du Département des soins infirmiers du CUSM a été choisie par un comité dont la composition reflétait les intérêts de plusieurs personnes visées par le devenir du CUSM ; on y trouvait des patients, des représentants du Conseil des infirmières et infirmiers, du Conseil des médecins et du Conseil multidisciplinaire, la directrice des soins infirmiers du Centre hospitalier de l'Université de Montréal (CHUM), la directrice de l'École des sciences infirmières de l'Université McGill, le conseil d'administration et, enfin, deux autres cadres supérieurs. Après avoir été nommée par ce comité et être entrée en fonction, la directrice a mené une vaste consultation à l'intérieur et à l'extérieur de la profession, concernant la structure organisationnelle au sein de laquelle s'enclencherait le processus de transition. Encore une fois, une retraite d'une journée animée par

Tableau 6.1
Déclaration de la pratique infirmière *
Centre universitaire de santé McGill

- L'essence des soins infirmiers se définit comme une relation de *caring* avec l'individu et sa famille ayant pour but la promotion de la santé.
- Ce partenariat est essentiel à la compréhension des besoins des individus et de leur famille ; il a pour but d'améliorer leurs connaissances et de leur permettre d'acquérir une meilleure maîtrise de leur situation.
- Cet échange réciproque exige, d'une part, une vaste connaissance des sciences biopsychosociales, un savoir propre à la discipline des soins infirmiers, et, d'autre part, la compréhension de la façon dont le bénéficiaire et sa famille perçoivent et maîtrisent la situation.
- Cette relation thérapeutique requiert une pratique infirmière indépendante d'une part, mais interdépendante d'autre part. Il doit en effet y avoir collaboration avec les autres professionnels de la santé.

* Adapté de la version approuvée par le Conseil des infirmières et infirmiers en juin 1997.

un modérateur a permis au groupe (*senior leadership group*) de débattre de la proposition de structure présentée par la directrice. Plusieurs changements y ont alors été apportés. À la suite de cette retraite, les processus de sélection pour les six postes de directrices adjointes de programmes cliniques, dont les fonctions devaient être exercées dans au moins deux établissements ou qui pouvaient comporter des responsabilités à la fois globales et particulières à un établissement, ont pu commencer. Deux postes de directrice adjointe des soins infirmiers ont également été créés, l'un lié à la formation et à la croissance professionnelle et l'autre, à la recherche en soins infirmiers. Les principaux partenaires, parmi les médecins, les groupes multidisciplinaires et l'École de sciences infirmières de l'Université McGill, ont cette fois encore participé au processus de sélection. Par ailleurs, un poste de coordonnatrice a été créé pour prendre en charge les centres de gestion du personnel infirmier et l'installation des systèmes d'information.

La mise en place de ce groupe de cadres supérieurs dirigeants en soins infirmiers (*senior leadership group*) permettait de poursuivre le travail de promotion de la culture communautaire. En septembre 2000 se tenait donc une autre journée de réflexion à laquelle participaient les cadres supérieurs en soins infirmiers, les directrices adjointes, des infirmières gestionnaires, des cliniciennes spécialistes, des enseignantes, le Comité exécutif du Conseil des infirmières et des infirmiers, et les deux tiers du corps professoral de l'École de sciences infirmières de l'Université McGill. La conférencière invitée était Margaret McClure, Ph.D., auteure principale de l'étude sur les *magnet hospitals.* Elle venait tout juste de quitter son poste de vice-présidente des soins infirmiers au New York University Hospital Center. On lui avait demandé de partager son expérience de mise sur pied d'un service des soins infirmiers efficace après une fusion. L'essentiel de son message a été que la nature des soins infirmiers doit être clairement définie, ce qui implique selon elle à la fois les fonctions de soins et les fonctions d'intégration qu'exercent les infirmières. Elle a également rappelé certaines règles de base pour composer avec la diversité et arriver à ne former qu'un seul service de soins infirmiers, même s'il est réparti dans plusieurs établissements. Au cours de cette même journée, des exemples ont été présentés pour démontrer les retombées positives d'une collaboration clinique entre les établissements quant aux soins à dispenser aux patients et à leur famille. À partir de ces cas, on a extrapolé les valeurs, les croyances et une vision des soins infirmiers. Un groupe de travail s'est alors proposé pour élaborer plus précisément une vision, une mission et un énoncé de valeurs en se basant sur ce travail et sur celui du groupe *Metamorphosis.* On a aussi relevé six domaines prioritaires de discussion – recrutement et maintien en emploi, communication, prise de décisions administratives, soins centrés sur le soutien aux patients et à leur famille, aide à la formation et continuité des soins – en vue de rencontres futures. Deux directrices adjointes du groupe des cadres supérieurs ont été nommées à la présidence de chacune des équipes formées autour de ces domaines prioritaires. Les résultats de leurs travaux ont servi de base aux efforts en cours dans les unités de soins et à ceux des journées de réflexion ultérieures des cadres dirigeants (*nursing leadership group*).

Une autre voie a été empruntée pour accroître le sentiment d'appartenance des infirmières à un nouveau service unifié de soins infirmiers. Après la grève illégale de l'été 1999, qui visait à faire reconnaître le statut professionnel des infirmières, et grâce à des sommes offertes par le conseil d'administration, certains médecins et des infirmières gestionnaires, on a pu tenir, au mois d'octobre 2000, un atelier d'un jour portant sur les soins infirmiers à la famille. Ce thème a été choisi parce que tout le personnel croyait fermement à son importance et qu'il représentait dès lors une force unificatrice ralliant tous les programmes cliniques. Plus de 150 infirmières (au moins une par unité) représentant les cinq établissements ont participé à cette rencontre. Lorraine Wright, Ph.D., de l'Université de Calgary, Fabie Duhamel, Ph.D., de l'Université de Montréal, de même qu'un groupe d'experts spécialisés en soins de la famille du CUSM étaient les experts invités. À cette occasion, les infirmières ont présenté des cas complexes issus de leur expérience et se sont par la suite engagées dans une séance de réflexion sur leur pratique. Leur expertise collective était impressionnante et elles l'ont décrite comme étant une expérience permettant l'habilitation (*empowering*). Elles illustraient par là ce que pouvait représenter l'autonomie de l'infirmière en action.

D'autres initiatives telle la mise sur pied de groupes de travail portant sur les qualités d'une pratique idéale, dans le but de normaliser certaines procédures de soins, visaient également la promotion de l'appartenance à la communauté. Le programme d'amélioration de la qualité requérait aussi la création de plusieurs équipes multidisciplinaires codirigées par une infirmière gestionnaire et un médecin. D'une part, ces groupes se sont familiarisés avec l'importance de se soucier de l'information et d'être au fait des données et, d'autre part, leurs membres ont appris à mieux connaître les caractéristiques de leurs pratiques respectives.

Comme c'est encore le cas aujourd'hui, les relations avec les cinq unités de négociation collective du syndicat des infirmières et la FIIQ ont joué un rôle essentiel dans le processus d'intégration. Depuis le début de l'opération, divers points de vue ont été échangés sur ce que la direction et les syndicats souhaitaient accomplir. On s'est ainsi entendu sur un objectif global commun, celui d'être un « employeur de choix » et de servir d'exemple pour la réussite des fusions. Il a également été convenu qu'aucune décision unilatérale ne serait prise et que les moyens de faire face aux situations problématiques qui surviendraient seraient élaborés conjointement. Le leadership éclairé d'un directeur adjoint aux ressources humaines, qui travaillait en partenariat avec la direction des soins infirmiers et les syndicats, a également été considéré comme un facteur essentiel de réussite.

Le service des ressources humaines a aussi joué un rôle clé dans le processus d'intégration. Avec le soutien de son conseiller principal à la recherche et au développement – formé en psychodynamique du travail –, ses membres ont pris connaissance de la documentation portant sur les *magnet hospitals* et sur les caractéristiques des milieux de pratique professionnelle constructifs. Le service utilise également le *Revised Nursing Work Index* pour repérer les secteurs à améliorer, et des équipes de recherche d'action concertée composées d'infirmières gestionnaires et d'un facilitateur du service des ressources humaines ont été mises sur pied pour travailler aux changements qui s'imposent. On souhaiterait d'ailleurs que les coûts d'évaluation de ce travail soient assumés par un organisme national de financement de la recherche.

En dernier lieu, plusieurs membres du personnel infirmier se sont impliqués dans la planification du nouvel établissement. Un temps considérable a été consacré à répondre à des questions fondamentales concernant les besoins des différents types de clientèles à venir, les principes qui doivent guider les soins aux patients hospitalisés et à ceux des services ambulatoires, ainsi qu'à établir la programmation du fonctionnement. On a enfin organisé des visites des nouvelles installations appliquant les modèles conceptuels de guérison que l'on souhaite mettre en œuvre, et cela tant pour les patients que pour le personnel.

PARTENARIAT

Les discussions sur l'habilitation (*empowerment*) et la culture communautaire ont révélé un principe sous-jacent essentiel aux deux notions. Il s'agit du partenariat, un concept fondamental pour tous les professionnels de la santé et pour le système de santé lui-même, en raison de la complexité, de la spécialisation et de la différenciation des professions, ou tout simplement à cause du besoin de communiquer pour avoir une meilleure vue d'ensemble. Comme l'indique Wesorick (1997), le partenariat est le domaine invisible de l'espoir, du potentiel et de la découverte. Dans ce monde complexe et en constante mutation, il est en effet essentiel à l'épanouissement. Block (1993) conçoit pour sa part le partenariat comme un moyen de reconnaître notre totale interdépendance et d'équilibrer le pouvoir. Enfin, le partenariat repose sur l'interdépendance qui, selon Covey (1990), est un niveau supérieur de fonctionnement dont la prémisse est que certaines compétences de base sont déjà acquises et que d'autres, comme celles de chercher à comprendre l'entourage, de se concentrer sur des solutions gagnant-gagnant et de rechercher une synergie, doivent prédominer. Cette expertise constitue une part des exigences pour l'instauration de partenariats réussis.

Réaliser un partenariat regroupant les patients et leur famille, les infirmières, les autres professionnels de la santé, les syndicats et les administrations des organismes de santé est un exercice d'équilibre délicat. Shannon (1998) a relevé divers thèmes rattachés aux partenariats réussis et à ceux qui ont échoué. Les premiers ont produit 1) des avantages mutuels (avec le temps) ; 2) la possibilité de créer ensemble quelque chose de nouveau et de valeur ; 3) un vaste réseau de connexions interpersonnelles et d'infrastructures favorisant l'apprentissage ; 4) la gestion efficace des passages à vide lorsqu'ils surviennent ; et 5) l'investissement nécessaire dans le travail pour faire progresser le fonctionnement du partenariat. À l'inverse, les partenariats non réussis se distinguaient par la présence d'individus puissants s'étant avérés incapables de faire des compromis, par un pseudo-partenariat où l'un était convié à imiter l'autre plutôt qu'à trouver de meilleures façons de faire, par l'incapacité de gérer le changement sur le plan local et par une mauvaise gestion du processus de transformation culturelle nécessaire à la création d'une nouvelle identité. L'actualisation du partenariat constitue donc un réel défi, même dans la meilleure conjoncture.

Le concept de partenariat est abordé ici selon trois perspectives illustrant diverses façons de le réaliser : les soins interdisciplinaires, la cogestion et la gestion partagée. Nous tenterons également d'expliquer pourquoi la réalisation de partenariats demeure si complexe.

Les soins interdisciplinaires

Les soins interdisciplinaires ne sont pas une notion nouvelle, mais ils incitent toujours à la réflexion. Ainsi, chaque discipline engagée dans le processus doit pouvoir apporter sa perspective propre et, en même temps, travailler avec des données provenant de diverses sources (y compris les patients et leur famille) afin de voir la situation clinique globale sous un nouveau jour. Généralement, les équipes qui ont recours à des connaissances transfonctionnelles ont de la difficulté à travailler efficacement. Selon Sorrells-Jones et Weaver (1999), un des principaux obstacles au succès est le manque généralisé de compréhension et de respect envers le savoir et l'expérience d'autrui. Si l'on ajoute à cela les forces économiques et organisationnelles qui créent des inégalités de pouvoir entre les professionnels, le travail interdisciplinaire « authentique » finit par relever davantage du mythe que de la pratique courante. Pour atténuer certaines de ces variables, des institutions d'enseignement ont élaboré des programmes interdisciplinaires accessibles dès le début du processus de socialisation des professionnels de la santé. D'autres préfèrent attendre une étape ultérieure de la socialisation pour réunir les étudiants en sciences de la santé, au moment où leurs frontières professionnelles se sont élargies, afin de leur permettre de discuter de cas cliniques complexes. Les milieux de travail demeurent cependant les lieux par excellence de formation du comportement professionnel, qu'on y prodigue ou non des soins interdisciplinaires efficaces. Comme pour la plupart des relations réussies, les équipes de travail interdisciplinaires doivent fonctionner dans l'égalité, la justice et le respect, et des règles de base doivent être clairement explicitées. Il faut également encourager la diversité des opinions, et des fonctions professionnelles différentes doivent être créées en tenant compte des objectifs faisant l'objet d'une entente globale. Cette approche requiert de la maturité, de la compétence, de la confiance et des compromis. Le respect envers différents types de connaissances et d'information est donc essentiel. Ainsi, avoir une vision globale avec des objectifs clairs orientés vers l'avenir tout en restant ouverts à de nouvelles données présente tout un défi. Bien que certains la perçoivent comme une solution possible à plusieurs des difficultés éprouvées dans une approche de soins fragmentés, une étude plus récente a relevé l'insatisfaction des infirmières face à l'approche interdisciplinaire en raison du temps consacré à la résolution des conflits qu'elle engendre[27]. Cela illustre le besoin d'éduquer le personnel, de favoriser les processus de travail en équipe et de reconnaître que le temps et la stabilité des membres sont des facteurs essentiels pour travailler dans cette optique.

La cogestion médecins-infirmières

Sur le plan de l'organisation, le concept de la cogestion est une autre variante de la gestion par programmes axée sur la primauté des soins aux patients et à leur famille. Cette méthode d'organisation propose une approche créative pour que la gestion de ressources cliniques essentielles soit confiée à ceux qui sont au cœur de l'action. Selon Meakins et Doray (1996), la cogestion décentralise en effet la responsabilité et l'imputabilité de l'utilisation et de la distribution des ressources, pour leurs secteurs cliniques respectifs, vers des médecins et des infirmières qui en sont les principaux gestionnaires. Ceux-ci travaillent en collaboration et avec équité pour partager les ressources, pour apporter les changements nécessaires à la pratique (en consultation avec les chefs des services médicaux et les infirmières-chefs), pour résoudre les problèmes cliniques et administratifs et pour évaluer la qualité des soins prodigués. Pour y parvenir, le respect des valeurs et de l'autonomie de chaque discipline est essentiel. La cogestion implique aussi, d'une part, que les leaders travaillent simultanément avec la direction de leur service pour promouvoir leur discipline, leur vision et leur contribution au bien-être de la clientèle, et, d'autre part, qu'ils collaborent avec les autres services professionnels pour offrir la gamme de services appropriée. Ce modèle se reflète dans toute l'organisation alors que la directrice des soins infirmiers travaille avec le directeur des services professionnels pour régler les problèmes d'ordre plus général, et que les infirmières gestionnaires travaillent avec le chef du service médical pour gérer les questions touchant leur unité clinique.

La gestion partagée

La gestion partagée est une approche décentralisée de l'organisation d'un service de soins infirmiers qui vise à accorder aux infirmières une plus grande autonomie dans leur pratique et à leur reconnaître une autorité dans leur milieu de travail, à engendrer le sens des responsabilités et de l'imputabilité

27. Way et autres (2001).

et à faciliter la participation active aux processus de prise de décisions administrative[28]. Bref, c'est une forme de partenariat entre les infirmières gestionnaires et les infirmières de première ligne. Dans leur excellent résumé de la documentation sur le sujet, O'May et Buchan (1999) retracent les origines de la gestion partagée et les raisons de sa mise en œuvre, et font un bilan des modèles existants. Bien que peu d'articles soient consacrés à l'évaluation de son application, les instruments utilisés pour la mesure des résultats comprennent des facteurs organisationnels tels que la qualité des soins, les contacts avec les patients, l'amélioration de la performance et le travail d'équipe. S'y ajoutent des facteurs liés au personnel tels que la satisfaction au travail, la participation à la prise de décisions, l'attrition, le recrutement et le maintien en emploi, de même que des facteurs personnels tels que l'acquisition de nouvelles compétences, l'expertise, les perspectives de carrière, l'engagement, ainsi que des facteurs financiers tels que le rapport coûts/bénéfices, les économies d'échelle ou les augmentations de coûts. En raison de la complexité et de l'ampleur de la mise en œuvre d'un tel modèle, certains changements ne peuvent être observés au cours des cinq premières années d'implantation. O'May et Buchan concluent que certaines études démontrent déjà des résultats positifs dans l'amélioration du maintien au travail, dans la diminution de la pénurie d'infirmières, dans l'évolution de la profession et dans l'accroissement de l'autonomie des infirmières dans leur pratique et leur vie professionnelle. Hess (1998) soutient que les variables indépendantes de la gestion partagée n'ont jusqu'ici fait l'objet d'aucune évaluation. Il a par la suite élaboré l'*Index of Professional Nursing Governance,* qui mesure le redéploiement de la gestion après la mise en œuvre du modèle de gestion partagée. Celui-ci doit être adapté au contexte local et les motifs de son utilisation doivent être clairs. Il illustre de façon intéressante la création d'un cadre organisationnel d'appui à la structure de travail qui agit du point d'intervention vers l'extérieur plutôt que de haut en bas, sur le plan hiérarchique. Au Québec, il serait possible que les CII, dont le mandat est légalement reconnu, évoluent vers la gestion partagée. On pourrait cependant arguer que les CII doivent être autonomes par rapport à la direction des soins infirmiers afin que les préoccupations des infirmières soient exposées par plus d'une instance.

Selon Tim Porter O'Grady (1999), certaines organisations ont adopté le modèle de gestion partagée dans l'ensemble de leur institution, réunissant tous les professionnels de la santé, le personnel de soutien clinique, l'administration et le conseil d'administration en un ensemble intégré. Ce serait

28. O'May et Buchan (1999).

certainement là une façon de répondre au besoin d'une planification coordonnée et d'une prise de décisions plus efficace, ainsi que d'une meilleure expertise clinique dans l'équipe de direction des organismes de santé.

CONCLUSION

Nous avons donc analysé la relation entre les soins infirmiers et le contexte organisationnel dans lequel ils se pratiquent. Ainsi, les répercussions des initiatives de restructuration majeures des 20 dernières années ont été présentées à partir du point de vue du personnel infirmier et en fonction de leurs retombées sur les soins à la clientèle. Les infirmières ont clairement exprimé l'importance que revêt pour elles un milieu de travail constructif et il est aujourd'hui évident que cette définition est liée à l'obtention de résultats significatifs pour les patients et leur famille. Renforcer la profession infirmière dans tout type d'organisation implique que les concepts d'habilitation (*empowerment*) et de promotion du sentiment d'appartenance à la communauté de pratique soient explorés et mis en œuvre. Ces deux concepts contiennent la notion sous-jacente et implicite de partenariat, qui doit être appliquée à plusieurs niveaux et dont les variantes ont été examinées : les soins interdisciplinaires, la cogestion et la gestion partagée. Si les déséquilibres actuels dans le système de santé doivent être réglés d'une façon créative et durable, alors la valeur de la profession infirmière doit être reconnue par tous ceux qui occupent des postes de direction, qui doivent agir en conséquence.

Septième chapitre

L'efficience et l'efficacité de la pratique infirmière dans un système en mutation

GYSLAINE DESROSIERS et MARIE VALOIS

INTRODUCTION

Traditionnellement, l'intérêt de la profession pour la recherche d'efficience et d'efficacité se cristallisait autour des modes d'organisation de soins en milieu hospitalier. D'ailleurs, la revue de la documentation publiée par l'Association des hôpitaux du Québec suivait cette tendance[1]. Durant les années 80, la modalité de soins intégraux, qui avait fait son apparition aux États-Unis au début des années 70, fut l'objet de nombreuses recherches d'impacts sur différents paramètres tels que la qualité des soins, la satisfaction des malades soignés, la satisfaction du personnel soignant et des médecins ainsi que les coûts. Cette modalité de soins a connu au Québec un essor plus modéré qu'aux États-Unis étant donné certaines particularités locales comme les modalités organisationnelles, les conventions collectives de travail et les modes de financement.

L'introduction progressive aux États-Unis du remboursement des épisodes d'hospitalisation à partir d'une grille de coûts standard par cas ou par diagnostic regroupé pour la gestion (DRG) a focalisé l'intérêt de la profession infirmière sur la gestion des épisodes de soins et sur les résultats de l'organisation des soins par type de clientèle. Récemment, l'approche de la gestion du risque de chaque assuré, qu'on nomme en anglais *managed care*,

1. Thibault et Desrosiers (1990).

a amené les *nurse practitioners*, qu'on appelle au Québec infirmières cliniciennes, à démontrer leur plus-value en tant que responsables du suivi en première ligne et en tant que professionnelles clés permettant d'éviter le recours à l'hospitalisation et d'assurer un suivi intégré satisfaisant pour la clientèle. De plus, les pressions pour réduire les coûts de l'hospitalisation se sont maintenues et traduites par l'introduction de travailleurs de soutien polyvalents connus sous le nom de *multiskilled workers*.

Au Québec, comme aux États-Unis, il semble actuellement désuet de s'intéresser à des modes d'organisation de soins infirmiers dans une perspective limitée à la « bonne gestion » d'une unité de soins. Aujourd'hui, des facteurs macroscopiques et systémiques conditionnent les efforts de recherche d'efficience et d'efficacité. L'objet de ce chapitre est de cerner cette dynamique de forces en présence au sein du système de santé du Québec qui influent sur l'allocation de la « ressource » infirmière et l'organisation des soins. Une compréhension fine de ces éléments par les infirmières peut les aider à rechercher et à promouvoir des solutions organisationnelles pour la prise en charge des clientèles. Tout en respectant les standards de la profession, ces solutions seront recevables pour les décideurs.

LA RÉFORME DU SYSTÈME DE SANTÉ AU QUÉBEC

À travers le monde, les contraintes économiques, la globalisation des marchés et l'évolution des technologies de la santé ont nécessité des réformes majeures des systèmes de santé. En outre, les réductions importantes du financement public ont fait croître la part du marché des entreprises privées. Au Québec, selon le Conseil de la santé et du bien-être (1997, p. 15), « la proportion des dépenses privées pourrait bientôt atteindre, selon toute vraisemblance, le tiers des dépenses totales de santé ». Cette conjoncture introduit une certaine concurrence entre les professionnels de la santé. Ce changement des forces en présence exige à plusieurs égards une capacité d'adaptation de leur part. La réduction des dépenses publiques de santé n'est pas un des objectifs intrinsèques de la réforme, mais il s'agit d'un objectif gouvernemental incontournable. La réforme en cours présente plusieurs aspects, notamment la transformation des structures, la régionalisation et l'amélioration de la performance des centres hospitaliers.

La transformation des structures

La réforme du réseau sociosanitaire découle de la Commission d'enquête sur les services de santé et les services sociaux de 1987. Les structures ont commencé à changer dès l'adoption du projet de loi n° 120 (*Loi sur les services de santé et les services sociaux et modifiant diverses dispositions législatives,* 1991) et, par la suite, du projet de loi n° 116 (*Loi modifiant la Loi sur les services de santé et les services sociaux,* 1996). Si bien que le nombre d'établissements publics est passé de 661 à 561, et les conseils d'administration, de 663 à 429 entre 1992 et 1996[2]. On recherche à moyen terme des gains d'efficience par une plus grande mobilité du personnel, par la complémentarité et la coordination des services. Plusieurs établissements indépendants ont fusionné ou ont fermé leurs portes. D'autres se joignent en vue de créer un réseau intégré de soins. Ces changements ne sont pas terminés puisqu'une commission parlementaire s'apprête à étudier le projet de loi n° 404 (*Loi modifiant la Loi sur les services de santé et les services sociaux et modifiant diverses dispositions législatives,* 1997).

La régionalisation

Le ministère de la Santé et des Services sociaux a intensifié, au cours de la dernière décennie, la régionalisation des services et la décentralisation des décisions (compressions, allocation des ressources, fermetures d'établissements). Des dizaines de millions de dollars ont été investis dans la mission des régies régionales. En 1995, leurs crédits étaient de 75 millions de dollars et ils se sont élevés à 96 millions de dollars en 1996. On a en outre régionalisé le budget de fonctionnement des établissements, première étape des changements ultérieurs sur le plan du financement. Le tableau 7.1 illustre le niveau décisionnel actuel en ce qui a trait à l'allocation du financement public des services de santé.

Tableau 7.1
Niveau décisionnel pour le financement public

	Financement
Budget des établissements	Régional
RAMQ (rémunération médicale)	Central
RAMQ (médicaments)	Central
RAMQ (autres)	Central

2. Ministère de la Santé et des Services sociaux (1996, p. 23).

Le tableau 7.1 montre que les budgets de la Régie de l'assurance-maladie du Québec (RAMQ), notamment le fonds de l'assurance-médicaments et la rémunération médicale, ne sont pas alloués sur une base régionale. Dans un tel contexte, la dynamique de la recherche d'efficience et d'efficacité est plus ardue puisqu'un service plus efficacement dispensé à même le budget des établissements ne peut être défalqué de l'enveloppe de la RAMQ, et vice versa. Cette situation perdurera tant que les enveloppes budgétaires demeureront étanches et qu'elles seront gérées de façon indépendante les unes des autres. Néanmoins, la régionalisation gagne du terrain en tant que réalité politique, économique et sociale, et elle façonne de plus en plus l'organisation des services cliniques.

La performance des centres hospitaliers

Le virage ambulatoire s'appuie sur une réingénierie des processus de traitement, de soins et de suivi des patients. Les objectifs poursuivis à l'échelle du système visent plus particulièrement l'adoption de la technologie de pointe (diagnostique, chirurgicale, pharmacologique, etc.), la baisse de la durée de séjour à l'hôpital, le développement des solutions de rechange à l'hospitalisation et la priorité à accorder au milieu naturel comme lieu de soins. Alors que le ratio des lits en soins de courte durée se situait à 3,3 par 1 000 de population pour l'année financière 1991-1992, on cible maintenant un ratio de 2 lits par 1 000 de population pour les années à venir. Les caractéristiques des clientèles qui nécessitent toujours une hospitalisation exigent une réorganisation importante des soins infirmiers dans les centres hospitaliers.

Le tableau 7.2 met en relief un certain nombre d'indicateurs illustrant l'ampleur des changements. La durée moyenne de séjour des hospitalisés a diminué pour tous les groupes d'âge. Les statistiques les plus récentes pour l'ensemble du Québec révèlent que cette tendance s'est accentuée. En effet, le séjour moyen des personnes de 65 ans et plus est passé de 14,6 à 11,8 jours entre 1990 et 1996. Celui des personnes de moins de 65 ans est passé de 6,6 à 5,5 jours pour la même période. De plus, le nombre d'hospitalisations des personnes ayant 65 ans et plus est passé de 255 à 273 pour 1 000 alors que celui des moins de 65 ans a baissé de 83 à 75[3].

D'autres facteurs contribuent à augmenter la complexité des soins. En effet, les caractéristiques culturelles et socioéconomiques de la population, la chronicité de certaines maladies, le fait que plusieurs personnes hospitalisées présentent des problèmes cognitifs et fonctionnels en plus de la maladie à

3. Ministère de la Santé et des Services sociaux (1997b, p. 62-63).

Tableau 7.2

Utilisation de services par la clientèle hospitalisée en soins aigus (santé physique)

	1990	1996	Variation	
Heures-soins (000)	37 786	34 588	–3 198	–8,5 %
Jours-présence (000)	7 149	6 094	–1 055	–14,8 %
Heures-soins/jours-présence	5,3	5,7	+0,4	+8,0 %
Admissions	717 395	724 027	+6 632	+1,0 %
Heures-soins/admission	52,6	48,2	–4,4	–8,0 %
Séjour moyen (jours)	8,6	7	–1,6	–18,6 %
Lits de courte durée/1 000 h	3,3	2,7	–0,6	–18,0 %

Sources : Ministère de la Santé et des Services sociaux (1997b) ; Ministère de la Santé et des Services sociaux, Fichier des rapports financiers annuels des établissements.

traiter et la disponibilité plus ou moins grande de l'entourage pour jouer le rôle d'aidant naturel exigent une réponse plus adaptée de la part du personnel soignant. Dans le même ordre d'idées, la documentation nord-américaine a démontré que le recours à la technologie de pointe contribue à la hausse de la complexité des soins et que la baisse de la durée de séjour augmente l'intensité des soins par jour[4]. Pour sa part, l'Association des hôpitaux du Québec (1997) considère que la budgétisation des établissements devrait inclure des critères sur la nature et la complexité de la clientèle. Dans les secteurs de soins infirmiers, les analyses de la performance visent essentiellement la réduction au minimum des coûts par jour-présence. Dans un tel cadre de gestion, la pertinence des services en fonction de résultats cliniques à atteindre pour un patient donné ne reçoit pas toute l'attention nécessaire. Par ailleurs, il faut admettre que l'économie engendrée par la réduction du nombre de lits n'est pas nette. En effet, pour les lits qui restent, le coût par jour devient plus élevé, notamment à cause de la hausse du taux de roulement, de l'intensité des soins infirmiers, de la concentration des traitements dans une période plus courte et des caractéristiques des patients traités.

Selon l'Ordre des infirmières et infirmiers du Québec (1998a), au Québec, le lien entre le pourcentage d'infirmières et la complexité des soins n'est pas toujours considéré. En effet, certains hôpitaux qui ont diminué le nombre de lits et la durée de séjour de façon sécuritaire pour des clientèles ciblées

4. Shamian (1997).

sont considérés comme non performants parce qu'ils présentent un coût par jour plus élevé pour ces clientèles. Ce fait place les infirmières dans une situation où elles doivent constamment justifier l'augmentation des heures-soins. Cela peut se faire en démontrant, à partir des données de l'établissement, que l'intensité des soins par jour-présence est plus grande. En somme, les indicateurs budgétaires ne sont pas toujours compatibles avec les indicateurs de qualité et de résultats pour la clientèle. Des infirmières doivent s'investir dans l'établissement d'une nouvelle base d'allocation des ressources en fonction du degré de complexité des soins, notamment pour la clientèle hospitalisée et ambulatoire, pour la clientèle psychiatrique, pour les patients recevant des services de réadaptation et pour les personnes âgées en perte d'autonomie (mesure d'intensité des soins infirmiers requis).

La réduction des dépenses de santé

Depuis la commission Rochon, la situation financière précaire du gouvernement remet en question l'État-providence. Le système de santé est particulièrement touché, puisqu'il représente environ 30 % du budget gouvernemental, soit 13 milliards de dollars, et plus de 9 % du produit intérieur brut (PIB). Pour contribuer à l'assainissement des finances publiques, le ministère de la Santé et des Services sociaux peut réaliser des compressions budgétaires essentiellement sur le budget des établissements (centres hospitaliers, CLSC, centres d'hébergement, etc.), sur celui des médicaments et sur celui de la rémunération médicale. Jusqu'à maintenant, le budget des établissements a été la cible principale des compressions. Entre 1992 et 1998, il a connu des réductions de plus d'un milliard de dollars, sans compter les efforts supplémentaires pour absorber la non-indexation de certaines dépenses (conventions collectives, médicaments, etc.).

Dans les faits, les efforts de rationalisation des établissements ont été énormes puisqu'au même moment les autres enveloppes continuaient de croître. À titre d'exemple, entre 1986 et 1996, les dépenses consacrées à l'assurance-médicaments connaissaient une croissance de 171 %, et celles de la rémunération des médecins augmentaient de 4 % par an[5]. Selon le premier bilan de la réforme, l'effort budgétaire total entre 1996 et 1998 représente 1,9 milliard de dollars ou 15,2 % des crédits de la santé de l'année 1997-1998[6]. La réforme du système de santé constitue en soi un défi de taille. Le plan de compressions budgétaires qui s'y superpose représente un deuxième défi souvent incompatible avec le premier. En effet, dans un tel contexte, les

5. Desrosiers (1997a).
6. Ministère de la Santé et des Services sociaux (1997a).

investissements nécessaires au virage ambulatoire n'étant pas disponibles, la diminution du nombre de lits se fait donc sans évaluation suffisante des soins requis par les patients.

Le plan de compressions des dépenses publiques exige une amélioration de l'efficience. Rappelons que la recherche d'efficience, par définition, est synonyme de réduction de coûts et vise à améliorer la productivité en jouant sur l'agencement, sur le volume ou sur le coût unitaire des ressources. Cette approche se résume souvent par l'expression « faire plus avec moins ». De plus, au Québec, la recherche d'efficience se fait par une enveloppe budgétaire cloisonnée, tant pour l'ensemble du système de santé que pour les centres d'activités des établissements.

Le tableau 7.3 indique les limites de cette approche qui ne favorise pas l'intégration des services ni l'établissement d'indicateurs qualitatifs. Cette réduction des dépenses, qu'on peut à juste titre qualifier d'« aveugle », ne tient pas compte des effets pervers sur la clientèle, par exemple les complications, les réadmissions ou les décès évitables, puisqu'elle n'est pas orientée sur les résultats par type de clientèle. Par ailleurs, dans un tel contexte, si une initiative infirmière démontre une diminution de la consommation de médicaments à domicile ou une baisse du recours à des visites médicales, certaines administrations d'établissement s'y intéressent peu parce que les économies réalisées ne touchent pas leur propre budget. D'autres gestionnaires, qui sont préoccupés par la réduction du coût de leurs ressources humaines, pourraient être sensibles au discours sur la substitution des infirmières par des infirmières auxiliaires dans le but de réaliser une économie de leur masse salariale. Une telle solution serait cependant incompatible avec la diminution de la durée de séjour et du nombre de lits ainsi qu'avec l'atteinte de résultats cliniques sécuritaires pour la clientèle.

Tableau 7.3

Caractéristiques de la recherche d'efficience

- Réduction du coût des intrants (ressources humaines et matérielles) pour une production identique
- Augmentation de la productivité à coût égal
- Substitution de services

Limites

- Attitude peu favorable à l'intégration de services
- Accent mis sur le prestataire du service
- Pas d'indicateurs cliniques ou qualitatifs

Une étude concernant l'ensemble des données d'hospitalisation de 502 hôpitaux des États de Californie, du Massachusetts et de New York a démontré une très forte relation statistique entre un grand contingent d'infirmières et la capacité à diminuer les durées de séjour[7]. La diminution de la durée des séjours permet éventuellement de réduire le nombre de lits. Ainsi, la ressource infirmière peut être associée à des économies substantielles calculées en nombre de jours d'hospitalisation évités.

La documentation nord-américaine met de l'avant des substitutions « rentables » et des gains d'efficience possibles dans les systèmes de santé en favorisant la complémentarité des professionnels et en adaptant les services de première ligne, notamment par la réduction du recours au médecin spécialiste, par l'utilisation d'infirmières cliniciennes et par le recours aux sages-femmes. Par ailleurs, dans le contexte québécois, une meilleure utilisation des compétences des infirmières de CLSC serait tout aussi rentable.

À titre d'exemple, le CLSC Notre-Dame-de-Grâce a récemment étudié les économies engendrées par la désassurance des immunisations faites par les médecins en cabinet privé[8]. Selon cette étude, le coût de la vaccination contre la grippe serait trois fois moins élevé quand elle est effectuée par des infirmières de CLSC plutôt qu'au cabinet privé du médecin. Le coût unitaire pour l'administration du vaccin (sans compter le coût du vaccin lui-même) est de 4,35 $ au CLSC comparativement à 14,70 $ chez un médecin rémunéré à l'acte en cabinet privé. En ajoutant le coût direct souvent payé par l'usager (de 15 $ à 25 $), on obtient un coût variant entre 29,70 $ et 39,70 $ en cabinet privé. Une directive du Ministère et de la RAMQ décourageant la pratique de l'immunisation par les médecins et dirigeant les personnes âgées vers les CLSC pour leur vaccin annuel contre la grippe permettrait d'économiser quelques millions de dollars annuellement tout en respectant la directive de la santé publique sur la vaccination des personnes âgées de 65 ans et plus et en assurant un service de qualité.

Le Conseil médical du Québec (1995) recommande que certaines activités des médecins spécialistes, notamment les gynécologues, les pédiatres, les psychiatres et les dermatologues, puissent être faites par des omnipraticiens. De la même manière, la documentation résumée dans le tableau 7.4 démontre la rentabilité des interventions des infirmières de première ligne. Malgré l'existence de ces études, on observe actuellement des freins à l'expansion du rôle des infirmières et d'autres professions de la santé en première ligne. À cet égard, le retard du Québec dans l'introduction de la profession de sage-femme témoigne du poids politique du lobby médical.

---

7. American Nurses Association (1997).
8. Plante (1997).

Tableau 7.4

Études nord-américaines sur la complémentarité des professionnels et leurs points saillants

Brown et Grimes (1993)

Revue de la documentation relative à l'influence des infirmières de première ligne sur les résultats de soins

Denton, Gafni, Spencer et Stoddart (1982)

De 16 % à 24 % des coûts ambulatoires auraient pu être économisés, au moment de l'étude, par les *nurse practitioners*; au Québec, cela représenterait des économies évaluées à 528 millions de dollars.

Evans (1991)

Diminution considérable de coût anticipée notamment par une meilleure utilisation des infirmières praticiennes et des sages-femmes

Groupe Secor (1996)

Gains potentiels d'efficacité évalués à 165 millions résultant d'une meilleure complémentarité entre les infirmières et les médecins

Jonathan et Stoddart (1995)

Potentiel d'économie de 20 % à 32 % en première ligne à la suite d'une meilleure utilisation des infirmières ; au Québec, cela représenterait des gains entre 200 et 320 millions.

Manga et Campbell (1994)

Revue de la littérature et pistes d'amélioration de l'efficacité des ressources humaines en santé

Record, McCally, Schweitzer, Blomquist et Berger (1980)

Diminution de 12 % du coût global des soins en première ligne ; au Québec, cela représenterait des gains d'efficience estimés à 264 millions.

Sutherland (1996)

Évolution du rôle des professionnels et occasions nouvelles pour les infirmières et les autres professionnels

U.S. Congress, Office of Technology Assessment (1986)

Efficacité égale et satisfaction des patients plus grande, et ce à des coûts moindres qu'avec les omnipraticiens sur le plan de la formation, de la rémunération et des coûts des soins (coût par visite, vaccination, examens diagnostiques, etc.)

DE L'EFFICIENCE À L'EFFICACITÉ DES SOINS

Au-delà de la question des dépenses publiques, une autre problématique émerge. Il s'agit de la pertinence de ces dépenses et de leur véritable contribution à l'état de santé de la population. Le lien entre les ressources investies et les résultats de santé de la population n'est pas toujours facile à établir. Dans le contexte socioéconomique actuel, la recherche d'efficacité est plus qu'une modalité de gestion et devient cruciale tant pour l'évolution du système public de santé que pour la qualité de vie des citoyens.

La recherche d'efficacité amène une remise en question non seulement des coûts mais aussi des résultats pour la clientèle. Pour se développer à sa juste valeur, la profession infirmière a avantage à étudier le rapport entre les coûts et les résultats des soins pour le bénéfice des consommateurs, des représentants des régies régionales et des décideurs du palier central. Le développement de cette habileté, que ce soit chez les responsables cliniques, les infirmières de soins spécialisés ou les infirmières de première ligne, fournira de précieux arguments quantitatifs et qualitatifs pour concevoir des soins plus adaptés aux besoins de la clientèle. La recherche d'efficacité se résume en visant à « offrir le bon service, au bon endroit, au bon moment ». Le tableau 7.5 présente les caractéristiques de la recherche d'efficacité.

Tableau 7.5

Caractéristiques de la recherche d'efficacité

- Rapport entre le coût et les résultats du service
- Accent sur la pertinence du service
- Accent sur la plus-value qualitative, par exemple l'augmentation de l'accessibilité aux soins
- Mesure des coûts de la non-qualité, par exemple les complications et les réadmissions
- Association des indicateurs de coûts, par exemple le coût total de l'hospitalisation est plus significatif que le coût par jour.

Freins

- Non-imputabilité des établissements de soins pour les complications ou la non-qualité
- Enveloppes budgétaires non fusionnées sur une base régionale
- Pressions politiques

Info-santé CLSC : un exemple d'efficacité

Info-santé CLSC a été mis de l'avant par des infirmières dans le but d'offrir un service de consultations téléphoniques en matière de soins de première ligne[9]. Au besoin, l'infirmière adresse la clientèle à une autre ressource (infirmière à domicile, pharmacien, médecin, organisme communautaire, etc.). Cette solution de rechange aux services traditionnels de première ligne est offerte jour et nuit, tous les jours de la semaine. Info-santé CLSC a su s'imposer rapidement puisque déjà plus d'une personne sur deux connaît le service. La satisfaction générale de la clientèle desservie est très élevée (99 %) et repose sur la compétence et la courtoisie des infirmières qui sont au bout du fil ainsi que sur la qualité du service. L'accessibilité à Info-santé CLSC est facile et les inconvénients sont moindres comparativement à ceux d'une visite à l'urgence ou au cabinet privé.

Des chercheurs ont vérifié l'efficacité du service de consultation téléphonique en demandant aux clients s'ils avaient consulté une autre ressource avant de composer le numéro de téléphone d'Info-santé. L'étude de Leprohon (1995) révèle que dans la région de Montréal, 70 % des clients n'avaient fait aucune démarche antérieure. Dans la région de Québec, 87,8 % des répondants ont affirmé qu'Info-santé était la première ressource qu'ils avaient consultée pour leur problème de santé. Pour ce qui est de diriger les clients vers un autre service professionnel, les infirmières avaient conseillé à 69 % de leurs clients de consulter une autre ressource en cas de détérioration de leur santé. Toutefois, plus de la moitié de ces personnes n'ont pas eu besoin d'autres services après leur consultation avec l'infirmière d'Info-santé CLSC. Ces données illustrent que ce service a un fort potentiel pour améliorer l'efficacité du système. Le tableau 7.6 permet de cerner l'ampleur de l'économie potentielle au budget de la RAMQ associée à Info-santé CLSC.

À partir des renseignements contenus dans ce tableau, on a estimé une économie potentielle récurrente de l'ordre de 100 millions de dollars en rémunération médicale à l'échelle du Québec. Outre la qualité et l'efficacité économique d'Info-santé CLSC, il faut aussi considérer son rôle dans l'amélioration des connaissances des personnes et dans la prise en charge de leur santé[10]. Cet exemple illustre l'émergence de données québécoises originales sur l'efficacité d'un service professionnel infirmier. Cependant, l'essor d'Info-santé est fragilisé parce qu'il est financé par les CLSC, dont le budget est réduit en raison de la situation financière actuelle. La fusion des enveloppes budgétaires sur une base régionale pourrait constituer une solution à ce problème.

---

9. Desrosiers (1997b).
10. Hagan et Garon (1996).

Tableau 7.6

Efficacité des consultations des infirmières à Info-santé CLSC

En l'absence d'Info-santé CLSC*, 75,8 % de la clientèle aurait utilisé un service plus coûteux selon la répartition suivante :
- 31 % à l'urgence, coût unitaire moyen de 71,07 $
- 7,8 % aux cliniques d'hôpital, coût unitaire moyen de 34,09 $
- 31 % au cabinet privé, coût unitaire moyen de 24,79 $
- 6 % au CLSC, coût unitaire moyen de 41,47 $

* À l'exclusion du coût des services diagnostiques complémentaires requis.

Source : Desrosiers (1997b).

L'efficacité du suivi systématique de clientèles

Le suivi systématique de clientèles est connu sous plusieurs appellations : suivi intégré, gestion de cas ou *case management*. Il repose sur l'élaboration de cheminements critiques par type de clientèle, sur la coordination des services et sur l'anticipation de l'évolution clinique des patients. Selon cette approche, les facteurs de non-performance de la durée de séjour et les délais inutiles pour le patient sont évalués et corrigés. De nombreuses études nord-américaines confirment l'effet du suivi systématique de clientèles sur la baisse de la durée de séjour et sur l'amélioration de la satisfaction de la clientèle et de la qualité des soins[11].

Selon un bilan de 1996 sur le développement du suivi systématique, 39 établissements avaient établi des cheminements critiques pour 60 types de clientèles différentes[12]. Parmi eux, 17 ont présenté des données quantitatives totalisant 50 000 jours d'hospitalisation évités. Ces derniers représentent une économie évaluée à 25 millions de dollars. Les cheminements critiques le plus souvent mentionnés dans cette étude concernaient les patients souffrant de maladie pulmonaire obstructive chronique, d'accident vasculaire cérébral, d'infarctus aigu du myocarde, de fracture ou de remplacement de la hanche ou du genou ainsi que les malades ayant subi une résection transurétrale de la prostate.

Plusieurs conditions sont nécessaires pour l'implantation du suivi systématique comme la disponibilité d'infirmières cliniciennes, l'adhésion de la

11. Mercier et Valois (1994).
12. Valois et Villeneuve (1997).

haute direction et des médecins, la collaboration étroite de tous les services et la mise au point de nouveaux outils. Étant donné les orientations visant à diminuer davantage le recours à l'hospitalisation dans les années à venir, le suivi systématique devient une option des plus prometteuses pour réaliser cet objectif de façon efficace et sécuritaire pour la clientèle. Toutefois, les objectifs de réduction des lits du Ministère s'imposent parfois à un rythme plus rapide que la capacité à développer le suivi systématique.

Par ailleurs, les services communautaires offerts aux malades chroniques et aux aidants naturels sont-ils efficaces ? Les programmes par type de clientèle ont-ils une incidence sur l'utilisation d'autres services, sur les coûts et sur le bien-être de la clientèle ? Voilà des questions cruciales à examiner si on veut accroître l'efficacité de ces services. Des études sur le sujet ont mené au constat suivant : il est moins coûteux et plus efficace d'offrir un programme de soins adapté aux malades chroniques dans la communauté dès le début de leur maladie que de répondre à leur demande de services à la pièce. Gina Browne, directrice du System-Linked Research Unit on Health and Social Service Utilization à l'Université McMaster, mène des travaux fort révélateurs sur ce sujet. Le tableau 7.7 résume les résultats de quelques études récentes réalisées par son équipe dans ce domaine. Les travaux de cette infirmière chercheuse démontrent aussi l'importance pour la profession de s'investir dans la recherche évaluative.

Ces études illustrent l'importance de concevoir des programmes adaptés aux besoins de la clientèle et de son entourage et de faire un suivi intégré, notamment pour les clientèles atteintes de maladies chroniques. Dans le même ordre d'idées, ce n'est pas tant le vieillissement de la population et la morbidité qui lui est associée qui sont à l'origine de la hausse des coûts dans le système de soins que le manque de coordination de l'offre de services. D'ailleurs, une étude démontre qu'au Québec la multiplication des visites et la hausse des tarifs médicaux comptent pour 72 % de l'augmentation des coûts des services aux personnes âgées durant la dernière décennie[13]. Il y a donc un créneau prometteur dans l'élaboration des programmes de suivi systématique de clientèles dans la communauté puisque ceux-ci permettent une réponse plus efficace aux besoins des malades chroniques et de leur entourage. La documentation démontre les retombées positives de l'approche des infirmières pour ce type de clientèle[14].

---

13. Demers (1996).
14. Brooten et Naylor (1995).

Tableau 7.7

Études sur l'efficacité de programmes intégrés de soins dans la communauté

Étude 1 : Programme de jour pour des aidants naturels auprès de déficients cognitifs

Résumé : Ceux qui sont en attente pour participer au programme ou qui ont refusé de s'y inscrire utilisent plus de ressources (visites infirmières, auxiliaires familiales, repas, omnipraticien et aide ponctuelle) que ceux qui sont engagés dans le programme. Il coûterait moins cher d'accorder plus de ressources au programme que de garder les gens en attente.

Clientèle	Coûts	Effets mesurés
Inscrite au programme	6 779 $ par an	Les trois catégories ont le même pointage concernant les objectifs dans la vie, le soutien social et le fardeau d'aidant naturel.
En attente d'inscription	7 318 $ par an	
Refus de participer	8 235 $ par an	

Étude 2 : Clients orientés vers un programme en santé mentale

Clientèle	Coûts	Effets mesurés
Inscrite au programme	1 386 $ à 2 765 $	Mêmes pointages aux échelles de mesure de santé mentale
Non inscrite	13 756 $	

Étude 3 : Clients adressés à une clinique de douleur

Clientèle	Coûts	Effets mesurés
Inscrite à la clinique	3 285 $ à 3 801 $	Meilleure adaptation psychosociale
Non inscrite	6 008 $	

Étude 4 : Clients orientés vers un programme communautaire de réadaptation de jour

Clientèle	Coûts	Effets mesurés
Inscrite au programme	1 792 $ à 2 219 $	Meilleurs pointages dans AVQ*
Non inscrite	16 607 $	

Étude 5 : 293 malades chroniques de cliniques spécialisées (essai contrôlé aléatoire)

Clientèle	Coûts	Effets mesurés
Sans soutien	40 000 $	Meilleure adaptation
Avec soutien	4 000 $	

* Activités de la vie quotidienne.

Source : Browne et autres (1995).

LA PLUS-VALUE DES INFIRMIÈRES

Au-delà des services de première ligne déjà mentionnés, l'évolution du système de santé, de la technologie et des besoins de la clientèle crée des conditions propices à l'éclosion de nouveaux modes de prise en charge. Pour en témoigner, l'Ordre des infirmières et infirmiers du Québec publie depuis trois ans un répertoire d'initiatives prises par des infirmières qui met en valeur la contribution de la profession dans un système de santé en mutation[15]. Dans le contexte de la concurrence et de la décroissance budgétaire, les infirmières doivent non seulement convaincre les décideurs de leur plus-value, mais aussi en faire une certaine promotion auprès du public.

Les bouleversements occasionnés par la réforme ont fragilisé les programmes de gestion et de surveillance de la qualité des soins. Cette situation constitue un argument pour revoir l'approche en matière de mesure de la qualité des soins. Dans cette section, nous voulons démontrer que le suivi proactif des indicateurs de qualité des soins et des services, associé à des actions concrètes pour corriger les problèmes détectés, engendre des bénéfices quantifiables. Dans le contexte actuel, il importe de concevoir des outils pour s'assurer que les décisions de compressions budgétaires ne vont pas en deçà d'un seuil acceptable pour la sécurité des soins. Des indicateurs tels que les taux d'accidents et d'incidents, d'infections nosocomiales, de plaies de lit, de complications, de réadmissions, de décès évitables sont quelques exemples illustrant des conséquences non souhaitables pour les malades et coûteuses pour le système de santé. Les standards d'exercice de la profession requièrent depuis fort longtemps de déployer des activités de soins spécifiques à chaque patient pour prévenir ces conséquences ou tout simplement

15. Valois (1997).

pour faciliter le recouvrement de la santé. Les infirmières soignantes considèrent que la qualité des soins est satisfaisante lorsqu'elles disposent d'une marge de manœuvre pour répondre à ces besoins de soins de leurs patients.

Les interventions préventives et celles en matière de planification et de surveillance des soins sont rentables et doivent être compilées par type de clientèle pour faciliter la prise de décision de la directrice des soins infirmiers, du conseil des infirmières et infirmiers et de l'équipe médicale. Les infirmières doivent utiliser davantage les systèmes d'information qui renferment les dimensions cliniques et les caractéristiques sociodémographiques des patients. La disponibilité des données dans les milieux de soins permet de tenir compte de la complexité des soins et d'en assurer l'efficacité. À titre d'exemple, l'information des programmes Med-Echo et DRG devient plus éclairante si elle est mise en lien avec des indicateurs de soins colligés par type de clientèle[16]. L'American Nurses Association a mis au point un tableau de bord concernant le suivi des résultats cliniques de la clientèle des établissements de soins aigus, dont s'inspire le tableau 7.8.

Tableau 7.8

Certains indicateurs de suivi de la qualité des soins infirmiers (soins aigus)

Structure
La proportion d'infirmières dans l'équipe de soins
La dotation en personnel cadre infirmier
Processus
Le temps accordé aux soins infirmiers de base
La capacité de maintenir et d'améliorer les normes de qualité
Résultats chez la clientèle
Les plaintes des patients et de la famille (la satisfaction de la clientèle)
Les infections nosocomiales
Les plaies de lit
Les accidents et les incidents
Les erreurs de médication
Les complications liées au diagnostic de l'hospitalisation

Source : Inspiré de Lewin-VHI Inc. (1995, p. 17).

16. Desrosiers et Valois (1993).

La plus-value de la pratique infirmière a été maintes fois démontrée. Nous présentons ci-dessous les résumés de certaines études sous forme d'exemples qui illustrent des résultats tangibles d'amélioration de la qualité des soins pour la clientèle.

La baisse du taux de mortalité

Plusieurs études[17] ont démontré le lien entre un faible pourcentage d'infirmières et une hausse des complications évitables (les pneumonies, les plaies de lit, les infections postopératoires, les infections urinaires). On a aussi associé plusieurs variables à la baisse des mortalités évitables, notamment le pourcentage de médecins spécialistes, la disponibilité des technologies de pointe, mais également le taux élevé d'infirmières, la qualité de la relation entre les médecins et les infirmières ainsi que l'autonomie, le statut et le degré de pouvoir qu'elles peuvent exercer sur leur pratique et sur les ressources nécessaires à l'organisation des soins[18].

La diminution des plaies de pression

Aux États-Unis, 1,7 million de malades présentent des plaies de pression (plaies de lit) annuellement, ce qui occasionne des souffrances évitables sans compter les coûts supplémentaires de 8,5 milliards de dollars pour le traitement de ces plaies[19]. À titre d'exemple, dans un milieu américain, on a constaté que les ulcères de pression se manifestaient chez 3 % à 5 % des usagers et que le coût de leur traitement variait entre 2 000 $ et 40 000 $. En planifiant l'utilisation de lits et de matelas spéciaux ainsi que de divers traitements en fonction des stades de l'ulcère, on a donné plus de confort aux malades et on a réalisé des économies d'environ 400 000 $ par année[20].

L'efficacité de l'enseignement préopératoire

Au Québec, des infirmières ont mis sur pied des programmes d'enseignement destinés aux personnes devant subir une chirurgie cardiaque[21]. Dans

17. American Nurses Association (1997) ; Shindul-Rothchild, Long-Middleton et Berry (1997).
18. Institute of Medicine (1996).
19. Shindul-Rothchild, Long-Middleton et Berry (1997).
20. Schaffner et Propotnik (1992).
21. Doyon et Cayouette (1993).

le cadre de ces interventions, elles interagissent avec la famille, évaluent l'acceptation de la maladie et les mécanismes d'adaptation, et font l'enseignement à la clientèle. L'Association des infirmières et infirmiers du Canada (1994) a démontré que ce type d'activité engendre des économies récurrentes de plus de 20 millions de dollars pour les opérations à cœur ouvert.

La contribution à la prévention des complications

Dans un contexte où l'on recherche la baisse de la durée de séjour, la gestion préventive des complications vise le maintien de la qualité et de la sécurité des soins ainsi qu'un certain potentiel d'amélioration de l'efficacité. Bien qu'on ne puisse savoir précisément combien de complications sont évitables, on sait que la gestion préventive permettrait de réduire la durée de séjour de façon significative. Au Québec par exemple, pour les opérations de la hanche ou du fémur sans complications, le séjour moyen est de 16,4 jours tandis qu'il est de 26,9 jours lorsque des complications se présentent, comme l'indique le tableau 7.9.

Prenons aussi l'exemple des personnes diabétiques, dont on estime le nombre à 450 000 au Québec. Selon des données Med-Echo du Ministère, plus de 4 000 hospitalisations sont directement attribuables à cette maladie. L'instauration de cliniques spécialisées ambulatoires constitue une solution de prévention et de promotion rentable pour améliorer le suivi de ces

Tableau 7.9

Durée de séjour de la clientèle (DRG*) avec ou sans complications ou comorbidité (cc), Québec, 1992

Exemples de clientèle par DRG	Durée de séjour (en jours)
Pneumonie simple et pleurésie avec cc	10,5
Pneumonie simple et pleurésie sans cc	6,8
Opération à la hanche ou au fémur avec cc	26,9
Opération à la hanche ou au fémur sans cc	16,4
Diabète chez les plus de 35 ans	10,1
Diabète chez les moins de 36 ans	6,6

* Diagnostics regroupés pour la gestion.

Source : Mercier et Valois (1994, p. 23).

personnes et pour éviter des hospitalisations inutiles. La contribution des infirmières à des activités d'enseignement, de monitorage des paramètres cliniques, voire de correction de la médication, améliore l'efficacité du suivi de ce groupe de clientèle.

L'amélioration de la satisfaction des malades

C'est par la qualité de leurs interventions que les professionnels de la santé peuvent le mieux contribuer à satisfaire les besoins de la clientèle. Une étude rapporte que les malades sont plus satisfaits des soins reçus lorsqu'ils ont établi une relation soignant-soigné significative[22]. Une autre recherche précise que 78 % des clientèles considèrent que les soins reçus sont de qualité lorsque l'ensemble de leurs besoins[23] sont pris en considération, que leur famille est mise à contribution et qu'eux-mêmes et leurs proches reçoivent un enseignement adapté à leurs besoins. De plus, la compétence professionnelle des infirmières, la compassion et le *caring* dont elles font preuve sont hautement appréciés par les répondants. Au Québec, les personnes soignées sont satisfaites de la qualité de l'intervention infirmière lorsqu'il existe une approche globale, une compétence clinique et une relation continue où la communication est effective. La satisfaction de la population à l'égard des soins infirmiers exprimée de façon répétitive à l'occasion des sondages s'appuie sur ces valeurs et constitue une mesure de l'efficacité des soins. Enfin, d'après une étude du Comité consultatif sur le cancer (1995, p. 37), la plupart des personnes atteintes de cancer et leurs proches considèrent l'infirmière spécialisée en oncologie comme la personne la plus appropriée pour jouer le rôle d'intervenante pivot.

CONCLUSION

Le véritable enjeu pour le système de santé et de services sociaux est d'assurer de bons résultats cliniques et de diminuer le coût par cas. À l'examen des études et des expériences cliniques mentionnées dans ce chapitre, plusieurs avenues prometteuses se dégagent : le déploiement du suivi systématique de clientèles, la réorganisation des processus de soins, la mise en place de solutions de rechange à l'hospitalisation et le recours à des ressources plus légères en première ligne en complémentarité avec les médecins. De telles actions

---

22. Naylor, Munro et Brooten (1991).
23. Taylor, Hudson et Keeling (1991).

permettront de réduire les coûts tout en préservant la qualité des soins et la satisfaction des clientèles, comme le mentionne le mémoire de l'Association des infirmières et infirmiers du Canada (1993).

Toutefois, les règles sur le financement des services de santé et l'évaluation de la pertinence de ces services influent énormément sur l'essor actuel et futur de la profession infirmière. Les membres de la profession ont intérêt à saisir la dynamique de la recherche d'efficience et d'efficacité dans le système de santé afin de faire connaître tant la valeur économique que clinique de leur contribution.

Huitième chapitre

La responsabilité professionnelle de l'infirmière

DANIELLE BLONDEAU et MARTIN HÉBERT

INTRODUCTION

La profession infirmière jouit aujourd'hui d'une reconnaissance professionnelle ainsi que d'un statut juridique. Aussi, les responsabilités de l'infirmière sont de deux ordres, à la fois distincts et complémentaires : les responsabilités morales, associées au statut professionnel, et les responsabilités légales, associées au statut juridique. Nous examinerons d'abord ces deux aspects de la profession, puis nous ferons un survol des devoirs de l'infirmière relativement à ces responsabilités.

LES RESPONSABILITÉS MORALES LIÉES AU STATUT PROFESSIONNEL

Adhérer à une profession, c'est adhérer aux valeurs et aux standards de conduite qui en constituent l'*ethos.* Par son adhésion, le membre s'engage formellement à respecter les exigences (disciplinaires, morales et légales) liées à l'exercice de sa profession. Tel est donc l'engagement qui lie le professionnel en soins infirmiers quand il devient membre de la profession infirmière. Cet engagement se traduit par l'endossement de responsabilités particulières et implique certains choix. En effet, dès qu'une corporation est constituée autour d'un savoir propre et qu'elle est socialement reconnue, comme c'est le cas pour la profession infirmière, elle devient en quelque sorte une institution, abritant ses propres normes. Ainsi, l'appartenance à une profession engage l'individu à mettre ses connaissances, ses habiletés et son art au service de ses clients. D'où la responsabilité de l'individu de respecter les règles internes et les lois qui régissent sa profession.

La responsabilité morale

Mais que désigne le mot « responsabilité » ? Le sens commun suggère qu'être responsable signifie assumer le poids des conséquences liées à ses actes et à ses choix. L'étymologie va dans le même sens : « En latin, *re-spondere* ne signifie pas "répondre", mais "se porter garant d'un engagement" (*spondere* : "promettre" ou "se porter caution")[1]. » Responsabilité et engagement représentent donc un tandem indissociable. On comprendra aussi que les mots « responsabilité » et « imputabilité » sont proches parents. Kant a fourni la définition suivante de l'imputabilité : « L'*imputation (imputatio)* au sens moral est le *jugement* par lequel on regarde quelqu'un comme l'auteur (*causa libera*) d'une action qui s'appelle alors *acte (factum)* et est soumise à des lois[2]. » Toutes les interventions qu'elle fait sont donc imputables à l'infirmière, puisqu'elle est l'auteure de ces mêmes actes. Parce qu'elle est responsable de son action, elle n'attribuera qu'à elle seule le fardeau d'une erreur qu'elle a commise ou le poids d'une intervention délicate qu'elle a faite. En effet, à travers sa science et son art, elle est en mesure d'évaluer et de juger toutes ses interventions, même quand elles lui sont prescrites par autrui. Le professionnalisme – qui exige une grande autonomie, il va sans dire – prend racine dans l'engagement personnel à assumer les responsabilités propres à l'exercice de sa profession. Voilà pourquoi on trouve dans le Code de déontologie international (1973) le rappel suivant : « L'infirmière assume une responsabilité personnelle dans l'exercice des soins infirmiers et, par une éducation permanente, est tenue de maintenir ses connaissances à jour[3]. »

La notion de responsabilité recouvre celle d'exigence morale car, d'une part, l'infirmière est un agent moral et, d'autre part, l'activité infirmière suppose une incontournable relation avec autrui. Au-delà du savoir propre aux soins infirmiers (domaine intellectuel) et de la compétence requise (domaine de l'art), l'exercice de la profession engage la professionnelle en tant qu'individu (domaine moral). Le préambule du code de déontologie de l'Association des infirmières et infirmiers du Canada le mentionne clairement : « En choisissant cette profession, l'infirmière s'engage **moralement** à respecter

1. Mattéi (1997, p. 90-91).
2. Kant, cité dans Folscheid, Feuillet-Le Mintier et Mattéi (1997, p. 91).
3. Conseil international des infirmières (1973).

certaines règles de conduite et, **professionnellement,** à prendre soin de la santé et du bien-être des clients[4]. » (C'est nous qui soulignons.)

La déontologie : un concept moral ou juridique ?

Avant d'aller plus loin, il convient de dissiper une certaine confusion entourant l'emploi du mot « déontologie » liée à son appartenance à deux registres. En effet, « déontologie » renvoie parfois à la notion de morale, et parfois au domaine juridique, ce qui entraîne inévitablement une confusion. Sur le plan de l'étymologie, on constate que, « dans ses racines grecques, *deontos* signifie : il faut, il convient, il est nécessaire, ce qui doit être, ce qu'il faut faire – par extension, le devoir[5] ». En d'autres termes, le mot désigne un ensemble de devoirs et d'obligations. Voilà pourquoi Guy Durand (1987, p. 310), éthicien, écrit : « Étymologiquement, il est donc presque synonyme de "morale" ou d'"éthique". » En ce sens, la déontologie représente bien l'éthique d'une profession en déterminant les règles de conduite, les obligations et les devoirs liés à la pratique professionnelle. C'est dans cet esprit d'ailleurs que Durand (p. 310) explique que « la déontologie est la réflexion sur ces règles, la recherche des exigences éthiques liées à l'exercice d'une profession ». Si le sens étymologique est finalement assez clair, l'histoire s'est chargée d'en changer graduellement le sens premier. Hubert Doucet (1992, p. 41), éthicien et théologien, reconstruit l'évolution de l'usage du mot. À l'origine, à l'époque d'Hippocrate, père de la médecine, le code de déontologie était « fondamentalement porteur d'un idéal éthique […] Le code a pris naissance dans l'idéal éthique qu'un homme a proposé à ses disciples ». Cependant et avec le temps, la « professionnalisation des services », comme ceux de la médecine ou des soins infirmiers, ainsi que la « bureaucratisation des sociétés modernes » ont « conduit l'État à intervenir et à imposer les normes du bon comportement ». Le passage de ce concept dans le domaine juridique, que Bégin (1992, p. 21) nomme pertinemment la « judiciarisation progressive de la déontologie », venait de s'opérer. Le registre moral qui prévalait, tant étymologiquement que traditionnellement, débouchait avec le temps sur le registre juridique.

Pour consacrer la confusion, l'usage contemporain du mot « déontologie » s'inscrit définitivement dans le langage juridique. Le moment crucial de ce détournement de sens se situe alors que la profession infirmière du Québec adhérait, en 1973, au Code des professions. Elle a alors dû se doter, par

4. Association des infirmières et infirmiers du Canada (1991, p. i).
5. Blondeau (1986, p. 28).

règlement, d'un code de déontologie comportant un caractère résolument légal.

Ce long détour sur l'évolution du sens du mot « déontologie » est nécessaire pour indiquer les sources de confusion liées, souvent encore, à son usage. C'est à regret que nous devons admettre le glissement du sens premier – le sens moral – vers un sens juridique En effet, traditionnellement, la déontologie professionnelle visait à fournir les grandes lignes de conduite ainsi que des lieux de réflexion propices à la promotion de l'excellence d'un service. Aujourd'hui, le changement de sens met en évidence l'empiétement du domaine juridique sur le champ moral. Néanmoins, il ne faut pas mettre en cause la finalité même poursuivie par un encadrement juridique puisque l'ultime but d'un code de déontologie vise la protection du public. Cependant, il faut bien le mentionner, le danger est grand de réduire les exigences d'une profession à un diktat purement juridique et, par conséquent, d'en évacuer toute la substance morale. Luc Bégin (1992, p. 21) a raison quand il écrit : « Les contraintes légales deviennent du même coup, pour plusieurs professionnels, les seules normes devant vraiment être prises au sérieux. » Voilà aussi pourquoi Doucet (1992, p. 41) s'inquiète à juste titre de la situation : « Le fait que l'État fixe aujourd'hui les normes de la vie professionnelle ne transforme-t-il pas le code d'éthique en norme juridique en lui faisant ainsi perdre sa dynamique première ? »

Compte tenu de l'association quasi automatique des termes « déontologie » et « code de déontologie » au domaine juridique, nous nous voyons contraints d'utiliser l'expression « éthique professionnelle » pour évoquer les obligations autres que légales. Dans ce chapitre, l'éthique professionnelle fera donc référence aux exigences et aux responsabilités morales associées à l'exercice de la profession infirmière et à son statut professionnel.

Les valeurs et les principes

C'est le rôle des associations professionnelles de réaffirmer les valeurs et les principes moraux à la base de l'exercice professionnel et de fournir un cadre de référence pour la pratique infirmière. Parmi ces associations, mentionnons le Conseil international des infirmières (CII) et l'Association des infirmières et infirmiers du Canada (AIIC). Ces deux organismes publient des recueils – nommés incorrectement codes de déontologie[6] – où sont énoncées les valeurs privilégiées par la profession, comme le souci de la dignité

6. Pour éviter justement la confusion, nous utiliserons le mot « recueil » au lieu de « code de déontologie » quand il sera question de la dimension morale de la profession.

humaine (CII), l'ouverture à autrui (AIIC), le respect des droits humains (CII), etc. Ils prescrivent également les lignes de conduite qu'on attend des membres, qui assureront une pratique professionnelle aux standards élevés. Les directives proposées concernent par exemple le respect de la personne, la reconnaissance des valeurs et des choix des clients, le respect de la confidentialité, la défense et la protection des intérêts du client, etc. En d'autres mots, ces recueils visent à rappeler l'exigence morale liée à la pratique des soins infirmiers. Comme le mentionne Kathleen M. Fenner (1980), de tels recueils tentent de traduire l'éthique d'une profession ainsi que les valeurs et les principes qui y sont valorisés. Ils visent à traduire comment les membres d'une profession doivent se conduire. Fenner ajoute qu'un code moral stipule l'idéal de conduite auquel aspire le véritable professionnel. Pour cette raison, il fournit le but, et non pas la description, de la conduite professionnelle.

Ces recueils déterminent également l'engagement des professionnels envers la société. En effet, les responsabilités liées à l'exercice des soins infirmiers sont la promotion de la santé, la prévention de la maladie, la restauration de la santé et le soulagement de la souffrance. Au moyen d'une déclaration écrite, la profession exprime solennellement à la société son devoir de s'acquitter honorablement de ses responsabilités et d'assurer le bien-être de ses clients, actuels et futurs. Autrement dit, les organismes professionnels rappellent au public la responsabilité de la profession à leur endroit.

Bref, l'appartenance à la profession infirmière engage personnellement et moralement le membre tant envers le client, la société, la profession que l'équipe de santé. Si les obligations morales découlent des exigences liées au statut professionnel, les obligations légales découlent, elles, du statut juridique de la profession.

Il faut bien comprendre, néanmoins, que la dimension juridique prend appui sur la dimension morale. En dépit du caractère de sanction qui leur est rattaché, les exigences légales ne sauraient jamais se substituer aux exigences morales de la profession.

LES RESPONSABILITÉS LÉGALES LIÉES AU STATUT JURIDIQUE

L'exercice d'une profession comportant un savoir propre trouve sa légitimité non seulement dans la reconnaissance sociale, mais aussi dans la rigueur encadrant la pratique professionnelle. Comme le mentionne Luc Bégin (1992, p. 20), « en vertu de ses compétences techniques – de son savoir disciplinaire – tout professionnel bénéficie de certaines formes de pouvoir à l'égard du profane». Un professionnel doit donc utiliser ses compétences avec conscience pour maintenir un indispensable lien de confiance tant avec son client qu'avec le public. Cet énoncé prend un sens tout particulier pour les professionnels de la santé – dont les infirmières – qui sont autorisés et même appelés, notamment, à accomplir des actes parfois invasifs et souvent déterminants pour les personnes qui les consultent et qui bénéficient de leurs services.

Il n'est pas étonnant, dès lors, que l'exercice d'une telle profession fasse l'objet de balises à divers égards. Une infirmière est une professionnelle en titre, et cela se traduit sur le plan légal par sa soumission au Code des professions (L.R.Q., c. C-26) et à la *Loi sur les infirmières et les infirmiers du Québec* (L.R.Q., c. C-26, a. 87). Sa profession lui permet, à titre exclusif, d'accomplir certains actes bien circonscrits:

> **36.** Constitue l'exercice de la profession d'infirmière ou d'infirmier tout acte qui a pour objet d'identifier les besoins de santé des personnes, de contribuer aux méthodes de diagnostic, de prodiguer et contrôler les soins infirmiers qui requièrent la promotion de la santé, la prévention de la maladie, le traitement et la réadaptation, ainsi que le fait de prodiguer des soins selon une ordonnance médicale. (*Loi sur les infirmières et les infirmiers du Québec.*)[7]

Cette consécration d'un champ d'exercice exclusif n'est pas uniquement une affaire de droits reconnus à l'infirmière. En raison de ses connaissances et de ses compétences, l'infirmière jouit d'un privilège, celui de fournir des soins infirmiers, en contrepartie duquel elle est également responsable de ses choix et de ses actes. En effet, l'infirmière est dorénavant membre à part entière d'une équipe de professionnels dont les services sont dispensés de façon complémentaire, chacun devant répondre des actes qui relèvent de son champ d'intervention et de compétence. Certes, dans la pratique quotidienne, certaines zones de confusion ou même de friction subsistent, et nous ne saurions occulter cette réalité. Nous y reviendrons plus loin.

Quelles sont donc les diverses facettes les plus susceptibles de consacrer la responsabilité de l'infirmière d'un point de vue légal? Nous examinerons en particulier deux aspects de la question: la responsabilité professionnelle et la responsabilité civile, chacune ayant des finalités distinctes. En plus de ces deux catégories de responsabilité, il faut au moins en souligner une troisième, que nous n'aborderons que brièvement: la responsabilité criminelle. Bien que son application soit plutôt rare dans la pratique infirmière,

---

7. Le 14 juin 2002, l'Assemblée nationale adoptait le projet de loi n° 90, qui modifiera la définition de l'acte infirmier et dont les dispositions entreront en vigueur au moment jugé opportun par le Gouvernement.

nous ne saurions l'ignorer complètement. Comme pour tout autre citoyen, le comportement de l'infirmière peut être sanctionné s'il enfreint les règles de la société. En cette matière, certains interdits sont criminalisés (vol, voies de fait, le fait de donner la mort à autrui, etc.) et toute personne trouvée coupable d'un de ces gestes est pénalisée (amende ou emprisonnement). Ce type de responsabilité s'ajoute aux responsabilités professionnelle et civile, dont nous allons aborder les grands traits en insistant sur certaines règles propres à l'exercice de la profession infirmière.

La responsabilité professionnelle

Dans ce chapitre, la responsabilité professionnelle renvoie aux obligations déontologiques auxquelles sont soumises les infirmières en raison de leur appartenance à l'Ordre (professionnel) des infirmières et infirmiers du Québec. La déontologie est propre à chaque profession, chacun des ordres professionnels ayant l'obligation d'adopter des règles spécifiques destinées avant tout à protéger le public et à régir les conduites acceptables au sein de la profession. Le code de déontologie a une portée légale puisqu'il crée des obligations et des interdits dont la violation est passible de sanctions incluant la réprimande, la suspension et la radiation, le tout variant selon la gravité de l'acte reproché.

À titre d'exemple, le Code de déontologie des infirmières et infirmiers du Québec (L.R.Q., c. C-26, a. 87) prévoit diverses obligations relatives notamment à l'intégrité, à la disponibilité, à la diligence et à l'indépendance dont l'infirmière doit faire preuve à l'égard de son « client ». Dans la même foulée, on y énonce les devoirs de l'infirmière en matière de secret professionnel, de compétence et de maintien de la relation de confiance inhérente et essentielle à sa pratique. Le Code ne se contente pas d'énoncer des obligations. Il traite également de certaines interdictions dans la conduite professionnelle d'une infirmière. Le Code énumère notamment les « actes dérogatoires » suivants :

> **4.01.01** En outre de ceux mentionnés aux articles 57 et 58 du Code des professions (L.R.Q., c. C-26), constitue un acte dérogatoire à la dignité de la profession le fait pour le professionnel en soins infirmiers de :
>
> *a*) consulter, collaborer ou s'entendre, dans le traitement d'un client, avec une personne n'ayant pas les connaissances scientifiques appropriées dans le domaine où elle exerce ;
>
> *b*) exercer sa profession alors qu'il est sous l'influence de boissons alcooliques, de stupéfiants, d'hallucinogènes, de préparations narcotiques ou anesthésiques, ou de toute autre substance pouvant

produire l'ivresse, l'affaiblissement ou la perturbation des facultés ou l'inconscience ;

c) s'approprier des stupéfiants, une préparation narcotique ou anesthésique, des fournitures de tout genre ou tout autre bien appartenant à son employeur ou à un client ;

d) le fait d'inciter quelqu'un de façon pressante à recourir à ses services professionnels ;

e) permettre à qui que ce soit qui n'est pas inscrit au tableau de l'Ordre d'exercer la profession ;

f) abandonner volontairement et sans raison suffisante un client nécessitant une surveillance ou refuser sans raison suffisante de fournir des soins et sans s'assurer d'une relève compétente dans le cas où il peut raisonnablement assurer une telle relève ;

g) poser un acte ou avoir un comportement qui va à l'encontre de ce qui est généralement admis dans l'exercice de la profession ;

h) inscrire des données fausses dans le dossier du client ou insérer des notes sous la signature d'autrui ;

i) altérer dans le dossier du client des notes déjà inscrites ou en remplacer une partie quelconque dans l'intention de les falsifier ;

j) participer ou prêter son concours à l'annonce de médicaments, panacées, produits pharmaceutiques et prothèses de tout genre ;

k) annoncer un produit anonymement, sous son nom ou sous une raison sociale ;

l) communiquer avec le plaignant lorsqu'il est informé d'une enquête sur sa conduite ou sa compétence professionnelle ou lorsqu'il a reçu signification d'une plainte à son endroit.

De l'ensemble des obligations et des interdictions contenues dans le Code de déontologie, il ressort que l'infirmière doit respecter les exigences d'une conduite standardisée et requise en raison de son appartenance à l'ordre professionnel. Plus que de simples souhaits, ces exigences déontologiques sont contraignantes dans la mesure où elles s'accompagnent d'un mécanisme disciplinaire, donnant notamment au syndic de l'Ordre le pouvoir d'enquêter à l'occasion d'une infraction et au comité de discipline la compétence pour traiter les plaintes et prendre les sanctions appropriées, le cas échéant.

Il paraît utile ici de souligner l'existence d'un autre mécanisme disciplinaire existant en vertu d'une autre loi, la *Loi sur les services de santé et les services sociaux.* Celle-ci ne s'applique que dans certains établissements tels que les CLSC, les centres hospitaliers, les centres d'hébergement et de soins de longue durée (CHSLD) et les centres de réadaptation. Au-delà des règles déontologiques, la loi permet à un usager insatisfait de se plaindre relativement à un service qu'il a reçu ou qu'il aurait dû recevoir :

30. L'établissement doit publier la procédure d'examen des plaintes et informer les usagers de l'existence de cette publication et du moyen d'en obtenir un exemplaire.

31. La procédure d'examen permet à l'usager de porter plainte sur les services qu'il a reçus ou aurait dû recevoir de l'établissement. (*Loi sur les services de santé et les services sociaux.*)

Cette procédure de plainte vise l'ensemble du personnel d'un établissement, y compris les infirmières. De façon concrète, un usager peut porter plainte contre une infirmière qui ne lui a pas fourni un service adéquat. Une telle plainte est alors traitée par le responsable désigné à cette fin dans l'établissement et, selon la pertinence, des sanctions internes peuvent être prises (réprimande, suspension, etc.).

Il faut insister sur le fait que le processus de traitement d'une plainte est distinct des règles et des sanctions déontologiques dont nous avons traité plus haut. Ces deux mécanismes pourraient être utilisés en même temps et de façon parallèle. En effet, il n'y a aucune objection légale à ce qu'un usager insatisfait porte plainte à la fois auprès de l'établissement de santé et de l'ordre professionnel pour un même acte fautif. Cependant, dans les faits, il est rare que les deux plaintes soient effectivement traitées de façon concurrente, l'ordre professionnel préférant souvent que l'établissement traite la plainte en premier lieu.

Bref, les comportements professionnels déviants peuvent être l'objet de sanctions disciplinaires à différents paliers. Ces mesures, destinées à la protection du public, ne constituent pas pour autant des moyens d'indemnisation pour la victime d'un acte répréhensible. D'autres recours existent à cet égard.

La responsabilité civile

Une **faute,** un **préjudice** et un **lien de causalité** entre les deux : voilà les conditions d'un recours civil visant à indemniser une victime pour les dommages subis à la suite d'un acte fautif. Telle est la finalité de la responsabilité civile, qui sert non pas à punir mais plutôt à compenser financièrement un dommage[8]. Pour engendrer une responsabilité civile, une faute doit d'abord avoir été commise, ce qui, selon la jurisprudence, va au-delà de la simple erreur de jugement[9]. Pour l'essentiel, une faute peut être assimilée à une

8. À titre exceptionnel, il arrive que des dommages exemplaires soient accordés pour sanctionner un comportement fautif. Dans ces cas, la condamnation excède donc la seule réparation du dommage.
9. *Lapointe c. Hôpital Le Gardeur,* [1992] 1 R.C.S. 351 et suiv.

violation des règles de l'art généralement admises et reconnues au sein de la profession. La pratique infirmière comporte, comme toute autre profession, des standards et des exigences qu'une infirmière raisonnable doit respecter dans l'exécution de ses fonctions.

Pour évaluer une faute civile, on se réfère donc au critère de raisonnabilité, c'est-à-dire d'une infirmière raisonnablement prudente, compétente et diligente placée dans des circonstances comparables à celles en cause dans un litige. Aurait-elle agi différemment de celle dont on recherche la condamnation ? Si oui, les actes reprochés constituent-ils un accroc à la pratique généralement admise ?

Il est essentiel de souligner que, sauf quelques rares exceptions, l'infirmière fait face à une « obligation de moyens » plutôt que de « résultat ». En termes plus précis, une infirmière poursuivie au civil doit être en mesure de démontrer que, dans un cas particulier, elle a pris les moyens raisonnables et reconnus au sein de la profession pour s'acquitter de ses obligations professionnelles. Elle n'a pas à démontrer que le résultat obtenu est satisfaisant. En matière de santé, on ne peut pas garantir la guérison, ni même les effets bénéfiques d'une intervention. On doit cependant prendre les moyens raisonnables pour aider un patient.

De façon exceptionnelle, il a été jugé qu'**à l'occasion de certaines tâches plus techniques** l'infirmière devait assumer une obligation de résultat. Il en est ainsi, selon la cour d'appel, en ce qui a trait au décompte de compresses à l'occasion d'une intervention chirurgicale ; du moins était-ce le cas dans le dossier très particulier de l'affaire Thomassin[10]. Ce patient, âgé de 66 ans, obèse et souffrant de graves problèmes de santé, a subi une intervention chirurgicale pour l'ablation de la vésicule biliaire. Au moment de l'intervention, on a effectué un premier décompte de compresses avant l'incision et deux autres avant la fermeture de l'incision. On a conclu erronément que toutes les compresses avaient été retirées. En raison des caractéristiques cliniques très particulières du patient, le chirurgien n'a pas pu procéder à la palpation des tissus, vu l'état du site opératoire. Prenant en considération l'ensemble des faits pertinents, la cour a imposé un degré d'exigence professionnelle plus contraignant qu'à l'habitude en s'exprimant de la façon suivante :

> Par ailleurs, chacun peut être soumis à des obligations d'intensités diverses. Le médecin est tenu généralement à une obligation de moyens. L'obligation imposée à un personnel infirmier vis-à-vis d'un **acte de**

10. *Hôpital de Chicoutimi et D*[r] *Alain Battikha c. Édouard Thomassin,* Cour d'appel, greffe de Québec, 200-09-00521-903, les Honorables LeBel, Brossard et Forget, C.A., le 11 août 1997.

> **contrôle arithmétique,** comme un décompte de compresses ou d'instruments chirurgicaux, présente une nature différente. Elle peut être qualifiée d'obligation de résultat, qui **ne fait pas appel à une marge de jugement ou d'appréciation,** mais doit être accomplie exactement. (C'est nous qui soulignons.)

Cette décision ne s'est pas limitée à apporter des nuances quant à l'intensité de l'obligation professionnelle des infirmières. Elle a aussi consacré l'imputabilité de l'infirmière en sa qualité de membre à part entière d'une équipe de professionnels, rompant ainsi de façon définitive avec une vision dépassée qui a longtemps fait de l'infirmière une subalterne. Les extraits suivants du jugement de la cour d'appel sont convaincants à cet égard.

> On ne saurait fonder la responsabilité du médecin pour une opération pratiquée en 1986, dans le cadre réglementaire établi par le centre hospitalier sur une jurisprudence qui repose ultimement sur l'analyse de pratiques médicales remontant à plus de soixante ans.
>
> -
>
> Ces arrêts reposaient aussi largement sur la conception que le chirurgien était le patron, sinon l'empereur, du bloc opératoire et qu'en contrepartie, il répondait de tout ce qui s'y passait et devenait en quelque sorte responsable du personnel auxiliaire employé par l'hôpital […]
>
> -
>
> Ces jugements (plus récents) soulignent la nécessité d'une analyse concrète de l'organisation hospitalière et de l'encadrement de la pratique médicale […] Entre l'hôpital et le médecin, le travail opératoire s'exécute en collaboration. Chacun répond de sa propre responsabilité.

Au-delà des fautes professionnelles fondées sur la violation des règles de l'art, il faut en outre mentionner que les manquements relatifs à l'obtention d'un consentement libre et éclairé de la part du patient ou encore le bris du respect de la confidentialité ou du secret professionnel constituent, aux yeux des tribunaux, des actes condamnables qui, dans les cas où ils sont imputables à l'infirmière, peuvent conduire à sa condamnation civile. En pratique, ces manquements sont assimilés à des fautes professionnelles.

Comme nous l'avons précisé plus haut, l'existence d'une faute ne suffit pas pour intenter un recours civil. Il faut en outre démontrer qu'un dommage, un préjudice ont été subis. Pour être indemnisable sur le plan civil, le dommage doit être direct et certain (présent ou futur) de façon à éviter que la personne poursuivie n'ait à répondre de dommages hypothétiques ou étrangers à sa faute.

Comme le prévoit le Code civil du Québec, le dommage subi peut prendre diverses formes :

> **1607.** Le créancier a droit à des dommages-intérêts en réparation du préjudice, qu'il soit **corporel, moral** ou **matériel,** que lui cause le

défaut du débiteur et **qui en est une suite immédiate ou directe.** (C'est nous qui soulignons.)

Quant à l'évaluation du préjudice, deuxième condition au recours civil, elle doit tenir compte des circonstances et des caractéristiques subjectives de la victime (âge, état de santé, mode de vie, antécédents, situation familiale, etc.). Il ne s'agit pas d'insinuer que la valeur de la vie et de la santé des personnes varie de l'une à l'autre, mais plutôt de prendre en considération certains facteurs subjectifs dans la mesure de leur pertinence. Lesage-Jarjoura, Lessard et Philips-Nootens (1995, p. 88) nous rappellent la justesse de cette règle.

> Contrairement à l'appréciation de la faute, qui suppose la référence à un modèle abstrait, l'évaluation du dommage est un exercice très concret, qui doit traduire le mieux possible la réalité vécue par la victime, dans sa situation à elle. Pour reprendre un exemple classique, la perte d'un doigt n'aura pas la même répercussion pour un musicien, ou pour un chirurgien, que pour un avocat.

Enfin, outre la faute et le préjudice, il doit y avoir un lien de causalité entre la faute reprochée et le dommage subi pour justifier le recours civil. Les faits fournis comme preuve doivent convaincre le tribunal que la faute est causale. Il s'agit d'une question parfois complexe soumise à l'appréciation du juge qui, souvent, bénéficiera des opinions éclairantes d'experts appelés à témoigner sur le sujet. Ainsi, en présence d'une faute, d'un préjudice et d'un lien de causalité, la victime peut obtenir une indemnité financière pour compenser le dommage réellement subi.

On ne saurait clore ce volet sur la responsabilité civile sans évoquer une certaine ambiguïté relative au statut juridique de l'infirmière. D'une part, elle est une professionnelle jouissant d'une autonomie reconnue engagée par une imputabilité certaine, comme nous l'avons évoqué précédemment. D'autre part, elle est souvent et même généralement une employée, et, à ce titre, relève de son employeur. De façon générale, ce dernier encadre les pratiques infirmières, notamment par la mise en place de procédures, de règles et de protocoles auxquels l'infirmière doit se conformer. Il n'est dès lors pas étonnant que, dans un recours civil, on recherche la condamnation de l'employeur pour la faute de l'infirmière.

En termes clairs, nombreux sont les cas où la poursuite civile est dirigée contre l'employeur plutôt qu'à l'endroit de l'infirmière concernée. On recherche alors la responsabilité civile du commettant pour les actes fautifs de son employée. C'est la règle généralement suivie dans les dossiers impliquant des établissements publics (centre hospitalier, CLSC, etc.). Dans ce secteur, il est extrêmement rare que l'infirmière soit poursuivie personnellement pour une condamnation civile. Cela peut se comprendre et se justifier si on tient compte du système mis en place pour dispenser les services de santé. Il n'en demeure pas moins que cette disposition constitue un frein à la pleine reconnaissance professionnelle des infirmières puisque leur responsabilité est confondue avec celle de leurs employeurs.

Ces trois types de responsabilité légale (criminelle, professionnelle et civile) que nous venons de voir cohabitent et peuvent s'additionner puisqu'ils poursuivent des finalités distinctes. Prenons l'exemple de l'infirmière qui, depuis plusieurs années, vole des narcotiques dans l'établissement où elle travaille dans un but de consommation personnelle. Elle pourrait faire l'objet d'une plainte d'ordre déontologique pour avoir commis un acte dérogatoire envers sa profession. En même temps, elle pourrait être poursuivie civilement pour les dommages et les pertes subies par l'établissement, c'est-à-dire la valeur des médicaments volés. Parallèlement, en sa qualité d'employeur, l'établissement pourrait aussi prendre des sanctions internes telles que la suspension provisoire. Enfin, le vol étant interdit par le Code criminel, elle pourrait de plus faire face à des accusations et se voir imposer une sentence pénale.

Maintenir des standards de conduite au sein d'un ordre professionnel, indemniser la victime d'un acte fautif et protéger la société relativement aux comportements intolérables sont autant de finalités distinctes au regard des règles de droit applicables. Chaque facette du droit s'adresse à l'une ou l'autre de ces finalités et obéit à ses propres règles de fonctionnement (degré de preuve requis, moyen de défense, faits admissibles, etc.).

Les devoirs de l'infirmière

Au-delà des considérations élémentaires relatives aux règles de responsabilité applicables aux infirmières, quels sont les principaux devoirs qui incombent à la pratique infirmière ? Sans en dresser un tableau exhaustif, voyons certains devoirs inhérents à la profession ainsi que l'évolution des conditions de la pratique en cette matière.

Le suivi et la surveillance des patients

Parmi les tâches dévolues aux infirmières, l'une des principales demeure le suivi et la surveillance des patients. Que ce soit en obstétrique, en psychiatrie ou encore aux soins intensifs, l'évolution de chaque cas revêt un caractère fondamental quant à la qualité du service global. L'infirmière joue à cet égard un rôle primordial dont sont tributaires les autres professionnels, qui doivent souvent se fier aux notes et aux constats consignés par l'infirmière. Qu'il y ait ordonnance médicale ou non, la surveillance du patient demeure un élément clé dans le choix du traitement et essentiel au bien-être du patient. L'obligation de moyens et le critère de raisonnabilité que nous évoquions précédemment prennent un sens réel et concret dans la relation privilégiée qu'une professionnelle entretient avec le patient. Dans une étude portant notamment sur ce sujet, Me Jean-Pierre Ménard[11] s'exprime ainsi :

> En fait, l'obligation de surveillance doit être adaptée aux besoins du bénéficiaire, comme le rappelle la Cour supérieure dans l'arrêt *Lortie c. l'Hôpital Christ-Roy*:
>
> > « À moins de recevoir certains indices ou de recevoir certaines informations justifiant le contraire, le personnel d'un hôpital ne saurait être tenu d'apporter soins, attention et surveillance autres que ceux que requièrent normalement l'état, la situation et les agissements du patient. Car il ne saurait être question, pour un hôpital, d'apporter à un patient plus de surveillance qu'il n'en requiert. »
>
> En vertu de circonstances de fait particulières (par exemple, un bénéficiaire âgé et faible, dont les mains tremblent, surpris à fumer par un préposé[12] de l'hôpital), un préposé pouvant prévoir le danger provoqué par une modification de l'état, de la conduite ou de la situation du bénéficiaire, doit automatiquement modifier, ou prendre des mesures afin que soit modifié, le degré de surveillance entourant le patient. Le personnel infirmier n'a pas à attendre que le médecin prescrive des mesures particulières.

Dans la même veine, d'autres auteurs ajoutent ceci :

> La position des tribunaux à cet égard est ferme. En témoigne également l'arrêt *Gravel c. Hôtel-Dieu d'Amos,* dans lequel le personnel infirmier n'a pas averti à temps le médecin du déroulement du travail d'une parturiente : la prétention de l'hôpital voulant que les infirmières, lorsqu'elles suivent le protocole établi par le médecin, deviennent son personnel à lui, est rejetée par la Cour d'appel sur la base, encore une fois, de la division logique des tâches. « Le médecin n'est pas responsable lorsqu'il est absent de l'inexécution de ses règles [...], autrement la présence du médecin auprès de chacun de ses patients devrait être constante[13]. »

Il est clair que les infirmières ont une responsabilité déterminante quant au suivi et à la surveillance des cas qui sont sous leur responsabilité. Au-delà de l'exécution adéquate de ce devoir, nous ne saurions rappeler avec suffisamment d'insistance l'importance capitale des notes consignées au dossier de façon à permettre une compréhension intelligente de l'évolution du cas clinique et de la pertinence des interventions accomplies. La concision et la précision sont alors de rigueur.

11. Ménard et Martin (1994, p. 243).
12. Le terme « préposé » doit être compris au sens d'un employé ayant un lien de subordination avec son employeur, incluant l'infirmière.
13. Lesage-Jarjoura, Lessard et Philips-Nootens (1995, p. 88).

L'exécution des ordonnances médicales

Parmi les autres tâches essentielles relevant de la compétence des infirmières, notons l'exécution des ordonnances médicales, dont nous avons déjà brièvement parlé. Pour l'essentiel, il faut retenir que le médecin est responsable du caractère adéquat et approprié de l'ordonnance, alors que l'infirmière répond des modalités de son exécution. En cas de difficulté relativement au caractère inopportun d'une ordonnance, l'infirmière ne doit pas se substituer au médecin, mais plutôt le joindre sans délai pour qu'il apporte les correctifs appropriés. Son devoir professionnel ne saurait être interprété de façon à l'obliger à exécuter une ordonnance erronée, puisque cela équivaudrait à lui nier tout jugement professionnel dans sa pratique professionnelle. Ici encore, la notion de prudence raisonnable trouve application et l'infirmière ne doit exécuter que des ordonnances médicales complètes, compréhensibles et appropriées ; dans le cas contraire, elle doit prendre les moyens raisonnables pour obtenir les correctifs nécessaires auprès du professionnel concerné. Bien sûr, l'exécution d'une ordonnance médicale, comme toute autre tâche d'ailleurs, doit se faire avec compétence et diligence. Si l'infirmière considère que l'acte requis excède ses capacités, elle a l'obligation de ne pas l'exécuter et de trouver une remplaçante. D'ailleurs, le Code de déontologie des infirmières et infirmiers du Québec[14] est clair à ce sujet :

> **3.01.01** Dans l'exercice de sa profession, le professionnel en soins infirmiers doit tenir compte des limites de ses aptitudes, de ses connaissances ainsi que des moyens dont il dispose.

Les actes délégués

La question des actes médicaux délégués demeure nébuleuse et difficile à cerner[15]. Ces actes de nature médicale, par voie de protocoles, sont confiés à des non-médecins, notamment à des infirmières. Connu sous le nom d'« actes délégués », ce concept a fait son apparition dans notre système de santé il y a déjà de nombreuses années. Suivant des conditions strictes, certains actes médicaux ciblés peuvent être accomplis par des infirmières[16]. Certes, les personnes autorisées à exécuter des actes délégués doivent détenir

---

14. Ordre des infirmières et infirmiers du Québec (1986).
15. Le 14 juin 2002, l'Assemblée nationale adoptait le projet de loi n° 90 qui devrait aider à clarifier la situation mais dont les dispositions n'entreront en vigueur qu'au moment où le Gouvernement le jugera opportun.
16. L'annexe A du règlement visant les actes délégués désigne une série d'actes de nature médicale pouvant être accomplis par des infirmières, sous réserve de conditions variables (par exemple, l'installation d'un tube gastrique, l'irrigation de l'œil, l'administration d'un vaccin de désensibilisation, etc.).

la compétence nécessaire et, de surcroît, suivre rigoureusement les conditions et les restrictions imposées par les protocoles existants, notamment en matière de supervision médicale.

Pour l'essentiel, mentionnons que les conditions relatives à la pratique des actes délégués relèvent de deux ordres : elles concernent d'abord le professionnel qui accomplit l'acte délégué et ensuite l'acte lui-même.

D'une part, pour accomplir un acte délégué, il faut être habilité à le faire au sens du règlement. Toutefois, ce critère ne suffit pas puisque le professionnel doit aussi posséder la compétence nécessaire, comme le prévoit l'article 2.02 du règlement sur les actes délégués :

> **2.02** Toute personne habilitée peut poser un acte prévu aux annexes si elle remplit toutes les conditions prévues au présent règlement.
>
> Toutefois, avant de poser un acte, toute personne habilitée doit s'assurer qu'elle possède les connaissances et la préparation suffisantes pour le poser.

D'autre part, certaines conditions particulières sont rattachées à la nature de l'acte délégué. Ainsi, selon la complexité de l'acte, la délégation sera accompagnée d'exigences variables quant à l'existence d'un protocole et d'une ordonnance, quant au degré de surveillance requis et aussi quant au lieu d'exécution, puisque certains actes délégués ne peuvent être accomplis qu'en centre hospitalier. Cette brève énumération suffit à convaincre de la rigueur de l'encadrement relatif aux actes délégués.

En cette matière, lorsqu'il y a faute, il faut donc bien distinguer si elle est imputable à la teneur de la délégation elle-même, aux modalités du protocole, à la surveillance ou encore aux modes d'exécution. Selon la réponse à cette question, l'identité du responsable variera.

Si les actes délégués ont apporté leur part de bouleversements dans la pratique infirmière, d'autres tournants, plus récents, ont aussi un effet non négligeable. Il en est ainsi notamment de l'allocation de ressources limitées et du virage ambulatoire.

Les répercussions du virage ambulatoire

Des changements structurels et organisationnels ont été apportés au cours des dernières années, en raison notamment des considérations budgétaires liées à l'état des finances publiques. On ne saurait nier que ces changements ont aussi eu des répercussions sur le plan professionnel. Pour leur part, les infirmières ont vu leur rôle se modifier en partie : elles assument dorénavant de nouvelles tâches au sein d'une équipe élargie, dont les liens hiérarchiques sont encore mal définis, et où souvent plusieurs établissements interviennent dans un même dossier clinique. Conséquence du virage ambulatoire, certains soins et services dispensés auparavant en centre hospitalier sont maintenant fournis à domicile, souvent sous la responsabilité d'un autre établissement, le CLSC.

Ce nouveau mode de fonctionnement accentue le devoir de suivi et de surveillance du patient pour éviter qu'il ne soit abandonné à lui-même. Dans la même foulée, la consignation et la transmission des données cliniques pertinentes deviennent encore plus importantes afin que l'ensemble des intervenants puissent avoir un portrait complet de la situation et prendre des décisions éclairées au bénéfice du patient. À ce sujet, il faut reconnaître que le virage ambulatoire impose un nouveau cadre aux infirmières, qui doivent dorénavant jouer un rôle accru dans les orientations thérapeutiques sans profiter constamment d'un soutien médical.

Il est encore trop tôt pour dresser un bilan significatif des conséquences de ce virage sur la pratique professionnelle. On peut toutefois déceler certaines tendances. La pratique infirmière se fera de plus en plus dans des lieux divers et différents (établissements publics, cabinet privé, domicile du patient, etc.) et intégrera plus d'intervenants, y compris d'autres professionnels et les « aidants naturels » (conjoint, famille, etc.). Les lignes de conduite devront être précises et clarifiées.

De surcroît, les services infirmiers seront vraisemblablement plus spécialisés, requérant donc une formation « pointue » et une plus grande autonomie professionnelle. Certes, il ne s'agit pas d'éléments entièrement nouveaux, mais plutôt d'un réalignement en profondeur de l'exercice de la profession. Il faut d'ores et déjà en prendre acte pour assumer adéquatement les responsabilités qui en découlent. En effet, la norme de raisonnabilité retenue par le droit, et dont nous avons traité précédemment, fait référence aux caractéristiques et aux pratiques contemporaines d'une profession. À titre d'exemple, le suivi postopératoire s'évaluera différemment selon qu'il est fait en centre hospitalier ou au domicile du patient. Au fil du temps, la teneur de la norme se précisera pour mieux s'adapter à la réalité nouvelle.

Dans le même sens, les infirmières devront favoriser de plus en plus un volet préventif majeur dans l'exécution de leurs fonctions puisqu'elles constituent un pivot essentiel dans l'évaluation et le suivi des cas ainsi que dans le dépistage des situations à risque.

Il faut en conclure que la mouvance actuelle ne se limite pas à modifier les tâches de l'infirmière. Les rapports que cette dernière doit entretenir avec ses patients et ses partenaires professionnels, de même que les attentes et les normes auxquelles elle est dorénavant soumise, participent au dynamisme de la profession.

CONCLUSION

Les obligations de l'infirmière sont associées, d'une part, aux lois internes propres à l'*ethos* de sa profession et, d'autre part, aux lois proprement juridiques. Cependant, le professionnalisme véritable ne saurait se limiter exclusivement à la prescription légale, car la pratique se limiterait alors à l'observation stricte de règles de conduite minimales. C'est dans cet esprit qu'il faut comprendre les propos de Martin Blais (1983, p. 211): « Si les citoyens prennent les lois pour un code d'éthique, ils jugeront moral ce que la loi permet et ne se feront pas de soucis quand ils observent les exigences minimales de la loi. »

Troisième partie

Les modes d'insertion sociale des soins infirmiers

Au-delà de la contribution des soins infirmiers qui constitue en soi un mode d'insertion sociale, les infirmières en exercice sont représentées par deux organisations, l'une veillant à la protection du public et l'autre défendant les intérêts des infirmières. La reconnaissance sociale et légale que traduit l'existence même de l'Ordre des infirmières et infirmiers du Québec s'inscrit dans le processus de professionnalisation du travail infirmier dont les objectifs peuvent parfois paraître opposés à ceux du syndicat, la seconde structure organisationnelle qui encadre la majorité des infirmières. Par ailleurs, sans qu'il s'agisse de gestion participative au sens strict, de nouvelles instances comme les Conseils des infirmières et des infirmiers et les Commissions infirmières régionales sont des lieux où les infirmières peuvent, dans le premier cas, se préoccuper de la qualité des soins dans les établissements et, dans le second, participer à l'élaboration des politiques de santé sur la scène régionale.

La reconnaissance d'un champ d'expertise propre débouchant sur une pratique infirmière autonome était l'objectif ultime du processus de professionnalisation qui devait consacrer l'identité sociale de la profession et soustraire cette dernière à la domination de la médecine. Au chapitre 9, Olive Goulet présente la problématique de la professionnalisation considérée comme une voie d'émancipation pour le travail infirmier. Elle souligne les éléments indiquant que la réussite n'est que provisoire, s'interroge sur les possibilités offertes par la pratique infirmière avancée pour améliorer la situation et expose les forces internes et externes qui risquent de fragiliser l'expertise propre des soins infirmiers. L'auteure conclut en faisant le point sur quelques mesures aptes à consolider les acquis professionnels.

La quête de reconnaissance sociale par le biais de la professionnalisation est depuis longtemps l'apanage des associations professionnelles auxquelles on reproche maintenant d'adopter des attitudes corporatistes qui débouchent sur une certaine forme de fermeture sociale. Pendant longtemps, la profession infirmière a également été fermée à l'endroit de syndicats, mais les enjeux en cause concernant la main-d'œuvre sont devenus trop sérieux pour poursuivre dans cette voie. Dans le chapitre 10, Denise Lévesque-Boudreau retrace brièvement l'histoire de l'Ordre des infirmières et infirmiers du Québec (OIIQ) et des syndicats d'infirmières. Elle propose une réflexion sur les enjeux qui doivent permettre de mieux relever le défi de soigner efficacement les usagers tout en autorisant les infirmières à exercer leur profession dans des conditions optimales. L'auteure suggère des modes de collaboration et des pistes de solution afin que les organismes travaillent en synergie lorsque la conservation de leurs valeurs fondamentales devient un enjeu important dans le système de santé.

Cette collaboration entre les deux principales structures organisationnelles qui encadrent légalement les infirmières et leurs tractations respectives avec l'État exigent un sens politique jusqu'à ce jour peu développé chez une majorité d'infirmières. Réagissant à cet état de choses, Clémence Dallaire dresse dans le chapitre 11 un bilan de l'activité politique des infirmières et examine les facteurs qui l'influencent, tels que la relation au pouvoir dans les organisations, l'existence de l'oppression et le rôle de la socialisation. Elle traite des habiletés et des actions politiques et évoque d'autres façons d'agir en insistant sur l'impérieuse nécessité de parler des soins infirmiers. Visant à stimuler le sens critique du lecteur, l'auteure utilise des approches théoriques qui, sans être exhaustives, offrent diverses explications de la situation.

Les Conseils des infirmières et infirmiers constituent un autre mode d'insertion sociale. Ils sont des organismes qui exercent leur influence localement, dans chaque établissement de santé. Leur fonctionnement repose largement sur l'action politique. Dans le chapitre 12, Sylvie Vallières et Carole Mercier relatent la courte histoire de ces instances et décrivent leur mandat. Elles traitent également de leur leadership et de leur pouvoir décisionnel en s'appuyant sur des données recueillies à l'occasion d'un sondage sur la qualité des soins dans les établissements de santé du Québec. Enfin, les auteures rapportent les différentes étapes ayant mené à la création des Commissions infirmières régionales qui s'inscrivent plus ou moins dans le prolongement des CII.

Neuvième chapitre

Une pratique infirmière autonome : un projet ambitieux

OLIVE GOULET

INTRODUCTION

La subordination semble intimement liée à l'évolution du statut social du travail infirmier qui, pour y échapper, s'est engagé sur la voie de la professionnalisation. En soins infirmiers, la recherche d'une identité professionnelle ou la quête de reconnaissance sociale a traditionnellement été associée à l'autonomie et au pouvoir que confère le statut de profession. Aussi, la sociologie traditionnelle, de même que l'historiographie en soins infirmiers, indiquent que la professionnalisation, qui constitue encore une valeur primordiale pour la communauté infirmière, et en particulier pour ses élites[1], apparaît comme un dogme de l'orthodoxie professionnelle[2]. Cependant, l'accès à l'autonomie, au pouvoir et à une identité sociale – les finalités de la professionnalisation – est actuellement fragilisé par des turbulences intérieures et extérieures au domaine des soins infirmiers.

D'une part, la complexité du système de santé exige que chaque groupe d'intervenants, y compris la profession infirmière, définisse clairement sa contribution à l'ensemble ainsi que ses relations avec les autres. Mais comme une acceptation générale de l'expertise particulière de la profession, de son savoir propre et de la valeur de sa contribution sociale à l'amélioration de la

1. Kelly (1992) ; Taylor (1997).
2. Salvage (1988) ; Herdman (2001).

santé de la population tarde à venir, il est difficile de se conformer à cette exigence. Pour ajouter à la problématique, dans certains milieux on s'interroge quant à la pertinence de pousser plus loin le processus de professionnalisation[3], une démarche qui a pourtant permis au travail infirmier de réaliser des gains non négligeables.

D'autre part, le domaine de la santé connaît depuis plusieurs années des transformations profondes engendrées par de nouveaux besoins de la population, des orientations politiques en constante évolution, un envahissement rapide par la technologie, une philosophie de l'organisation du travail favorisant le décloisonnement de l'espace occupationnel, une précarisation de certaines professions, de même que l'éclosion d'un marché de soins parallèles[4]. En même temps, une situation financière difficile entraîne des restrictions budgétaires inquiétantes. Dubar (1996) et Rosen (1999) jugent que l'effet conjugué de ces facteurs risque de mener à la déqualification de certains emplois pouvant aller jusqu'à la déprofessionnalisation et à la prolétarisation, entraînant une perte de leur mandat social, tant sur le plan professionnel que sur le plan personnel. Par ailleurs, une bureaucratisation de plus en plus envahissante menace les professions de la santé[5].

Pour d'autres, la conjoncture actuelle en santé, y compris la mise à jour du système professionnel et la Réforme de la santé, laisse plutôt entrevoir un élargissement possible du champ d'exercice, ouvrant de nouvelles avenues à une pratique infirmière autonome et à la reconnaissance de l'expertise infirmière.

Le but de ce chapitre est donc de considérer certains enjeux et défis inhérents à la conjoncture actuelle et susceptibles d'influer sur la consolidation de l'autonomie et, par la même occasion, du rôle social du travail infirmier, entrevu dans une perspective de professionnalisation.

Nous présentons d'abord une problématique de la professionnalisation du travail infirmier avec une insistance particulière sur la notion d'autonomie et son lien avec l'identité professionnelle. Nous considérons par la suite la pratique infirmière avancée à la lumière des forces externes qui risquent de fragiliser l'expertise qui lui est propre, pour conclure par l'exploration de quelques mesures aptes à consolider les acquis professionnels.

---

3. Salvage (1988); Porter (1992); Kermode (1993); Herdman (2001).
4. Lemieux, Bergeron, Bégin et Bélanger (1994).
5. Lemieux, Bergeron, Bégin et Bélanger (1994); White (2000).

LA PROFESSIONNALISATION DU TRAVAIL INFIRMIER

La quête de professionnalisation du travail infirmier s'est amorcée au XIXe siècle, sous l'influence de Florence Nightingale. Alors que les infirmières étaient majoritairement des femmes, on visait à les doter d'une formation structurée pour qu'elles soient en mesure de s'affirmer en tant que femmes et de se soustraire à l'emprise de la médecine, en d'autres termes, de se libérer. La professionnalisation devint alors une voie d'émancipation, un objectif à atteindre[6].

Une voie d'émancipation

La pratique constitue l'axe principal des soins infirmiers, qui, historiquement, ont été réservés aux femmes, n'échappant pas eux non plus au mythe de l'éternel féminin qui s'immisce particulièrement dans tout ce qui est attendu, décrit, souhaité et désiré de la part d'une infirmière[7]. Vue dans une perspective féministe, la démarche de professionnalisation avait pour objectif de faire reconnaître la valeur du travail des femmes, car au fil du temps, les soins ont été perçus comme une fonction essentiellement féminine se réclamant du *caring* et de la compassion, ces qualités étant supposées être innées chez les femmes. L'activité infirmière a été considérée comme allant de soi, tant elle semblait relever de l'évidence et de la banalité[8]. Parkin (1995), Hallam (1998) et Cohen (2000) rapportent que le travail des femmes était perçu comme un ensemble de tâches routinières requérant peu de formation, sinon un apprentissage sur le tas, pouvant être accompli par n'importe qui[9]. Par conséquent, ce travail s'avérait sans grande valeur marchande puisqu'il ne commandait ni salaire élevé, ni formation, ni autonomie. Alors qu'aujourd'hui encore on a tendance à dévaloriser le travail des infirmières[10], on peut déjà reconnaître cette influence des aspects négatifs des distinctions socialement structurantes des professions dont il sera question plus loin. Selon Collière (2000, p. 40), il y a eu « double dénégation[,] celle d'exercer comme femme et celle de décider de la prestation des soins », ce dernier refus faisant ressortir la subordination millénaire à la médecine.

6. Goulet (1999a).
7. Collière (2000, p. 40).
8. Parkin (1995) ; Collière (2000).
9. Pour Cohen (2000), il s'agit d'une communication présentée au Congrès de l'ACFAS, le 16 mai 2000.
10. Dallaire, O'Neill et Lessard (1994) ; Parkin (1995).

Eu égard à l'autonomie et au pouvoir, un des buts visés par la quête de professionnalisation était de régler l'éternel conflit de juridiction entre la médecine et les soins infirmiers, dans l'espoir de balayer ainsi ce mythe persistant de l'infirmière « servante du médecin » et d'affermir l'imputabilité et l'autorité de la profession[11]. La prestation de soins échappait aux infirmières parce que, historiquement du moins, le soin a souvent, pour ne pas dire toujours, été dépendant de la médecine dans l'organisation sociale et technique du travail. Dussault (1988) soutient que les infirmières sont toujours légalement subordonnées aux médecins. En pratique, elles dépendent de la prescription, de l'ordonnance médicale. En d'autres mots, elles exécutent les décisions du médecin. D'autre part, ce que les infirmières apprenaient par le passé était dicté par la médecine. Aussi, en plus de la domination du savoir médical sur la formation, Poisson (2000, p. 56) dénonce-t-il l'existence, dès le début du siècle « d'un verrouillage de la pensée infirmière », l'infirmière étant considérée comme « un pur instrument du médecin, sorte de prolongement de ses sens et de sa main… un instrument et ne pense pas ».

Pour se soustraire à cette emprise, la pratique infirmière s'est engagée sur la voie de la professionnalisation qui, malgré les difficultés inhérentes au processus, paraissait être un objectif naturel et souhaitable, une valeur stratégique vitale pour son fonctionnement organisationnel, ou comme le croit Kermode (1993), la seule façon d'accéder au pouvoir afin de parvenir à la reconnaissance sociale de sa contribution.

Le statut de profession : un objectif à atteindre par l'autonomie

La profession est reconnue depuis des siècles en tant que modèle d'organisation du travail, depuis le XIe siècle en fait, l'époque des corporations en France et des *guilds* en Grande-Bretagne. Selon Dubar (1996), ces associations réglementaient les professions libérales, les métiers et les arts, et protégeaient les intérêts de leurs membres. Fait à noter, la très grande majorité d'entre eux étaient alors considérés sur le même pied.

Mais avec la consolidation et l'essor des universités, au XIIIe siècle, on assiste à une dissociation progressive entre les professions qui s'enseignent dans les universités, où domine le travail intellectuel, et les métiers assimilés au travail manuel. Outre cette différenciation, on opposera également haut

11. Taylor cité par Goulet (1999a).

et bas de l'échelle sociale, ou encore noblesse ou vilenie d'un travail. Ainsi se construira au fil des ans un ensemble de « distinctions socialement structurantes et classantes » des fonctions, inspirées par les valeurs prédominantes dans la société, par les courants idéologiques et par différentes façons de percevoir l'organisation du travail. Ces distinctions serviront à caractériser les professions, entendons les professions libérales ou savantes. D'autres critères définitoires s'ajouteront en même temps que les métiers entreront en compétition les uns avec les autres, en quête de l'obtention d'un statut social plus élevé.

Non seulement il y a plusieurs critères définitoires dont plusieurs ne font d'ailleurs pas l'unanimité, mais encore, selon Porter (1992) et Parkin (1995), il semble qu'il faille douter de leur validité parce que émergeant des professions elles-mêmes: ils sont assimilés à une idéologie professionnelle plutôt qu'à la réalité du travail, et ne sont pas validés par des recherches empiriques. Ils manquent ainsi de généralisations à caractère théorique. Comme le soulignent Larouche (1987) et Parkin (1995), ces critiques font ressortir le caractère ambigu de la notion de profession, la signification sociologique de ce concept n'ayant jamais été précisée de façon univoque.

Parmi tous les critères analysés, le savoir occupe néanmoins une place prépondérante; les chercheurs sont presque unanimes à ce propos. La connaissance ésotérique, la théorie systématique ou encore la spécialisation du savoir se classent au premier rang. Ensuite viennent l'autonomie, la formation intellectuelle et l'idéal de service[12]. Il faut dire que, de nos jours, l'autonomie est liée à un savoir exclusif, un savoir propre systématisé, dont la validité doit être jugée par le groupe professionnel[13].

Dans une tout autre perspective, Lang (1999) soutient que les critères définitoires sont à rechercher dans les rapports que le groupe professionnel entretient avec autrui, soit le public, les autres métiers et l'État. C'est également ce que suggère Couture (1988, p. 81): « les savoirs et compétences strictement professionnels sont indissociables de qualités sociopolitiques, c'est-à-dire de la capacité qu'a un groupe social à définir et établir sa position dans les rapports sociaux ». L'autonomie définie au regard du pouvoir et de l'influence prend ici tout son sens. Il n'empêche cependant qu'à notre époque, l'autonomie émerge encore comme le critère définitoire le plus caractéristique d'une profession, tout en étant lié à son savoir exclusif.

12. Larouche (1987); Dubar (1996).
13. Zaoui (2000).

L'autonomie : un critère définitoire complexe

Dans la perspective de la professionnalisation, l'autonomie est un concept à connotation sociologique. Elle diffère de l'autonomie personnelle, à caractère moral, qui est indissociable du professionnalisme[14]. Elle peut être qualifiée de collective ou corporative, de clinique et d'économique.

L'autonomie collective par exemple, celle qui est reconnue à une corporation professionnelle, est une autonomie de droit légitimée et organisée[15]. Elle se présente comme une source de pouvoir qui permet de contrôler la destinée d'une profession, en exerçant un droit d'autodétermination et d'autogérance en ce qui a trait à la certification de certaines compétences particulières réglementées par l'État ; parmi elles, l'enregistrement qui détermine le droit de pratique ; le contrôle du système de formation ; le code d'éthique et, dans certains cas, la protection de l'emploi[16]. L'autonomie collective assure également la compétence juridique permettant la défense du monopole et la systématisation du savoir nécessaire à l'établissement des limites du champ d'exercice. Du point de vue social, l'autonomie collective est consolidée par le pouvoir politique ainsi que par les droits et les privilèges que la profession et les organisations qui la soutiennent ont acquis au fil du temps[17].

Par ailleurs, l'autonomie clinique, ainsi nommée par Cash (2001), devrait autoriser le contrôle du diagnostic et du traitement des problèmes propres au champ de compétence de la profession. Contrairement à l'autonomie morale que le professionnel conserve intégralement peu importe le milieu où il exerce, le degré d'autonomie clinique dont jouissent les infirmières peut varier à cause de leur statut d'emploi. Elles sont pour la plupart des employées dans une structure hiérarchique et sont par le fait même liées par des obligations contractuelles. Le degré de subordination aux médecins entre également en ligne de compte. L'autonomie clinique ne peut donc pas être absolue[18].

Toujours dans le domaine clinique, l'idée d'une autonomie de contexte, qui a trait à la liberté dont jouit le professionnel pour définir les limites d'un problème, a déjà été émise. Cette autonomie de contexte concerne aussi la complémentarité du rôle du professionnel par rapport à celui des autres qui, dans une situation donnée, lui permettrait de décider quand il doit faire

14. Cash (2001).
15. Wade (1999) ; Lang (1999).
16. Goulet (1999a).
17. Lemieux, Bergeron, Bégin et Bélanger (1994).
18. Goulet (1999a).

appel à un autre professionnel. Mentionnons également un autre type d'autonomie liée aux modalités du travail, qui vise le choix des stratégies d'intervention et des moyens techniques à utiliser face à un problème. Ainsi, pour soulager la douleur, par exemple, l'infirmière dispose d'une panoplie de moyens dûment éprouvés et appuyés par des résultats de recherche[19].

Dans un tout autre ordre de préoccupations, Larouche (1987) décrit une autonomie à caractère économique. Il s'agit alors, par exemple, de fixer le taux des honoraires ou le ratio client/heure. Outre les infirmières qui ont une pratique privée, cette forme d'autonomie a peu de signification pour l'ensemble des effectifs.

La complexité de la nature de l'autonomie ressort avec une acuité particulière dans la conjoncture actuelle, en raison de la menace de déprofessionnalisation et de bureaucratisation qui jette un pavé dans la mare de la profession infirmière. Séduites depuis des décennies par la perspective d'émancipation qu'offrait la professionnalisation, les infirmières ont vu l'autonomie comme le gage d'une existence propre et d'un rôle social bien défini. Pour parvenir à son autonomie, les soins infirmiers ont développé des actions structurantes, illustrées ici à partir de l'expérience québécoise.

Des actions structurantes

Au Québec, en 1920, une première association regroupant les personnes employées en tant qu'infirmières a été fondée. Elle est devenue plus tard l'Ordre des infirmières et infirmiers du Québec (OIIQ). L'objectif poursuivi était l'enregistrement des praticiens de façon à protéger le public des imposteurs. Cette démarche impliquait du coup la protection légale du statut d'infirmière. Celle-ci était d'une importance capitale pour la professionnalisation parce qu'elle induisait un certain degré d'autonomie. L'enregistrement aura de plus permis un meilleur contrôle de la qualité des soins. Pour les soins infirmiers, la protection légale du statut des membres marquait à la fois le passage d'une vocation charitable pour *ladies* à un métier pour des femmes qui cherchaient une rémunération pour le travail qu'elles faisaient, et la démocratisation de la profession[20].

Par ailleurs, autonomie et savoir étant indissociables pour assurer le rôle social d'une pratique, l'association professionnelle a cherché, dès sa création, à établir des normes de pratique et de formation en exerçant notamment un suivi étroit sur les écoles d'infirmières d'hôpital. En ce sens, elle s'est dotée

19. Goulet (1999a).
20. Cohen et Bienvenue (1994).

d'un code d'éthique bien avant que le Code des professions, adopté par le gouvernement du Québec, ne lui en impose l'obligation. Parallèlement, et pendant plusieurs années, elle s'est engagée dans l'action politique pour obtenir l'autorégulation, le volet légal de l'autonomie qui s'est traduit par l'adoption, en 1973, de la *Loi sur les infirmières et les infirmiers du Québec* et confirmant l'exercice exclusif et le titre réservé. La *Loi sur les infirmières et les infirmiers,* une partie de l'ensemble constitué par le Code des professions, est actuellement administrée par l'OIIQ, un organisme autogéré[21]. Pour Coburn (1988), Hammond (1990) et Zaoui (2000), dans le cas des infirmières, l'accès à l'autorégulation ne s'est pas traduit par une autonomie professionnelle ni par l'acquisition d'une expertise particulière caractéristique d'une profession ; Poisson (2000) la considère d'ailleurs comme « un écran de fumée ». Pourtant, sans donner toute la reconnaissance sociale souhaitée, le déploiement de l'ensemble des actions structurantes a permis de réaliser des progrès notables.

Pour se prévaloir pleinement des privilèges que la professionnalisation laissait entrevoir, on s'est alors engagé, au Québec comme ailleurs, dans une deuxième phase d'actions visant surtout à construire un corpus de connaissances distinct de celui de la médecine. Parce qu'elle a un service à rendre à la société et qu'elle a une expertise particulière en matière de santé, Donaldson (1995) et Fry (1995) font valoir la nécessité de bien circonscrire l'objet de la pratique infirmière pour justifier son monopole, un facteur déterminant par rapport à l'autonomie et au pouvoir. On préconisera alors la formation supérieure et la recherche pour favoriser la consolidation d'un savoir exclusif, ainsi que le *credentialing* pour produire des preuves à l'appui de la singularité de la profession infirmière[22]. On peut observer encore aujourd'hui une poursuite de ces efforts.

Une réussite provisoire

Dans une perspective de professionnalisation, d'autonomie et de reconnaissance sociale, on constate avec étonnement que la précarité des gains est liée en grande partie au savoir déjà généré, à la consolidation de la formation et, dans une certaine mesure, à la perception que les infirmières ont de leur profession. D'autres chapitres de ce volume traitent plus spécifiquement[23] de la recherche, de l'élaboration du savoir et de la formation.

21. Goulet (1999a).
22. Coburn (1988).
23. Les chapitres 14 (Blondeau et Dallaire), 15 (Blondeau), 16 (Fawcett et Provencher), et 19 (Ducharme) pour la recherche, et le chapitre 18 (Goulet) pour la formation.

Mais en ce qui a trait à l'élaboration du savoir, un des points les plus controversés concerne sa spécificité. D'une part, on a longtemps cherché, sans grand succès d'ailleurs, à distinguer le savoir infirmier du savoir médical. Par ailleurs, et cette question n'est pas la moindre, Ducharme remet en cause, au chapitre 19 de cet ouvrage, le bien-fondé d'un savoir infirmier exclusif, expliquant que dans le contexte actuel une contribution au savoir interdisciplinaire semblerait plus pertinente. Dean (1995, p. 276) s'accommode ainsi de ces notions opposées : « pour bien remplir sa mission sociale, le savoir d'une discipline doit émerger d'une convergence et d'une réciprocité entre la science ou la théorie et la pratique, et l'unité et la diversité de pensée mènent au développement du savoir[24] ». La réciprocité entre le savoir et la pratique fait ressortir l'importance de chercher à répondre aux besoins réels de la population. D'autre part, les chercheurs qui préconisent un savoir infirmier propre s'inspirent de différentes écoles de pensée dont plusieurs, selon Chaska (2000), appartiennent présentement au courant postmoderniste, donnant à entendre que toute vérité est relative. Or, si, à cause de la multiplicité des idéologies, la vérité est devenue relative, comment vouloir raisonnablement fonder la pratique sur la recherche ? La tâche est ardue, car un fossé semble séparer la recherche et la pratique infirmière, et que des valeurs, une culture et des préoccupations différentes, pour ne pas dire opposées, animent les chercheurs aussi bien que les éducateurs et les intervenants[25].

Dans un autre ordre de préoccupations, la nécessité de spécifier la nature du savoir infirmier est également impérieuse pour mettre un terme aux problèmes de la formation, qui est toujours objet de controverse. Malgré l'importance que l'éducation revêt pour la société contemporaine, Beletz (1990) estime que la profession infirmière n'est pas parvenue à relever et à standardiser son système de formation, sur lequel elle n'a pas le pouvoir. Au Québec, par exemple, elle est régie en dernière instance par la loi et le Code des professions. Bien sûr, sous prétexte de participation démocratique, diverses organisations et institutions ayant chacune une mission particulière découlant de leur mandat respectif sont consultées. La pertinence sociale de la formation est cependant établie à partir de compromis politiques plutôt qu'à partir d'orientations rationnelles. Il en ressort que différents niveaux de formation donnent accès à l'exercice de la profession. Le manque de rationalisation de la formation initiale, c'est-à-dire le maintien de deux niveaux de formation initiale, donnant accès au même droit de pratique, contribue à une approche segmentée du savoir infirmier et envenime la polémique entourant le caractère technique ou professionnel de cette formation[26]. Par

24. Notre traduction.
25. Dean (1995) ; Collière (2000) ; Zaoui (2000) ; Poisson (2000).
26. Goulet (1999b).

ailleurs, la Commission des universités sur les programmes (CUP) (1999, p. 36) préconise une formation comparable à celle des autres professionnels de la santé pour que les infirmières puissent contribuer à part entière aux interventions des équipes soignantes[27]. McBride (1999) et Chaska (2000) insistent sur la nécessité de régler cette question une fois pour toutes parce que le devenir de la profession est en jeu.

En ce qui a trait à la formation, comme dans le cas de la recherche, la perception que les infirmières ont des soins diffère de celle des élites et fait que plusieurs d'entre elles ne croient pas nécessairement aux vertus de la professionnalisation pour assurer la mission sociale de l'occupation. Comme cette professionnalisation est souvent considérée comme le projet des élites, il en résulte des conflits internes persistants [28]. Zaoui (2000) constate qu'il y a actuellement un clivage entre la base et l'encadrement parce que les « militants », c'est-à-dire les cadres, sont en majorité des personnes éloignées de la pratique quotidienne que la base voit toujours comme soumise à la médecine. La technique, que les infirmières ont de la difficulté à transcender, dominerait souvent leur travail. Selon Kelly et Joël (1995), bon nombre d'infirmières considèrent leur travail comme un métier ou un « job », ou encore et surtout comme un appendice de la médecine à laquelle elles doivent être soumises. Dans ces conditions, pourquoi se préoccuper d'autonomie professionnelle[29] ? La professionnalisation devient alors un projet ambitieux dans la mesure où le consensus à l'intérieur de la pratique infirmière ne va pas de soi. Cette absence de consensus nuit au processus, alors que la nécessité de ce service est déjà difficile à défendre auprès de la médecine, des planificateurs de la santé et du public.

Porter (1992) estime à ce propos que la démarche de professionnalisation centrée sur la recherche de l'autonomie professionnelle relève de l'idéologie et devrait être abandonnée au profit d'efforts pour maximiser l'efficacité et l'efficience des soins infirmiers. Pour Parkin (1995), il s'agit d'une vaine entreprise puisque la pratique infirmière demeure toujours sous l'autorité de la médecine. Herdman (2001) émet le postulat selon lequel les infirmières ont vu la professionnalisation comme une promesse de progrès annonçant un avenir meilleur, alors que, en réalité, cela eut comme effet d'obscurcir sa vision de l'avenir, la rendant ainsi impuissante devant le changement social et la globalisation.

Force est de constater que la possession de certaines caractéristiques ne procure pas nécessairement à un groupe un statut social identique à celui que

---

27. Il s'agit d'un rapport inédit commandé par la Conférence des recteurs et des présidents des universités du Québec (CREPUQ).
28. Taylor (1997).
29. Kelly et Joël (1995).

détiennent les professions historiquement idéalisées[30] ; le statut du travail infirmier demeure donc toujours ambigu. Les changements survenus dans l'univers de la santé seraient-ils l'occasion de dissiper cette ambiguïté ou, à tout le moins, de l'amenuiser ?

IDENTITÉ SOCIALE ET PRATIQUE INFIRMIÈRE AVANCÉE

Au Québec, à la faveur de la réforme des services de santé et des services sociaux, la profession voit dans la mise à jour du système professionnel[31] une occasion de repousser les frontières de son champ d'exercice, qui l'incite à promouvoir la pratique infirmière avancée, notamment le rôle d'infirmière praticienne. Pour ce faire, elle compte sur l'ouverture des frontières professionnelles, la déréglementation des actes et l'assouplissement général des règles du jeu.

Aux États-Unis, Donahue (1996) et Gray (2000) retracent l'origine de la pratique avancée au début du XXe siècle, alors qu'elle désignait la pratique d'infirmières jouissant de plus d'autonomie que la majorité, par exemple, les infirmières sages-femmes et les infirmières anesthésistes. Scott (1998) et Wigens (1998) associent pour leur part la pratique infirmière avancée au processus de professionnalisation, et donc à la recherche de l'autonomie.

Il semble que le statut social de la profession, la spécificité éventuelle de son savoir et l'étendue de son champ d'expertise – tous indissociables de son autonomie – sont davantage susceptibles de se manifester grâce à la pratique infirmière avancée. Mais ces éléments sont-ils pour autant à l'abri de leur subordination historique à la médecine, des effets pervers de la déréglementation, de la bureaucratisation et de la hiérarchisation des structures organisationnelles ?

La pratique infirmière avancée

Pour l'Association des infirmières et infirmiers du Canada (AIIC) (1997, p. 1), l'expression « pratique infirmière avancée » s'emploie pour désigner la pratique de l'infirmière œuvrant dans des domaines spécialisés exigeant des habiletés cliniques et un jugement supérieurs à la moyenne, acquis par une formation poussée et par l'expérience. Elle allie la théorie émanant de la

30. Larouche (1987).
31. Gouvernement du Québec (1999).

recherche et l'expertise clinique dans une spécialité, et s'applique autant à la fonction de soin qu'aux fonctions d'éducation, de recherche et de consultation[32]. Il s'agit cependant d'une définition plutôt théorique à laquelle ne correspondent pas toujours les différentes initiatives qui se réclament de la pratique infirmière avancée.

Cette notion chapeaute plusieurs des qualificatifs donnés au titre d'infirmière qui ont proliféré au cours de la dernière partie du XXe siècle : infirmière clinicienne spécialisée, infirmière praticienne, infirmière clinicienne, praticienne en néonatalogie, assistante médicale, et d'autres encore[33]. Fisher (2000) reconnaît comme pratique infirmière avancée le travail de la spécialiste clinique, de l'infirmière praticienne, de l'infirmière sage-femme et de l'infirmière anesthésiste, qui partagent cette caractéristique essentielle d'une pratique clinique centrée sur l'usager plutôt que sur la gestion[34].

Aux dires même de l'OIIQ (2000a), la pratique infirmière avancée s'est manifestée tardivement au Québec, soit à la fin de la dernière décennie. On connaît des infirmières praticiennes, des infirmières cliniciennes et des variations du titre selon les milieux. Leur nombre est limité et les projets pilotes qui doivent démontrer leur efficacité sont en voie de réalisation[35]. La pratique infirmière avancée prend lentement son envol à l'intérieur du réseau des services de santé et des services sociaux, dans le voisinage plus ou moins immédiat des spécialisations médicales. Pour offrir des soins de première ligne à meilleur coût, pour pallier l'accès limité aux services et la pénurie de médecins généralistes tout en faisant valoir l'expertise infirmière, l'OIIQ (2001c) met tout en œuvre pour faire accepter l'infirmière praticienne intervenante spécialisée dans les soins de santé primaires, sans toutefois mettre de côté l'infirmière clinicienne spécialisée qui travaille en étroite collaboration avec les médecins. On a eu tendance, par le passé, à associer l'infirmière praticienne aux soins ambulatoires ou primaires, et l'infirmière clinicienne spécialisée aux soins secondaires et tertiaires[36].

La pratique infirmière avancée, qu'il s'agisse du travail de la clinicienne spécialisée ou de celui de l'infirmière praticienne, exige une formation appropriée, un certain partage du pouvoir de diagnostiquer et de traiter, ainsi que la mise en œuvre de l'interdisciplinarité, de la collaboration, voire même du partenariat.

---

32. Notre traduction.
33. AIIC (1997).
34. Gray (2000).
35. OIIQ (2000b).
36. Sperhac et Strodbeck (2001).

L'AIIC (1997) relève un certain consensus afin que la pratique infirmière avancée exige de l'infirmière – que celle-ci soit praticienne ou clinicienne spécialisée – qu'elle soit titulaire d'une maîtrise ou d'un doctorat et qu'elle fasse preuve d'une expertise clinique dans une spécialité infirmière. Pour ne pas freiner les initiatives, certaines provinces ont cependant adopté des exigences plus libérales. Au Québec, l'OIIQ (2001d) recommande: « que les infirmières spécialisées et les infirmières praticiennes détiennent, conformément au Code des professions, un certificat de spécialiste », sans préciser le niveau de formation requis.

Mais une formation supérieure ne saurait suffire si la pratique infirmière avancée implique l'exercice d'une certaine autonomie clinique, c'est-à-dire un pouvoir de diagnostiquer et de traiter, de même qu'un accès direct à l'usager, en soins primaires en CLSC par exemple.

Dans le cas de professions dont l'exercice est exclusif et qui sont en contact immédiat les unes avec les autres – comme la médecine et les soins infirmiers –, on comptait jusqu'à ce jour sur la délégation d'actes par protocole ou par règlement pour assurer la protection du public et pour régulariser les relations entre les médecins et les infirmières, de même qu'entre les infirmières et les infirmières auxiliaires[37]. L'exercice de l'autonomie clinique exige cependant davantage et c'est pourquoi l'OIIQ (2001d) a milité en faveur d'une mise à jour de la *Loi des infirmières et infirmiers,* et propose un énoncé du champ descriptif de la profession infirmière « de façon à définir succinctement le domaine professionnel des infirmières ».

Parallèlement aux travaux de l'OIIQ, le gouvernement du Québec préparait un projet de loi visant une redéfinition des actes professionnels que l'Assemblée nationale a adopté le 14 juin 2002. Il s'agit du projet de loi n° 90 – *Loi modifiant le Code des professions et d'autres dispositions législatives dans le domaine de la santé* –, qui entrera en vigueur au moment jugé opportun par le gouvernement. Ce projet de loi prévoit un nouveau partage des champs professionnels et précise notamment les actes médicaux que les infirmières habilitées pour le faire pourraient éventuellement assumer, comme prescrire des examens diagnostiques, prescrire des médicaments et certains traitements médicaux[38].

IPS loi

---

37. Un règlement récent permet aux infirmières premières assistantes en chirurgie d'exécuter, à certaines conditions, les gestes cliniques et techniques chirurgicaux complémentaires lors d'une intervention chirurgicale. (Voir la *Gazette officielle du Québec* du 13 décembre 2000).
38. Gouvernement du Québec (2002). Projet de loi n° 90. *Loi modifiant le Code des professions et d'autres dispositions législatives dans le domaine de la santé.* Le projet n'a pas encore été soumis à la législature.

Ce projet survient alors que souffle, depuis un certain nombre d'années, un vent de déréglementation qui vise à restreindre le pouvoir des corporations professionnelles que l'État juge abusif[39]. Mais la mesure constitue une arme à double tranchant. Bien sûr, elle peut éviter un cloisonnement des services qui empêcherait de répondre aux besoins parfois complexes de la population[40], assurant ainsi une meilleure accessibilité aux soins, mais elle s'apparente aussi à un processus de déprofessionnalisation qui pourrait avoir des conséquences néfastes. Cette tendance ne fait en effet pas l'unanimité. Elle menace l'autonomie des professions ; elle signifie l'érosion du monopole sur le savoir, entraîne la perte d'expertise, de prestige et de pouvoir qui pourrait entraîner la déqualification du travail des professionnels concernés[41].

Les historiens Kalish et Kalish (1995) rappellent que les associations médicales se sont longtemps opposées radicalement à la reconnaissance de la pratique infirmière avancée. Leurs motifs principaux étaient que la libéralisation de certains actes médicaux menaçait de porter atteinte à la qualité des soins, à cause du risque d'une utilisation extravagante d'une main-d'œuvre à meilleur marché, c'est-à-dire les infirmières, et que celles-ci n'avaient pas la formation appropriée. Dussault (1988), Demers (1994) et Neale (1999) attribuent leurs réticences à d'autres facteurs : en vertu des différentes formes de pouvoir dévolues aux professions, on observerait une tendance à déléguer le moins possible à cause du principe d'autorité exclusive pour maintenir une position dominante dans la division du travail. Le sens de la territorialité et des facteurs économiques, comme la rémunération à l'acte, seraient aussi à considérer, de même que la confusion des rôles.

La pénurie actuelle de médecins permet une certaine acceptation de l'élargissement du rôle de l'infirmière dans des secteurs très spécifiques comme l'assistance en chirurgie. La profession médicale demeure toutefois sur ses gardes et hésite à céder des privilèges et un certain pouvoir.

Dans un autre ordre de préoccupations, la multidisciplinarité, l'interdisciplinarité ou encore la transdisciplinarité sont reconnues depuis longtemps comme nécessaires en raison de la complexité des problèmes de santé. De nos jours, la multidisciplinarité est devenue la clef d'un fonctionnement optimal, notamment à cause de la déconcentration des lieux de dispensation des services. Il s'agit cependant d'objectifs difficiles à atteindre, en particulier à cause de la fermeture sociale traditionnelle que l'on reproche aux professions qui cherchent à maintenir leur pouvoir[42]. Par ailleurs, pour bon nombre

39. Larouche (1987) ; Dussault (1988).
40. Houle (1981).
41. Parkin (1995).
42. Demers (1994).

d'infirmières, dont la formation est marginale par rapport à celle des autres professionnels de la santé qui sont formés à l'université, il est difficile de prendre leur place au sein des équipes et de contribuer substantiellement à la solution des problèmes. D'Amour, au chapitre 17 de cet ouvrage, propose une discussion approfondie sur la nature et les conditions de l'interdisciplinarité, de la collaboration et du partenariat.

La mise à jour du système professionnel, dont les recommandations ont tardé à venir, ne saurait suffire à garantir l'identité sociale de la profession infirmière. Comme le rapportent Kalish et Kalish (1995), les partisans de la pratique infirmière avancée ont argué qu'ils ne cherchaient pas à se substituer aux médecins, mais cette pratique demeure très proche de celle de la médecine. Fawcett et Bourbonnière (2000) soutiennent que l'infirmière praticienne ressemble de plus en plus à l'assistant médecin, et que la pratique infirmière avancée, dans ces conditions, détourne l'attention vers la médecine plutôt que vers la santé. Dans la foulée du mouvement vers la pratique infirmière avancée, Bates, citée par Chaska (2000), incite la profession infirmière à garder le cap sur les soins, les usagers n'ayant pas besoin de médecins « juniors ».

Les médias décrivent trop souvent l'infirmière praticienne comme une assistante médicale : « … l'infirmière [est] en train de devenir une véritable assistante médicale, à mi-chemin des médecins, puisqu'elle n'est plus appelée à assumer l'ensemble des soins prodigués à certains types de malades[43] ». Selon Ferraro et Sutherland (1989), les rôles d'assistant médecin et d'infirmière praticienne, par exemple, ne confèrent qu'une autonomie relative, dans la mesure où celle-ci n'empiète pas sur l'autorité du médecin. Parkin (1995) ajoute que l'autonomie conférée à un petit groupe, la pratique infirmière avancée n'étant pas significativement répandue, ne contribue pas à celle de l'ensemble. Aussi, toujours selon Parkin, comme la définition de la pratique infirmière avancée n'est pas claire et qu'il n'y a pas de cadre de référence pour en favoriser l'implantation, les actes délégués par la médecine ne sont qu'un prétexte que les États utilisent pour se pourvoir d'une main-d'œuvre à meilleur marché. Brush et Capezuti (1997) estiment enfin que les infirmières praticiennes qui acceptent d'être des substituts des médecins risquent leur survie professionnelle et que la mission sociale des soins infirmiers serait menacée si la tendance devait se maintenir.

Ces commentaires font ressortir la difficulté de soustraire le champ de compétence des soins infirmiers à celui de la médecine, et laisse planer un doute sur la spécificité de l'expertise infirmière ainsi que sur la possibilité

43. *Le Devoir,* 28 novembre 1999.

d'un plein exercice de l'autonomie. Par ailleurs, l'ambivalence concernant l'existence d'un savoir infirmier propre, c'est-à-dire apte à justifier l'expertise professionnelle et à établir les limites du champ de compétence, donne à penser qu'un pragmatisme utilitariste, plus qu'une approche rationnelle, préside à l'établissement de la pratique infirmière avancée et nuit à la consolidation de la mission sociale de la profession.

Les structures organisationnelles

Dans le contexte actuel, la majorité des infirmières œuvrent dans des établissements dont la structure organisationnelle – fortement hiérarchisée et représentative de la postprofessionnalisation – s'apparente à une bureaucratie où le pouvoir et la prise de décisions sont centralisés. Or, cette réalité entraîne une perte d'exclusivité professionnelle, un accroissement de la spécialisation et un recours de plus en plus grand à la technologie pour accéder à l'information. Leur expertise et leurs connaissances propres, de même que la mainmise sur le processus de soins sont ainsi défavorisées[44]. Elles détiennent par ailleurs peu de pouvoir collectif pour faire face aux contraintes imposées par la structure administrative[45]. De plus, comme le professionnel est subordonné à la direction de l'établissement qui l'emploie, la responsabilité individuelle s'institutionnalise et l'autonomie s'en trouve encore une fois diminuée. Selon Dussault (1994), les lois professionnelles et les contrats de travail qui réglementent la division du travail ajoutent à la difficulté d'organiser celui-ci, de sorte que gestionnaires et syndicats déplorent la rigidité et la hiérarchisation croissante qui entravent l'utilisation optimale des ressources dans les divers milieux.

Si, dans la perspective du virage ambulatoire, on a eu tendance à opposer le milieu institutionnel au milieu naturel, souvent associé au CLSC, et à laisser croire que ce dernier était plus susceptible de favoriser l'autonomie et le pouvoir décisionnel chez les infirmières, il faut admettre qu'il reste lui aussi un milieu hiérarchisé et bureaucratisé.

Normalement, dans une bureaucratie, l'organisation est le client du professionnel. En soins infirmiers, on ne sait plus très bien qui est le « client » de l'infirmière – l'administration, le médecin ou l'usager – et, par conséquent, envers qui elle est responsable de ses actes. Cette ambiguïté affaiblit le pouvoir et l'autorité de l'infirmière au sein de l'équipe multidisciplinaire et explique

44. Kritzer (1999).
45. Parkin (1995).

qu'elle puisse être substituée à d'autres professionnels[46]. Bref, le champ d'expertise des infirmières est souvent ignoré.

Dans les milieux de pratique, on a beaucoup compté sur les modes d'organisation appelés « soins primaires » pour favoriser l'autonomie et décentraliser le pouvoir décisionnel dans les unités de soins[47]. Cette approche cède maintenant le pas à de nouveaux modes d'organisation de la pratique qui favorisent la mise en valeur des soins infirmiers, comme le démontre Shannon au chapitre 6 de cet ouvrage, avec une insistance particulière sur la relation entre les intervenants.

Les quelques enjeux que la pratique infirmière avancée met en évidence par rapport à l'identité sociale de la profession infirmière, notamment en ce qui a trait à la subordination à la médecine et à l'aliénation relative occasionnée par la bureaucratisation, secouent la capacité d'adaptation traditionnelle du groupe infirmier en vue de circonscrire sa place dans la société. Ils font ressortir la nécessité de bien cibler les actions à entreprendre dans un avenir rapproché pour maximiser l'expertise infirmière et consolider la mission sociale de la profession.

VERS UN STATUT SOCIAL

On a pu le constater, le processus traditionnel de professionnalisation n'a pas été vraiment efficace pour parvenir à l'autonomie et au pouvoir recherchés. Conséquemment, la profession infirmière demeure en émergence et son statut social est encore à parachever. Par ailleurs, force est d'admettre que la conjoncture sociale en santé et la mise à jour du système professionnel se prêtent mal à une poursuite acharnée, peut-être même utopique, d'une autonomie absolue et légaliste, alors que la fermeture sociale souvent reprochée aux corporations professionnelles doit céder la place à la collaboration. Il vaut sans doute mieux s'appliquer à démontrer que les infirmières ont une contribution significative à apporter à la « production de la santé », ce qui confirmera du coup la pertinence sociale de la profession.

Mais pour que cette démonstration s'impose, il faut clarifier la confusion quant à la finalité des soins infirmiers et maximiser les efforts de recherche pour y parvenir. Kikuchi et Simmons (1992) soulignent qu'après un demi-siècle de recherche en soins infirmiers, on observe une diversité de données et de résultats qui, en l'absence d'un objectif précis, ne permet toujours pas

46. Goulet (1999a).
47. *Ibid.*

de constituer un corpus de connaissances suffisamment organisé pour servir à fonder la pratique et à préciser la nature de sa contribution à la société. Dès lors, pour parvenir à construire l'unité dans la diversité, comme le suggère Dean (1995), la réflexion philosophique et la critique épistémologique quant au savoir produit semblent être des voies à emprunter. Dans la perspective d'une consolidation de la discipline infirmière, ce travail paraît indispensable à une délimitation rigoureuse du champ de pratique, à une spécification plus poussée des rôles de l'infirmière et, enfin, à une rationalisation de la formation initiale. Peut-être sera-t-il alors possible de clore le débat entourant la formation initiale, qui ne contribue pour le moment qu'à semer la division au sein de la profession.

Par ailleurs, on ne peut espérer consolider le statut social de la profession si, dans leur pratique individuelle, les infirmières n'adoptent pas les comportements qui reflètent les caractéristiques des professions pleinement reconnues et surtout si elles ne se reconnaissent pas dans le paradigme du soin. À cet égard, Wade (1999, p. 316) soutient que « les infirmières qui réussissent à intégrer les comportements reliés à l'autonomie professionnelle dans leur système de croyances se sentent en contrôle de leur environnement de travail[48] ». Ce sentiment de mainmise est essentiel à l'exercice du leadership nécessaire à toutes les infirmières, quel que soit leur secteur d'activité : formation, pratique, gestion ou recherche. Il leur permet de collaborer de plein droit aux travaux de l'équipe interdisciplinaire et de faire valoir la contribution des soins infirmiers à tous les échelons de la société.

La discipline infirmière est donc placée devant la nécessité de réévaluer l'unicité et la singularité de sa contribution à l'amélioration de la santé, tout en saisissant l'occasion de se donner une direction déterminée.

48. Notre traduction.

Dixième chapitre

La syndicalisation de la main-d'œuvre : professionnalisme et syndicalisme, la synergie est-elle possible ?

DENISE LÉVESQUE-BOUDREAU

INTRODUCTION

Tout au long de leur histoire, et à l'instar de collègues de bien d'autres pays, les infirmières québécoises ont éprouvé de grandes difficultés à obtenir la juste reconnaissance de leur contribution au système de santé. Cet état de fait s'est notamment manifesté, au cours des dernières décennies, par les luttes épiques qu'elles ont dû livrer pour faire reconnaître la valeur pécuniaire de leur travail et la complexité des soins qu'elles dispensent, voire pour obtenir une formation à la hauteur des responsabilités qu'on leur confie. Parallèlement à ces batailles livrées dans le but de prendre un pouvoir bien légitime sur leur propre destin, les infirmières du Québec ont cependant réussi, au fil des ans, à se doter de structures politiques et administratives qui n'ont rien à envier aux autres regroupements de professionnels. L'Ordre des infirmières et infirmiers du Québec (OIIQ) et la Fédération des infirmières et infirmiers du Québec (FIIQ) représentent en effet pour la collectivité infirmière de grandes réussites professionnelles dont peuvent s'enorgueillir à juste titre les femmes qui ont contribué à les mettre sur pied. Elles ont su relever le défi de les faire progresser au rythme des nombreuses transformations subies par la société québécoise et particulièrement par le système de santé. Ces deux instances ont travaillé à tour de rôle à la professionnalisation et à l'amélioration des conditions de travail des infirmières, et cela à partir de mandats qu'on a réussi à clarifier par les diverses législations qui jalonnent leur histoire.

Nées au début du XXe siècle, à partir d'objectifs similaires, ces instances ont tour à tour, au gré des dossiers, croisé le fer, établi des alliances et cherché individuellement, selon leurs mandats respectifs, à préserver une valeur de plus en plus menacée dans notre société, la notion de « prendre soin ». Les victoires et les défaites de celles à qui on a confié le soin des malades se sont donc échelonnées sur une période de plus de 80 ans d'histoire et l'occupation est passée, au cours de ces années de maturation des instances syndicale et professionnelle, d'œuvre charitable à un service rémunéré.

Ce texte a pour but de retracer brièvement les faits marquants de l'histoire des infirmières québécoises et de proposer une réflexion sur les enjeux à saisir aujourd'hui pour mieux relever les défis inhérents au soin des citoyens du Québec selon des normes de pratique répondant aux besoins des clientèles à desservir et permettant aux infirmières d'exercer leur profession dans des conditions propices à la réalisation de cet objectif. Nous tenterons également de suggérer des modes de collaboration et des pistes de solution permettant aux deux organisations de travailler en synergie lorsque la conservation de valeurs professionnelles fondamentales devient un enjeu important dans notre système de santé.

NÉES DANS UN CLIMAT DE RIVALITÉS

Bien que nous puissions délimiter assez facilement aujourd'hui les rôles respectifs des instances professionnelle et syndicale, il n'en fut pas toujours ainsi. Les deux associations que l'on peut considérer comme les ancêtres de l'ordre professionnel et du syndicat furent fondées à 8 ans d'intervalle et connurent une période de près de 25 ans de luttes farouches découlant, entre autres, de l'appartenance linguistique et religieuse. L'Association des gardes-malades enregistrées de la province de Québec (AGMEPQ), ancêtre de l'OIIQ, fut fondée en 1920, à Montréal, par un groupe d'infirmières anglophones inspirées par la Britannique Bedford Fenwick, l'instigatrice de la professionnalisation de la pratique infirmière en Angleterre à la fin du XXe siècle[1]. Suspecte aux yeux du clergé canadien-français alors omniprésent dans la vie des citoyens, l'association vit apparaître une rivale en 1928, dans la ville de Québec, sous le nom d'Association des gardes-malades catholiques licenciées de la province de Québec (AGMCLPQ). Initiée par les Sœurs de

1. Desjardins et autres (1970, p. 71).

la Charité de Québec[2], et fondée avec la bénédiction empressée du cardinal Rouleau, l'archevêque de Québec, qui en signa les constitutions[3], la nouvelle association obtint l'appui de Louis-Alexandre Taschereau, le premier ministre de l'époque[4]. L'AGMCLPQ était calquée sur le modèle des syndicats ouvriers catholiques ayant à leur tête un aumônier désigné par l'archevêché, conformément à la doctrine sociale de l'Église prônée par Léon XIII dans son encyclique *Rerum Novarum*.

Il a donc fallu 25 ans de chaudes luttes pour en arriver à l'émergence de deux associations dont les objectifs seraient distincts. En 1946, dans un climat houleux qui vit l'archevêque de Montréal, Mgr Joseph Charbonneau, prendre parti pour l'AGMEPQ, malgré l'avis des membres de l'épiscopat québécois, et dans une polémique alimentée par des journalistes de *L'Action catholique* et du journal *Le Devoir*, qui conspuaient le Bill des infirmières[5], l'AGMEPQ devenait l'Association des infirmières de la province de Québec (AIPQ). C'est donc dans la tourmente que naissait cette corporation professionnelle. Pour bien cerner ce climat d'hostilité, il n'y a qu'à lire certains propos vitrioleurs émis dans les éditoriaux des journaux à l'égard du Bill des infirmières. Soulignons que ces propos comportent certaines analogies avec les embûches rencontrées aujourd'hui et permettent de mieux comprendre l'impression d'éternel recommencement qu'ont les infirmières dans leurs actions militantes. Des commentaires dénigrants et méprisants envers les aspirations d'une profession presque exclusivement féminine, dont on ne peut nier la situation vulnérable à cet égard, s'y trouvent également. Par exemple, Louis-Philippe Roy, qui réclamait l'abrogation immédiate du Bill des infirmières, écrivait dans *L'Action Catholique* du 22 février 1946[6]:

> Il faudra le tuer sans pitié... [...] Les pouvoirs que demandent les *nurses* en faisant reconnaître leur corporation sont excessifs, voire plus étendus que ceux du Collège des Médecins. Ainsi, ces infirmières voudraient pénétrer dans le domaine de l'éducation, de la sociologie, de l'hospitalisation, de l'université et que sais-je encore?

On recourra également par ailleurs à une argumentation nationaliste pour s'opposer au Bill des infirmières. Ainsi, Pierre Vigeant, du journal *Le Devoir*, écrira dans l'édition du 22 février 1946:

> Il est difficile de nous résigner à voir la profession s'organiser sous l'égide d'une association mixte *où l'influence anglaise a toujours été prépondérante*, dans une province aux quatre cinquièmes française.

---

2. Germain (1985, p. 47).
3. Germain (1985, p. 86).
4. Germain (1985, p. 51).
5. Germain (1985, p. 191-195).
6. Germain (1985, p. 191).

Les réticences exprimées dans ce climat orageux obtinrent tout de même une écoute manifeste en haut lieu. C'est ainsi que l'AGMCLPQ réussit à faire amender le Bill pour protéger l'indépendance des districts mis en place dans la loi[7] et à préserver ses prérogatives en matière de négociation avec l'employeur, au détriment de l'AGMEPQ.

Adoptée par le gouvernement de Maurice Duplessis, la loi 125, qui entérinait le bill amendé des infirmières, était toutefois très avant-gardiste. Ainsi la province de Québec devenait, avec l'État de New York, le seul endroit en Amérique du Nord où, pour exercer la profession d'infirmière, il fallait obtenir un droit de pratique accordé par une corporation[8]. Ce cheminement vers une association à caractère professionnel visant la protection du public par l'embauche de personnes dûment formées et habilitées à prendre soin des malades a vu le jour grâce à la perspicacité de femmes qui ont su s'affirmer. À cet égard, Germain (p. 80-81) relate que les Sœurs de la Charité de l'hôpital Saint-Sacrement poussèrent l'audace jusqu'à présenter leurs étudiantes infirmières aux examens de l'AGMEPQ à l'insu du cardinal Villeneuve, farouchement opposé à l'association montréalaise non confessionnelle, allant ainsi à l'encontre des directives. Il fait également état d'une rencontre – tenue à l'Hôtel-Dieu de Québec par les candidates enregistrées[9] – dont l'organisatrice était la première présidente de l'AGMCLPQ et à laquelle participèrent 15 religieuses. Ces actions audacieuses permirent de créer une brèche dans les orientations de l'épiscopat de Québec, dont les membres durent s'incliner devant les faits accomplis. Il est également intéressant de constater que, parmi les motifs présentés pour expliquer la rupture avec l'association catholique calquée sur le modèle des syndicats ouvriers pour adhérer à l'association montréalaise, les responsables d'écoles d'infirmières arguaient que « les gardes-malades ne devraient pas être assimilées aux ouvriers[10] ». Avaient-elles peur de grèves possibles dans un service aussi essentiel que les soins aux malades, toujours considéré comme une vocation charitable ?

Bien que les activités des deux associations aient dès lors été mieux définies sur le plan légal, cette nouvelle donne n'allait pas sonner la fin des dissensions entre les deux protagonistes. Des avis juridiques durent établir que l'AIPQ, qui aspirait à devenir l'agent négociateur des conventions collectives des infirmières, « était inapte et inhabile à représenter les infirmières pour fins de négociations. Malgré la loi 125, les infirmières pouvaient recourir aux lois du Travail et avoir protection dans les organisations syndicales [...][11] ».

7. Germain (1985, p. 192).
8. Desjardins et autres (1970, p. 96).
9. Germain (1985, p. 134).
10. Germain (1985, p. 79).
11. Germain (1985, p. 199).

Il est important de rappeler ici que, parmi les amendements au Bill des infirmières obtenus par l'AGMCLPQ, « deux articles ayant trait à la syndicalisation avaient "sauté" sans attirer l'attention des procureurs de l'AGMEPQ[12] ». C'est ainsi que l'AGMCLPQ put poursuivre ses activités à caractère syndical et agir à titre d'interlocuteur de plusieurs hôpitaux dans la négociation de conventions collectives pour les infirmières. Ainsi, de 1947 à 1987, date de fondation de la fédération actuelle, l'AGMCLPQ fut constituée d'un regroupement de syndicats diocésains (Québec, Chicoutimi et Rimouski) et prit le nom de Fédération des AGMCLPQ. D'autres régions se sont jointes à la fédération au cours des années suivantes. En 1961, ce nom fut modifié pour devenir Fédération des syndicats professionnels des infirmières catholiques (FSPIC). Dans la foulée de la déconfessionnalisation qui a suivi la Révolution tranquille, on adopta en 1968 l'appellation Fédération des syndicats professionnels d'infirmières du Québec (FSPIQ)[13].

En 1969, la *Loi des infirmières* fut modifiée pour permettre l'accession des hommes à la profession. L'AIPQ devint alors l'AIIPQ, Association des infirmières et infirmiers de la province de Québec. À l'instar de la corporation professionnelle, la fédération syndicale change son nom pour celui de Fédération des syndicats professionnels d'infirmières et d'infirmiers du Québec (FSPIIQ).

Elle s'appliquera dès lors à regrouper différents syndicats de toutes les régions et réussira, en 1987, à fusionner la majorité des syndicats d'infirmières et d'infirmiers de la province, y compris les infirmières de la région montréalaise, membres de syndicats affiliés à la CSN, la Centrale des syndicats nationaux.

UN TOURNANT MAJEUR POUR L'AVENIR PROFESSIONNEL

Pour sa part, l'AIIPQ, la corporation professionnelle, évoluera dans son rôle de protection du public par l'adoption de lois qui viendront en préciser la portée. En 1973, le Code des professions, qui modifie les lois ayant trait à l'exercice professionnel au Québec, est adopté. Cette loi donne un mandat clair aux ordres professionnels ainsi créés, eu égard à leur obligation de protéger le public. Pour réaliser ce mandat, le législateur leur octroie le pouvoir de réglementer l'entrée dans la profession, de vérifier l'exercice de leurs membres et d'imposer des sanctions à ceux qui dérogeraient au code

12. Germain (1985, p. 199).
13. Germain (1985, p. 510-511).

de déontologie que doivent obligatoirement élaborer les ordres pour se conformer aux prescriptions du Code des professions.

Cette nouvelle législation permettra aux infirmières d'obtenir à la fois une réserve du titre et une définition légale de leur champ d'exercice, par l'intermédiaire de la *Loi sur les infirmières et infirmiers,* sanctionnée au même moment. Il s'agit d'une autre percée majeure pour les infirmières, diront certains observateurs. La guerre n'est cependant pas terminée entre les instances professionnelle et syndicale…

UNE AUTRE ESCARMOUCHE À L'HORIZON

À l'enthousiasme et à la fierté suscités par cette réussite succède une remise en question radicale de la pertinence de l'ordre professionnel dès la fin des années 70, constate Lalancette (1993, p. 103). Le syndicat argue que l'ordre est « de plus en plus coupé de la base, plus près du pouvoir que des infirmières […][14] ». On verra alors les instances syndicales envahir une assemblée générale de l'ordre, en 1978, pour contester une hausse de cotisation. Les dissensions entre l'ordre et le syndicat s'accentuent une fois de plus. À son congrès d'orientation de 1980, la Fédération des SPIIQ ira jusqu'à adopter une résolution dans le but de faire dissoudre l'OIIQ. Les déléguées à ce congrès donnent également à leur fédération le mandat de promouvoir pour elles le statut de « travailleuses de la santé » plutôt que celui de « professionnelles[15] ». De son côté, l'ordre prend position contre la grève, en 1982, devant la Commission permanente du travail et de la main-d'œuvre du Québec, jugeant ce moyen préjudiciable aux malades. La même année, la position de l'OIIQ à l'effet de former les infirmières au niveau universitaire constituera sans contredit la plus grande pomme de discorde entre les parties, et les querelles à cet égard s'étendront jusqu'au milieu des années 90.

MALGRÉ TOUT, DES GESTES DE SOLIDARITÉ

Au cours de la dernière décennie, nous avons cependant pu voir une certaine accalmie et constater certains rapprochements entre les deux instances qui se sont portées à la défense de valeurs professionnelles importantes. Ainsi, l'OIIQ publiait en 1989, en pleine période de négociation de conventions collectives, *Hypertension. L'urgence des choix,* un document qui dénonçait

14. Germain (1985, p. 357).
15. Germain (1985, p. 383-384).

une pénurie sans précédent de ressources infirmières et une grave détérioration des conditions de travail des infirmières dans les hôpitaux. C'est au cours de la même période que la présidente d'alors, Jeannine Pelland, a écrit au premier ministre Bourassa pour décrier les abus du projet de loi 160 qui imposait des pénalités individuelles sévères pour le recours à la grève par les infirmières.

Malgré une autre querelle en 1996, toujours autour de la formation, les rapprochements se sont accentués sous la présidence, à l'OIIQ, de Gyslaine Desrosiers qui, au milieu des années 90, réussit le tour de force de s'allier le syndicat dans la défense de la formation universitaire des infirmières. Il s'associa en effet à la levée de boucliers et les deux présidentes signèrent conjointement une lettre pour défendre la formation universitaire de base. Celle-ci était en effet menacée par une prise de position conjointe des ministres de l'Éducation et de la Santé dans le but d'abolir le baccalauréat dans la formation initiale des infirmières, une position qui proposait de réserver ce grade universitaire aux infirmières orientant leur carrière vers la gestion et l'éducation.

EST-CE LA FIN DES CONFLITS ?

Depuis le milieu des années 90, une certaine harmonie semble s'établir entre les deux organisations. Des gestes de solidarité sans précédent se sont multipliés pour défendre des valeurs professionnelles importantes et, bien que les intérêts de chacune des instances puissent sembler irréconciliables de prime abord, ils n'en sont pas moins complémentaires. Ainsi, en 1997, une conférence de presse visant à dénoncer la détérioration importante de la qualité des soins infirmiers dans les établissements de santé à la suite d'un manque de financement du réseau réunit sur la même tribune Gyslaine Desrosiers et Jennie Skeene, respectivement présidentes de l'OIIQ et de la FIIQ. En 1999, l'OIIQ s'attira l'ire du premier ministre Bouchard en convoquant une conférence de presse en pleine période de grève illégale pour enjoindre à ce dernier de ne pas recourir à une loi spéciale pour forcer le retour au travail des infirmières, mais plutôt de négocier dans le plus grand intérêt du système de santé.

UNE SYNERGIE SOUHAITABLE ?

Est-il souhaitable que s'installent de telles alliances ? L'ordre professionnel compromet-il sa crédibilité, eu égard à son rôle de protection du public, en prenant position dans des dossiers qui concernent les relations de travail ? De prime abord, on pourrait y voir un conflit d'intérêts, même si l'intention première est d'éviter une détérioration des conditions d'exercice susceptibles de porter atteinte à la qualité des soins dispensés. Cette proximité des instances professionnelles pourra sembler suspecte à certains. Ainsi, Jacques Dufresne (1985) évoque la « grande habileté des professionnels à se dédoubler en créant des syndicats destinés à défendre leurs intérêts à côté des corporations censées défendre les intérêts du public ». Le même auteur doute en effet que les cotisations des mêmes professionnels puissent servir à défendre en même temps le public et les intérêts socio-économiques des membres. C'est là sans contredit un point de vue qui incite à la prudence. On ne peut le nier, il y a des écueils à éviter à cet égard. Mais en ce qui concerne la situation actuelle des infirmières, on a constaté au cours de la dernière décennie que, parallèlement à la détérioration des conditions de travail, qui en a mené plusieurs à l'épuisement professionnel[16], la qualité des soins dispensés dans nos établissements de santé s'est elle aussi dégradée. Ce constat exprimé par beaucoup d'infirmières est corroboré dans une étude sur la qualité des soins infirmiers dans les établissements de santé du Québec rendue publique par l'OIIQ en janvier 2002. Il semble donc que les intérêts du public et ceux des infirmières soient plus rapprochés qu'on puisse l'imaginer.

Dans le même ordre d'idées, plusieurs auteurs[17] voient plutôt les syndicats professionnels d'infirmières comme des partenaires dont les interventions, tout en améliorant les conditions de travail, favorisent la qualité des soins infirmiers dispensés. Un récent rapport de la Fondation canadienne de la recherche sur les services de santé[18], fondé sur une synthèse des recherches publiées en matière de santé et de bien-être au travail, établit des constats similaires. On y lit notamment que « le niveau de satisfaction au travail du personnel infirmier constitue un solide déterminant du niveau de satisfaction globale des clients ». Le même rapport suggère que « des charges de travail plus lourdes peuvent amener des économies à court terme mais qu'elles alourdissent les coûts à long terme, car le stress et la maladie chez les infirmières peuvent émousser le jugement et réduire la productivité, ce qui peut nuire aux patients ». Les auteurs du rapport soulignent également que « s'ils veulent obtenir de meilleurs résultats pour les patients, les gouvernements, les employeurs, les éducateurs et les infirmières doivent conjuguer leurs efforts afin de créer un milieu de travail sain pour les infirmières ».

On peut donc le constater, il existe un lien indissociable entre la qualité des soins et les conditions dans lesquelles ils sont dispensés. Devant ce constat,

16. Bourbonnais et autres (1998).
17. Kerr (1988) ; Breda (1997) ; Porter-O'Grady (2001).
18. Baumann et autres (2001).

force est d'admettre qu'une collaboration plus étroite entre l'ordre professionnel, qui peut déterminer les normes de la pratique, et le syndicat, qui veille à l'obtention de conditions de travail susceptibles de faciliter l'application de ces normes, s'avère des plus importantes, puisqu'elle aura un effet positif sur la qualité des soins, voire sur la diminution des coûts dans le système de santé. La situation actuelle de pénurie de main-d'œuvre infirmière, de désaffection pour une profession exigeante dans un système de santé dont les problèmes sont complexes, ainsi que la raréfaction des ressources, qui incite les gestionnaires du système et les politiciens à se pencher sur des solutions parfois improvisées qui pourraient se révéler désastreuses pour les usagers du système, sont autant d'éléments qui doivent inciter les infirmières, les seules expertes en matière de soins infirmiers, à conjuguer leurs efforts pour utiliser les leviers politiques à leur disposition afin de créer une synergie qui leur permette de remplir adéquatement leur mission. Les instances professionnelle et syndicale ont là des rôles complémentaires à jouer et c'est en élargissant leur vision quant à leurs mandats respectifs qu'elles pourront établir une synergie propice à la réalisation de cette mission de soigner.

AGIR EN SYNERGIE POUR RÉHABILITER LES SOINS

Qu'elles œuvrent dans les domaines de la gestion, de la prestation directe des soins aux clientèles du réseau de la santé ou encore dans les secteurs de la formation initiale ou continue, les infirmières se butent à une banalisation sans précédent des soins infirmiers. La course aux économies, dans un système à court de ressources financières, et les transformations rapides et souvent improvisées qu'on a imposées aux intervenants de la santé ont eu comme conséquence la négation de l'expertise nécessaire pour soigner. C'est dans ce contexte que s'est propagée la vision d'une infirmière interchangeable, quel que soit le champ clinique à couvrir. Mais nous viendrait-il à l'esprit de remplacer au pied levé un chirurgien cardiaque par un neurochirurgien, si compétent soit-il dans son domaine ? Les adeptes de la vision « une infirmière égale une infirmière » traduisent rapidement cette équation en gains d'efficience et de productivité, et surtout en réalisations d'économies, déplore Benner et ses collaboratrices (1996). Or, l'état actuel des connaissances en cette matière, selon ces auteures, nous permet d'affirmer que les gestionnaires ont tort de penser ainsi et que la vraie productivité et les économies à long terme sont d'abord et avant tout fortement fondées sur la qualité et la fiabilité de la main-d'œuvre, principe qu'ont rapidement compris, par exemple, les manufacturiers d'automobiles. L'expertise reconnue dans le domaine de l'industrie serait-elle moins importante dans le domaine de la santé ?

Dans la foulée des transformations rapides qu'a connues le système de santé, les infirmières ont également vu leur charge de travail augmenter de façon considérable, compte tenu de la diminution des durées de séjour de la clientèle dans les hôpitaux, car cela a pour conséquence d'alourdir l'intensité des soins à dispenser. En d'autres mots, les malades qu'elles ont à soigner sont pour la plupart dans une phase aiguë de leur épisode de soins, ce qui a pour effet d'augmenter le nombre des interventions et le niveau de surveillance à exercer. La situation n'est pas plus facile pour celles qui exercent la profession dans la communauté, puisque les ressources économisées par le virage ambulatoire – que les infirmières ont collaboré à mettre sur pied en tenant le système à bout de bras – n'ont pas été réinvesties dans les soins à domicile, comme le soulignaient dès 1997 l'OIIQ et la FIIQ dans la conférence de presse conjointe visant à dénoncer cette grave situation de « désassurance » des soins infirmiers.

Pour les infirmières, le bilan de ces transformations se solde par un essoufflement de plus en plus évident. Les conditions dans lesquelles elles doivent soigner se détériorent dangereusement et plusieurs indicateurs permettent d'affirmer que la qualité des soins, voire la sécurité des malades, s'en trouve menacée.

Mais ces problèmes, alliés à la pénurie d'infirmières, ont attiré l'attention des décideurs, et on sent actuellement chez eux une volonté de leur apporter des solutions. Ainsi, des démarches sont entreprises dans plusieurs établissements pour réorganiser le travail. Ces initiatives fort louables seront efficaces pour autant que les réorganisations proposées tiendront compte à la fois de l'expertise essentielle des infirmières dans l'épisode de soins, de la nécessité de bien utiliser cette expertise, et des ressources indispensables au soutien des infirmières dans la prestation des soins. On doit éviter la simplification à outrance et le découpage des tâches qui pourrait s'apparenter au taylorisme pour offrir à l'infirmière des milieux lui permettant une utilisation complète de ses compétences.

En marge de ces problèmes de pénurie et d'organisation du travail, le gouvernement a entrepris des démarches afin de réactualiser les lois régissant le système professionnel, qui répondait aux besoins de la profession au moment de sa création mais qui n'est plus adapté aux exigences du contexte actuel du système de santé.

Voilà la toile de fond sur laquelle l'ordre et le syndicat doivent établir leurs relations pour apporter leur contribution, distincte soit, mais complémentaire. Ce contexte place en effet la profession devant des enjeux qui regardent tant l'ordre professionnel que le syndicat.

DES MANDATS COMPLÉMENTAIRES ET ÉLARGIS

L'évidence du lien étroit entre la qualité, voire l'efficience et l'efficacité des soins offerts, et les conditions de travail établies pour les dispenser s'appuie sur une littérature abondante[19]. Par exemple, plusieurs chercheuses en soins infirmiers ont pu établir une corrélation entre les ratios infirmières/patients, les taux de mortalité dans les hôpitaux et les complications postchirurgicales. Il nous apparaît donc justifié, dans ce contexte, que l'ordre professionnel et le syndicat unissent leurs efforts et élargissent leurs mandats respectifs pour améliorer la qualité des soins et les conditions dans lesquelles ils sont dispensés. Dans cette perspective, il devient approprié, pour l'ordre professionnel, d'intervenir afin de proposer des ratios infirmières/patients assurant la sécurité des malades, d'enjoindre aux établissements de prendre des mesures pour minimiser le recours aux heures supplémentaires – néfastes pour la santé des infirmières et pour la sécurité des patients – et d'entreprendre des actions qui viseront à contrer la pénurie des effectifs infirmiers, en proposant des mesures financières plus attractives en raison des conditions difficiles de la pratique. Par ailleurs, en plus de contrôler la qualité des ressources, l'ordre ne doit-il pas s'assurer que le système de santé dispose de ces ressources en quantité suffisante pour protéger le public ? Dans le même ordre d'idées, les actions du syndicat pour évaluer les besoins d'effectifs infirmiers dans les unités de soins, la dénonciation des failles du système eu égard à la sécurité des patients et les interventions qui viseraient la reconnaissance officielle des niveaux d'expertise pour les infirmières apparaissent tout aussi justifiables puisque ces éléments font partie des conditions de travail. Le syndicat et l'ordre professionnel ont donc tout intérêt à joindre leurs efforts, et cela pour le bien des patients et des infirmières.

LA CONTRIBUTION DE L'ORDRE PROFESSIONNEL À LA SYNERGIE DANS L'ACTION

Nous constatons un souci constant de l'ordre professionnel quant à la promotion de la compétence de ses membres. Bien qu'il dispose à cet égard de mécanismes réglementaires comme l'inspection professionnelle, l'examen d'admission à la profession ou l'enquête particulière, l'ordre a voulu dépasser ces seuls moyens légaux pour offrir à ses membres des outils leur permettant de connaître les habiletés à acquérir pour améliorer leur pratique, afin de toujours mieux répondre aux besoins de la population. C'est ainsi que

---

19. Aiken et autres (1994); Fagin (1990); Kovner et Gergen (1998); Krakauer et autres (1992); Kuhn et autres (1991); Shindul-Rothshild (1996).

furent publiés de nombreux documents dont *Les perspectives de l'exercice de la profession d'infirmière,* et plusieurs guides de pratique, notamment dans le domaine des soins critiques, de la santé communautaire, des soins en milieu de vie, en pratique privée, etc. Pour concevoir ces outils, l'ordre a fait appel aux expertes de la profession dans les domaines concernés de la pratique. Ces documents décrivent avec justesse la réalité des infirmières, proposent des normes de pratique dont pourrait d'ailleurs s'inspirer la partie syndicale dans ses négociations.

Au cours de la dernière décennie, l'OIIQ a fait de grands efforts pour être à l'écoute de ses membres et pour bien cerner la réalité de leur pratique. En 1996, la tenue d'états généraux a amorcé au sein de l'organisme une importante réflexion sur la pratique infirmière au Québec. Au cours des années suivantes, un chantier sur l'état de la situation et sur son évolution au Québec et ailleurs a abouti à la rédaction d'un mémoire qui expose la position de l'OIIQ quant aux enjeux relatifs à la protection du public inhérents à la modernisation de l'exercice infirmier et de celui des professionnels de la santé collaborant étroitement avec les infirmières. Ce document, intitulé *La vision contemporaine de l'exercice infirmier au Québec,* a été déposé devant le Comité ministériel sur les professions de la santé et des relations humaines dans le cadre de la mise à jour du système professionnel. À ce jour, on sait que l'ordre a réussi à faire entériner la presque totalité des positions exprimées dans ce document. Si une nouvelle loi est adoptée, les infirmières auront une fois encore réussi à obtenir des gains importants quant à l'autonomie de la profession et au partage d'activités avec les médecins. La notion de pratique infirmière avancée, dont l'ordre a fait la promotion dans ce mémoire, se révèle également un moyen de rehausser la pratique et d'utiliser à bon escient l'expertise des infirmières. D'autre part, des conditions particulières devront être négociées par la partie syndicale pour ces infirmières spécialisées. Encore une fois, en utilisant l'argumentation fort bien étayée du mémoire de l'ordre, le syndicat pourrait contribuer, de concert avec l'instance professionnelle, à l'avancement de la pratique et à une plus grande accessibilité des soins, tout en favorisant l'émergence de créneaux d'exercice stimulants pour les membres.

Dans les années 90, l'OIIQ a réussi, par ses pressions sur le système politique, à doter les infirmières d'instances consultatives à l'intérieur des établissements et même, tout dernièrement, sur la scène régionale. En effet, les Conseils des infirmières et infirmiers (CII) et les toutes nouvelles Commissions infirmières régionales, par leurs pouvoirs légaux de recommandation, représentent des leviers politiques importants pour améliorer la qualité des soins à la population et les conditions dans lesquelles exercent les infirmières. L'OIIQ soutient ces instances en organisant entre autres un colloque annuel à l'intention des membres des comités exécutifs des CII et en publiant régulièrement le bulletin *CII à l'écoute,* qui permet aux infirmières de toute la province de partager de l'information quant à la qualité des soins, et à publier leurs bons coups dans ce domaine. Ces instances peuvent devenir fort utiles au syndicat dans sa promotion de conditions de travail propices à l'établissement de normes de pratique reconnues.

LA CONTRIBUTION SYNDICALE ET LA SYNERGIE D'ACTION

À l'instar des grandes centrales syndicales, la FIIQ a pris, au cours de son histoire, des orientations qui dépassent les seuls intérêts socio-économiques de ses membres pour s'engager sur le terrain des luttes à caractère social comme la condition féminine, la violence au travail, l'équité salariale et, plus récemment, la dénonciation de la mondialisation des marchés et le glissement de nos services de santé vers l'entreprise privée, qui pourraient mettre en péril les acquis de nos programmes sociaux.

Ces récentes préoccupations du syndicat ont d'ailleurs amené la fédération à réfléchir, au cours de la dernière année, aux invitations qu'elle a reçues dans le but de s'affilier avec les grandes centrales syndicales, dont la CSN (Centrale des syndicats nationaux) et la FTQ (Fédération des travailleurs du Québec), pour étendre ses zones d'influence dans un contexte de mondialisation où les décisions s'éloignent de plus en plus des acteurs locaux et où l'économique prend le pas sur le social, selon les termes mêmes des documents publiés par la FIIQ à cet égard.

On sait maintenant qu'à l'automne 2001, les membres ont décidé de ne pas retenir la recommandation de leur exécutif à cet effet, même si la fédération devait préserver ses structures et son rôle propre dans la transaction proposée. Il faudrait sans doute une analyse plus poussée pour débattre de l'à-propos d'une telle affiliation. Ce n'est pas le but poursuivi ici. Il est en revanche permis de douter de la viabilité d'un tel mariage de raison, sachant qu'au cours des dernières années, la cohabitation du mouvement syndical des infirmières s'est avérée plutôt difficile avec les syndicats représentant d'autres professionnels et travailleurs du système de santé. Dans la course aux économies que l'on connaît, les infirmières s'attirent facilement la réprobation de ces syndicats quand elles dénoncent les solutions faussement économiques que constituent les tendances actuelles à substituer aux ressources infirmières du personnel moins bien formé représenté par ces syndicats. Il semble exister un fossé difficile sinon impossible à combler entre les valeurs professionnelles promues par les infirmières, qui s'appuient sur des recherches sérieuses, et les intérêts socio-économiques des membres de ces syndicats. Aussi, comment établir des rapprochements qui pourraient s'avérer susceptibles de menacer des valeurs fondamentales pour la profession ?

Bien que le syndicat ait axé ses actions sur la défense des intérêts socio-économiques de ses membres, répondant ainsi à son mandat, on peut reconnaître qu'il a également contribué à l'essor de la connaissance infirmière en négociant des budgets protégés destinés à l'information et au perfectionnement de ses membres. Dans ce dossier, le syndicat aurait bien pu négocier une masse salariale plus élevée, mais ce souci de mieux outiller ses membres pour remplir leur rôle témoigne de sa préoccupation envers la qualité des soins et montre bien le potentiel de collaboration possible entre les représentantes des instances professionnelles et syndicales.

Au cours des dernières années, la FIIQ a produit des documents[20] qui invitent ses membres à une plus grande participation à l'échelle locale. On y privilégie une approche de concertation avec l'employeur plutôt qu'une approche d'affrontement. Dans le même ordre d'idées, le syndicat a réussi à négocier, dans les dernières conventions collectives, la création de comités paritaires pour discuter de questions touchant, par exemple, l'allocation des ressources et la répartition de la charge de travail dans les unités de soins. Dans la foulée des démarches visant à scruter l'organisation du travail, la partie syndicale a récemment élaboré un outil pour aider ses membres à travailler à l'amélioration de leurs conditions d'exercice. Voilà des démarches qui permettent au syndicat d'agir en synergie avec l'ordre professionnel pour améliorer à la fois la qualité des soins et les conditions de travail de ses membres.

Par ailleurs, la négociation de meilleures conditions salariales, même si elle relève des prérogatives de la partie syndicale, ne peut laisser l'instance professionnelle indifférente. On peut en effet arguer que des salaires intéressants représentent des facteurs incitatifs pour attirer et retenir des personnes de valeur dans une profession. C'est une mesure importante pour valoriser la profession et assurer ainsi au système de santé des ressources infirmières suffisantes.

PARTICIPATION CONJOINTE À L'ÉMERGENCE DE SOLUTIONS

Au cours de la dernière décennie, l'ordre et le syndicat ont été très présents auprès des décideurs politiques afin de faire avancer des dossiers importants

20. Fédération des infirmières et infirmiers du Québec (1996a, 1996b, 1996c).

pour l'exercice de la profession. Ils ont participé côte à côte à des comités ministériels visant, par exemple, à régler l'épineux problème de la formation, à trouver des solutions à la situation engendrée par la pénurie d'infirmières et la détérioration de leurs conditions de travail, et à explorer des moyens pour contrer la problématique d'engorgement des urgences.

Ainsi les travaux du comité ministériel sur la formation ont eu des retombées intéressantes pour la profession, puisqu'ils auront permis d'harmoniser les programmes collégial et universitaire à partir de modèles déjà existants dans d'autres domaines, ce qui devrait favoriser l'accessibilité à des études universitaires et donner aux infirmières une formation qui soit adaptée à la complexité des soins qu'elles ont à dispenser. L'ordre a également été un acteur important par sa participation au côté des syndicats au Forum sur la planification de la main-d'œuvre infirmière créé par la ministre de la santé, Pauline Marois, à l'automne 1999. En réaction aux pénuries d'infirmières actuelles et à venir, et aux difficultés consécutives à la transformation du réseau, le mandat de ce forum consistait à mettre en commun les expertises et à proposer au ministère de la Santé des orientations et un plan d'action pour remédier aux problématiques soulevées. Le rapport issu des travaux de ce forum propose des recommandations qui ont fait consensus entre l'ordre professionnel, le syndicat et les représentants des gestionnaires d'établissements.

Au cours de ce processus, on a pu déceler une certaine harmonie dans les visions de l'ordre professionnel et du syndicat. Bien que nous ne puissions écarter une certaine fragilité des relations entre les deux instances, il est rassurant de constater qu'un dialogue semble établi et que les infirmières sont capables de s'unir pour défendre des valeurs essentielles aux soins qu'elles ont à dispenser. L'heure de la fin des querelles stériles a-t-elle enfin sonné ?

COLLABORER À DES SOLUTIONS NOVATRICES

La profession en est donc à la croisée des chemins, et les défis actuels interpellent tant le syndicat que l'ordre professionnel. Les questions quant à la reconnaissance et à l'évaluation de l'expertise, à l'organisation des soins et du travail, de même qu'à l'évaluation de l'intensité des soins requis qui permettrait d'octroyer les ressources appropriées demeurent entières.

On doit sortir des sentiers battus à cet égard et proposer des solutions novatrices. À titre d'exemple, l'époque où l'on accordait des promotions aux infirmières sur la seule base de leur ancienneté devrait être révolue. C'est pourtant ce que prône encore le syndicat pour qui l'ancienneté représente une valeur quasi intouchable. C'est dans ces cas-là que les deux instances, dont les expertises sont différentes, pourraient conjuguer leurs efforts pour préparer des outils visant à évaluer le degré de compétence sans tomber dans l'arbitraire, même s'il est permis d'anticiper la lourdeur de l'établissement d'un tel mécanisme. C'est d'ailleurs la principale limite constatée par ceux qui ont instauré des systèmes d'échelons cliniques (*clinical ladder*) pour reconnaître les niveaux d'expertise[21]. On ne devrait pas abandonner pour autant cette piste de solution, car les infirmières ont manifesté beaucoup d'intérêt quant à la reconnaissance de leur expertise lors des états généraux de la profession.

Bien qu'on puisse s'appuyer sur une littérature abondante dans le domaine de l'établissement de corrélations entre des ratios élevés infirmières/patients et des indicateurs importants de la qualité des soins, on dispose de peu d'information pour expliquer ces relations. Sung-Hyun (2001) propose donc une approche systémique pour évaluer les effets actuellement reconnus de cette situation sur la qualité des soins. Il est important, dans le contexte actuel, qu'on s'intéresse à cette dimension importante de la pratique. Dans cette optique, l'ordre et le syndicat auraient avantage à s'unir pour réclamer que des recherches soient entreprises à cet égard, afin d'éclairer les décisions quant à la dotation et à l'utilisation des ressources infirmières.

L'autre défi majeur qui interpelle aussi bien l'ordre que le syndicat est la mobilisation de leurs membres respectifs vers l'atteinte d'objectifs communs. Les comités jeunesse créés pour favoriser la participation de la relève s'avèrent fort intéressants. L'engagement des infirmières est en effet crucial pour la résolution des problèmes constatés dans le réseau, car ce sont elles les expertes des soins, et elles connaissent mieux que quiconque les besoins des usagers du système. Elles doivent donc utiliser les structures consultatives arrachées de haute lutte par les représentantes des instances professionnelles et syndicales pour défendre la qualité des soins qu'elles dispensent et pour améliorer les conditions que, trop souvent, on leur impose sans en évaluer les impacts.

CONCLUSION

Au cours de leur histoire, les infirmières ont dû faire face à des oppositions importantes dans leurs démarches pour faire évoluer la profession. Ces oppositions émanaient tant de l'extérieur que de l'intérieur de leurs rangs. Il semble cependant que les batailles acharnées qu'ont pu se livrer les instances professionnelles et syndicales tendent à s'estomper depuis quelques années,

21. Buchan (1997).

et l'on peut constater une nette amélioration de leurs rapports. Les conditions de travail et leurs effets sur les soins dispensés aux usagers du système permettent d'affirmer qu'il demeure important que les deux instances concernées agissent en synergie pour améliorer tant le sort des patients qu'on leur confie que leurs propres conditions de travail. Cette collaboration demeure une exigence primordiale pour relever les défis de taille que doit actuellement relever la profession.

Onzième chapitre

Le sens politique en soins infirmiers

CLÉMENCE DALLAIRE

INTRODUCTION

Les infirmières ont fait la manchette de différentes façons au cours des dernières années. Il y a eu d'abord la grève, puis la fatigue, le ras-le-bol, la surcharge de travail, l'augmentation du nombre de congés maladie, l'épuisement, et finalement la pénurie de main-d'œuvre, la nécessité de repenser le travail des infirmières et j'en passe. Des questions s'imposent : Qu'est-ce qui arrive aux infirmières ? Comment se fait-il que les infirmières n'arrivent pas à obtenir des conditions favorables à l'exercice des soins infirmiers ?

Parmi les cinq scénarios envisagés pour l'avenir de la profession infirmière au Canada[1], le premier annonce la disparition pure et simple de la profession pour l'an 2020. Dans ce scénario, les infirmières avaient été prévenues de ce qui était à venir ; on avait tenté de les mobiliser, mais sans succès, comme l'explique l'une d'entre elles :

> Je pense que trop d'entre nous ne pouvions pas croire qu'une telle chose puisse arriver aux soins infirmiers, alors nous n'avons rien fait. Nous avons continué de croire que les soins infirmiers seraient toujours valorisés socialement et que nous en aurions toujours besoin. Nous nous sommes accrochées à notre travail – à ce qui était familier et confortable. Et voyez ce qui est arrivé[2].

---

1. Rodgers (1997).
2. Rodgers (1997, p. 15). Notre traduction.

Les craintes et les menaces de disparition ne sont pas nouvelles ; on peut s'en rendre compte à la lecture d'un article de Ashley (1973) publié il y a déjà quelques décennies de cela.

En réponse aux questions et au scénario précédents, il peut être tentant de conclure, comme plusieurs le font, que les infirmières sont elles-mêmes responsables de la situation, comme le laisse entendre la citation ci-dessus. Une approche différente pourra permettre de comprendre le comportement des infirmières et de travailler à améliorer la situation. Parmi les moyens disponibles, on trouve la participation aux décisions et l'action politique. L'action politique a été traitée abondamment dans la littérature américaine[3], canadienne[4] et québécoise[5]. S'il est simple d'enseigner l'action politique, il semble plus difficile de mener à terme, avec un certain degré de succès, les actions entreprises et de saisir la dynamique des comportements des infirmières, qui montrent peu d'empressement à s'engager pour promouvoir leur propre cause. Il n'y a pas de moyens faciles pour influencer la situation, mais proposons tout de même un approfondissement de l'analyse du contexte dans lequel évolue la profession infirmière.

L'objet de ce chapitre est de dresser un bilan de la situation en examinant les facteurs qui influent sur l'action politique des infirmières. Nous ferons appel à l'intelligence et à la raison en utilisant des approches théoriques qui présentent des explications intéressantes, bien que non exhaustives, de la situation des infirmières. Ces explications n'ont pas réussi, jusqu'à présent, à apporter des changements majeurs dans la situation des soins infirmiers depuis le début de leur professionnalisation. Il s'avère donc approprié de les examiner de nouveau. Dans un premier temps, nous examinerons le contexte dans lequel évoluent les soins infirmiers sous les angles de l'influence des milieux de travail, de la relation au pouvoir dans les organisations, de l'existence de l'oppression, du rôle de la socialisation et d'un mythe qui y est associé. La section suivante portera sur de nouvelles possibilités d'action, tout en rappelant des éléments de base de toute action politique, et sur l'impérieuse nécessité de parler des soins infirmiers. Mais voyons tout d'abord un exemple canadien récent pour illustrer les difficultés auxquelles font face les infirmières.

3. Mason et Talbot (1985) ; Mason et Leavitt (1998) ; Buresh et Gordon, (2000).
4. Baugmart (1980) ; Larsen (1980) ; Larsen et Baugmart (1988) ; Rodgers (1999).
5. Dallaire (1989, 1990a, 1990b, 1991) ; Lavoie, O'Neill et Goulet (1999) ; Rodgers (1993).

ÉVOLUTION RÉCENTE DE LA CONSIDÉRATION DES SOINS INFIRMIERS

En 1994, 12 enfants sont décédés au cours de chirurgies cardiaques ou peu de temps après, au Winnipeg Health Science Center. Une enquête publique au sujet des événements entourant la mort de ces enfants a été entreprise.

> L'enquête a débuté en décembre 1995, les auditions finales ont eu lieu à l'automne 1998. En tout, plus de 80 témoins ont été entendus au cours de 285 jours d'audition sur une période de près de trois ans. Près de 50 000 pages de transcriptions ont été produites, et une centaine de documents, soit plus de 10 000 pages, ont été soumis en tant qu'éléments de preuve au cours des auditions[6].

Tout ce matériel a démontré au responsable de l'enquête, le juge Murray Sinclair, que « le programme de chirurgie cardiaque de cet hôpital n'a pas fourni les traitements de qualité qu'il avait le mandat de fournir et que les parents étaient en droit d'attendre pour leur enfant[7] ». Parmi les quatre grandes conclusions de cette enquête, l'une touche particulièrement les infirmières. La voici :

> À partir de 1994, les observations des infirmières et leur expérience les ont conduites à exprimer des craintes et des préoccupations légitimes. Les infirmières, toutefois, n'ont jamais été traitées comme partenaires à part entière de l'équipe de chirurgie. Cette façon de faire est le reflet de la façon dont les infirmières perçoivent la diminution de leur statut professionnel à la suite des changements récents dans l'organisation de l'hôpital[8].

Cette situation se distingue de celle vécue plusieurs années plus tôt dans une autre province canadienne. En effet, en 1981, au Hospital for Sick Children de Toronto, 32 bébés sont morts à l'unité des soins intensifs sur une courte période. À cette occasion, on avait tout de suite montré du doigt les soins infirmiers et accusé l'infirmière Susan Nelles, qui a été poursuivie au criminel. La commission Grange n'est pas parvenue à expliquer la mort des enfants même après une enquête de quelques années[9]. Cet incident a donné lieu à une première, dans les annales judiciaires canadiennes, puisque cette infirmière a pu intenter un procès au procureur de la Couronne de l'Ontario pour pratique négligente, celui-ci l'ayant mise en accusation et poursuivie sans élément de preuve. Ces deux exemples, survenus à près de 15 ans d'intervalle, permettent de noter une certaine évolution à l'égard des soins

6. Sinclair (2000, p. V).
7. Sinclair (2000, p. V).
8. Sinclair (2000, p. V). Notre traduction.
9. Growe (1991).

infirmiers et des infirmières. À Toronto, les soins infirmiers avaient été immédiatement accusés; à Winnipeg, on avait examiné un ensemble de facteurs parmi lesquels se trouvaient les soins infirmiers, et on note d'ailleurs le fait que les infirmières avaient les premières attiré l'attention sur le problème pour être simplement ignorées par la suite. De la mise en accusation immédiate à l'ignorance du point de vue infirmier, il y a certes un progrès, mais on est toutefois loin du but que représente une juste considération du point de vue des soins infirmiers dans la mesure où leur apport est essentiel à la mission des établissements et du système de santé[10].

Or, les infirmières mènent une action politique depuis des décennies, et cela souvent avec beaucoup de sophistication. Néanmoins, comme l'ont constaté plusieurs:

> Avec le temps, nous avons appris que nous avions sous-estimé la complexité des impératifs culturels dans la relation entre les soins infirmiers et le reste du monde. Nous avions pensé que les soins infirmiers pourraient devenir beaucoup plus visibles en se servant de techniques plus ou moins traditionnelles de relations publiques[11].

La situation des soins infirmiers est bien loin d'être simple, et elle peut être considérée avec optimisme, négation ou aveuglement. En somme, les soins infirmiers font régulièrement la manchette et l'on prévoit une pénurie importante qui incite à réexaminer les comportements des infirmières pour mieux en saisir la dynamique.

AUTONOMIE ET ORGANISATION

Le premier élément que nous allons examiner est le milieu de travail, en raison de son rôle particulier dans la situation actuelle des infirmières. Le manque d'autonomie dans les milieux de travail est la principale source d'insatisfaction chez les infirmières[12]. Plusieurs raisons expliquent le manque d'autonomie, dont la première est liée au lieu dans lequel travaillent les infirmières, soit les centres hospitaliers. Au Québec, près de 60 % des infirmières pratiquent toujours dans des hôpitaux[13].

---

10. Dallaire (1993, 1999).
11. Buresh et Gordon (2000, p. 1). Notre traduction.
12. Baumann et autres (2001); Fagin (2001); Koehoorn, Lowe et Schellenberg (2002).
13. OIIQ (1999).

Un hôpital, c'est avant tout une organisation, c'est-à-dire un ensemble composé de biens immobiliers, de matériel et de personnes qui ont une mission à accomplir (voir le chapitre 2). Les hôpitaux sont qualifiés d'organisations de type bureaucratique. Une structure bureaucratique possède entre autres la caractéristique suivante : une division du travail très poussée où chaque personne est titulaire de tâches bien déterminées comportant une définition stricte des fonctions et des prérogatives, et pour lesquelles elle possède les compétences requises. L'autorité détenue par une personne dans une organisation se confond avec le rang hiérarchique. Le cheminement de carrière, au sein de tels établissements (sélection, orientation, mutation, promotion, rémunération), donne à chacun une image précise de sa place dans la structure et un aperçu de son avenir probable au sein de celle-ci[14].

Les bureaucraties encadrent, visent la standardisation et surtout, « elles ne rêvent pas, elles ne veulent pas le changement mais la répétition[15] ». La complexité des grosses organisations bureaucratiques est prise en charge par le personnel de gestion, avec toutes les différentes opérations qui y sont associées – la planification, l'encadrement et la résolution des problèmes[16]. Tout doit y être prévu, planifié et organisé, car « Elles vendent la sécurité, l'immortalité, diminuent les angoisses et le chaos, grandes constantes de la vie humaine[17]. » Les organisations sont attrayantes, car elles offrent permanence et sécurité. Il existe néanmoins un revers à cette médaille, et c'est le manque d'autonomie des employés. La stabilité offerte par l'organisation passe en effet par la standardisation de ses activités.

En somme, les infirmières apprécient cette stabilité qu'offrent les hôpitaux mais elles souffrent du manque d'autonomie qui y est intrinsèque et du fait qu'elles ne réussissent pas à modifier cette situation en raison du type de relation au pouvoir qui y prévaut. Elles y vivent dans un paradoxe constant, ayant plutôt été formées de manière à valoriser un rôle professionnel autonome[18] alors qu'elles travaillent dans une structure qui les perçoit comme des exécutantes interchangeables dont les fonctions sont subordonnées au maintien de la stabilité de l'organisation. Elles sont ainsi imperceptiblement éloignées du pouvoir décisionnel. Dans un tel contexte, il est difficile de maintenir une action politique. Les organisations influencent et contraignent le comportement des personnes qui y œuvrent, comme nous le verrons dans la section qui suit.

---

14. Enriquez (1997).
15. Enriquez (1997).
16. Kotter (2001).
17. Enriquez (1997).
18. Goulet (1999).

RELATION ENTRE LES ORGANISATIONS ET LE COMPORTEMENT DES INFIRMIÈRES

Rosabeth Kanter, une sociologue américaine, a examiné diverses grandes organisations pour savoir comment les perceptions et les comportements des travailleurs et des cadres sont influencés par la position qu'ils y occupent[19]. Les résultats de ses travaux ont été utilisés en tant que cadre de référence dans de nombreuses études qui ont eu les infirmières pour sujet, et ils permettent de faire un lien entre la structure organisationnelle et le comportement des infirmières. Plus près de nous et dans le contexte du système de santé canadien, la chercheuse Heather K. Spence Laschinger utilise ce modèle et a effectué plusieurs études[20] qui confirment les conclusions de Kanter. Cette théorie montre ainsi le comportement des infirmières dans les établissements de santé sous un éclairage nouveau.

Kanter propose d'abord plusieurs postulats selon lesquels la tâche, la position dans l'organisation et le comportement adopté par une personne sont déterminés par l'environnement organisationnel, bien que toute personne conserve une certaine latitude. Trois éléments de l'organisation vont particulièrement influer sur le comportement, soit les possibilités de cheminement de carrière, la structure de pouvoir et la proportion de chaque type de travailleurs dans l'organisation (*social composition of peer clusters*)[21].

Selon cette perspective théorique, les personnes qui ont peu de possibilité d'avancement dans leur carrière à l'intérieur d'une organisation limitent leurs aspirations, ne souhaitent pas accroître leurs responsabilités ni leur participation. Elles ont une estime d'elles-mêmes plus faible et sous-évaluent leurs compétences. Elles apprécient les relations sociales au travail plus que la performance. Lorsque les possibilités d'avancement sont limitées, le succès social est plus valorisé que le succès professionnel. Ces personnes cherchent par exemple de la satisfaction dans des activités non reliées à leur travail, elles aspirent à avoir des loisirs et « interrompent » leurs carrières ou même, en sacrifient une part.

Par ailleurs, Kanter explique et décrit avec plus de précision les comportements découlant de l'absence d'autonomie dans les organisations. Les personnes qui ont peu de pouvoir manifestent généralement des comportements caractéristiques et courants chez les infirmières. Elles se comparent à leurs pairs plutôt qu'à leurs supérieurs, démontrant ainsi un manque d'ambition ou de désir de promotion. Elles découragent la mobilité puisqu'elles se

---

19. Kanter (1977).
20. Laschinger (1996) ; Laschinger, Finegan, Shamian et Wilk (2001).
21. Kanter (1977).

conforment à une exigence de très forte loyauté envers leur équipe. Elles critiquent leurs supérieures, à qui elles ne s'identifient pas[22]. Lorsqu'elles ne sont pas d'accord avec une décision, elles ne le manifestent pas directement auprès des détenteurs du pouvoir pour changer les choses mais elles rouspètent et travaillent moins, diminuant ainsi leur rendement. De tels comportements persistent même s'ils sont indésirables, car ils préservent le *statu quo*, assurent la sécurité et visent la réassurance dans l'organisation. Ces personnes se préoccupent davantage de survie dans l'immédiat, comme en témoigne leur grande préoccupation au sujet des « récompenses » économiques et sociales du travail. Bref, les personnes qui ont peu de pouvoir organisationnel ont une vision à court terme centrée sur le quotidien et contribuent à la longue à la démoralisation de leurs pairs. Selon cette perspective, le comportement adopté par le personnel représente une adaptation à l'organisation, qui réduit ses effectifs à l'impuissance et n'offre pas de plans de carrière, plutôt qu'une caractéristique personnelle des employés.

Lorsqu'elle a examiné la répartition du pouvoir dans les organisations, Kanter a également porté attention aux perceptions et aux comportements des gestionnaires. Elle note que la majorité des femmes gestionnaires détiennent des postes étroitement supervisés à l'intérieur d'organisations très hiérarchisées, particulièrement dans les professions essentiellement féminines. On trouve ainsi plus de femmes gestionnaires au sein du gouvernement que dans les entreprises privées. Le secteur public, et plus particulièrement le système de santé, représente bien la bureaucratie, avec sa multitude de règles et de règlements, un milieu où le pouvoir est très étroitement supervisé, pour ne pas dire limité, notamment dans la structure organisationnelle des soins infirmiers. Selon les postulats de Kanter, le pouvoir relatif d'un gestionnaire détermine à la fois son comportement à lui, et le comportement et la perception du pouvoir des personnes qui occupent les positions supérieures ou subordonnées. Dans cette perspective, les cadres intermédiaires n'ont pas plus de pouvoir que les subalternes et ils connaissent eux aussi le sentiment d'impuissance de ces derniers. Plus précisément, ce sentiment se manifeste par une résistance face aux gestionnaires, les forçant souvent à adopter un style plus autoritaire. Bref, c'est par une multitude de façons que l'impuissance découlant de situations organisationnelles fait naître un style caricatural de leadership, soit celui de la femme trop autoritaire, et un style correspondant chez les employés.

Autrement dit, les femmes qui travaillent dans les organisations comme les hôpitaux ont bien des chances de se retrouver sous la gouverne de cadres

---

22. Kanter (1977).

féminins autoritaires mais sans pouvoir. Mais selon Kanter, ce style reflète plus la situation que le sexe de la personne, car les hommes qui occupent une position semblable dans une organisation ont la même attitude. Ainsi, les comportements des infirmières et des cadres qui travaillent dans les hôpitaux résulteraient plus de la façon dont fonctionnent ces organisations que des caractéristiques personnelles des infirmières et de leur genre. Dans cette perspective, le manque d'engagement politique des infirmières et les nombreux comportements qu'on leur attribue s'expliqueraient davantage par les caractéristiques des organisations, notamment le manque de pouvoir et de possibilités de carrière intéressantes pour les employés, que par leurs caractéristiques propres. Dans un tel contexte, il est difficile d'entreprendre des actions politiques et d'influencer la distribution des ressources. Quoi qu'il en soit, Kanter soutient que les infirmières conservent une certaine marge de manœuvre. C'est cette marge de manœuvre qui permet d'entrevoir les actions qu'il est possible d'entreprendre.

Une telle théorie cherche à expliquer les comportements, mais les explications qu'on en tire peuvent être invalidées par les propos des infirmières. Les étudiantes en soins infirmiers affirment souvent ne pas souhaiter se mêler de gestion et les comportements décrits précédemment découleraient, selon elles et les infirmières diplômées, d'un manque d'intérêt plus que d'une quelconque influence organisationnelle. Les infirmières répondent : « C'est parce que ça ne nous intéresse pas, on veut prendre soin des malades et avoir une vie de famille. » Dans ces circonstances, il est délicat de donner un sens non équivoque aux comportements des infirmières, car ils peuvent s'expliquer avec autant de justesse selon que l'on s'inspire de l'interprétation de Kanter ou des propos des infirmières elles-mêmes, mais des extraits du rapport Sinclair peuvent nous aider :

> […] lorsque l'hôpital a été restructuré en 1994, on a aboli le poste de directrice des soins infirmiers, bien que le Directeur général se soit engagé à ce qu'au moins un des responsables de programme soit une infirmière. La même chose est arrivée aux médecins mais ils bénéficiaient d'un siège au conseil d'administration. On avait parallèlement remplacé les postes d'infirmière-chef par des postes de gestionnaire d'unité qui n'avait pas à être infirmière[23].
>
> En dépit du discours officiel, la réorganisation de 1994 a dévalorisé les soins infirmiers en étant conduite à partir d'une préoccupation financière de réduction du personnel, puisque la majorité des postes coupés étaient des postes en soins infirmiers[24].

---

23. Sinclair (2000, p. 478).
24. *Ibid.*

> Les éléments de preuve suggèrent que parce que les soins infirmiers occupent une position subalterne dans la structure organisationnelle du HSC, les préoccupations des infirmières n'ont pas toujours été traitées de façon appropriée[25].

L'influence des organisations pourrait donc se faire sentir à l'insu de plusieurs infirmières, sans par ailleurs remettre en question leur désir sincère d'avoir une vie personnelle et familiale satisfaisante. Mais une telle influence est inévitable particulièrement dans une organisation où le pouvoir est centralisé et où la marge de manœuvre des gestionnaires infirmiers est étroitement régie et surveillée. Selon la perspective de Kanter, les comportements observés chez les infirmières, souvent perçues comme inhabiles ou comme responsables de leur situation, pourraient en fait représenter la meilleure réponse possible au sein d'une organisation qui limite l'autonomie de ses employés par l'exercice d'un encadrement qui les dépossède de leur pouvoir. Bref, bien que rares et regrettables, les événements survenus au Manitoba préoccupent, car des bébés sont morts. Les explications fournies dans le rapport d'enquête suggèrent qu'ils se sont produits parce que les infirmières ne sont pas écoutées. Ces tristes événements soutiennent l'idée que le peu de pouvoir des infirmières dans les organisations ne leur permet pas de participer aux décisions, d'influencer ceux qui les prennent et d'utiliser ainsi l'information qu'elles détiennent pour éclairer les décisions des gestionnaires. Mais poursuivons cet examen des facteurs qui influent sur l'action politique des infirmières avec une approche théorique qui permet de porter notre attention sur le pouvoir.

SOCIALISATION

Le pouvoir se définit comme un processus par lequel un individu ou un groupe acquiert ou maintient sa capacité d'imposer sa volonté à autrui de façon récurrente, en dépit d'oppositions occasionnelles implicites ou explicites. Une relation de pouvoir s'installe par des menaces de punition ou la distribution ou la retenue de récompenses. Quand le pouvoir est bien établi, l'utilisation explicite de tels moyens est rarement nécessaire. L'étude du pouvoir s'avère indispensable pour les raisons suivantes :

> L'analyse du pouvoir n'est pas une simple entreprise de théorisation, mais un travail d'une importance pratique. Car notre façon d'agir dans la vie politique dépend largement de nos croyances à l'égard de la nature, de la distribution et des pratiques du pouvoir qui caractérisent le système politique auquel nous sommes confrontés. Si l'on agit en

25. Sinclair (2000, p. 477).

> croyant que le pouvoir est plutôt largement réparti au sein de la communauté, alors qu'il est hautement concentré, ou si l'on agit en supposant que le pouvoir est concentré entre les mains de quelques-uns, alors qu'en réalité il est réparti entre une grande variété d'individus et de groupes qui doivent négocier, marchander, convaincre et séduire afin d'atteindre leurs buts, alors on risque de commettre de sérieuses erreurs politiques[26].

Traditionnellement, être une femme voulait dire valoriser la sécurité, la paix et la soumission. Dans notre société, et cela en dépit de tous les discours, les femmes sont généralement socialisées de manière à éviter les conflits, à accepter l'autorité et à laisser le pouvoir à d'autres. La différentiation selon le sexe, ou le genre, est une relation de pouvoir dans laquelle un groupe se laisse dominer parce qu'il croit que le groupe dominant a plus de connaissances et de capacités, et qu'il veillera sur les intérêts du groupe qui en a moins. Le groupe moins puissant est convaincu que l'autre groupe a la mainmise sur des ressources importantes et surtout inaccessibles autrement que par leur intermédiaire. Dans ce contexte, chacun croit que l'écart entre les ressources est tellement grand que tous les efforts pour changer – même par la force physique – sont voués à l'échec. On suggère que seule une conduite exemplaire amènera à accéder au pouvoir des plus forts.

Le pouvoir permet de posséder la mainmise sur les ressources, en particulier celles des institutions. Ainsi, les plus puissants dominent les grandes institutions de même que leurs ressources sociales, politiques et économiques. La répartition et l'utilisation des ressources sont étroitement associées aux valeurs clés de la société, qui indiquent qui devrait en obtenir. Dans ce contexte, ceux qui sont conviés à participer à la répartition des ressources peuvent commander l'assujettissement. En outre, ceux qui exercent le pouvoir sont convaincus, en raison de cette participation et à cause de leur accès privilégié aux ressources, de porter sur leurs épaules une plus grande part du fardeau social et se croient ainsi investis du devoir de protection ou d'autorité sur ceux qui en ont moins. Ils continuent donc d'exercer leur emprise sur les ressources et l'accès à celles-ci.

Bien que le discours sur ce sujet ait changé depuis, les pratiques sont toujours empreintes de cette idéologie. Un système qui distingue les êtres en fonction du sexe, ou du genre, répartit aussi le pouvoir selon cette distinction. Avec un examen superficiel, rien de cela n'apparaît et chacun pourrait nier qu'une telle répartition du pouvoir existe, et c'est ce qu'on entend fréquemment. Personne n'a consciemment pris la décision d'agir ainsi et personne ne peut en être tenu personnellement responsable. Chacun considère

---

26. Dahl (1973, p. 49).

cette division du pouvoir en fonction du genre comme immuable et nécessaire pour les raisons discutées précédemment et pour celles qui suivent.

Le féminisme a permis d'examiner les privilèges liés au genre, soit ceux qui sont donnés ou refusés parce qu'une personne est d'un sexe ou de l'autre, dans une culture dominée par les valeurs qui accordent plus de crédit et de pouvoir aux hommes. Le féminisme a mis en évidence le fait que les femmes ont moins de pouvoir dans notre société et dans les organisations, et qu'elles sont écartées du pouvoir décisionnel. Bien sûr, les simples lois du hasard statistique font en sorte que « des » femmes et « des » infirmières, en petit nombre, vont réussir à agir sur le plan politique, comme le démontre avec éloquence le chapitre 12 sur les Conseils des infirmières et infirmiers et la commission régionale infirmière. On parle ici de hasard statistique puisque le plus grand nombre de femmes dans l'humanité fait en sorte qu'il est inévitable que certaines finissent par exercer du pouvoir. Or, il faut reconnaître que la proportion de femmes parmi les décideurs est loin d'être comparable à celle qui prévaut dans la population en général.

C'est pour cette raison que le féminisme, à partir de plusieurs théories, se préoccupe de l'avancement de tout être humain en éliminant les relations dominant-dominé, en valorisant la personne et sa dignité, en réduisant les hiérarchies justifiées par l'autorité d'un groupe sur un autre, et en éliminant les différences, dans le domaine de la santé, fondées sur le genre, l'âge, la race ou le statut social, afin de créer une société plus sûre et plus saine[27]. Pour plusieurs, la bataille du féminisme est terminée, les privilèges masculins sont chose du passé, le succès a été obtenu et les problèmes sont à toutes fins utiles réglés, les femmes ayant autant de pouvoir décisionnel que les hommes, particulièrement en Amérique du Nord. Mais qu'en est-il en réalité ? Revenons au rapport du juge Sinclair :

> Les preuves suggèrent qu'on n'a pas permis aux infirmières de jouer un rôle dans la réouverture de la chirurgie cardiaque pédiatrique même si elles y jouent un rôle essentiel.
>
> À partir de 1994, les observations des infirmières et leur expérience les ont conduites à exprimer des craintes et des préoccupations légitimes. Les infirmières, toutefois, n'ont jamais été traitées comme partenaires à part entière de l'équipe de chirurgie malgré le fait que les changements organisationnels effectués dans le programme mentionnaient explicitement une intention dans ce sens. Les infirmières des soins intensifs n'ont jamais été vraiment impliquées dans l'équipe qui a évalué le programme en 1994[28].

27. Gary, Sigsby et Campbell (1998).
28. Sinclair (2000, p. 477).

À partir de considérations semblables au sujet du pouvoir, plusieurs soutiennent que les infirmières sont considérées comme un groupe opprimé, car les valeurs des soins infirmiers sont rarement reconnues dans le système de santé[29]. Les propos du juge Sinclair illustrent encore ici avec justesse que les infirmières sont assimilées à un groupe sans pouvoir, car on les perçoit comme impuissantes :

> Parallèlement, toute remarque faite par les infirmières au sujet de la pratique médicale a été rejetée comme étant sans fondement, révélant clairement qu'on pensait que les infirmières n'avaient pas les connaissances et l'expérience suffisantes et pertinentes pour porter un tel jugement. En outre, alors que les médecins avaient un représentant au conseil d'administration, les infirmières n'en avaient pas[30].

Le type de société dans laquelle on est socialisé agit profondément sur le comportement de chacun d'entre nous, notamment sur l'évolution de la profession infirmière et sur le comportement des infirmières. L'empreinte sociale précède et renforce l'influence exercée par une organisation sur son personnel. Le contexte social modèle donc les attitudes des infirmières et les attitudes du public à l'endroit des infirmières, mais il oriente également les personnes qui choisissent de devenir infirmière. Boitte (1995, p. 11) écrit :,

> Et si l'organisation d'un système de soins résulte certes des impératifs de la démographie, de la prévalence des maladies et de l'état de la science et des techniques médicales, un système de santé se trouve être avant tout une institution culturelle qui intègre les valeurs, les aspirations et les finalités de la société, des décideurs qui organisent et fournissent les services aussi bien que des personnes qui en bénéficient.

Dans la foulée de la tradition de répartition du pouvoir décrite précédemment, la mission des soins infirmiers a été soumise à celle de la médecine, qui détient l'autorité dans le domaine de la santé. Dans un tel contexte, des efforts collectifs s'avèrent nécessaires pour faire contrepoids aux idées reçues, pour exiger une meilleure visibilité de la contribution des soins infirmiers. Malheureusement, on répond souvent à cela que « les femmes ne sont pas capables de s'unir ». Nous avons déjà abordé la théorie de Kanter, selon laquelle les personnes qui n'ont pas de pouvoir dans une organisation n'ont pas tendance à s'unir, sauf pour socialiser, mais qu'elles exigent une très grande loyauté à l'équipe. Mais examinons la perspective proposée par Jean Lipman-Blumen, une sociologue féministe qui soutient que la désunion des femmes est un mythe découlant de leur socialisation en tant que femmes. Les infirmières sont particulièrement susceptibles de manifester ce manque de solidarité, car elles ont assimilé les comportements féminins sur deux plans :

29. Ashley (1973) ; Roberts (1983, 2000).
30. Sinclair (2000, p. 477).

d'abord comme femme, puis comme infirmière[31]. Il est donc intéressant de s'interroger sur la capacité de ralliement des femmes, puisque le pouvoir et l'action politique sont généralement associés au regroupement. Il faut d'ailleurs examiner cette affirmation constamment répétée, à tort, à tout le moins selon cette perspective théorique. Selon Lipman-Blumen (1984), cette idée est en effet un mythe utile au maintien de la société patriarcale.

« LES FEMMES NE SONT PAS UNIES » : UN MYTHE

Nous l'avons mentionné, le pouvoir est en fait l'infrastructure sur laquelle repose tout système fondé sur le genre dans les sociétés où les activités, les privilèges, les responsabilités et les ressources des hommes sont plus valorisés que ceux des femmes. Par ailleurs, selon Miller (1984), le groupe dominant définit un ou plusieurs rôles à attribuer au subordonné. Ces tâches, déléguées par les dominants, sont généralement celles que ceux-ci ne veulent ou ne peuvent pas faire. Bref, le groupe opprimé est ainsi amené à se dévaloriser et il est également poussé à exécuter des tâches dévalorisées par ceux qui détiennent le pouvoir. Ce sont là les fondements du comportement des impuissants, le pendant de celui des puissants, décrit dans la section précédente.

Si les dominés prennent conscience de cette répartition arbitraire du pouvoir, ils peuvent se regrouper, se mettant ainsi en position d'exiger des changements. Des efforts importants mais subtils sont toutefois déployés pour empêcher de tels regroupements. C'est ici qu'entre en scène le mythe du manque de solidarité des femmes. Selon Lipman-Blumen (1984), pour contrer toute tentative menaçante de regroupement, plusieurs stratégies seront utilisées. Les détenteurs du pouvoir tenteront de convaincre leurs subordonnées de leur infériorité ou du fait que leur faiblesse découle de facteurs génétiques. Certains tenteront de valoriser la maternité comme principal rôle des femmes. Ils vont également insister sur les avantages qui découlent de leur position, soit l'absence d'imputabilité et la protection dont on les entoure. D'autres vont essayer de semer la discorde entre les subordonnées (diviser pour régner) en leur répétant des clichés comme : « les femmes sont terribles les unes envers les autres », « elles sont incapables de s'unir », « il n'y a rien de pire qu'un milieu de femmes », véhiculant ainsi l'idée qu'une alliance entre elles est vouée à l'échec. Enfin, ils vont tenter de dépouiller le groupe de ses leaders en ne donnant à celles-ci que les pouvoirs

31. Ashley (1973) ; Miller (1984).

regroupement = pouvoir et action politique

int ↓ s'unissent pas

des domaines sans importance, les écartant ainsi des véritables instances décisionnelles.

À titre d'exemple d'une utilisation récente de ces stratégies, revenons aux constats du juge Sinclair dans son rapport d'enquête : « Les préoccupations exprimées par les infirmières de chirurgie cardiaque ont été écartées comme provenant de personnes qui n'étaient pas capables de composer émotivement avec la mort des enfants[32]. » Voici encore une remarque d'une infirmière au sujet d'une dirigeante : « Le gouvernement va venir la récupérer en lui offrant un poste, comme il l'a fait auparavant pour d'autres. »

Lipman-Blumen soutient que le manque de solidarité que l'on attribue aux femmes est en fait un mythe que l'on répète à satiété afin que les femmes l'assimilent. On le leur rappelle régulièrement, car leur expérience quotidienne est remplie d'alliances fructueuses avec d'autres dans la poursuite de projets communs. Elle est d'avis qu'une telle situation sert à maintenir le *statu quo* et éloigne les femmes du pouvoir, permettant ainsi qu'il reste entre les mains des mêmes personnes. Il ne s'agit pas de nier l'existence de différends, de querelles, de discussions vives et même de mesquinerie entre les femmes. Selon Lipman-Blumen (1984), le mythe réside plutôt dans l'interprétation de ces comportements. Ainsi, il suggère que lorsque les femmes adoptent ces comportements, ils découlent davantage de leur sexe, et donc d'une différence incontournable et immuable. Lipman-Blumen soutient que ces comportements sont appris par la socialisation, qui amène les femmes à se percevoir comme étant opprimées ou impuissantes, et qu'ils peuvent être modifiés. Il découle de cette hypothèse l'idée que les infirmières sont tout à fait capables de ralliement. Dans cette perspective, on peut revoir le discours actuel sur les infirmières et sur leurs luttes internes comme un exemple de la stratégie mise en œuvre pour prévenir toute revendication pour une plus grande participation aux prises de décisions.

À la lumière de ce qui précède, il faut prendre conscience que l'intériorisation du rôle féminin est profonde chez les infirmières. Des propos comme « la politique, ce n'est pas une affaire de femmes » peuvent illustrer la profondeur de l'empreinte laissée par la double socialisation chez les infirmières. Il ne s'agit donc pas d'un manque de disposition naturelle. Se sortir d'une situation d'impuissance demande des conditions particulières. Mais les infirmières s'intéressent peu au jeu de la politique et résistent avec vigueur à l'idée même de s'en préoccuper et d'accroître leur participation à la gestion.

32. Sinclair (2000, p. 477).

Il est donc important de réexaminer ici les étapes qui permettraient une mobilisation des infirmières afin d'accroître leur participation politique. On doit toutefois garder en mémoire les propos de Buresh et Gordon (1999), qui avaient cru que les stratégies utilisées par les autres groupes opprimés seraient aussi efficaces une fois appliquées au cas des infirmières. Elles ont dû se rendre à l'évidence et admettre que la situation est différente. Elle est en effet compliquée par des facteurs organisationnels, par un déni généralisé de l'inégalité dans la répartition du pouvoir et par une fausse croyance dans l'incapacité des femmes quant au ralliement. L'enjeu est pourtant important pour le système de santé lorsqu'il s'agit d'un groupe aussi nombreux qui assure de surcroît sa cohésion. Il ne faut donc pas se surprendre, d'une part, de l'influence qui s'exerce contre la participation des infirmières et, d'autre part, de leur désengagement.

Quelles sont les solutions envisageables dans une telle situation ? Les femmes doivent s'attaquer à ce mythe. Ce ne sera pas chose facile, car il existe d'autres interdits à transgresser pour que les femmes arrivent à défendre leur propre cause, notamment une norme de modestie qu'on leur impose.

LES FEMMES ET LES COMPORTEMENTS DE PROMOTION DE SOI

Deux éléments doivent être examinés ici : la modestie imposée aux femmes et le fait que les femmes, et les infirmières, préfèrent garder le silence. Janoff-Bluman et Wade (1996) expliquent qu'une norme de modestie très forte est imposée aux femmes – « Thou shalt not self-promote ». Leurs travaux montrent que les femmes qui font la promotion d'elles-mêmes, qui sont confiantes ou dominatrices dans leurs interactions sont mal perçues comparativement à celles qui se comportent d'une façon stéréotypée, c'est-à-dire qui sont douces, effacées et centrées sur les besoins des autres. Dans cette perspective, les femmes accroissent leurs chances de succès si elles se comportent de façon typiquement féminine. À titre d'exemple, les auteures décrivent une stratégie fréquemment utilisée par les conférencières qui, au début de leurs présentations, s'excusent de prendre le temps de leur auditoire, qui a sans doute mieux à faire, dévalorisant ainsi leur propre expertise avant même de commencer à discourir. Il semble que cette stratégie apporte plus de succès à ces conférencières, car elle réduit la menace que représente une femme dans un rôle public d'expert, rôle encore souvent perçu comme inapproprié pour elle. Mais les femmes n'en maîtrisent pas moins le type d'habiletés requises pour la promotion de soi, car, selon Janoff-Bluman et Wade, « elles sont excellentes quand elles font la promotion des autres ».

D'où l'intérêt, d'ailleurs, de les maintenir au service des autres, notamment au service du système de santé et des médecins[33].

Le deuxième facteur est que les femmes préfèrent garder le silence. Tout ce qui précède montre qu'elles en viennent à accepter passivement le point de vue dominant. Par exemple, les infirmières se plaignent généralement de leur situation, mais elles acceptent le rôle de soumission qu'on leur attribue dans le système de santé et ne remettent pas officiellement en question la légitimité de la domination du modèle médical et des administrateurs. Elles agissent ainsi parce que les membres d'un groupe subordonné apprennent à se dévaloriser et, chez les femmes, cela se traduit par une négation de leurs valeurs qui se manifeste, entre autres, par la difficulté de parler d'elles-mêmes et de leurs préoccupations. Elles manifestent alors les comportements qui trahissent une position d'impuissance dans les organisations, ou encore ceux qu'on associe à l'absence de possibilités d'avancement dans une organisation[34].

Le silence des infirmières a été étudié par plusieurs chercheuses. Buresh et Gordon (2000) ont noté que les infirmières n'ont pas de discours public qui décrive leur contribution aux soins des patients. Elles écrivent :

> En dépit de l'affirmation des infirmières elles-mêmes, des institutions de soins et des associations professionnelles disant souhaiter une plus grande reconnaissance de la part du public, nous avons observé une réticence des infirmières et de leurs associations à faire le nécessaire pour obtenir une telle reconnaissance. En fait, les infirmières semblent souvent aussi hésitantes à parler de leur travail à leurs amies et à leurs proches qu'elles le sont lorsqu'il s'agit de s'adresser au *New York Times* ou au *Globe and Mail*[35].

Elles ont noté que les conversations au sujet des soins sont courantes entre les infirmières ou entre celles-ci et leurs patients, alors qu'elles ne parlent que rarement de leur travail en public. DeMarco, Horowitz et McLeod (2000) suggèrent que les infirmières préfèrent garder le silence afin de maintenir la culture de leurs milieux de travail. Nous verrons plus loin des façons de pallier cette situation.

Mais considérons pour l'instant ce que les infimières sont en mesure de faire en dépit de tout ce qui constitue pour elles des obstacles. À l'instar de Kanter, on peut affirmer qu'elles conservent une certaine marge de manœuvre. D'abord, un bref rappel de l'action politique des infirmières sera présenté afin de situer dans leur contexte les actions à entreprendre. Nous devons par la suite examiner comment des groupes réduits à l'impuissance

---

33. Dallaire (1993, 1999) ; Ashley (1973).
34. Kanter (1977).
35. Buresh et Gordon (2000, p. 4). Notre traduction.

ou à une quasi-impuissance ont réussi à modifier leur situation. Nous allons pour cela nous pencher sur l'hypothèse de Roberts (2000) fondée sur le modèle de Freire (1971) sur l'oppression, tout en tenant compte de la mise en garde de Gordon et Buresh, citées précédemment. Roberts (2000) propose en fait un modèle de renforcement de l'estime de soi des infirmières qui mènerait vers une fin de l'oppression.

AGIR AUTREMENT[36]

Agir autrement veut essentiellement dire agir sur le plan politique, et faire de la politique[37], c'est influencer la distribution de ressources rares. Plusieurs facteurs peuvent expliquer que l'action politique soit difficilement perçue comme une partie intégrante du travail en soins infirmiers. D'abord, la politique a toujours été considérée comme un jeu d'hommes. Les infirmières, étant situées à l'opposé de cette vision, n'ont pas appris à assumer un rôle politique. Une analyse inadéquate de l'histoire des soins infirmiers constitue une autre raison expliquant le manque d'habiletés politiques des infirmières. On nous a enseigné une histoire qui mettait l'importance sur les qualités typiquement féminines des infirmières alors que plusieurs d'entre elles ont pourtant été des militantes habiles, notamment Florence Nightingale. La politique, c'est en fait l'art d'obtenir des ressources.

Les qualités d'une bonne militante se résument à ceci. Elle est sociable, a confiance en elle et est peu préoccupée par ses propres besoins, libérant ainsi son énergie pour défendre les causes auxquelles elle croit. Ces caractéristiques donnent plus d'aisance au sein d'un groupe, plus de facilité à former des coalitions et à influencer les instances décisionnelles. Ce goût de la sociabilité doit être complété par une facilité à déceler ce qui fait « cliquer » les gens. Les politiciennes appellent cela « connaître les joueurs ». Une bonne militante est aussi une personne flexible qui s'adapte aux situations imprévues et qui poursuit la défense de sa cause en composant avec la vague créée par les rebondissements. Voici une liste de principes sous-jacents à l'action politique.

1. Étudier l'ensemble de la situation : situer son point de vue dans le contexte actuel des soins infirmiers au Québec, prendre en compte la vision des différents milieux de travail, des employeurs, des gouvernements, des organismes professionnels et des personnes qui nécessitent des soins.

---

36. Des résumés de textes publiés et portant sur les habiletés et les actions politiques ainsi qu'un modèle proposé par Roberts pour utiliser la marge de manœuvre inutilisée seront intercalés dans cette section.
37. Dallaire (1989).

2. Faire ses devoirs : faire une revue de la littérature, recueillir des renseignements, clarifier ses positions, élaborer un modèle, planifier une stratégie, évaluer ses forces et ses faiblesses, évaluer la capacité de manœuvrer dans l'arène politique, étendre et utiliser son réseau de relations, obtenir du soutien.
3. Qui ne risque rien, n'a rien : évaluer les coûts, les bénéfices et les différents résultats possibles.
4. Mettre un pied dans la porte : entreprendre et réussir une petite action avant d'envisager un projet d'envergure.
5. Donnant, donnant : savoir donner mais savoir revendiquer.
6. Savoir se mettre dans la peau des autres : utiliser des stratégies gagnantes-gagnantes.
7. Battre le fer pendant qu'il est chaud : une action menée au bon moment a de bien meilleures chances de réussite.
8. Savoir lire entre les lignes : il y a ce que les gens disent et il y a ce qu'ils taisent.
9. La moitié d'un pain vaut mieux que rien du tout : il faut savoir s'accommoder de ce qu'on réussit à obtenir même quand les résultats ne sont que partiels.
10. Rome ne s'est pas construite en un jour.

La politique est un jeu d'influence[38] que pratiquent des personnes ayant des intérêts divergents parmi lesquels il faut manœuvrer pour obtenir un droit de parole et pour protéger son territoire.

L'influence politique provient d'une conviction personnelle d'avoir un rôle significatif à jouer dans le processus politique. C'est croire qu'une personne peut influencer les événements par ses efforts. En d'autres mots, on n'a pas d'influence politique si on se perçoit comme impuissante (voir la figure 11.1).

Nous nous trouvons donc dans un cercle vicieux, car un politicien sera interpellé par les idées d'un groupe dans la mesure où les membres de ce groupe l'impressionneront par leurs convictions.

Par ailleurs, l'influence politique est composée de trois éléments : communication, collectivité et collégialité. La communication est indissociable des deux autres éléments. La politique est avant tout un ensemble de relations interpersonnelles où les règles de la communication peuvent influer sur

38. Dallaire (1990a).

Figure 11.1

Le cycle de la faible influence politique

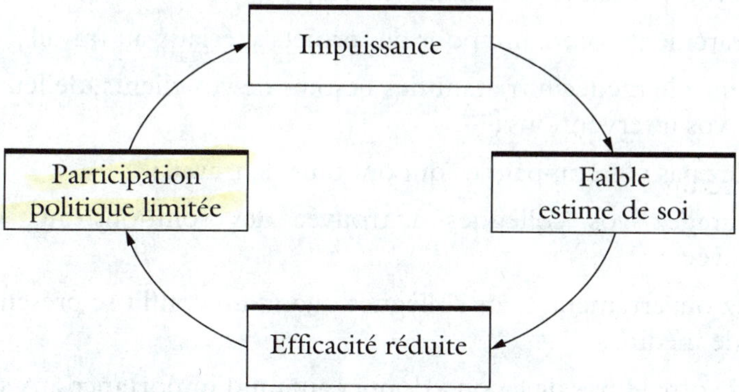

les décisions à prendre. Par conséquent, le message doit être transmis dans des mots, des gestes et des expressions faciales qui agiront sur celui ou celle à qui il est destiné. L'interlocuteur écoute, mais il a plusieurs options au moment de la décision. Il peut :

– ignorer l'information et ne rien faire ;
– conserver l'information comme référence jusqu'à ce qu'il décide d'agir ;
– promettre une chose et faire autre chose ;
– répondre au message selon l'interprétation qu'il en a faite.

Il est très important d'émettre un message clair, qui tienne compte de l'interlocuteur ou de l'auditoire. Ces caractéristiques d'une communication efficace servent à transmettre une image professionnelle des soins infirmiers. Ainsi, quelle image projetons-nous actuellement ? Voici quelques questions inspirées de Vance (1985) : Vous percevez-vous comme une personne coriace, confiante, sûre d'elle-même, compétente, experte ? Quelle image projetez-vous quand vous :

– expliquez chaque traitement au client et à sa famille ;
– n'intervenez pas aux réunions d'équipe de votre unité ;
– expliquez clairement à l'équipe multidisciplinaire ce que vous avez entrepris avec un client et le but que vous poursuivez ;
– ne prenez pas le temps d'écrire vos diagnostics infirmiers et vos plans de soins infirmiers ;
– décrivez aux membres de votre équipe (préposés aux bénéficiaires, infirmières auxiliaires) les soins infirmiers requis par une personne et consignés au plan de soins ;

- passez la majeure partie du temps au poste en déléguant les soins aux autres ;
- faites votre possible pour aider les remplaçantes ou les nouvelles venues ;
- êtes rarement volontaire pour des projets spéciaux au travail ;
- informez le médecin traitant des besoins de vos clients, de leurs progrès et de vos interventions ;
- n'aidez pas vos compagnes qui ont plus de travail ;
- encouragez vos collègues à trouver des solutions aux difficultés éprouvées ;
- parlez ouvertement à vos collègues quand un conflit se présente, plutôt que de médire ;
- gérez votre temps de façon à donner autant d'importance aux soins infirmiers qu'à l'exécution des prescriptions médicales ?

Lorsqu'une personne prend sa propre destinée en main, elle exerce une influence sur les événements. On utilise souvent le concept d'habilitation pour désigner ce phénomène et, selon Roberts (2000), l'habilitation débute avec la prise de conscience de la structure du pouvoir et des mythes qui le soutiennent. Plusieurs types de situations peuvent amorcer cette prise de conscience : une injustice, une lecture révélatrice ou des points de vue opposés, notamment lors d'une discussion avec des gestionnaires ; l'expérience d'une action politique réussie avec un groupe autre que ses pairs ; ou encore un recul, par exemple celui que permettent des études. C'est un peu le but de ce chapitre, qui expose certaines façons de concevoir les rouages des organisations et de la société. L'infirmière habilitée prend conscience de la structure de la répartition du pouvoir. Elle prend surtout conscience du fait que sa capacité d'accéder au pouvoir ne relève pas entièrement de sa volonté mais qu'elle peut dépendre de conditions prédéterminées. Une telle lucidité aide à se percevoir de façon positive, favorisant ainsi l'élaboration d'une nouvelle raison d'être dans laquelle les responsabilités dépendent à la fois de facteurs personnels et environnementaux.

À la suite de l'émergence d'une nouvelle identité professionnelle et à partir de celle-ci, Roberts propose de tisser davantage de liens avec les collègues infirmières et de se créer un réseau de relations. Ceux-ci ont traditionnellement été utilisés par les hommes d'affaires afin d'obtenir les renseignements nécessaires à la gestion de leurs activités et à l'obtention plus rapide de promotions. L'établissement d'un réseau de relations nécessite un processus délibéré de création de contacts. Créer un réseau, c'est maîtriser l'art de se faire des contacts et de les utiliser. C'est le processus par lequel on crée des liens pour obtenir de l'information, de l'influence et du pouvoir avec des personnes stratégiquement placées. La vie professionnelle des participantes est la raison d'être du réseau ; elles s'entraident pour atteindre des buts professionnels. Par ailleurs, l'efficacité réside dans l'échange. Les occasions de rendre service sont courantes, mais pour que la somme des services rendus corresponde à celle des faveurs obtenues, il faut du temps. Un réseau de relations professionnelles ne génère en effet pas de bénéfices à court terme ; il faut le voir comme un investissement à long terme.

Selon Roberts, la période au cours de laquelle se reconstruit une image professionnelle et se tisse un réseau de relations est une période d'engagement intense envers les soins infirmiers durant laquelle ils sont idéalisés. Les infirmières semblent alors enflammées, excessives et sans compromis dans leurs tentatives pour changer les choses. C'est une période où elles se maintiennent temporairement à l'écart des autres groupes, se sentant plus proches de leurs pairs, ce qui leur est souvent durement reproché.

Un réseau[39] se construit à partir de chaque membre du groupe, de son image professionnelle. Mais une introspection préalable est nécessaire à toute démarche dans le but d'établir un réseau, et les questions suivantes peuvent guider cette réflexion :

- Qu'avez-vous à offrir ?
- Quelles sont vos habiletés ?
- Quelle expertise possédez-vous ?
- Quelle est votre spécialité ?
- Quels sont vos buts ?
- Quel poste désirez-vous occuper ?
- Quel genre de carrière voulez-vous avoir ?
- Quels sont vos intérêts professionnels ?

Faites par la suite un bilan de votre réseau actuel :

- Qui connaissez-vous ?
- Connaissez-vous des infirmières qui ont de l'influence dans leur domaine d'activité ?
- Connaissez-vous des collègues ayant une expertise dans un domaine autre que le vôtre ?
- Connaissez-vous des collègues qui travaillent dans des milieux de travail différents du vôtre ?
- Connaissez-vous des infirmières qui habitent une autre ville ? Une autre province ? Un autre pays ?

39. Dallaire (1990b).

Par la suite, des gestes concrets s'imposent. Il faut passer à l'action. Il faut établir des contacts professionnels. Faites un effort délibéré pour entrer en contact avec d'autres infirmières. Assistez à des événements où vous pourrez les rencontrer : réunions au travail ou ailleurs, conférences, ateliers, colloques, séminaires, cours, congrès, etc. Vous pouvez choisir vos activités à partir d'un intérêt professionnel ; il pourrait s'agir du syndicat, de la corporation professionnelle ou d'une association d'infirmières spécialisées. Au début, choisissez une activité pour laquelle vous avez un intérêt. Vous ne serez peut-être pas très à l'aise au début, surtout si vous n'avez pas l'habitude de ce genre d'activités et si vous ne connaissez personne, mais cela viendra au fil des contacts que vous établirez. Être membre d'un réseau convient davantage à celles qui veulent promouvoir les soins infirmiers et progresser dans leur carrière tout en aidant les autres en cours de route.

Enfin, après avoir examiné la situation, après s'être bâti une nouvelle image et avoir tissé des liens avec leurs collègues, les infirmières sont plus en mesure d'aller vers les autres, de parler des soins infirmiers et de se mobiliser.

L'IMPÉRIEUSE NÉCESSITÉ DE PARLER DES SOINS INFIRMIERS

Il apparaît, à la lumière de ce qui précède, que le premier pas dans l'action politique est la mise au point d'un discours et d'actions qui doivent rendre les soins infirmiers plus visibles et mettre en évidence leur contribution au système de santé : savoir agir n'implique pas nécessairement l'articulation d'un discours. En effet, que direz-vous au sujet de la profession ? Que direz-vous à la population, aux politiciens et aux administrateurs, pour permettre à la profession de prendre sa place dans le système de santé actuel ? Répondre à ces questions aide à mieux situer la contribution des soins infirmiers dans le système de santé et à mettre au point un discours efficace. Il nous faut d'abord détruire certains mythes. Nous devons ensuite proposer des orientations qui permettront un exercice professionnel autonome ainsi que des changements dans les milieux de travail. Nous devons aussi dépeindre les soins infirmiers, exemples à l'appui, comme un choix judicieux et rentable pour la société.

Détruire certains mythes[40]

« En dehors de la médecine, il n'y a pas de soins de santé. » Ce mythe invite à examiner la relation des soins infirmiers avec la médecine et, subséquemment,

40. Dallaire (1991).

celle de la médecine avec les autres intervenants du système de santé. Les infirmières et la société ont accepté l'approche biomédicale de la santé comme étant la plus importante. La remettre en question permet de poser les questions suivantes : quelles sont les grandes découvertes ou les grands changements qui ont le plus contribué à l'amélioration de la santé de la population ? Quelles sont les découvertes médicales qui permettent de sauver des vies ? Quelles sont les découvertes médicales qui peuvent désamorcer un processus pathologique ? Quels sont les résultats obtenus par la médecine en matière d'amélioration de la santé de la population ? Le pouvoir et l'emprise qu'exercent les médecins sur le système de santé sont soutenus à la fois par les progrès technologiques médicaux et les vies sauvées, alors qu'il apparaît maintenant que les habitudes de vie des citoyens ont une influence plus grande sur la santé que le travail des médecins. En réalité, l'état de santé dont nous jouissons aujourd'hui est attribuable en majeure partie à de meilleures conditions de vie.

Autre mythe, celui selon lequel « l'apport des autres professionnels de la santé est secondaire par rapport à la contribution des médecins », qui laisse peu de place à une orientation comme celle que propose la profession infirmière. La trajectoire santé-maladie est aussi familière aux infirmières qu'aux médecins, mais la portion santé et bien-être du continuum est mieux comprise et plus approfondie par les infirmières. L'adoption de la philosophie des soins de santé primaires (la santé pour tous en l'an 2000) témoigne de l'intérêt que la profession infirmière porte aux soins de santé. Par ailleurs, les infirmières pourraient utiliser divers moyens pour mettre à la portée de la population les connaissances dont elles disposent. Elles pourraient mettre sur pied une campagne dont le thème serait « C'est l'infirmière qui me l'a dit ». Une telle campagne aurait pour but de renseigner les citoyens sur leur santé. Les infirmières pourraient participer à des émissions de télévision et de radio, et rédiger des chroniques santé dans les médias écrits. Elles pourraient même produire des guides pratiques sur la santé. Bref, elles doivent aviser la population que l'information transmise par le personnel infirmier contribue à la gestion de sa santé. Mais pour en arriver là, les infirmières devront faire leurs devoirs et tenir à jour leurs connaissances en soins de santé et en promotion de la santé. Elles devront elles-mêmes prendre le leadership dans ce domaine afin que la réorientation du système se fasse vers les soins de santé.

Arrêtons-nous enfin sur le mythe voulant que « les infirmières ne font que des soins infirmiers ». À l'heure actuelle, les infirmières se plaignent de travailler dans un cadre étroit et bureaucratique où la division des tâches met l'accent sur l'exécution des prescriptions médicales, sur la collaboration aux méthodes diagnostiques et aux tâches administratives et de supervision de personnel, tout cela leur laissant peu ou pas de temps pour dispenser des soins[41]. Pour remédier à cette situation, les infirmières devront gérer leur temps de façon à faire une plus grande place aux soins.

Modifier le milieu de travail

La création d'un environnement propice à l'autonomie professionnelle exigera des changements, non seulement dans le comportement des infirmières, mais aussi dans les milieux de travail. Les hôpitaux ont une structure hiérarchique segmentée, rigide et soigneusement découpée. Dans ce contexte, la délimitation du rôle des soins infirmiers tombe sous l'autorité de l'institution. Les soins infirmiers sont donc exactement ce que l'institution décide qu'ils doivent être. Or, un milieu favorable à l'exercice professionnel autonome des infirmières est un milieu décentralisé avec une gestion participative bien décrit dans les études au sujet des *magnet hospitals* américains. Ces milieux accordent de l'autonomie aux infirmières pour la prise de décisions cliniques dans leur domaine de compétence ainsi qu'un certain pouvoir sur l'environnement des soins par une décentralisation des décisions. Dans ces milieux, le personnel est suffisant et on n'y embauche qu'un nombre limité d'infirmières débutantes à la fois. Ces milieux ont ainsi une culture organisationnelle qui reconnaît l'importance des soins infirmiers dans la poursuite de la mission de l'institution. Prenons-en pour preuve un investissement institutionnel dans la formation continue des infirmières et un personnel de supervision qui encourage les infirmières à prendre des décisions[42].

Un milieu de travail favorable aux soins infirmiers se préoccupe de maintenir de bonnes relations entre collègues et entre employés et cadres en misant sur une gestion participative. C'est un milieu qui redonne aux infirmières une certaine autorité sur les soins, sur leur horaire de travail, sur la gestion de leur temps et sur la répartition des patients.

Devant l'augmentation des coûts de la santé, et donc la nécessité de rationaliser les dépenses, les soins infirmiers représentent un choix judicieux et rentable (voir le chapitre 7). Chaque infirmière doit donc être en mesure de reprendre les arguments qui en font la preuve et de rendre les soins infirmiers plus visibles, alors que les compressions budgétaires soulèvent d'autres questions. Il faut par exemple demander où vont les sommes disponibles, puisque les soins infirmiers n'en accaparent qu'une petite portion. En réalité, les facteurs qui contribuent à l'escalade des coûts du système de santé découlent de la pratique médicale, et il est impensable de ne pas s'en préoccuper si

41. OIIQ (2002).
42. Fagin (2001).

l'on juge important que le système soit rentable. Les infirmières doivent connaître et diffuser les résultats de recherches démontrant la rentabilité de leur propre secteur d'activité. En l'absence de telles données, de nouveaux projets de recherche devront être initiés. En résumé, les infirmières devront mieux articuler leurs préoccupations professionnelles et administratives.

Par ailleurs, les propositions énumérées précédemment s'accompagneraient bien de certaines révisions du vocabulaire habituel pour y inclure un contenu propre aux soins infirmiers. Par exemple, il serait possible de donner à l'expression « soins intensifs » un sens plus large que celui de soins intensifs médicaux. Ainsi, il existe des soins intensifs infirmiers centrés sur la réaction et le potentiel de récupération des personnes qui vivent une perturbation de leur état de santé. Dans ce cas, les soins infirmiers intensifs ne seraient pas confinés aux seuls hôpitaux, mais incluraient aussi les centres d'accueil et les soins à domicile. Ils seraient particulièrement indiqués lorsqu'il s'agit d'aider une personne et son entourage à vivre avec une maladie chronique ou une détérioration cognitive. Cette redéfinition devrait être transmise à la population et aux politiciens. De cette façon, les personnes nécessitant des soins pourraient exiger de meilleurs services et bénéficier de tout le potentiel qu'offrent les soins infirmiers.

Il est impératif de briser le silence afin de mieux faire connaître la contribution et l'expertise infirmière, et de remettre en question l'allocation actuelle des budgets et les compressions qui se font souvent au détriment des soins infirmiers, en dépit du fait qu'ils soient très efficaces et peu coûteux[43].

La profession infirmière est à la croisée des chemins et c'est aux effectifs eux-mêmes de décider de la direction qu'ils veulent prendre et de s'y engager. L'enjeu est la survie de la profession.

CONCLUSION

Ce chapitre a permis d'examiner le comportement politique des infirmières et de dépasser les lieux communs quant à la signification qui leur est accordée. Plusieurs cadres théoriques ont été utilisés afin de faire des liens cohérents entre les éléments suivants : femmes, infirmière et organisation. Par ce chapitre sur le comportement politique des infirmières, nous avons voulu présenter une grille d'analyse de la situation en espérant induire une prise de conscience et faire naître des « vocations politiques ». Nous ne sommes cependant pas sans savoir que cette interprétation constitue un irritant pour

---

43. Aiken, Clarke et Sloane (2000) ; Aiken, Smith et Lake (1994).

certains, qui seront ainsi amenés à chercher des orientations qui leur conviennent mieux.

Quoi qu'il en soit, il apparaît, à la lumière de ce qui précède, que le premier pas dans l'action politique est l'élaboration d'un discours et d'actions pour rendre les soins infirmiers plus visibles et mettre en évidence leur contribution distincte au système de santé. Les infirmières doivent parler des soins, de ceux qu'elles dispensent et de ceux qu'elles souhaitent offrir. C'est à partir de ce discours qu'un mouvement pourra prendre son envol. L'avenir des soins infirmiers est important pour le système de santé et pour la santé de la population. Il mérite que les infirmières y portent elles-mêmes une grande attention.

Douzième chapitre

Les conseils des infirmières et infirmiers des établissements de santé du Québec, de 1991 à 2001

SYLVIE VALLIÈRES et CAROLE MERCIER[1]

INTRODUCTION

Faire l'historique des conseils des infirmières et infirmiers (CII) alors qu'ils n'existent que depuis une dizaine d'années seulement est un exercice qui peut paraître un peu paradoxal. Mais un examen attentif de leurs réalisations réserve pourtant de surprenantes découvertes. Les CII ont déjà une histoire intéressante, car ils sont nés dans une période si effervescente qu'ils n'ont eu d'autre choix que de s'engager très vite dans des dossiers professionnels et organisationnels complexes.

Les pages qui suivent proposent d'abord de camper la naissance des CII dans le contexte des grandes étapes qui ont marqué l'évolution du système de santé et des lois le régissant. L'adoption, en 1991, du projet de loi n° 120, *Loi sur les services de santé et les services sociaux et modifiant diverses dispositions législatives*[2], leur donnera le coup d'envoi. Nous passerons en revue le mandat que le législateur leur a confié, et traiterons de leurs débuts dans

1. Les auteures remercient Judith Leprohon, inf., Ph.D., directrice scientifique à l'OIIQ, pour ses précieux commentaires ainsi que toutes les infirmières membres des comités exécutifs des conseils des infirmières et infirmiers qui ont bien voulu faire état de leurs réalisations à l'OIIQ au cours des dernières années.
2. L.Q. 1991, c. 42.

l'arène politique des établissements de santé. Quelques exemples serviront à illustrer les stratégies préconisées par les infirmières pour appuyer les dossiers portant sur les cinq composantes du mandat des CII, soit l'appréciation générale de la qualité des actes infirmiers, les règles de soins infirmiers, la distribution des soins, l'organisation scientifique et technique de l'établissement, l'évaluation et le maintien de la compétence des infirmières.

Les résultats d'un sondage sur la qualité des soins infirmiers dans les établissements de santé du Québec, mené par l'Ordre des infirmières et infirmiers du Québec (OIIQ) en 2000, démontrent que le leadership et le pouvoir décisionnel des CII, des directrices et des responsables de soins infirmiers dans leur domaine d'activité se portent relativement bien, 10 ans plus tard, malgré certaines difficultés[3]. Nous examinerons donc de près ces données exclusives.

Nous terminerons avec un bref aperçu des actions qui ont mené à la création des commissions infirmières régionales (CIR), prévues dans la loi depuis juin 2001. Quatre infirmières membres des conseils exécutifs des CII (CECII) y siègent. Les membres des CIR et des CII devront donc tisser des liens étroits s'ils veulent consolider l'autorité clinique des infirmières sur la qualité des soins infirmiers et l'organisation des services de santé d'un territoire.

DES FONDEMENTS DE LA RÉORGANISATION DU RÉSEAU À LA NAISSANCE DES CII

Les infirmières ont toujours été considérées comme des acteurs incontournables en ce qui a trait à la qualité des soins dans les établissements. Leur rôle deviendra cependant plus officiel avec les lois qui vont modeler le système de santé québécois, surtout à partir de 1960. Voyons rapidement les grandes étapes de ce processus (voir la figure 12.1).

En 1962, le gouvernement adopte la *Loi des hôpitaux,* en vertu de laquelle ceux-ci deviennent des organisations publiques devant se doter d'un conseil d'administration et mettre sur pied un bureau médical responsable à la fois des soins médicaux et de l'organisation scientifique[4]. À partir de 1970, à la suite des travaux de la Commission d'enquête sur la santé et le bien-être social (la commission Castonguay-Nepveu), plusieurs lois importantes seront adoptées, dont la *Loi sur les services de santé et les services sociaux,*

3. OIIQ (2001a).
4. Demers, Dumas et Bégin (1999, p. 206-207).

Figure 12.1
L'évolution de la structure organisationnelle des établissements de santé

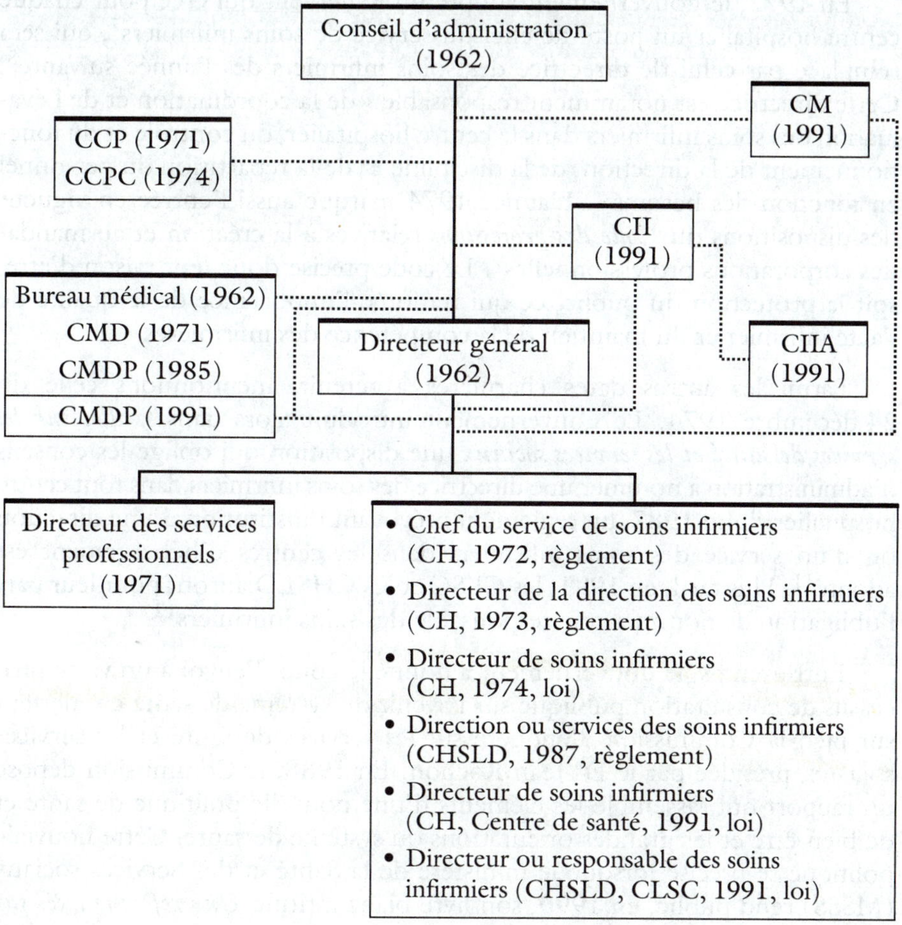

en 1971[5]. Les médecins obtiennent que le bureau médical soit remplacé par un conseil des médecins et dentistes (CMD), qui deviendra le conseil des médecins, dentistes et pharmaciens (CMDP) en 1985[6]. Par ailleurs, la loi de 1971 prévoit la création d'un conseil consultatif des professionnels (CCP) chargé de faire des recommandations sur l'organisation scientifique et technique de l'établissement (a. 72 et a. 73). Le CCP – qui deviendra le conseil

5. L.Q. 1971, c. 48.
6. Gaumer et Desrosiers (2001, p. 32, 36).

consultatif du personnel clinique (CCPC) en 1974 – peut, en quelque sorte, être considéré comme l'ancêtre des CII et des conseils multidisciplinaires (CM).

En 1972, le gouvernement adopte un règlement qui crée pour chaque centre hospitalier un poste de chef du service de soins infirmiers[7], qui sera remplacé par celui de directrice des soins infirmiers dès l'année suivante[8]. Cette directrice est notamment responsable « de la coordination et de l'évaluation des soins infirmiers dans le centre hospitalier, du contrôle et du fonctionnement de la direction, de la discipline et de la répartition du personnel en fonction des besoins ». L'année 1974 marque aussi l'entrée en vigueur des dispositions du *Code des professions* relatives à la création et au mandat des corporations professionnelles[9]. Le code précise donc leur raison d'être, soit la protection du public, ce qui renforce l'importance de la qualité de l'acte infirmier et du maintien de la compétence des infirmières.

Parmi les autres dates charnières à retenir, mentionnons celle du 24 décembre 1974. Le gouvernement introduit alors dans la *Loi sur les services de santé et les services sociaux* une disposition qui oblige les conseils d'administration à nommer une directrice des soins infirmiers dans tout centre hospitalier[10]. En 1987, un règlement prévoyant l'institution d'une direction ou d'un service des soins infirmiers dans les centres d'hébergement est adopté[11]. Plus tard, en 1991, les CLSC et les CHSLD auront pour leur part l'obligation de nommer une responsable des soins infirmiers[12].

Entre-temps, le gouvernement a donné le coup d'envoi à un vaste processus de consultation publique sur l'avenir du système de santé en mettant sur pied la Commission d'enquête sur les services de santé et les services sociaux, présidée par le Dr Jean Rochon. En 1988, la Commission dépose un rapport qui rassemble les éléments d'une nouvelle politique de santé et de bien-être et les grandes orientations du système de santé. Cette nouvelle politique se précise lorsque le ministère de la Santé et des Services sociaux (MSSS) rend public, en 1990, son livre blanc intitulé *Une réforme axée sur le citoyen*. Pour mener cette réforme à terme, plusieurs changements sont nécessaires sur les plans réglementaire, financier, administratif et législatif. Par exemple, le gouvernement concrétisera les grandes lignes du nouveau

7. A.C. 3322-72, a. 4.4.1.1.
8. A.C. 3276-73, a. 4.4.1 et 4.4.2.
9. Les articles se rapportant à la création et au mandat de l'Office des professions du Québec et du Conseil interprofessionnel du Québec sont entrés en vigueur en 1973.
10. L.Q. 1974, c. 42, a. 40.
11. Décret 9-87, a. 4.
12. L.Q. 1991, c. 42, a. 206.

régime par la *Loi sur les services de santé et les services sociaux et modifiant diverses dispositions législatives*[13]. Cette loi entre en vigueur le 4 septembre 1991 et crée les CII et les conseils multidisciplinaires (CM). Une nouvelle dynamique s'installe alors dans les établissements puisque, à l'instar des CMDP, les CII ont la possibilité de conseiller et d'influencer les décideurs, et permettent d'apporter le point de vue des infirmières sur tout ce qui a trait à la dispensation des soins. L'une des recommandations du livre blanc n'est toutefois pas retenue, soit celle d'inclure le président du CII ou son représentant au sein du comité exécutif du CMDP et vice versa[14], ce qui rend moins formelle la concertation souhaitée entre le CMDP et le CII.

LES DÉBUTS DES CII

Dorénavant prévus dans la *Loi sur les services de santé et les services sociaux*[15], les CII[16] s'intègrent à la structure organisationnelle du réseau de la santé. Un CII doit être institué pour chaque établissement public qui exploite un ou plusieurs centres où travaillent au moins cinq infirmières. Le législateur lui a donné un rôle-conseil : il est responsable envers le conseil d'administration d'apprécier de manière générale la qualité des actes infirmiers posés dans le centre et de faire des recommandations sur les règles de soins infirmiers et la distribution des soins. Le CII peut également donner un avis au directeur général sur l'organisation scientifique et technique du centre, de même que sur les moyens à prendre pour évaluer et maintenir la compétence des infirmières. Il peut aussi être appelé à intervenir sur toute question portée à son attention par le directeur général, ou encore assumer toute fonction que lui confie le conseil d'administration[17].

Les liens entre les CII et les directrices ou les responsables des soins infirmiers sont aussi précisés dans la loi[18]. Ces dernières ont notamment pour tâche de surveiller et de contrôler la qualité des soins infirmiers, de s'assurer de l'élaboration de règles de soins infirmiers qui tiennent compte de la nécessité de rendre des services adéquats et efficients aux usagers en tenant compte des ressources disponibles, et de veiller à la bonne marche des comités exécutifs des CII (CECII). La complémentarité et la complicité entre les CII

13. OIIQ (1992, p. 5).
14. MSSS (1990b, p. 66).
15. L.R.Q., c. S-4.2.
16. Les articles de la loi s'appliquant aux CII sont reproduits à l'annexe 1.
17. Voir l'annexe 1 pour la composition des conseils d'administration des établissements.
18. Les articles de la loi qui traitent des mandats de la DSI et de la RSI sont reproduits à l'annexe 2.

et les directrices ou les responsables des soins infirmiers deviennent donc des gages de réussite pour influencer les décideurs, d'autant que ces dernières sont familiarisées avec les dossiers et les stratégies de l'organisation, et qu'elles en connaissent les acteurs influents. Elles ont aussi plus facilement accès à des données clinico-administratives.

Même si le CII n'a pas de rôle décisionnel, il doit apprendre à influencer les décideurs de son établissement, un pouvoir qui est loin d'être négligeable. Cette fonction est exigeante pour les membres des CII. L'Ordre des infirmières et infirmiers du Québec (OIIQ) – l'un des groupes qui a contribué à influencer le législateur en faveur de la création des CII – décide de les soutenir. L'OIIQ publie en 1993 un document intitulé *Le Conseil des infirmières et infirmiers : une instance stratégique*. Il permet aux membres des CII de comprendre la portée des articles de loi, et les incite à se doter d'un plan d'action et à établir des alliances et des stratégies efficaces pour atteindre leurs objectifs.

Entre 1994 et 1996, l'OIIQ organise aussi une série d'activités à leur intention. Il crée une chronique des CII dans la revue *L'Infirmière du Québec* et lance le bulletin *CII à l'écoute,* en septembre 1996. Dès que l'ordre publie un avis, un guide ou une prise de position, il les envoie systématiquement aux CII, aux directrices et aux responsables des soins infirmiers, de façon à faire circuler de l'information de première main sur les enjeux stratégiques de la profession et du réseau. Il organise aussi, à l'intention des CECII de toute la province, des conférences et des sessions d'information sur le mandat, les règles de fonctionnement et les enjeux des CII, ainsi que sur la démarche d'amélioration continue de l'exercice infirmier. En 1995, l'OIIQ tient le premier colloque des CII qui est depuis devenu un événement d'envergure.

Pendant ce temps, les CII nouvellement formés consacrent beaucoup d'énergie à se doter d'une structure et d'un fonctionnement efficaces. Chaque conseil doit définir et adopter des règlements sur la régie interne ainsi que sur la mise sur pied et le fonctionnement des comités, et les faire approuver par le conseil d'administration. Il doit aussi former un comité exécutif (CECII) responsable d'exercer tous les pouvoirs du CII, et un comité d'infirmières et infirmiers auxiliaires (CIIA)[19] qui doit faire rapport au CECII.

Les CII s'affairent par ailleurs à se familiariser avec la structure de leur établissement.

La connaissance des modes de fonctionnement de l'organisation donne l'occasion de situer les lieux et les motifs des décisions, de connaître les

19. Voir l'annexe 1 pour le mandat des CIIA (a. 223).

> mécanismes de communication et de coordination, les systèmes d'information, les personnes dirigeantes et leur mandat. Plus précisément encore, elle permet d'identifier les comités de la direction générale et des autres directions, les membres qui y siègent, les problèmes traités, la fréquence des rencontres du conseil d'administration et des séances publiques, la présence d'une infirmière au conseil d'administration, etc.[20]

Leur structure de fonctionnement étant établie, les CII prennent leur envol rapidement, car le contexte turbulent de l'époque les propulse littéralement vers l'avant.

INFLUENCER LES HAUTES INSTANCES DE L'ORGANISATION : DES EXEMPLES

Dans les années 90, le système de santé est en pleine effervescence et les réformes se succèdent à un rythme effréné. Dans sa volonté d'atteindre l'équilibre budgétaire et le déficit zéro, le gouvernement procède à une refonte sans précédent des services de santé. Entre 1992 et 1996, le nombre d'établissements publics passe de 661 à 561, et les conseils d'administration, de 663 à 429[21]. Plusieurs établissements ferment leurs portes alors que d'autres fusionnent. Le virage ambulatoire bouleverse les modes d'organisation des soins et crée les réseaux intégrés de services. Dans ce contexte, les CII sont grandement sollicités pour donner des avis et faire des recommandations aux dirigeants. Entre 1993 et 2001, l'OIIQ a recensé plusieurs avis et suivi de nombreux dossiers concernant la réorganisation des services, l'adoption de nouvelles pratiques de soins infirmiers et la création d'outils cliniques mieux adaptés, pour n'en nommer que quelques-uns. La diversité des actions des CII est illustrée dans les exemples suivants qui portent sur chacun des cinq aspects de leur mandat.

L'appréciation générale de la qualité des actes infirmiers

L'appréciation générale de la qualité des actes infirmiers renvoie à la qualité des activités infirmières effectuées dans un établissement. Ce processus consiste à s'assurer que les actes infirmiers soient appropriés à la condition des patients, produisent les résultats attendus, soient posés correctement et par des personnes compétentes, suivent l'évolution scientifique et technologique et soient posés efficacement et à un coût acceptable. L'appréciation de la

---

20. OIIQ (1993, p. 4).
21. MSSS (1996, p. 23).

qualité des soins infirmiers dispensés par les infirmières auxiliaires est pour sa part faite par le CIIA[22].

Afin de réaliser leur mandat, les CII peuvent entreprendre une démarche collective visant à obtenir de meilleurs résultats de soins chez les patients en améliorant les activités infirmières et divers éléments organisationnels. Ils s'inspirent pour cela du document publié par l'OIIQ et intitulé *Perspectives de l'exercice de la profession d'infirmière*[23], ainsi que du guide d'autoapprentissage qui accompagne ce document[24].

En matière de qualité des soins, le CII est devenu un acteur clé du système de santé. En voici un exemple probant. En décembre 1999, le Bureau de l'OIIQ a mis sur pied un comité spécial de vigilance sur la qualité des soins infirmiers, car il était préoccupé par les conditions d'exercice difficiles des infirmières œuvrant dans le réseau. Ce comité a procédé à un sondage écrit auprès des directrices et des responsables des soins infirmiers, ainsi que des CII ; 57 % des établissements de santé du réseau y ont répondu[25].

L'étude a permis de cerner des tendances reflétant une détérioration des soins, notamment une hausse des infections nosocomiales, des chutes, des plaies de lit et des erreurs de médication. Par ailleurs, des facteurs clés pour maintenir la qualité des soins ont été ciblés, dont la stabilité des postes, l'encadrement clinique du personnel, l'intégration des jeunes, la formation continue, la présence suffisante de personnel d'assistance, de services de soutien administratif et de soutien clinique, et une utilisation judicieuse des heures supplémentaires. En participant à cette étude, les CII, les directrices et les responsables des soins infirmiers ont contribué à dresser un portrait provincial de la qualité des soins infirmiers et à tracer la voie aux pistes de travail à privilégier.

Voici un autre exemple, cette fois dans un centre hospitalier de soins de longue durée, où un CII a mis sur pied un comité d'appréciation de la qualité des actes infirmiers. Ce comité a élaboré un programme global de qualité et de gestion des risques en soins infirmiers. Dans le cadre de ce programme, le comité a notamment conçu une grille d'évaluation en soins infirmiers visant à mesurer la satisfaction de l'usager et de sa famille concernant les unités de soins prolongés. Les infirmières ont d'abord recueilli, au moyen d'un questionnaire, des renseignements sur les membres significatifs de l'entourage de

22. OIIQ (1993, p. 10).
23. OIIQ (1996b).
24. OIIQ (2001e).
25. OIIQ (2001a).

chaque patient et sur ses besoins de recevoir la visite de ces personnes. Elles ont aussi mesuré le taux de satisfaction des résidants par rapport aux services et posé des questions sur les moyens de les améliorer. Après avoir colligé et analysé les données, le CII a pu établir un plan d'intervention incluant des mesures correctrices visant à satisfaire davantage les besoins des résidants.

Les règles de soins infirmiers

Une règle de soins infirmiers précise les éléments nécessaires pour guider les interventions de l'infirmière dans une situation précise. Le contenu d'une règle s'appuie notamment sur les données cliniques et scientifiques, et sur les normes professionnelles récentes[26].

Il existe plusieurs exemples de règles de soins. La direction des soins infirmiers et le CII d'un centre hospitalier ont produit un guide clinique en soins infirmiers. On y traite notamment des soins relatifs au maintien des fonctions physiques et physiologiques, du soutien à l'adaptation familiale et des soins relatifs à la gestion des risques. Le guide a été distribué à chacune des infirmières, ce qui a assuré une grande diffusion des règles de soins dans l'établissement.

Par ailleurs, même s'il n'a pas été élaboré par un CII, le répertoire de protocoles infirmiers qu'utilisent les infirmières d'Info-Santé CLSC est un bon exemple de règles de soins. Info-Santé CLSC est un service téléphonique infirmier de première ligne accessible 24 heures sur 24, 7 jours sur 7, dans toutes les régions du Québec. Étant donné la diversité des situations des personnes qui font appel à ce service, les infirmières se réfèrent à des protocoles pour donner des conseils sur diverses problématiques de santé et orienter les personnes vers d'autres ressources en cas de besoin.

Dans un centre hospitalier à vocation psychiatrique, un CII a élaboré des protocoles en santé mentale traitant de 38 situations de santé et du suivi de la médication. Il a aussi produit un répertoire de 338 ressources en santé mentale. En créant ces outils, le CII a voulu répondre aux questions des intervenants, des clients et de leurs proches sur des problèmes de santé mentale.

Beaucoup d'autres exemples de règles de soins pourraient être apportés, mais l'important est d'en retenir le principe, soit préciser les modalités d'application ou les conditions d'une activité clinique dans le but de guider l'infirmière dans l'exercice de sa profession.

26. OIIQ (1993, p. 20).

La distribution des soins

La distribution des soins renvoie notamment au champ d'exercice des infirmières. Il s'agit de circonscrire les activités propres à chaque unité de soins et de déterminer les responsabilités des professionnels de la santé et des autres intervenants. Le partage des rôles entre les infirmières et les infirmières auxiliaires ou entre les médecins et les infirmières en sont des exemples.

Il y a quelques années, un CII a dû réagir à des documents déposés au conseil d'administration prônant l'utilisation des infirmières auxiliaires en lieu et place des infirmières, sous prétexte de réorganiser les soins à moindres coûts. Fort de son mandat concernant la qualité et la distribution des soins, le CII a remis un avis étoffé aux membres du conseil d'administration. Il a mis en évidence les différences entre la formation des infirmières et celle des infirmières auxiliaires, et a rappelé à quel point les soins infirmiers sont complexes dans un établissement accueillant presque uniquement des clientèles aux prises avec de graves problèmes de santé. S'appuyant sur des études nord-américaines, le CII a démontré l'importance d'avoir des ratios infirmières/patients appropriés, puisqu'ils sont notamment associés à un taux plus faible de complications et de réadmissions. Il a aussi insisté sur les économies pouvant être réalisées en instaurant le suivi systématique de clientèles. Enfin, le CII a indiqué les secteurs de soins où la compétence des infirmières auxiliaires pourrait être davantage mise à contribution.

Voici par ailleurs un exemple de collaboration et de partage des responsabilités entre une infirmière et un médecin. Un CLSC a décidé d'améliorer l'accessibilité de ses services de première ligne en offrant un service d'accueil-santé infirmier. Pour ce faire, le CII et le CMDP ont d'abord mis en place un processus d'expérimentation, de rodage et de collaboration entre eux. L'expérience s'est avérée positive et a permis aux infirmières de jouer pleinement leur rôle en première ligne, soit évaluer la situation de santé du client, intervenir en situation d'urgence avec le médecin de garde, amorcer des mesures diagnostiques et administrer des médicaments selon l'ordonnance médicale individuelle ou permanente.

L'organisation scientifique et technique du centre

L'organisation scientifique et technique des soins est liée à la mission de chaque établissement. Certains offrent des services de santé et des services sociaux généraux ou desservent une population locale ou répartie à l'échelle régionale ou suprarégionale ; d'autres, tels que les centres hospitaliers universitaires, offrent en plus des activités d'enseignement et de recherche[27]. Afin de s'adapter aux avancées technologiques et aux nouveaux modèles d'organisation des services, les administrateurs ont besoin du point de vue des professionnels qui dispensent les soins. Les infirmières sont donc appelées à donner leur vision de l'organisation des soins et des services à rendre à la population.

Donnons l'exemple des CII de trois hôpitaux régionaux qui ont dû fusionner. Le consortium devant gérer la fusion a demandé aux CII de travailler ensemble pour donner un avis sur l'organisation clinique du futur centre. Ces derniers ont formé un comité composé de trois infirmières de chaque conseil et d'une représentante des DSI. Ce comité a acheminé un questionnaire portant sur la réorganisation des services cliniques aux infirmières de chaque centre. Il a ensuite compilé les données et recueilli près d'une centaine de pages de commentaires sur divers aspects du service à la clientèle et de la qualité des soins. Les infirmières ont entre autres préconisé le travail en équipe interdisciplinaire et l'approche par programmes clientèles. Elles ont insisté sur l'importance de maintenir des équipes de consultation en gériatrie dans deux pavillons et de maintenir la clientèle psychiatrique au centre-ville, où il était plus facile d'obtenir des services. Elles ont aussi suggéré des moyens d'améliorer le triage à l'urgence et l'enseignement préopératoire. La plupart des recommandations des trois CII ont été retenues, car ils ont d'abord pris en compte les besoins des patients.

L'organisation scientifique et technique d'un centre exige aussi l'examen de la structure organisationnelle et de l'autorité clinique des personnes en poste. Voici l'exemple d'un CLSC en région qui a dû revoir l'ensemble de ses services pour répondre aux orientations préconisées par le MSSS en matière de santé communautaire. Devant l'ampleur de la tâche à accomplir, et après avoir examiné l'organisation des soins infirmiers dans d'autres CLSC, le CII a recommandé que le poste de la personne responsable des soins infirmiers, à mi-temps, devienne un poste à temps plein. Le CII a jugé que c'était une des façons de s'assurer que les soins dispensés à la population suivent les nouvelles tendances et respectent les principes de qualité et d'efficacité.

L'évaluation et le maintien de la compétence des infirmières

Dans le cadre de son mandat, le CII est appelé à se prononcer sur les meilleurs moyens de savoir si les infirmières possèdent les compétences

27. OIIQ (1993, p. 40).

nécessaires à l'exercice de leur profession et sur les mesures à prendre pour qu'elles puissent mettre leurs connaissances à jour[28]. Voilà en quoi consiste le rôle du CII en ce qui a trait à l'évaluation et au maintien de la compétence.

Reprenons le cas du CLSC discuté plus haut. Lors de sa démarche de révision de l'organisation des soins, le CII a constaté que la complexité des soins infirmiers en santé communautaire s'était accrue au cours des dernières années. Il a donc jugé nécessaire d'élaborer une politique et une procédure générale d'évaluation et de maintien de la compétence professionnelle. Dans un document remis à la direction générale, le CII a expliqué les principes de base, le cadre de référence, les buts et les responsabilités des divers intervenants – responsable des soins infirmiers, infirmières bachelières, CII – en ce qui a trait à l'évaluation de la compétence professionnelle. Il a aussi fait le point sur la procédure générale d'évaluation, notamment sur les formulaires et les outils utilisés. Il a enfin instauré divers mécanismes d'évaluation, dont ceux du personnel en période de probation et en cours d'emploi ainsi que l'autoévaluation aux deux ans.

Plusieurs CII ont élaboré leur propre système d'évaluation de la compétence. Certains ont mis au point des outils pour faire le bilan des qualifications des infirmières nouvellement embauchées. De tels outils servent à mesurer l'écart entre les compétences réelles de l'infirmière et les responsabilités inhérentes au poste qu'elle occupera, dans le but de personnaliser les programmes d'accueil et d'orientation. Certains CII ont privilégié d'autres moyens tels que la création de comités de maintien et de promotion de la compétence qui se penchent, par exemple, sur les compétences requises pour répondre à des problématiques de santé précises et la formation continue nécessaire pour maintenir ces compétences à jour. Enfin, plusieurs CII organisent des conférences sur divers sujets d'intérêt pour leurs infirmières.

LE LEADERSHIP ET LE POUVOIR DÉCISIONNEL DES CII, DES DIRECTRICES ET DES RESPONSABLES DES SOINS INFIRMIERS, 10 ANS PLUS TARD

Qu'en est-il de la situation des CII, 10 ans plus tard ? Au 31 mars 2001, le Québec comptait 478 établissements de santé[29], dont 147 CLSC, 125 centres hospitaliers (CH), 20 centres de protection de l'enfance et de la jeunesse (CPEJ), 317 centres d'hébergement et de soins de longue durée (CHSLD) et 92 centres de réadaptation (CR). Par ailleurs, les données compilées par

28. OIIQ (1993, p. 49).
29. MSSS (2001a).

l'OIIQ en 2000 ont révélé qu'environ 11 % des établissements ayant répondu au sondage n'avaient pas de CII, principalement des CHSLD[30]. Il semble qu'en 10 ans, une bonne partie des établissements québécois ayant plus de 5 infirmières se soient dotés d'un CII.

La section précédente a démontré que plusieurs CII sont très actifs. Mais qu'en est-il du leadership des troupes sur le terrain ? La vaste enquête menée par l'OIIQ en 2000 a permis de prendre le pouls du leadership et du pouvoir décisionnel des CII, des directrices et des responsables des soins infirmiers sur les soins.

Selon les données recueillies, 56 % des directrices et des responsables des soins infirmiers trouvent facile de remplir leur mandat, alors que 42 % considèrent la tâche difficile. Celles qui ne s'acquittent pas de leurs fonctions à temps plein, notamment dans les CLSC (1,8 jour), les CLSC-CHSLD (2,4 jours) et les établissements comptant deux installations ou plus (3,8 jours), disent éprouver plus de difficulté. Parmi les 222 directrices et responsables des soins infirmiers répondantes, 92 ont un rôle hiérarchique, 91 ont un rôle à la fois hiérarchique et conseil, et 38 ont uniquement un rôle-conseil. Or, les directrices et les responsables des soins infirmiers ayant un rôle-conseil plutôt que hiérarchique et celles qui exercent dans des établissements ayant adopté un mode de gestion par programmes (53 % des établissements de santé) ont dit avoir plus de difficulté à remplir leur mandat.

Quant aux CII, 38 % disent éprouver de la difficulté à exécuter leur mandat. Une proportion de 53 % d'entre eux n'ont pas de budget de fonctionnement. Le budget annuel moyen des CII est de 3 928 $ par année, et ils disposent de 199 heures de libération. Toutefois, 91,1 % des CII bénéficient d'un soutien de secrétariat.

Malgré des moyens limités, les CII ont réussi à s'engager dans des dossiers ayant des retombées stratégiques importantes pour l'organisation ainsi que des effets positifs pour les patients. Par exemple, au cours de l'année 1999-2000, 66 % des CII répondants ont ciblé des problèmes ayant un impact sur la qualité des soins infirmiers, 65 % ont participé à des consultations sur les changements organisationnels et 61 % ont collaboré à l'instauration de moyens pour favoriser l'amélioration de la compétence des infirmières. En outre, 58 % des CII ont fait des recommandations concernant la distribution appropriée des soins.

Ces données exclusives de l'OIIQ tombent à point nommé, car elles donnent une bonne mesure du leadership et du pouvoir décisionnel des

30. OIIQ (2001a).

directrices et des responsables des soins infirmiers ainsi que des CII sur les soins infirmiers. Somme toute, un bon nombre d'entre eux arrivent à remplir leur mandat, mais la situation difficile qui prévaut dans le réseau ne leur facilite pas la tâche. Les infirmières devront donc maintenir leurs efforts pour consolider les CII. À cet égard, l'entrée sur scène des commissions infirmières régionales (CIR) devrait aider à renforcer le leadership infirmier, d'autant que les membres des CII et des CIR devront coordonner leurs efforts, comme nous le verrons dans la section qui suit.

L'AVENIR: LES CII ET LES COMMISSIONS INFIRMIÈRES RÉGIONALES

Tout comme pour les CII, l'entrée en scène des commissions infirmières régionales (CIR) est le résultat d'actions politiques concertées qui ont été menées pendant plusieurs années par divers acteurs. Quelques années après la création des CII, l'OIIQ a commencé à mûrir l'idée de créer des CIR. En janvier 1996, il est invité à donner un avis sur les modifications à la *Loi sur les services de santé et les services sociaux* qui sont souhaitées après une première vague de transformations. Il en profite pour montrer du doigt l'absence de représentantes infirmières au sein des régies régionales[31]. Lors des états généraux de la profession, tenus en mai 1996, les infirmières demandent à l'OIIQ d'accroître leur représentativité auprès des ministères et des régies régionales. Elles revendiquent la création de commissions infirmières[32]. En novembre 1996, les déléguées réunies en assemblée générale annuelle adoptent une résolution afin que l'OIIQ appuie les CII, qui souhaitent entreprendre une démarche de représentation auprès de leur régie régionale, dans le but de créer une CIR ayant un siège au conseil d'administration. En décembre de la même année, le Bureau de l'OIIQ donne suite à la résolution adoptée par les déléguées dans le but d'appuyer les CII dans leurs interventions auprès des régies par l'intermédiaire des 12 ordres régionaux.

En janvier 1998, l'OIIQ répond à la demande du ministre de la Santé et des Services sociaux de l'époque, Jean Rochon, et soumet un document intitulé *Bilan et perspectives de l'OIIQ sur la réforme du système de santé*. Ce document reflète plusieurs préoccupations des infirmières sur la qualité et l'accessibilité des soins, ainsi que sur la consolidation des acquis infirmiers. L'OIIQ soutient que les CII ont été durement touchés par les fusions d'établissements, et il demande de prévoir une banque de journées rémunérées

31. OIIQ (1996a).
32. OIIQ (1996c, p. 92).

pour leur permettre de remplir leur mandat. Il réitère la nécessité de créer des CIR disposant d'un siège au conseil d'administration des régies régionales. Il demande aussi d'envisager la création d'un comité consultatif d'infirmières auprès du ministre, à l'instar du Conseil médical du Québec[33].

En février 1998, l'OIIQ répond à l'avis de consultations particulières et aux auditions publiques sur le projet de loi n° 404, *Loi modifiant la Loi sur les services de santé et les services sociaux et modifiant diverses dispositions législatives.* Dans son mémoire, l'OIIQ (1998b) réclame à nouveau la création des CIR. De son côté, la Fédération des infirmières et infirmiers du Québec (FIIQ) fait des démarches similaires. Malgré cette concertation, le gouvernement n'accédera pas à cette demande. Il créera néanmoins un département régional de médecine générale (DRMG).

Le refus du gouvernement de créer les CIR force l'OIIQ à modifier sa stratégie et à intensifier ses actions sur la scène régionale. Les ordres régionaux soutenus par l'OIIQ, entreprennent de créer une CIR dans chaque région, graduellement. La stratégie comprend plusieurs volets : des alliances avec les regroupements d'infirmières, incluant les syndicats et les représentants des collèges et des universités ; la préparation d'un argumentaire en faveur de la création d'un CIR pour dépôt au conseil d'administration des régies ; du *lobbying* auprès des directeurs généraux, des membres influents des conseils d'administration des régies, des députés, des présidents des commissions médicales régionales et des regroupements de directeurs généraux, et une présence continue aux réunions des conseils d'administration des régies. Grâce aux actions politiques des infirmières en région, huit CIR seront ainsi créées entre 1998 et 2001 : Laurentides (juin 1998) ; Lanaudière (janvier 1999) ; Montérégie (septembre 1999) ; Abitibi-Témiscamingue (novembre 1999) ; Outaouais (février 2000) ; Saguenay–Lac-Saint-Jean (juin 2000) ; Côte-Nord (juin 2000) ; Estrie (février 2001). La tendance devient alors irréversible[34].

Plusieurs années d'efforts à promouvoir et à défendre la nécessité d'instaurer des CIR auront finalement porté fruit. En juin 2001, le gouvernement a adopté le projet de loi n° 28, *Loi modifiant la Loi sur les services de santé et les services sociaux et modifiant diverses dispositions législatives*[35]. Ce projet de loi sur la gouverne du réseau prévoit qu'une CIR doit être constituée partout où il y a une régie régionale. En rendant leur création incontournable, le législateur a reconnu l'autorité clinique des infirmières et

33. OIIQ (1998a).
34. Desrosiers (2001).
35. L.Q. 2001, c. 24. Les articles de la loi sur la CIR et la composition du conseil d'administration des régies régionales sont présentés à l'annexe 3.

l'importance de les consulter dans l'organisation des soins et des services de santé d'un territoire.

Outre le fait de rendre obligatoire la création des CIR, le projet de loi n° 28 en précise la composition – quatre infirmières des CECII, deux gestionnaires de soins infirmiers choisies parmi les directrices ou les responsables des soins infirmiers, deux représentantes des milieux de l'enseignement collégial et universitaire, une infirmière reconnue pour son expertise de pointe, une infirmière auxiliaire, le président-directeur général de la régie régionale ou l'infirmière désignée par lui, et quatre personnes-ressources pouvant agir à titre d'observateurs. Le mandat de chaque CIR est aussi précisé. Elle doit donner au conseil d'administration de sa régie son avis sur l'organisation, la distribution et l'intégration des soins infirmiers ; la planification de la main-d'œuvre infirmière ; l'accessibilité et la coordination des services qui impliquent les soins infirmiers ; les approches novatrices de soins et leurs incidences sur la santé et le bien-être de la population.

Par ailleurs, la loi prévoit la création d'une commission multidisciplinaire régionale. Un membre de cette commission et une représentante de la CIR ont l'obligation de siéger au conseil d'administration de la régie. Il aura toutefois fallu que 10 années s'écoulent, après la création des commissions médicales régionales, pour que la dynamique régionale prenne une autre tournure et permette l'entrée des infirmières et des professionnels de la santé dans les structures officielles du réseau (voir la figure 12.2).

Compte tenu du contexte budgétaire serré et de la pénurie de main-d'œuvre, qui risque de perdurer encore plusieurs années, il est à prévoir que les CIR seront rapidement mises à contribution. Au moment où nous écrivons ces lignes, certaines étaient déjà engagées dans des dossiers d'envergure tels que les plans triennaux d'organisation des services et la planification de la main-d'œuvre infirmière, incluant les mesures d'attraction et de rétention des infirmières dans le réseau. Au cours des prochaines années, et compte tenu des tendances qui émergent dans le système de santé, les CIR auront certainement à se pencher sur la restructuration des services de première ligne, l'accessibilité aux services spécialisés et la réorganisation des soins.

CONCLUSION

Les modifications importantes survenues dans la législation du système de santé, surtout après les années 60, ont permis aux infirmières de s'immiscer graduellement dans les sphères décisionnelles et politiques des établissements. De 1971 à 1991, ce sont surtout les directrices et les responsables des soins infirmiers qui portent le leadership infirmier sur le plan professionnel.

Figure 12.2
Le système de santé et de services sociaux au Québec en bref

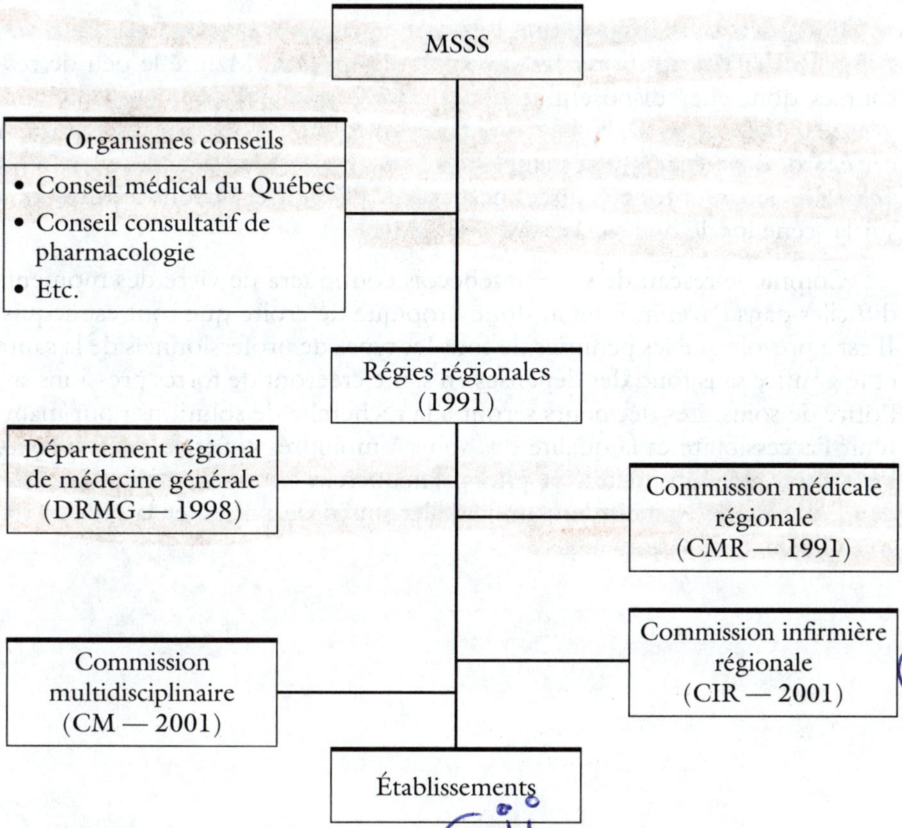

Avec l'entrée en scène des CII, en 1991, le poids politique des infirmières s'accentue dans les établissements, et le contexte turbulent des années suivantes leur fournira beaucoup d'occasions d'influencer les décideurs. Enfin, la légalisation des CIR, en 2001, vient modifier la dynamique régionale et permettre aux infirmières d'avoir une voix au chapitre des décisions qui se prennent sur l'organisation des soins d'un territoire.

Plusieurs diront que les infirmières ont dû trimer dur pour se tailler une place dans les instances politiques et décisionnelles des établissements. D'autres diront aussi qu'elles mériteraient d'être davantage reconnues et sans doute plus écoutées encore quand vient le temps de prendre des décisions qui touchent l'organisation des soins. Mais une chose est sûre : elles seront unanimes à saluer la persévérance et la détermination de celles qui ont consenti tous les efforts pour changer les lois. Les batailles sont difficiles, mais preuve est faite qu'on peut les gagner.

Il importe aussi de souligner l'engagement des infirmières membres des CII et des CIR à améliorer les soins à la population. Malgré le peu de ressources dont elles disposent, elles travaillent sans relâche à préparer et à défendre leurs dossiers, bien souvent en dehors de leurs heures de travail. À cet égard, il est clair que les établissements de santé devront faire leur part pour leur accorder les ressources nécessaires à l'exercice de leur mandat, tant sur la scène locale que sur la scène régionale.

Comme le réseau de santé québécois continuera de vivre des moments difficiles dans l'avenir, il serait donc utopique de croire que tout est acquis. Il est à prévoir que les pénuries de tous les types de professionnels de la santé et le gouffre sans fond des dépenses en santé créeront de fortes pressions sur l'offre de soins. Les décideurs seront à la recherche de solutions pour maintenir l'accessibilité et la qualité des soins à moindres coûts. C'est pourquoi l'ensemble des infirmières, et plus particulièrement les membres des CII, devront plus que jamais demeurer vigilants afin de préserver la qualité des soins infirmiers à la population.

ANNEXE 1

Conseil des infirmières et infirmiers
Extrait de la *Loi sur les services de santé et les services sociaux*
L.R.Q., c. S-4.2

Constitution. **219.** Un conseil des infirmières et infirmiers est institué pour chaque établissement public qui exploite un ou plusieurs centres où travaillent au moins cinq infirmières ou infirmiers.

Composition. Ce conseil est composé de l'ensemble des infirmières et infirmiers qui exercent leurs fonctions dans tout centre exploité par l'établissement.

Conseil unique. Le conseil d'administration, formé suivant l'un des articles 119 à 125, 126.1 ou 126.2 doit toutefois prévoir qu'un seul conseil des infirmières et infirmiers est institué pour l'ensemble des établissements qu'il administre.

Composition. Ce conseil est composé de l'ensemble des infirmières et infirmiers qui exercent leurs fonctions dans tout centre exploité par chacun des établissements.

1991, c. 42, a. 219; 1992, c. 21, a. 25; 1996, c. 36, a. 26; 2001, c. 24, a. 40.

Responsabilités. **220.** Conformément aux règlements de l'établissement, le conseil des infirmières et infirmiers est, pour chaque centre exploité par l'établissement, responsable envers le conseil d'administration:

1° d'apprécier, de manière générale, la qualité des actes infirmiers posés dans le centre;

2° de faire des recommandations sur les règles de soins infirmiers applicables à leurs membres dans le centre;

3° de faire des recommandations sur la distribution appropriée des soins dispensés par leurs membres dans le centre;

4° d'assumer toute autre fonction que lui confie le conseil d'administration.

Rapport annuel. Le conseil des infirmières et infirmiers doit faire un rapport annuel au conseil d'administration concernant l'exécution de ses fonctions et des avis qui en résultent.

1991, c. 42, a. 220.

Avis au directeur général. **221.** Conformément aux règlements de l'établissement, le conseil des infirmières et infirmiers est, pour chaque centre exploité par l'établissement, responsable envers le directeur général de donner son avis sur les questions suivantes :

1° l'organisation scientifique et technique du centre ;

2° les moyens à prendre pour évaluer et maintenir la compétence des infirmières et des infirmiers ;

3° toute autre question que le directeur général porte à son attention.

1991, c. 42, a. 221.

Règlements. **222.** Le conseil des infirmières et infirmiers peut adopter des règlements concernant sa régie interne, la création de comités et leur fonctionnement ainsi que la poursuite de ses fins. Ces règlements entrent en vigueur après avoir été approuvés par le conseil d'administration.

1991, c. 42, a. 222.

Comité. **223.** Le conseil des infirmières et infirmiers doit constituer un comité d'infirmières et infirmiers auxiliaires. Ce comité est composé de trois personnes choisies par et parmi celles qui exercent des activités d'infirmières ou infirmiers auxiliaires pour l'établissement.

Fonctions. Ce comité a pour fonctions :

1° d'apprécier la qualité des soins infirmiers posés par les personnes qui exercent des activités d'infirmières ou infirmiers auxiliaires pour l'établissement ;

2° de donner son avis sur les moyens à prendre pour évaluer et maintenir la compétence de l'ensemble des personnes qui exercent des activités d'infirmières ou infirmiers auxiliaires pour l'établissement ;

3° de faire des recommandations sur la distribution appropriée des soins dispensés par les personnes qui exercent des activités d'infirmières ou infirmiers auxiliaires pour l'établissement.

Règlements. Ce comité peut adopter des règlements concernant sa régie interne, son fonctionnement et la poursuite de ses fins. Ces règlements entrent en vigueur après avoir été approuvés par le comité exécutif du conseil des infirmières et infirmiers.

Rapport. Le comité des infirmières et infirmiers auxiliaires fait rapport au comité exécutif du conseil des infirmières et infirmiers.

1991, c. 42, a. 223.

Responsabilités. **224.** Les responsabilités du conseil des infirmières et infirmiers sont exercées par un comité exécutif formé de quatre infirmières ou infirmiers désignés par le conseil, du président du comité des infirmières et infirmiers auxiliaires, du directeur général et du directeur des soins infirmiers ou, à défaut d'un tel directeur, de l'infirmière ou de l'infirmier responsable des soins infirmiers désigné par le directeur général.

Pouvoirs. Le comité exécutif du conseil des infirmières et infirmiers exerce tous les pouvoirs de ce conseil.

1991, c. 42, a. 224.

Recommandation non retenue. **225.** Lorsqu'une recommandation du comité des infirmières et infirmiers auxiliaires n'est pas retenue par le comité exécutif du conseil des infirmières et infirmiers, elle doit être transmise au conseil d'administration de l'établissement accompagnée des motifs de sa non-acceptation.

1991, c. 42, a. 225.

Dispositions particulières applicables sur le territoire visé par la *Loi sur les villages nordiques et l'Administration régionale Kativik*

530.23. Le conseil des infirmières et infirmiers institué pour un établissement en application de l'article 219 n'est pas tenu de constituer le comité d'infirmières et infirmiers auxiliaires visé à l'article 223.

Dispositions particulières applicables dans une partie de la région du Nord-du-Québec

530.58.1. Le conseil des infirmières et infirmiers de l'établissement exerce les attributions de la commission infirmière régionale visées à l'article 370.3 ; dans l'application de cette disposition, l'expression « la régie régionale » désigne l'établissement.

2001, c. 24, a. 92.

Composition du conseil d'administration des établissements

Le conseil d'administration des établissements comprend une personne désignée par et parmi les membres du CII (paragraphe 4° des articles 129, 131 à 132.1 et 133).

Cependant, pour les établissements qui exploitent un centre de protection de l'enfance et de la jeunesse ou un centre de réadaptation, la composition du conseil d'administration n'inclut pas de membre du CII (articles 129.1 et 130).

ANNEXE 2

Directrice des soins infirmiers / Responsable des soins infirmiers Extrait de la *Loi sur les services de santé et les services sociaux* L.R.Q., c. S-4.2

Nomination. **206.** Un directeur des soins infirmiers doit être nommé par tout établissement qui exploite un centre hospitalier et par tout établissement désigné centre de santé. Un directeur des soins infirmiers peut être nommé par tout autre établissement. Le directeur des soins infirmiers doit être une infirmière ou un infirmier.

Désignation. À défaut toutefois d'un tel directeur, le directeur général désigne une infirmière ou un infirmier responsable des soins infirmiers.

1991, c. 42, a. 206.

Responsabilités. **207.** Sous l'autorité du directeur général, le directeur des soins infirmiers doit, pour chaque centre exploité par l'établissement :

1° surveiller et contrôler la qualité des soins infirmiers dispensés dans le centre ;

2° s'assurer de l'élaboration de règles de soins infirmiers qui tiennent compte de la nécessité de rendre des services adéquats et efficients aux usagers ainsi que de l'organisation et des ressources dont dispose l'établissement ;

3° veiller au bon fonctionnement des comités du conseil des infirmières et infirmiers et s'assurer que ce conseil apprécie adéquatement les actes infirmiers posés dans le centre.

Personne responsable. À défaut d'un tel directeur, ces fonctions sont assumées par l'infirmière ou l'infirmier responsable des soins infirmiers.

1991, c. 42, a. 207.

Responsabilités. **208.** Sous réserve de ce que prévoit le règlement pris en vertu du paragraphe 13° de l'article 505 et sous l'autorité du directeur général, le directeur des soins infirmiers doit, pour chaque centre exploité par l'établissement :

1° s'assurer de la distribution appropriée des soins infirmiers dans le centre ;

2° planifier, coordonner et évaluer les soins infirmiers en fonction des besoins du centre ;

3° gérer les ressources humaines, matérielles et financières sous sa gouverne ;

4° assumer toute autre fonction prévue au plan d'organisation.

1991, c. 42, a. 208.

ANNEXE 3

Commission infirmière régionale
Extrait de la *Loi sur les services de santé et les services sociaux*
L.R.Q., c. S-4.2

Commission infirmière régionale.

370.1. Il est institué, pour chaque région du Québec où le gouvernement institue une régie régionale, une commission infirmière régionale.

Composition.

Cette commission est composée :

1° de quatre personnes désignées par et parmi les membres des comités exécutifs des conseils des infirmières et infirmiers des établissements de la région, dont une personne œuvrant pour un établissement visé à l'article 119 ou au premier alinéa de l'article 126 et une personne œuvrant pour un établissement visé à l'article 120, 121, 124 ou 125 ou au deuxième ou troisième alinéa de l'article 126 ;

2° de deux personnes désignées par et parmi les gestionnaires des soins infirmiers des établissements de la région et visés à l'article 206 ;

3° d'une personne désignée par et parmi les représentants des collèges d'enseignement général et professionnel ;

4° d'une personne désignée par le doyen ou le directeur du programme universitaire de sciences infirmières, le cas échéant ;

5° d'une personne désignée par et parmi les membres des comités d'infirmières et infirmiers auxiliaires des conseils des infirmières et infirmiers des établissements de la région ;

6° d'une personne désignée par les membres visés aux paragraphes 1° à 5°, reconnue pour son expertise de pointe comme une infirmière ou un infirmier praticien.

Président-directeur général.

Le président-directeur général de la régie régionale ou l'infirmière ou infirmier qu'il désigne à cette fin fait également partie de la commission infirmière régionale.

Observateurs.

Sur recommandation de la commission infirmière régionale, la régie régionale peut désigner au plus quatre personnes-ressources à titre d'observateurs. Ces personnes participent aux délibérations de la commission, sans toutefois y avoir droit de vote.

Président. Le président de la commission infirmière régionale est désigné par et parmi les membres visés au deuxième alinéa.

2001, c. 24, a. 57.

Modalités. **370.2.** Les modalités de désignation des membres de la commission infirmière régionale et de son président, la durée de leurs mandats et les règles de régie interne de la commission sont déterminées par règlement de la régie régionale.

2001, c. 24, a. 57.

Responsabilité. **370.3.** La commission infirmière régionale est responsable envers le conseil d'administration de la régie régionale :

1° de donner son avis sur l'organisation, la distribution et l'intégration des soins infirmiers sur le territoire et sur la planification de la main-d'œuvre infirmière, à la lumière des plans régionaux d'organisation de services visés à l'article 347 ;

2° de donner son avis sur certaines questions relatives à l'accessibilité et à la coordination des services dans la région et qui impliquent les soins infirmiers ;

3° de donner son avis sur les approches novatrices de soins et leurs incidences sur la santé et le bien-être de la population ;

4° d'exécuter tout autre mandat que lui confie le conseil d'administration et de lui faire rapport périodiquement.

2001, c. 24, a. 57.

Comités. **370.4.** La commission infirmière régionale peut constituer les comités nécessaires à la poursuite de ses fins.

2001, c. 24, a. 57.

Dispositions particulières applicables sur le territoire visé par la *Loi sur les villages nordiques et l'Administration régionale Kativik*

530.26. Les articles 367 à 370 concernant la commission médicale régionale ne s'appliquent pas et les références faites à une telle commission au paragraphe 3°

du deuxième alinéa de l'article 340, à l'article 359 et au premier alinéa de l'article 361 ne s'appliquent pas. **Il en est de même des articles 370.1 à 370.4 concernant la commission infirmière régionale** et des articles 370.5 à 370.8 concernant la commission multidisciplinaire régionale.

1993, c. 58, a. 1 ; 1996, c. 36, a. 48 ; 2001, c. 24, a. 85.

Dispositions particulières applicables dans une partie de la région du Nord-du-Québec

530.58.1. Le conseil des infirmières et infirmiers de l'établissement exerce les attributions de la commission infirmière régionale visées à l'article 370.3 ; dans l'application de cette disposition, l'expression « la régie régionale » désigne l'établissement.

2001, c. 24, a. 92.

Composition du conseil d'administration des régies régionales

397. Le conseil d'administration de la régie régionale est composé de 16 ou 17 membres nommés par le gouvernement. Ces membres se répartissent comme suit :

1° quatre personnes reconnues pour leurs compétences en gestion, représentatives des diverses parties du territoire de la régie régionale et choisies à partir d'une liste de noms fournie par les organismes socio-économiques, les municipalités régionales de comté, les municipalités et les membres du Forum de la population ; dans le cas de la régie régionale instituée pour la région de Montréal Centre, s'ajoute une cinquième personne issue du milieu universitaire ;

2° trois personnes reconnues pour leurs compétences en gestion et leur expérience du milieu de la santé et des services sociaux choisies à partir d'une liste de noms fournie par les établissements de la région, dont une personne issue du domaine social ; dans les régions où il y a une faculté de médecine, une de ces personnes doit toutefois être issue du milieu de la recherche ;

3° une personne choisie à partir d'une liste de noms fournie par les organismes représentatifs du milieu communautaire ;

4° une personne choisie à partir d'une liste de noms fournie par les organismes représentatifs du secteur public de l'enseignement ;

5° une personne choisie à partir d'une liste de noms fournie par les organismes représentatifs du milieu syndical ;

6° un membre de la commission médicale régionale choisi à partir d'une liste de noms fournie par cette commission ;

7° un membre de la commission infirmière régionale choisi à partir d'une liste de noms fournie par cette commission ;

8° un membre de la commission multidisciplinaire régionale choisi à partir d'une liste de noms fournie par cette commission ;

9° deux personnes reconnues pour leurs compétences en gestion et choisies à partir d'une liste de noms fournie par les membres du conseil d'administration de la régie régionale visés aux paragraphes 1° à 8° ;

10° le président-directeur général de la régie régionale, après consultation des autres membres du conseil d'administration.

1991, c. 42, a. 397 ; 1996, c. 36, a. 37 ; 1996, c. 59, a. 1 ; 1998, c. 39, a. 121 ; 2000, c. 56, a. 200 ; 2001, c. 24, a. 65.

Quatrième partie

La nature de la discipline infirmière

La discipline infirmière ou le savoir infirmier sont difficiles à circonscrire ; à vrai dire, la nature du savoir infirmier ne fait pas l'unanimité. Ce constat affecte la pratique, la formation, la gestion et la recherche, grâce à laquelle on devrait pourtant pouvoir déterminer un principe d'unité. Le savoir infirmier a longtemps été tributaire du savoir médical. Pour se soustraire à cette emprise, plusieurs chercheuses en sciences infirmières ont voulu définir un savoir infirmier propre. Dans la conjoncture actuelle, on peut se demander si cette quête d'exclusivité n'est pas contraire à l'interdisciplinarité qui semble devoir s'imposer dans le domaine de la santé.

Depuis l'émergence de la notion de promotion de la santé, la communauté infirmière s'est largement ralliée à ce concept, moins récent qu'on serait porté à le croire, du moins pour les soins infirmiers. La question de la contribution du savoir infirmier à la promotion de la santé est posée au chapitre 13. France Gagnon et Clémence Dallaire se livrent à un examen rigoureux de la conceptualisation des soins infirmiers sous l'angle de la santé publique, d'abord dans une perspective historique. Puis, après avoir considéré l'influence de la professionnalisation sur cette conceptualisation du savoir infirmier, elles l'envisagent sous l'angle du contexte actuel en promotion de la santé et insistent sur l'idée de population comme concept clé dans ce domaine. Elles soulignent par ailleurs la nécessité de comprendre les relations entre le politique, la promotion de la santé et les soins infirmiers pour être mieux en mesure d'influencer les décideurs. Elles évoquent enfin des stratégies d'action politique à cette fin.

Cette incursion dans le domaine de la promotion de la santé fait ressortir une fois de plus le caractère énigmatique du savoir infirmier. Dans le chapitre 14, Clémence Dallaire et Danielle Blondeau analysent la pertinence des réserves émises quant au caractère disciplinaire du savoir infirmier. Elles examinent plusieurs questions relatives au savoir, dont les suivantes. Existe-t-il un savoir infirmier ? Qu'est-ce que le savoir, le savoir infirmier ? Tout ce qu'une infirmière sait correspond-il à la définition de ce savoir ? Qu'est-ce que la science ? À quelle catégorie de science appartiennent la ou les sciences infirmières ? Qu'est-ce qu'une discipline ? De quel savoir les infirmières ont-elles besoin ? Les réponses qu'elles proposent à ces questions témoignent d'un regard critique sur les idées véhiculées depuis des décennies et leur conclusion porte sur l'évolution de la discipline infirmière.

« Les soins infirmiers sont un art et une science. » Voilà une de ces idées qui compte depuis longtemps parmi les affirmations gratuites concernant la nature du savoir infirmier. Au chapitre 15, Danielle Blondeau apporte un nouvel éclairage sur ce sujet. Elle propose en effet une conception de l'art du soin en tant qu'art pratique et met en lumière la relation entre la dimension éthique et la dimension artistique du soin infirmier. Cette approche permet de réconcilier art et science, la pratique d'un art s'appuyant sur des principes théoriques. L'auteure fait également ressortir les limites de certaines définitions antérieures de l'art infirmier.

Pour clore cette partie, un chapitre portant sur une structure épistémologique de la discipline infirmière propose un principe d'unité susceptible de guider la recherche autant que la pratique, la formation et la gestion. Dans le chapitre 10, Jacqueline Fawcett et Hélène Provencher mettent ainsi en évidence une vision de la discipline infirmière fondée sur la réciprocité entre ses deux constituantes principales, la profession infirmière et les sciences infirmières. Elles définissent des concepts devenus courants en sciences infirmières dont, par exemple, les métaparadigmes, les philosophies, les modèles conceptuels et les théories. Pour ces auteures, les connaissances en sciences infirmières, y compris les indicateurs empiriques, permettent d'orienter les activités professionnelles alors que l'exercice professionnel est l'occasion de vérifier la véracité des connaissances et la crédibilité des hypothèses. Enfin, on trouve au sein de la structure épistémologique élaborée les éléments nécessaires à l'évaluation de la pratique infirmière quant à sa conformité au critère d'acquisition d'un savoir propre et exclusif qui caractérise une profession.

Treizième chapitre

Promotion de la santé : la contribution du savoir infirmier

FRANCE GAGNON et CLÉMENCE DALLAIRE

INTRODUCTION

Le rôle de la profession infirmière est actuellement au centre d'une réflexion importante, et cela tant du point de vue du manque d'effectifs et d'une nécessaire planification à venir, que de la formation et des rôles à assumer par les infirmières au sein du système de santé[1]. Les problèmes relatifs à la profession infirmière qui sont portés sur la place publique mettent le plus souvent l'accent sur la pénurie de main-d'œuvre, les difficultés de recrutement, la charge et les conditions de travail, notamment dans le milieu hospitalier.

La création, au Québec, de commissions infirmières régionales, les CIR, par la *Loi modifiant la Loi sur les services de santé et les services sociaux* [2] est une occasion, pour la profession infirmière, de faire valoir ses connaissances et son apport sur les questions relatives à l'organisation des soins, à l'accessibilité et à la coordination des services, mais c'est aussi une occasion de promouvoir une approche des soins orientée vers la santé. Ces commissions ont entre autres responsabilités celle de donner leur avis au conseil d'administration de la régie régionale sur l'organisation, la distribution et l'intégration des soins infirmiers ainsi que sur la planification de la main-d'œuvre infirmière ;

1. Commission d'étude sur les services de santé et les services sociaux (2001) (rapport Clair) ; Commission sur l'avenir des soins de santé au Canada (commission Romanow) ; Baumann et autres (2001) ; Dussault et autres (2001) ; MSSS (2001).
2. L.R.Q., C.5-4.2, a. 370.1.

sur certaines questions relatives à l'accessibilité et à la coordination des services dans chaque région et sur les approches novatrices de soins et leurs incidences sur la santé et le bien-être de la population[3].

Ces nouvelles responsabilités représentent un défi de taille pour la profession infirmière, qui est ainsi appelée à se positionner sur les divers aspects de l'organisation des soins infirmiers, de la planification de la main-d'œuvre ainsi que des approches novatrices de soins et de leurs incidences sur la santé et le bien-être de la population. Ce dernier point apparaît particulièrement important : le savoir infirmier actuel permet-il à la profession de se prononcer sur de tels enjeux ?

En science infirmière, les questions relatives à l'existence d'un savoir infirmier propre par opposition à un savoir qui serait constitué de connaissances empruntées ne sont pas nouvelles, et différents auteurs ont déjà apporté à ce sujet des éléments de réponse[4]. Mais comme ces interrogations ne sont pas centrales ici, nous appuierons notre démonstration à la fois sur la thèse qui veut que le savoir infirmier soit en partie constitué de connaissances empruntées (à la médecine, à la psychologie, à la santé publique, voire à l'écologie et aux sciences sociales) et sur la thèse qui voit plutôt l'existence d'un savoir propre[5]. Nous poserons que les concepts de personne, de santé, d'environnement et de soin[6] sont le fondement même de la discipline et des diverses conceptualisations existantes.

La question qui demeure entière est celle de l'utilisation et de la production des connaissances par la discipline dans le contexte de mouvance dans lequel évoluent les systèmes de santé et la profession infirmière. Elle devient d'autant plus aiguë lorsqu'on s'interroge, par exemple, sur la contribution du savoir infirmier en matière de promotion de la santé, car la promotion représente elle-même un domaine d'intervention qui n'a pas établi ses propres règles et qui, à l'image de la nouvelle santé publique, « n'est pas fondée sur une discipline particulière[7] ». Il y a dès lors une belle occasion, pour la discipline, de faire valoir ses acquis et d'accéder à la reconnaissance par la mise en valeur de son savoir.

Cette dernière proposition soulève fondamentalement trois autres questions. Premièrement, celle des acquis du savoir infirmier. Quels sont-ils ? Jusqu'à présent, quels ont été les lieux d'acquisition, de diffusion et de mise

3. L.R.Q., c. 5-4.2, a. 370.3.
4. Dallaire et Blondeau (1999) ; Fawcett (2000) ; Meleis (1997b).
5. Dallaire et Blondeau (1999, chapitre 9).
6. Fawcett (1978).
7. McQueen et Anderson (2000).

en application des soins et du savoir infirmier ? Un bref examen des principales fonctions assumées historiquement par les infirmières et des conceptualisations en soins infirmiers nous éclairera sur la production et l'utilisation de connaissances. Deuxièmement, si l'on prétend apporter une contribution dans un domaine d'intervention donné, encore faut-il en avoir une idée précise : ses origines, sa définition et les concepts auxquels il fait appel. Ce n'est donc qu'après ces réflexions qu'il devient possible de dégager à la fois des constats sur la contribution du savoir infirmier au domaine de la promotion de la santé et des pistes à suivre pour les infirmières et les chercheurs.

Dans ce chapitre, nous avancerons la proposition que si la profession n'a jusqu'à présent pas vraiment fait sa place dans le domaine de la promotion de la santé, et cela malgré son rôle historique relativement important pour ce qui est de la fonction d'éducation en matière de santé, c'est que le contexte d'utilisation des connaissances n'est pas le même que celui dans lequel les infirmières ont l'habitude d'intervenir. Alors que leur fonction soignante les amène à intervenir dans un contexte institutionnel organisé et orienté vers les soins de la personne, l'intervention sur les politiques publiques se situe dans un contexte distinct où l'environnement social et politique devient déterminant. Et le savoir infirmier ne semble toujours pas avoir su intégrer les connaissances relatives à ces questions. Plus exactement, bien qu'elle soit déjà une réalité, l'intégration des connaissances relevant des sciences sociales dans la discipline reste incomplète et leur apport demeure incompris tant par les infirmières que par les membres des autres discipines.

LES ACQUIS DU SAVOIR INFIRMIER

La contribution infirmière aux soins – éléments historiques[8]

En général, on ne pense pas aux infirmières et aux soins infirmiers quand il s'agit de promotion de la santé[9] et encore moins de contribution théorique à celle-ci[10]. La population a l'habitude de considérer les infirmières comme des soignantes en milieu hospitalier[11], alors qu'en Amérique du Nord, elles ont été très engagées dans le mouvement de santé publique qui débuta au cours de la dernière partie du XIXe siècle et qui eut un franc succès jusqu'aux

8. Les auteures tiennent à souligner la collaboration de Michel O'Neill à des travaux antérieurs sur la contribution du savoir infirmier à la promotion de la santé.
9. Meleis (1990).
10. O'Neill (1997).
11. Guyon (1988) ; Buresh et Gordon (2000).

années 40 et 50. Aux États-Unis, les infirmières travaillaient dans les communautés où elles s'occupaient d'hygiène, de conditions sanitaires et de cliniques de vaccination ; elles y étaient sages-femmes, intervenantes en santé maternelle et infantile ; elles y participaient enfin à des campagnes d'éducation et d'information[12]. Au cours de cette période, les infirmières étaient des entrepreneures autonomes indépendantes de l'autorité médicale. À ce propos, les livres de soins infirmiers de l'époque décrivaient la contribution spécifique des infirmières à la santé publique en termes élogieux comparativement au rôle plus traditionnel de soins aux malades[13]. La présence plus forte de médecins et leur influence sur l'éducation sanitaire et la santé publique a fait perdre aux infirmières américaines leur liberté d'action alors que, de leur côté, les puissants départements de santé publique infirmiers étaient absorbés par les nouveaux départements de santé publique sous l'autorité des médecins[14]. Par la suite, les infirmières ont été davantage impliquées dans les programmes d'éducation sanitaire où elles enseignaient la responsabilité personnelle face à la santé, conception dominante en éducation sanitaire[15].

Au Canada, au début du XXe siècle, le milieu des infirmières de santé publique a évolué parallèlement à celui des États-Unis. Selon Allemang (2000), chaque infirmière était alors considérée comme une infirmière de santé publique. Duncan, Leipert et Mill (1999) décrivent la situation en Ontario au cours de la période 1918-1936. Ils rappellent le rôle important joué par les infirmières en santé publique et le déclin de cette contribution avec la montée de la médicalisation de ce secteur. Par la suite, l'éducation sanitaire est prise en charge par les médecins qui, au moyen d'interventions individuelles, visent surtout à enrayer les maladies infectieuses par des mesures d'hygiène appropriées[16]. La première structure fédérale créée à l'intérieur du ministère de la Santé, en 1937, est la Division de la publicité et de l'éducation sanitaire. Son rôle est de produire du matériel servant à l'éducation de la population.

Au Québec, le système de santé publique constitue une entité distincte des services de santé. Au début du XXe siècle, le Québec se préoccupe principalement, à l'instar d'autres pays, de lutter contre les épidémies de maladies infectieuses. O'Neill (1977) situe dans les années 30 le début de l'éducation sanitaire organisée, alors que le Québec se dote d'unités sanitaires et met sur pied un organisme gouvernemental – la Division de l'enseignement de

---

12. Gallagher et autres (1987) ; Novak (1988) ; Moore et Williamson (1984).
13. Novak (1988).
14. *Ibid.*
15. Butterfield (1990).
16. O'Neill (1977).

l'hygiène, au sein du ministère de la Santé – dont la mission consiste à former certains professionnels dans le but d'éduquer la population québécoise. Ces professionnels étaient d'abord des enseignants chargés de transmettre à leurs élèves des habitudes saines devant compléter celles acquises dans la famille. Les infirmières des unités sanitaires étaient pour leur part chargées, entre autres, de vaccination et d'éducation populaire. Selon O'Neill (1977), la Division de l'enseignement de l'hygiène et le réseau des Unités sanitaires sont responsables des efforts investis au Québec en éducation sanitaire, et les infirmières y ont joué un rôle majeur.

Cette période de l'éducation sanitaire se termine au cours des années 60 avec la remise en question de l'organisation du système de santé québécois et l'instauration en 1961 d'un régime universel d'assurance-maladie. Ces changements ont amorcé un virage vers le curatif et ont ralenti les interventions en éducation sanitaire. La relance en éducation sanitaire a été effectuée en 1972, année de la mise sur pied des départements de santé communautaires (DSC) et des centres locaux de services communautaires (CLSC) qui assument dorénavant les responsabilités en matière de promotion de la santé.

Ces changements structuraux font en sorte qu'au début des années 70, les infirmières se trouvent davantage dans les CLSC et les DSC. En 1987, un peu plus de 11 % des personnes qui travaillent dans un DSC ont une formation en science infirmière ; 23 % d'entre elles ont une formation en médecine et 11 % possèdent une formation en sciences sociales[17]. Cette répartition des différents professionnels dans les DSC confirme le poids de l'implication médicale dans la direction de la santé publique.

La période des années 70 et 80 est une période de changements importants pour la profession infirmière. Les soins infirmiers ont en effet cherché à mettre en évidence leur contribution spécifique. Plus précisément, les infirmières ont tenté de définir leur pratique en fonction des besoins de soins infirmiers des personnes plutôt qu'en fonction de leurs besoins médicaux, notamment en mettant en évidence leur rôle en promotion de la santé et en éducation en santé. Elles se sont par ailleurs engagées officiellement et publiquement, en 1979, à promouvoir les soins de santé primaires, stratégie proposée par l'Organisation mondiale de la santé (OMS) pour atteindre l'objectif « Santé pour tous en l'an 2000 », dans l'exercice de leur profession[18]. Depuis 1984, l'Ordre des infirmières et infirmiers du Québec (OIIQ) invite ses membres à s'inspirer de la philosophie des soins de santé primaires dans leur pratique.

17. *Rapport du groupe de travail sur l'analyse de l'action des départements de santé communautaire,* 1988.
18. Allemang (2000) ; Hagan (1991).

Les infirmières jouent donc un rôle actif en promotion de la santé[19] et particulièrement en éducation pour la santé[20]. La proportion d'infirmières québécoises travaillant en santé communautaire pourrait servir d'indice quant à l'importance de la promotion de la santé en soins infirmiers. Les statistiques de l'OIIQ montrent en effet que près de 10 % des infirmières québécoises travaillent en santé communautaire[21], c'est le troisième groupe en importance après les infirmières travaillant en médecine et en chirurgie (16 %) et celles travaillant en gérontologie (14 %). Une étude a montré que 40 % des infirmières de CLSC consacrent plus de la moitié de leur semaine de travail à l'éducation pour la santé[22]. Une autre étude a examiné les activités de promotion de la santé d'infirmières en pratique privée[23]. Les résultats ont révélé que l'éducation était l'activité la plus fréquente des 225 infirmières participant à cette recherche.

Pour les années 90, il est peu probable que l'on puisse parler d'une augmentation du nombre d'infirmières œuvrant en santé communautaire et d'un rôle plus grand joué en matière de promotion de la santé. S'il est vrai que le virage ambulatoire proposait une augmentation du financement de la santé communautaire (voir le chapitre 1), on a plutôt assisté à l'abolition de postes d'infirmières, notamment en santé scolaire où l'on a observé, pour la période 1993-1997, une diminution de 24 %[24] des effectifs. Il semble donc que le transfert de budget du secteur hospitalier vers le secteur communautaire ne s'est pas concrétisé. Le transfert de clientèle a bel et bien eu lieu, mais il s'agit d'une clientèle associée au rôle curatif du système de santé plutôt qu'à sa mission de prévention et de promotion. Dans ce contexte, une nouvelle étude montrerait probablement une diminution du temps consacré à l'éducation ; cela résume d'ailleurs les commentaires des infirmières qui travaillent en santé communautaire. Elles se disent débordées par le secteur de maintien à domicile qui semble absorber une partie importante des ressources des CLSC. Plus récemment, le rapport Clair (MSSS, 2001) a laissé entrevoir une nouvelle importance accordée à la promotion de la santé pour les infirmières, notamment un rôle d'infirmière clinicienne ou praticienne en première ligne au sein de groupes de médecine de famille. Les infirmières devraient entre autres y effectuer des activités de prévention et de promotion. Mais ces recommandations ne sont toujours pas appliquées et le

---

19. Hagan (1986) ; Hagan et Paul (1988).
20. Boudreau (1994) ; Hagan (1988, 1991) ; Hagan et Proulx (1996) ; Loiselle et Delvigne-Jean (1998).
21. OIIQ (1999).
22. Hagan (1991).
23. Boudreau (1994).
24. OIIQ (1999).

discours public reste centré sur le secteur curatif et sur les coûts du système actuel.

Au cours de la dernière décennie, le rôle des infirmières en promotion de la santé n'a pas évolué au même rythme que la promotion dans le système de santé actuel. Aussi, comment entrevoir l'avenir des soins infirmiers en promotion de la santé, alors que l'on s'interroge sur les divers rôles de l'infirmière ? Nous croyons que cet avenir repose avant tout sur la présence des infirmières en tant qu'intervenantes, mais aussi en tant que théoriciennes en promotion de la santé.

Le contexte de conceptualisation en soins infirmiers

Les infirmières souhaitent jouer un plus grand rôle en promotion de la santé[25] et la profession infirmière se réclame déjà d'une certaine contribution dans ce domaine[26]. Mais pour plusieurs, les infirmières ont jusqu'ici peu participé aux efforts de conceptualisation dans les domaines de l'éducation sanitaire et de la promotion de la santé[27]. Pour d'autres, on ne retrouve pas, dans la littérature récente, de références aux conceptualisations des chefs de file du début du siècle tels que les infirmières américaines Lilian Wald, Annie Brainard, Mary Gardner, Harriet Frost et quelques autres, qui ont joué un rôle théorique proactif au sein de la santé publique de leur époque[28] alors qu'elle n'était pas encore « médicalisée ». Mais pour Duncan, Leipert et Mill, ainsi que pour Rafael, la contribution théorique des pionnières serait occultée plutôt qu'inexistante. Quoi qu'il en soit, il n'en demeure pas moins que la recherche en science infirmière est encore récente.

Le travail de conceptualisation en soins infirmiers s'est d'abord effectué dans un contexte où l'on cherchait à professionnaliser ce secteur d'activité. Dans un tel contexte, le savoir est un élément clé. L'exercice d'une profession suppose en effet l'acquisition d'un savoir qui sera transmis au cours d'une formation longue pour être, par la suite, intégré à la pratique. À cette fin, les efforts de la profession infirmière ont été orientés, dans un premier temps (de 1950 à 1975), vers la recherche et l'élaboration de modèles permettant de conceptualiser les soins infirmiers, d'organiser des programmes de formation et notamment des programmes de doctorat afin de former des

25. Hagan et Proulx (1996) ; Delvigne-Jean (1998).
26. Anderson (2001) ; Dallaire et O'Neill (1991) ; Dallaire, Hagan et O'Neill (2000) ; Gottlieb (1992) ; Hagan et Proulx (1996) ; Meleis (1990) ; O'Neill (1997) ; Pender (1990) ; Smith (1990).
27. Gallagher et Kreider (1987) ; O'Neill (1997).
28. Duncan, Leipert et Mill (1999) ; Rafael (1999).

chercheurs capables de travailler à l'avancement du savoir[29]. Cette première période de recherche n'a pas permis de contribuer à la conceptualisation de la promotion de la santé puisque la principale préoccupation était alors la définition et la reconnaissance de la profession.

Par ailleurs, l'utilisation par les infirmières des acquis d'autres disciplines et l'adoption de leurs cadres théoriques peut laisser croire qu'elles n'ont pas elles-mêmes contribué sur le plan théorique. La médecine ayant droit de regard pendant longtemps sur le contenu de la formation des infirmières, il n'est pas surprenant que celles-ci aient adopté le point de vue de la profession médicale et ses théories dans l'élaboration de leurs conceptualisations, avec les limites de ces théories en ce qui a trait aux comportements reliés à la santé.

Les limites des conceptualisations infirmières ne résident pas tant dans ce qu'elles contiennent que dans ce qu'elles ont omis de considérer. La recherche et les soins infirmiers conçoivent en général le patient comme une personne à qui on donne des soins (perspective médicale)[30]. Le rôle de la personne dans le maintien et le recouvrement de la santé se trouve ainsi précisé, faisant le lien entre deux concepts fondamentaux, celui de personne et celui de santé. En général, ces modèles définissent la santé comme une affaire personnelle, une affaire dans laquelle la personne a une responsabilité[31]. Ce postulat est présent dans des expressions telles que « atteindre son plein potentiel », « capacité de prendre soin de soi » ou « capacité de s'adapter à l'environnement[32] ». Ces façons de voir les comportements reliés à la santé, qu'elles soient qualifiées d'individualistes[33] ou qu'on y réfère comme à une attitude paternaliste du modèle biomédical[34], sont empruntées aux visions culpabilisantes et simplistes de la santé. Ainsi les infirmières, qui ont *a priori* adopté des théories moins linéaires, ont eu tendance à concevoir les comportements reliés à la santé comme des comportements définis, dissociables et, par conséquent, facilement modifiables par l'intervention d'un professionnel de la santé, comme le démontrent des recherches infirmières conduites à partir de perspectives telles que le Health Belief Model[35]. De telles conceptualisations permettent certes d'aborder les situations du point de vue de la personne,

29. Meleis (1997).
30. Butterfield (1990) ; Cloutier Laffrey et Craig (2000) ; Greiner (1987).
31. Williams (1989) ; Clark (1989).
32. Meleis (1990).
33. Williams (1989).
34. *Ibid.*
35. Par exemple, Lauver (1987) ; Kulbock, Earls et Montgomery (1988) ; Yarcheski et Mahon (1989) ; Kim, Horan, Gendler et Patel (1991).

mais elles n'intègrent pas la dimension macroscopique qui considère l'environnement, une autre idée fondamentale de la discipline. Il est maintenant reconnu, tel que le propose l'Organisation mondiale de la santé, que les comportements reliés à la santé ne sont pas sous le pouvoir exclusif de la personne ou de la famille. Ils sont aussi déterminés par l'environnement social, politique et économique dont les possibilités et les ressources influent sur les choix personnels pour maintenir ou promouvoir la santé[36].

Il semble que la remise en question de l'éducation sanitaire et celle de la domination médicale n'ont pas entraîné d'ajustements des théories courantes. Elles ont par ailleurs réduit l'influence théorique exercée par la science infirmière. Cette situation est probablement à la source de la croyance qui veut que la science infirmière n'ait pas participé aux efforts théoriques en promotion de la santé. Ce constat est d'autant plus décevant qu'en pratique les infirmières conçoivent l'être humain dans sa globalité et souvent en interaction avec son environnement, particulièrement en santé communautaire. Afin de mieux cerner l'apport du savoir infirmier, il faut examiner de plus près les diverses conceptualisations en soins infirmiers.

Les conceptualisations en soins infirmiers et la promotion de la santé

Les racines théoriques en soins infirmiers remontent à l'époque de Florence Nightingale (1820-1910), qui fut la première infirmière à distinguer les composantes majeures de la prévention et de la promotion de la santé. Nightingale a proposé une approche holistique de la personne qui inclut l'environnement[37]. La vision de Nightingale était révolutionnaire par rapport au point de vue mécaniste de l'époque, mais elle s'intégrait parfaitement à la conception contemporaine de la santé publique britannique[38]. Cette approche eut néanmoins peu de répercussions face à l'importance prise très rapidement par une orientation plutôt curative[39]. Historiquement, et à l'instar des autres professions de la santé, la profession infirmière s'est beaucoup plus souciée de prévention de la maladie, de soins des malades et de réadaptation, bref de maladie plus que de santé[40].

36. Milio (1986) ; Stevens (1989).
37. Nightingale (1992).
38. Francillon (2000).
39. Rafael (1999) ; Williams (1989).
40. Francillon (2000) ; Meleis (1997b) ; Pender (1990).

Meleis (1990) est d'avis que cette situation résulte également du fait que la recherche en soins infirmiers se fait sans une articulation soignée de ses concepts avec ceux des soins de santé primaire en tant que stratégie de promotion de la santé. Selon certains chercheurs, une approche écologique[41] qui replace les cas dans leur environnement serait plus indiquée pour une approche de promotion de la santé, mais elle ne semble pas répandue en soins infirmiers.

Si le concept d'environnement n'est toujours pas un acquis dans les conceptualisations en soins infirmiers, celui de santé domine les modèles élaborés par les infirmières théoriciennes, qui sont fascinées par la santé conçue à la fois comme un état, un processus de croissance et d'actualisation et comme une conséquence et un style de vie[42]. Voici quelques exemples de ces conceptualisations : le modèle élaboré par Henderson (1966), qui veut que le but des soins soit d'aider la personne à redevenir indépendante dans les activités reliées à sa santé ; le modèle de soins autoadministrés d'Orem, où le but des soins est de préserver la vie et de recouvrer la santé et le bien-être[43] ; le modèle d'adaptation de Roy et Andrews (1991), dans lequel l'infirmière agit sur les stimuli pour atteindre les buts visés par les soins et où, par exemple, la promotion de la santé peut entraîner une action sur les stimuli de l'environnement pour faciliter l'adaptation[44]. Enfin, le modèle de McGill, dans lequel la promotion de la santé est le résultat attendu des interventions infirmières[45].

Nola Pender (1982) est la seule infirmière américaine à avoir proposé un modèle de soins infirmiers entièrement construit autour de la promotion de la santé ; le Health Promotion Model (HPM) s'inspire des théories d'apprentissage social[46]. Sa structure est comparable à celle du modèle des croyances reliées à la santé, le Health Belief Model[47]. Les comportements de promotion de la santé sont définis comme des « comportements initiés par la personne dans le but d'améliorer son état de santé en l'absence de toute menace à celle-ci[48] ». Dans cette perspective, les facteurs démographiques influent sur les facteurs perceptuels et cognitifs, qui déterminent à leur tour la décision individuelle d'adopter des comportements de promotion de la

---

41. Green et Kreuter (1991) ; Green, Richard et Potvin (1996) ; Richard, Potvin, Kiskchuk, Prlic et Green (1996).
42. Meleis (1990) ; Smith (1990).
43. Orem (1985).
44. Roy et Andrews (1991).
45. Gottlieb et Rowat (1987).
46. Bandura (1977).
47. Becker, Haefner, Kasl, Kirscht, Maiman et Rosenstock (1977) ; Rosenstock (1990).
48. Pender (1982, p. 16).

santé ou de prévention de la maladie. Il a été utilisé par plusieurs chercheurs en soins infirmiers[49]. Une évaluation de ce modèle et d'un certain nombre de recherches conduites à partir de ce cadre théorique amène Hilton (1986) à conclure qu'il s'agit d'un modèle holistique. Plus récemment, Duffy (1997) a pour sa part conclu que ce modèle ne montre pas comment certains facteurs intermédiaires agissent sur les comportements de promotion de la santé. Elle constate, comme d'autres[50], que l'unidirectionnalité du modèle doit être réexaminée afin qu'il puisse tenir compte des éléments importants expliquant les comportements de promotion de la santé.

Bien que certaines conceptualisations des soins infirmiers soient très proches des modèles en promotion de la santé, on ne peut les assimiler complètement les unes aux autres. Ainsi, le modèle de soins autoadministrés d'Orem est congruent par deux dimensions, à peu de chose près, avec la promotion de la santé. D'abord, la définition de la santé proposée par Orem renvoie à l'intégrité et à la capacité de fonctionner dans de multiples dimensions, dont celle de la promotion de la santé[51] ; d'autre part, le partenariat entre l'infirmière et la personne suggéré par Orem est proche des concepts d'habilitation, de médiation et d'*advocacy* que l'on trouve dans la *Charte d'Ottawa pour la promotion de la santé*[52]. Orem présente toutefois une vision individualiste, centrée sur la personne qui dépend des soins infirmiers pour retrouver la capacité de se prendre en charge[53]. Selon Saillant et Gagnon (1996), la fonction d'éducation de l'infirmière est aussi mise en évidence dans le modèle d'Orem, mais cette dernière met l'importance sur les soins autoadministrés formels qui ont avant tout une signification biologique. Selon Saillant et Gagnon, le soin autoadministré repose sur les nouvelles responsabilités imparties aux patients et sur la contribution que l'on exige d'eux. Or, ce modèle ne propose pas une conception de l'environnement qui aurait pu en faire un modèle de promotion de la santé. Le soin autoadministré n'en demeure pas moins un concept important en promotion de la santé et il fait l'objet, depuis 1994, d'une initiative fédérale – Le projet sur l'autonomie en matière de santé – qui examine la manière dont les infirmières et les médecins incitent leurs clients à prendre leur santé en main et comment ils les appuient concrètement dans ce but[54].

---

49. Par exemple, Duffy (1997); Gillis et Perry (1991); Johnson et autres (1993); Weitzel (1989).
50. Johnson et autres (1993); Pender (1990).
51. Orem (1985, p. 214).
52. WHO et autres (1986).
53. Stewart et Leipert (2000).
54. Santé Canada (1997).

Le modèle créé par Moyra Allen, à l'École des sciences infirmières de l'Université McGill, dans le contexte d'un CLSC, reconnaît clairement la promotion de la santé en tant que résultat attendu des interventions infirmières[55]. Dans ce modèle, la santé est perçue comme un processus d'apprentissage qui rend la personne capable de composer avec les différentes crises de la vie quotidienne et les problèmes de santé. Contrairement aux autres conceptualisations infirmières, le modèle de McGill présente une ouverture envers la promotion de la santé en désignant comme cible des soins, la famille plutôt que la personne. Stewart et Leipert (2000) vont plus loin encore et ajoutent que ce modèle est fondé sur le principe de participation publique des soins primaires et de la promotion de la santé.

Laffrey et Kulbok (1999) ont pour leur part proposé un modèle holistique de soins infirmiers communautaires qui permet de considérer la personne dans le contexte de sa famille, d'un groupe auquel elle appartient et de sa communauté. Ce modèle permet également de considérer la communauté, qui comprend des groupes, des familles et des individus[56].

Paradoxalement, les infirmières utilisent des conceptions globales ou holistiques pour décrire la personne en interaction constante avec l'environnement. Elles conçoivent l'être humain comme un tout avec ses dimensions biologique, physiologique, psychologique, sociale et spirituelle en interaction avec son environnement. Mais les infirmières définissent habituellement l'environnement comme le milieu immédiat auquel la personne doit répondre ou s'adapter[57]. Le modèle prévalant dans leur pratique consiste à donner des soins à un individu, une famille ou un groupe dans le contexte de relations interpersonnelles[58]. Dans cette perspective, la littérature en soins infirmiers met l'importance sur la relation d'aide, contredisant ainsi la notion de globalité que suppose la promotion de la santé. Il est vrai que la conception holistique se concentre sur la personne mais qu'elle la considère en même temps comme le cœur de quelque chose de plus grand[59].

Nancy Milio (1986), une infirmière américaine, a proposé une conception globale de la santé qui inclut l'environnement. Elle a déplacé l'attention du comportement individuel vers l'environnement et les politiques nationales qui conditionnent les choix de santé lors d'une décision individuelle. Milio n'a eu jusqu'à présent que très peu d'influence sur la profession infirmière, mais sa conception globale est tout de même très appréciée en promotion de la santé.

55. Gottlieb et Rowat (1987).
56. Cloutier Laffrey et Craig (2000).
57. Stevens (1989).
58. Williams (1989).
59. *Ibid.*

De son côté, Butterfield (1990) soutient que l'omission d'une vision globale, seule capable d'expliquer l'interaction entre les situations de soins infirmiers et l'environnement social, peut avoir des conséquences néfastes pour les infirmières. Elles sont peu conscientisées et responsabilisées face à certains aspects importants de la santé, et sont relativement impuissantes quand il s'agit de favoriser l'adoption de comportements plus sains. Cela dit, une vision étroite des soins ne suggère pas non plus de stratégies ou d'outils organisés et efficaces pour influencer et soutenir les changements de comportements. Les infirmières se trouvent ainsi dépourvues des connaissances et des ressources nécessaires à l'atteinte des objectifs de promotion de la santé qu'elles visent. Les interventions sociopolitiques des infirmières sont aussi essentielles à la prévention de la maladie et à la promotion de la santé que les soins directs[60]. La promotion de la santé est un projet politique qui doit être vu dans le contexte de la compétition entre les forces économiques et politiques qui caractérisent les sociétés occidentales[61]. La pratique des soins infirmiers doit donc être définie de façon à inclure des activités d'analyse et des interventions visant à changer le système, lorsque de telles actions sont nécessaires à la santé de la population. En d'autres mots, les actions politiques doivent être vues comme un mode de pratique des soins infirmiers. Mais peu d'auteurs en science infirmière encouragent les infirmières à acquérir les connaissances et les habiletés sociopolitiques nécessaires pour agir sur les changements sociaux[62].

LA PROMOTION DE LA SANTÉ

L'émergence de la promotion de la santé

D'une certaine façon, la promotion de la santé existe depuis longtemps puisque l'on s'est toujours soucié d'améliorer la santé et le bien-être. Les définitions actuelles de la promotion de la santé semblent être issues de la santé publique, et plus particulièrement du courant de l'éducation sanitaire ou de l'éducation pour la santé qui n'a commencé à se définir et à se percevoir comme une fonction distincte qu'au début du XXe siècle[63]. L'éducation sanitaire comprend les efforts déployés en vue de modifier des comportements considérés comme nuisibles à la santé et de promouvoir certaines

60. Butterfield (1990).
61. Williams (1989).
62. Barnes et autres (1995) ; Baugmart (1995) ; Butterfield (1990) ; Clarke et autres (1993) ; Hagan et Proulx (1996) ; Williams (1989) ; White (1995).
63. Pederson, O'Neill et Rootman (1994) ; O'Neill (1977).

habitudes de vie favorables[64]. La promotion de la santé propose une vision globale, voire écologique, de la santé qui vise la population et inclut l'environnement tout en reconnaissant l'importance d'agir et de se doter de politiques publiques favorables à la santé.

Si tous les chercheurs semblent s'accorder pour dire que la promotion est issue de l'éducation sanitaire, les raisons invoquées pour expliquer le phénomène diffèrent. À la suite de Kickbusch (1986), voyons deux d'entre elles. D'une part, les éducateurs sanitaires sont devenus conscients du besoin d'approches positives dans le domaine de l'éducation pour la santé. Il est en effet apparu important d'améliorer la santé même en l'absence de maladie et de la maintenir plutôt que de se centrer uniquement sur la prévention de la maladie. D'autre part, les visions holistique et écologique de la santé dans lesquelles l'individu et l'environnement sont indissociables suggèrent que l'environnement structurel peut être un soutien ou un obstacle à la santé de la personne. Dans cette perspective, il est apparu évident que l'éducation pour la santé ne pourrait se propager que si elle était supportée par des mesures structurelles (légales, environnementales).

Pour d'autres chercheurs, dont Green et ses collègues (1991), les contraintes budgétaires, l'importance prise par les maladies chroniques et les maladies de civilisation liées au mode de vie ainsi que le mouvement en faveur de soins autoadministrés sont les facteurs qui ont permis l'émergence de la promotion de la santé. Les contraintes budgétaires ont fait remettre en question les sommes investies dans le curatif en raison du peu d'amélioration observée dans l'état de la santé de la population et du succès mitigé obtenu en éducation sanitaire. D'autre part, certaines maladies ont mis en évidence le champ étroit couvert par l'éducation sanitaire. En effet, la progression du nombre de maladies chroniques, conséquence d'une espérance de vie plus longue et de certains progrès de la médecine permettant de soulager les symptômes sans pouvoir guérir la maladie, souligne les limites de l'éducation sanitaire. Les maladies de civilisation, dont les causes sont plus culturelles et environnementales, se situent également en dehors des préoccupations habituelles de l'éducation sanitaire mais ont contribué à son évolution vers la promotion de la santé. Green et ses collègues (1991) situent l'émergence de celle-ci autour du besoin des gens de reprendre leur santé en main. Ces éléments ont mis en évidence les limites de l'éducation sanitaire et la nécessité d'approches positives pour améliorer la santé, favorisant de la sorte l'émergence de la promotion de la santé. Dans ce contexte, on ne cherche pas seulement à éviter la maladie mais à maintenir et améliorer la santé.

---

64. O'Neill (1977).

En Amérique du Nord comme en Europe, la remise en question de l'éducation sanitaire et l'émergence d'une nouvelle approche de la santé se sont traduites par un ensemble de rapports, de manifestations et de déclarations produits par des organismes gouvernementaux ou encore l'OMS. Selon O'Neill et ses collaborateurs (1990), l'émergence du concept de promotion de la santé résulte principalement de deux courants distincts mais convergents : celui de l'éducation sanitaire américaine et celui des démarches européennes de planification dans le cadre de l'objectif *La santé pour tous en l'an 2000.*

Aux États-Unis, le rapport du *Surgeon General* de 1979, *Healthy People,* préconise la promotion de la santé. Selon ce rapport, la promotion a comme principale cible des individus en assez bonne santé et vise l'instauration de mesures individuelles et communautaires en vue de l'adoption de modes de vie susceptibles de maintenir et d'améliorer leur bien-être[65]. La promotion de la santé devient ainsi complémentaire des services de prévention et de contrôle des agents agresseurs dans l'environnement. Celle-ci est en effet importante dans la mesure où elle contribue directement à modifier les comportements individuels. Les auteurs de *Healthy People* accordent de l'importance à l'acquisition et au maintien de saines habitudes de vie et à la création d'environnements sains. Ainsi l'accent est de nouveau mis sur les habitudes telles que le tabagisme, l'alcoolisme, l'alimentation, l'exercice et la gestion du stress, ainsi que sur la responsabilité des individus et des familles face à leur santé, bien qu'au point de départ la vision proposée dans *Healthy People* reconnaisse plutôt l'importance de travailler sur les plans politique, communautaire, organisationnel et institutionnel pour modifier les comportements.

Au Canada, le rapport Lalonde, déposé en 1974 et intitulé *Nouvelle perspective de la santé des Canadiens,* propose une définition élargie de la santé qui reconnaît l'importance de déterminants tels que la biologie humaine, l'environnement, les habitudes de vie et l'organisation des soins de santé. Cette vision a été très influente dans l'émergence de la promotion de la santé et a largement contribué à la réputation du Canada en cette matière, et cela sur la scène internationale[66]. Mais ce rapport a également eu comme effet de donner l'impression que la santé est surtout fonction du mode de vie choisi par l'individu. Un état de santé déplorable est ainsi attribuable à un ensemble de risques auxquels l'individu s'exposerait délibérément[67]. Cette insistance sur la responsabilité individuelle dans les programmes de

65. Martin (1988).
66. O'Neill et autres (1990).
67. Labonté et Penfold (1981) ; Martin (1988).

promotion de la santé a contribué à voiler le contexte social dans lequel s'exercent les choix personnels[68].

L'orientation prise par l'OMS à la fin des années 70 était en fait une réponse aux critiques formulées à l'endroit de l'approche verticale des programmes de prévention mis en place dans les années 60[69]. En 1978, la Conférence d'Alma Ata sur les soins primaires allait donner lieu à différentes initiatives, dont l'adoption en 1984 du document intitulé *Objectifs de santé pour tous en l'an 2000.* Il était alors clair, pour l'OMS, que la promotion de la santé était plus qu'une éducation sanitaire.

La population comme cible et l'environnement comme concept clé

La première Conférence internationale sur la promotion de la santé allait se tenir au Canada en 1986 et devait permettre la publication de deux documents importants[70] : la *Charte d'Ottawa pour la promotion de la santé,* publiée par l'OMS, et *La santé pour tous : plan d'ensemble pour la promotion,* signé par le ministre canadien Jake Epp.

La charte d'Ottawa situait les déterminants de la santé dans une perspective globale et préconisait une approche concertée des divers acteurs (organismes gouvernementaux et non gouvernementaux, entreprises, médias). Cinq axes d'intervention étaient proposés : 1) « établir une politique publique saine » ; 2) « créer des milieux favorables » ; 3) « renforcer l'action communautaire » ; 4) « développer les aptitudes personnelles » et 5) « réorienter les services de santé ». Dans son énoncé, le ministre Epp mettait l'accent sur trois défis en matière de promotion : la réduction des inégalités, le renforcement de la prévention de la maladie et l'accroissement de la capacité de prise en charge des maladies et handicaps chroniques. Des mécanismes et des stratégies y étaient proposés, et l'importance du rôle des dispensateurs de soins et la nécessité de l'action intersectorielles étaient aussi mentionnées[71].

Comme le souligne O'Neill (1997, p. 64), cerner le contenu conceptuel de la promotion demeure encore aujourd'hui un enjeu majeur. L'émergence récente du courant de pensée sur la santé des populations est révélatrice des divers paradoxes et de l'articulation complexe entre les pratiques et les disciplines relatives à ce que l'on peut appeler plus largement le champ de la santé

68. Labonté et Penfold (1981).
69. Massé (1995).
70. Hamilton et Bhatti (1996).
71. *Ibid.*

publique. On peut tout de même constater que, vue sous l'angle de la promotion, la santé devient un concept positif mettant en valeur les ressources sociales et individuelles ainsi que les capacités physiques des individus[72]. La promotion de la santé est caractérisée par une vision écologique qui met l'accent sur l'influence du milieu physique et social. Elle vise la population dans son ensemble et tient compte de l'environnement global. Ses stratégies font appel à l'éducation pour la santé, à la communication, au marketing social, à l'action communautaire, aux politiques publiques et aux différents acteurs professionnels, communautaires et gouvernementaux[73]. Et si la promotion de la santé utilise plusieurs stratégies, elle fait également appel à diverses disciplines et pratiques professionnelles. Voilà qui ouvre la porte toute grande aux infirmières pour tenir le rôle qu'elles sont en mesure d'assumer en matière de promotion de la santé.

La promotion de la santé et les soins infirmiers

La promotion de la santé élargit le rôle de l'infirmière au-delà du seul soin aux malades. En fait, elle interroge le système de santé, et le nursing en particulier, sur leur vision de la santé. Bien que l'individu soit la cible la plus facile d'accès pour leurs interventions, les infirmières en promotion de la santé doivent reconnaître le rôle que peuvent jouer les amis, la famille et l'environnement dans ce domaine[74]. Plus encore, la promotion de la santé renvoie à une conception de l'environnement qui comprend les aspects sociaux, économiques et politiques[75]. Cette façon de concevoir l'environnement diffère de la conception habituellement adoptée en soins infirmiers. Une conception de l'environnement telle que celle proposée par la promotion de la santé est en effet presque totalement absente des conceptualisations infirmières, même si elle rejoint tout à fait la vision holistique des soins infirmiers[76].

Par ailleurs, bien que l'aspect politique de l'environnement soit intégré dans certaines approches en promotion de la santé (par exemple, l'approche critique et l'approche écologique), et bien que l'importance d'intervenir sur les politiques publiques soit reconnue comme stratégie efficace, le terrain du politique est encore, somme toute, peu exploré par la discipline infirmière. En règle générale, l'aspect politique est abordé de façon sommaire par une

72. Nutbeam (1988).
73. Shah (1995).
74. Duffy (1988) ; Meleis (1990) ; Stevens (1989).
75. Duffy (1988).
76. Duffy (1988) ; Meleis (1990) ; Stevens (1989).

description du contexte politique, par des interventions qui ont pour cible les décideurs politiques ou par l'action politique à entreprendre.

L'action politique est peut-être la dimension la plus exploitée. Par exemple, dans la foulée d'un mouvement comme celui de *Villes et villages en santé*, des efforts importants ont été faits pour outiller les intervenants afin qu'ils soient en mesure d'influencer l'adoption de politiques publiques favorables à la santé[77]. Ainsi, l'importance de l'action politique et la nécessité d'influencer les décideurs sont intégrées dans le discours des infirmières. L'action politique est en l'occurrence prise en charge par les associations professionnelles et syndicales. Ce type d'intervention existe depuis longtemps et est certes déterminant dans l'orientation de la profession. Mais ses objectifs demeurent orientés et ne sont pas le propre de la profession infirmière, car tous les groupes professionnels organisés mènent ce genre d'action.

Afin d'occuper une place de choix en promotion de la santé, les infirmières devront appuyer leurs interventions sur une solide connaissance du politique et se donner des stratégies disciplinaires et interdisciplinaires leur permettant une avancée significative sur le plan de la conceptualisation. Notre objectif est donc d'exposer dans les pages qui suivent différentes dimensions du politique qui semblent méconnues et peu exploitées par la discipline infirmière.

LE SAVOIR INFIRMIER, LA PROMOTION DE LA SANTÉ ET LE POLITIQUE

La nécessité d'une lecture politique de l'environnement

D'emblée, une question mérite d'être posée : pourquoi s'intéresser au politique ? Depuis quelques années, la politique a plutôt mauvaise presse. De fait, elle est souvent interprétée de façon négative. Il est d'ailleurs vrai que la santé est un secteur politiquement rentable, particulièrement en période électorale. D'autre part, le cadre canadien des relations fédérales-provinciales est propice aux débats enflammés. Enfin, certains secteurs de la santé ou certains problèmes (débordement dans les urgences, grève des infirmières) se prêtent particulièrement bien à la mise en scène publique. Il faut cependant bien reconnaître que les interventions en promotion de la santé, voire les résultats obtenus, sont en général moins spectaculaires. D'autre part, le phénomène politique, comme la politique elle-même, ne se réduit pas à celui de la médiatisation.

77. O'Neill, Gosselin et Boyer (1997).

Certes le jeu partisan des acteurs, les relations de pouvoir entre les élus, les décideurs, les gestionnaires, les professionnels, les usagers, les chercheurs et les experts sont une dimension importante du jeu politique. Avoir une compréhension fine de son rôle d'acteur public représente une première avancée qui n'est certes pas négligeable. Pourtant, afin de mener une action concertée, d'influencer la prise de décision, il apparaît primordial de distinguer à la base les trois dimensions suivantes du politique : premièrement, la dimension de l'activité politique comme lieu de politisation ; deuxièmement, celle des politiques publiques, où les décisions se concrétisent ou non ; et, troisièmement, la dimension des fondements de l'intervention de l'État, où se jouent les normes et les valeurs qui déterminent les choix collectifs.

Il ne s'agit pas ici de proposer une approche ou un modèle intégrateur du politique, ce qui serait trop ambitieux dans le cadre de ce chapitre. Notre but est plus simplement de démontrer en premier lieu la pertinence de s'intéresser au politique, puisque cette idée ne semble pas acquise, et, deuxièmement, le potentiel que présente l'exploration de ce terrain pour le savoir infirmier[78]. Nous le verrons, le politique, toujours dans le sens d'un projet social qui renvoie à des choix collectifs, voire « aux décisions prises quant aux institutions, donc à la forme de la vie collective[79] », est un processus complexe qui fait appel à la fois aux connaissances et aux valeurs.

Afin de bien saisir la complexité du politique, il nous faut donc revenir sur chacune des dimensions du phénomène politique énoncées plus haut. Ainsi, la troisième dimension, celle des fondements de l'intervention de l'État, là où se jouent les normes, les valeurs et les choix collectifs, est peut-être la plus importante, bien qu'elle demeure la plus négligée ou la plus isolée. Pourtant, les modifications souhaitées de l'organisation et de l'orientation à donner au système de santé ne prennent sens que si on situe celles-ci dans une perspective globale qui vise à saisir les normes et les valeurs sur lesquelles se fondent l'intervention de l'État et les choix collectifs d'une société. Un système de santé, écrit Boitte (1995, p. 11), « se trouve être avant tout une institution culturelle qui intègre les valeurs, les aspirations et les finalités de la société, des décideurs qui organisent les services aussi bien que des personnes qui en bénéficient ».

---

78. Cette approche du politique a été présentée dans le cadre d'un séminaire sur les politiques du Centre de formation et expertise en recherche appliquée à l'administration des services infirmiers (FERASI). Nous ne donnons ici qu'un aperçu de ce que couvrent les études politiques, en étant conscientes des limites que cela représente et en souhaitant que ces propositions donnent lieu à des développements ultérieurs.
79. Ladrière (1989), citée par Boitte (1995, p. 99).

Prendre en considération cette dimension nous amène à nous interroger, par exemple, sur les normes et les principes fondamentaux de notre système de santé[80] : souhaite-t-on maintenir l'accessibilité de tous à tous les soins et la gratuité ? Sur quels projets de société voulons-nous miser ? Qui décide ? Et comment partager (solidarité) ?[81]. Quelle équité veut-on maintenir dans notre système de santé ? En d'autres mots, cette dimension nous amène sur le terrain de l'analyse normative, soit aux fondements de l'action gouvernementale et aux conséquences éthiques qui en découlent[82].

La deuxième dimension à considérer est celle des politiques publiques où les décisions des acteurs gouvernementaux se concrétisent ou non, pour reprendre l'idée fondamentale de l'étude des politiques publiques[83]. L'étude des politiques publiques est un domaine qui a connu des avancées importantes au cours des dernières années. Si les premières études se sont centrées sur les activités des autorités publiques reconnues[84] et sur l'analyse linéaire des différentes phases des politiques publiques que sont l'émergence, la formulation et l'implantation[85], les développements des dernières années ont ouvert l'analyse sur le jeu des acteurs extérieurs à l'appareil politique.

Dans les faits, la réalisation d'une politique n'évolue pas de façon mécanique et strictement à l'intérieur de l'appareil gouvernemental ; par exemple, il peut y avoir adoption de mesures sans que celles-ci soient nécessairement appliquées et la mise en œuvre de mesures peut faire apparaître de nouveaux problèmes, etc. L'inscription à l'agenda politique des problèmes est l'une des phases qui a le plus retenu l'attention[86]. Monnier (1992) a défini la réalisation des différentes phases des politiques publiques comme un « flux tourbillonnaire », chaque phase étant décrite comme un processus pouvant avoir une influence sur les autres.

Des études plus récentes ont fait ressortir la complexité même des processus de réalisation des politiques publiques. En d'autres mots, celle-ci s'inscrit dans un univers instable, le plus souvent imprévisible et influencé par certaines valeurs[87] ; il existe par ailleurs une zone de négociations entre les acteurs porteurs de solutions et les décideurs. Certains de ces modèles portent plus particulièrement sur le jeu et l'influence des acteurs politiques

80. Maïoni (1999).
81. Forest (1997a).
82. Pour un aperçu de cette analyse, voir Forest (1997b).
83. Lemieux (1995).
84. Bellavance (1985) ; Dye (1984) ; Meny et Thoenig (1989).
85. Anderson (1985) ; Brewer et de Leon (1983) ; Jones (1984).
86. Voir à ce sujet Kingdon (1984).
87. Lomas (1997, 1990) ; Lacasse (1995) ; Walters et Sudweeks (1995) ; Sabatier (1988).

externes, que ce soit des coalitions[88], des entrepreneurs politiques[89] ou des médiateurs[90].

L'univers des politiques publiques présente un potentiel des plus intéressants pour le savoir infirmier ; il ouvre la porte sur une meilleure compréhension du milieu des décideurs en prenant en compte la complexité de la réalité qui les entoure. Nous évoluons en effet dans un monde où il y a de plus en plus de connaissances produites, et elles ne sont pas toujours suffisamment diffusées pour être disponibles au bon endroit au bon moment. Quand elles le sont, elles ne sont pas nécessairement prises en compte. Par ailleurs, les valeurs de la société interviennent souvent, consciemment ou non, dans les choix des décideurs, des experts et des collectivités. Et l'évolution des valeurs ne se fait qu'à long terme.

Enfin, les relations de pouvoir représentent pour plusieurs l'objet central des sciences politiques. L'analyse du pouvoir a en effet toujours captivé[91]. Nous l'avons évoqué plus haut, compte tenu de l'intérêt que portent un certain nombre d'auteurs à l'action politique, cette dimension est peut-être la plus exploitée hors des sciences politiques. Ce type d'analyse met l'accent sur les ressources dont disposent, par exemple, les acteurs pour influencer la prise de décisions. Selon une interprétation plus moderne, le pouvoir ne se résume pas à un attribut mais bien à une relation entre acteurs ; le pouvoir implique alors l'échange et la négociation[92]. L'apport de cette interprétation n'est pas négligeable. Ce type d'analyse apparaît en effet d'autant plus pertinent dans la mesure où pour le chercheur, cette dimension du politique ne représente qu'une facette d'un univers plus complexe.

Résumer de la sorte les dimensions du politique oblige à des simplifications qui risquent certes de donner le vertige. Mais porter intérêt à ce que l'on nomme l'aspect politique de l'environnement devrait mener à la prise en considération de ces dimensions et à l'importation dans le savoir infirmier de concepts, d'outils et d'analyses des sciences politiques. Le politique, les politiques publiques et l'action politique pourraient certes représenter des sources de connaissances pertinentes pour le savoir infirmier.

Comprendre le politique pour mieux influencer

Les infirmières constituent une masse imposante à l'intérieur du système de santé ; elles sont des intervenantes clés et leur influence sur les approches en

88. Lemieux (1998) ; Sabatier (1988) ; Sabatier et Jenkins-Smith (1993).
89. Mintrom (1997) ; Baumgartner et Jones (1993) ; Weissert (1991).
90. Muller (1990).
91. Sur la question de l'analyse du pouvoir, se reporter à Dahl (1973).
92. Voir l'analyse de Crozier et Friedberg (1977).

santé pourrait être déterminante dans les années à venir. Mais elles doivent pour cela élargir leur vision des soins, de la santé et de l'environnement. Compte tenu des visées mises de l'avant par la promotion de la santé et des concepts sur lesquels elle s'appuie, celle-ci peut représenter à la fois une porte d'entrée importante pour les infirmières comme pour les chercheurs et un terrain fertile pour alimenter le savoir infirmier. Dans ces conditions, une plus grande connaissance de l'environnement politique dans lequel elles évoluent pourrait peut-être amener les infirmières et les chercheurs à une meilleure compréhension du politique dans son ensemble et des enjeux fondamentaux du système de santé – des choix et des orientations qui méritent dans un certain nombre de cas d'être remis en question. Encore une fois, cela pourrait représenter une ouverture intéressante pour le savoir infirmier, dans la mesure où cette connaissance du politique signifiera une plus grande capacité d'influence sur les décideurs quant aux politiques publiques, aux prises de décisions, aux choix collectifs et aux priorités.

Le défi est de taille, certes, mais il est également des plus stimulants, car il pourrait permettre à la discipline de faire valoir ses connaissances et de se positionner sur les questions fondamentales pour l'orientation et les choix des politiques de santé. Le contexte public d'utilisation et de production des connaissances dans lequel se situe la promotion de la santé et évoluent les infirmières et les chercheurs ne recoupe pas seulement ces différentes dimensions du politique, mais il s'y loge de plain-pied.

Des stratégies disciplinaires et interdisciplinaires à élaborer

Compte tenu de l'importance accordée à la diffusion et à l'utilisation des résultats de la recherche, compte tenu des modifications importantes en cours dans le milieu de la recherche (voir le chapitre 19), il apparaît essentiel pour la discipline infirmière, d'une part de resserrer les liens entre les infirmières et les chercheurs et, d'autre part, d'établir des échanges avec des acteurs d'autres disciplines, dont les sciences politiques.

La discipline et la recherche infirmière sont relativement récentes ; chercheurs et infirmières auraient avantage à collaborer plus étroitement afin d'ancrer la discipline dans des assises plus solides. Bien que le savoir infirmier et la promotion de la santé s'appuient en bonne partie sur d'autres disciplines, que l'on pense à la psychologie, à l'éducation, à l'épidémiologie, à l'économie et à la sociologie, les sciences politiques semblent avoir peu inspiré les infirmières.

La création de liens à l'intérieur de la discipline et entre les disciplines, et l'application de stratégies disciplinaires et interdisciplinaires de recherche, de diffusion et d'utilisation des connaissances ne pourront que contribuer, dans un cas comme dans l'autre, à un meilleur positionnement de la discipline dans un contexte de réflexion sur le rôle des infirmières et de transformation du système de santé.

CONCLUSION

Dans ce chapitre, nous avons soulevé la question de la contribution du savoir infirmier à la promotion de la santé. Dans le contexte de réflexion sur le rôle de la profession infirmière et sur les systèmes de santé, il s'agit d'un enjeu majeur qui retient somme toute très peu l'attention des chercheurs et des infirmières. Pourtant, il y a là une occasion pour la discipline infirmière d'enrichir son corpus de connaissances et de démontrer son importance stratégique dans le milieu de la santé en général, et dans le domaine de la promotion de la santé en particulier.

Historiquement, la profession a joué un rôle important en matière d'éducation sanitaire. Nous l'avons vu, les concepts de personne, de soin, de santé et d'environnement sont au centre des conceptualisations en soins infirmiers. Leur évolution a été telle que certains concepts ont été privilégiés plus que d'autres, et que certaines relations, comme celles qui prévalent entre les concepts de personne et de santé, ont été davantage au cœur de la pratique et de la conceptualisation.

Si les infirmières et les chercheurs veulent contribuer à l'essor de la promotion de la santé, ils devront faire le pas nécessaire depuis une vision individuelle, experte, ponctuelle et souvent culpabilisante de la promotion vers une approche de la santé qui tient compte des dimensions politiques du système de santé et qui remet en question les choix et les priorités que l'on connaît. Et l'environnement, ce n'est pas que celui de la personne nécessitant des soins dans son milieu immédiat, c'est aussi ceux du système de santé, des décideurs du système politique, des gestionnaires, des professionnels, des experts et de la population, qui sont tous des acteurs de premier plan en santé. En ce sens, l'intégration d'une lecture politique au savoir infirmier apparaît une piste des plus intéressantes à suivre pour l'avenir.

Quatorzième chapitre

Le savoir infirmier : une problématique

CLÉMENCE DALLAIRE et DANIELLE BLONDEAU

INTRODUCTION

Les progrès dans l'élaboration du savoir infirmier n'ont pas réussi à faire taire les doutes émis quant à l'existence et à la nécessité d'un tel savoir. Plus précisément, on a souvent reproché aux soins infirmiers de ne pas être une science ni une discipline intellectuelle. Les infirmières réagissent de diverses façons à ces propos. Certaines partagent l'idée que les soins infirmiers n'ont pas de savoir propre. Pour celles-ci, les soins infirmiers sont une activité subordonnée aux savoirs des autres, plus particulièrement à celui de la médecine. Cela peut s'observer dans leur travail quotidien qui, pour diverses raisons, est guidé exclusivement par des savoirs empruntés. D'autres infirmières ne sont pas en mesure de répondre à de tels propos même si, intuitivement, elles ne les partagent pas. D'autres encore se conforment aux conventions de la communauté scientifique dans leurs efforts d'élaboration du savoir et adoptent la démarche scientifique empirique, objective, afin d'invalider ces doutes. Saillant (1991, p. 19) résume bien la situation quand elle fait le point au sujet du savoir infirmier : « Le rapport ambigu des infirmières à leur propre savoir est tout à fait symptomatique de la difficulté de penser le soin et du statut problématique de ce dernier lorsqu'il est question de l'appréhender non seulement en tant que pratique, mais aussi en tant que connaissance. »

L'objectif de ce chapitre est de permettre aux infirmières d'évaluer et de critiquer par elles-mêmes le bien-fondé de certaines affirmations quant au statut épistémologique des soins infirmiers, au lieu de simplement répéter ce que d'autres proclament depuis quelques décennies[1]. Le contenu du chapitre examine les questions suivantes : Qu'est-ce que le savoir ? Existe-t-il un savoir infirmier ? Tout ce qu'une infirmière connaît peut-il être considéré comme du savoir ? Qu'est-ce que la science ? Quel type de science sont les sciences infirmières ? Qu'est-ce qu'une discipline ? De quel savoir les infirmières ont-elles besoin ? La conclusion abordera l'évolution future de la discipline infirmière.

LE SAVOIR

S'il est difficile de saisir la nature de la connaissance, il est possible, à l'aide du sens commun, d'en cerner l'essence. Connaître, explique Kramer (1997), est un processus par lequel nous donnons un sens, nous comprenons, reconnaissons et en fonction duquel nous pouvons agir et vivre. Toujours selon le sens commun, on peut affirmer qu'il existe différentes sortes de connaissances. Par exemple, on sait que tel fruit a un goût sucré, qu'il est de couleur pêche. Nos sens sont une source de connaissance. Il s'agit de la connaissance sensible. Une autre source de connaissance loge dans l'expérience : on apprend, par expérience, que telle tisane calme les maux d'estomac. Même si l'explication en est inconnue, l'expérience du concret et du particulier est source de connaissance. Par ailleurs, on sait que les fruits se distinguent des légumes. Cette connaissance plus abstraite que celle issue des sens est fournie par l'intellect ; c'est la connaissance intellectuelle. En résumé, il existe diverses connaissances, la connaissance sensible, la connaissance expérientielle et enfin la connaissance intellectuelle. En quoi ces sortes de connaissances se distinguent-elles ? Nous l'avons vu, les connaissances sensible et expérientielle concernent le particulier. En ce sens, elles portent sur le singulier et elles ne peuvent être généralisées. Voilà ce qui les distingue de la connaissance intellectuelle, qui, elle, porte sur l'universel, c'est-à-dire sur les idées, les concepts, les principes. En d'autres mots, les connaissances universelles s'appliquent à tous les cas particuliers. Voilà pourquoi on trouve aussi dans cette dernière catégorie l'art[2] et la science, puisque posséder l'art ou la science de quelque chose, c'est connaître par l'intellect, c'est-à-dire de façon immatérielle, abstraite et universelle.

Quand la philosophie fait référence à l'universel, elle fait référence au mode d'existence intelligible, soit à l'intérieur de l'esprit, par opposition

1. Levine (1988, 1995).
2. Beaucoup de confusion entoure le mot « art », notamment dans la littérature contemporaine. Nous invitons le lecteur à la prudence compte tenu des interprétations associées à ce terme.

au mode d'existence sensible. Elle accorde à l'universel le sens d'abstraction ou de schématisation où un concept, par exemple, peut rendre compte de plusieurs singuliers. Universel signifie *unus, versus, alia,* c'est-à-dire un en face de plusieurs. Il faut donc comprendre l'universel par opposition au singulier et non pas dans un sens absolutiste qui ne lui rend pas justice. Prenons un exemple : le mot *chaise* est un concept ; son mode d'existence est à l'intérieur de l'esprit. Ce concept englobe néanmoins une multitude de singuliers, allant de la chaise droite à la chaise de bureau, la chaise Louis XV, etc. Un concept comme celui d'outil n'existe pas dans la réalité comme telle. Mais il est un universel parce qu'il peut s'appliquer à plusieurs instruments : marteau, tournevis, scie, etc. En sciences infirmières, il existe également des phénomènes universels. Mentionnons, par exemple, la douleur et l'inconfort qui, en tant que concepts, existent à l'intérieur de l'esprit. Néanmoins, ces concepts s'incarnent dans des cas particuliers : la douleur de M. Tremblay ; la douleur de la plaie chirurgicale de Justine ; la douleur morale de Marc, diagnostiqué schizophrène. À ce niveau de connaissance, le singulier, le savoir est soit sensible, soit expérientiel.

Suivant ces distinctions, on comprendra que toutes les sources de savoir ne produisent pas des connaissances considérées comme équivalentes. Seule la connaissance scientifique et artistique est considérée comme universelle et vraie. L'expérience, elle, constate ; elle n'explique pas. C'est ce que suggère l'épistémologie, cette branche de la philosophie qui examine les connaissances humaines et analyse les différentes façons de connaître[3]. La connaissance ne permet pas toujours de comprendre justement le réel. Elle peut même conduire à des idées erronées. Par exemple, l'expérience quotidienne nous montre que le Soleil se déplace d'est en ouest au cours d'une journée. La science, cependant, explique que c'est plutôt la Terre qui est en mouvement. Voir est une chose ; comprendre ce qu'on voit au point de l'expliquer de façon à rendre compte du phénomène est une autre chose[4]. Il en est ainsi des opinions, qui peuvent également se révéler erronées.

> Une opinion est une idée que l'on affirme, tirée de l'expérience et des sentiments, préjugés, croyances qui font corps avec elle sans avoir les moyens de l'établir rationnellement ou expérimentalement et qui est alors subjective, susceptible d'être renversée par une autre opinion et impuissante à la combattre[5].

En effet, l'opinion fournit une appréciation personnelle au sujet d'un fait et repose, en grande partie, sur des valeurs ou des croyances. Même si

---

3. Barreau (1990) ; Popper (1984).
4. Jouary (1996).
5. *Ibid.*, p. 103.

l'opinion est une assertion qu'on tient pour vraie, elle ne représente qu'une question de probabilité puisqu'elle ne repose pas sur des faits et des arguments bien établis. C'est ici que se distingue nettement l'opinion du savoir comme tel, qui, lui, fournit des connaissances qui peuvent toujours être démontrées et prouvées. Voilà pourquoi seule la connaissance scientifique permet de surmonter les illusions nées de l'expérience, car « des intuitions sans concepts [sont] aveugles », d'autant plus que, « si toute notre connaissance débute avec l'expérience, cela ne prouve pas qu'elle dérive toute de l'expérience[6] ». Le savoir scientifique explique. Il répond à la question : « Qu'est-ce que c'est ? » Il rend compte des pourquoi. C'est cette capacité d'expliquer les phénomènes qui permet à la connaissance scientifique de dépasser les illusions de l'expérience. Selon Fourez (1996), on parle d'explication d'un phénomène, de connaissance universelle, quand on réussit à le traduire dans un paradigme différent de celui qu'on avait au départ. Ainsi, un phénomène de la vie courante comme la course quotidienne du soleil sera traduit dans le paradigme de la physique afin de l'expliquer.

Qu'en est-il du savoir infirmier ? Le savoir infirmier cherche aussi à expliquer. Il tente, au moyen de connaissances universelles, d'expliquer des phénomènes liés au bien-être des personnes vivant des situations de santé et de maladie. Plus précisément, un tel savoir tente de traduire les phénomènes courants entourant des expériences particulières de santé et de maladie et des expériences particulières de « prendre soin » dans un paradigme qui les explique.

L'épistémologie infirmière examine la nature du savoir infirmier, ses postulats, sa structure et ses méthodes d'élaboration[7]. Shultz et Meleis (1988) sont d'avis que l'épistémologie infirmière doit considérer le savoir dit intuitif de l'infirmière experte et expérimentée ainsi que le savoir issu de recherches empiriques et systématiquement vérifié. Carper, dès 1978, affirmait la nécessité de distinguer quatre types de savoirs : le savoir empirique, le savoir esthétique, le savoir personnel et le savoir éthique. Cette typologie du savoir infirmier a été reprise récemment par Chinn et Kramer (1991).

Le savoir empirique se fonde sur la notion traditionnelle de la science selon laquelle la réalité est un phénomène objectif, accessible par les sens. Il résulte d'une démarche où l'observation, la mesure et la précision importent avant tout. Le savoir empirique décrit, explique et prédit. Dans cette perspective, des études effectuées à partir d'une conception de la santé en tant que processus ont conduit à observer, à décrire et à classifier des variations

6. Kant, cité dans Jouary (1996, p. 86).
7. King (1997) ; Kramer (1997) ; Schultz et Meleis (1988).

de la santé ou des états de bien-être en tant qu'expression de la relation entre la personne et son environnement (notamment des études conduites à partir du modèle conceptuel de Roy[8]). D'autres études ont tenté de désigner les comportements physiologiques et psychologiques, indicateurs de variations normales de la santé, afin d'en déterminer l'éventail[9]. D'autres études encore ont cherché à indiquer et à classifier les facteurs jouant un rôle dans la manifestation ou l'inhibition de changements dans la santé. Parmi elles, nommons l'étude du rôle du soutien social sur le bien-être des conjoints âgés[10] ou celles concernant l'intention d'utiliser le condom, de faire de l'exercice ou de cesser de fumer[11]. De telles connaissances empiriques sont nécessaires à l'exercice des soins infirmiers dans des situations de santé et de maladie, car elles décrivent, expliquent et prédisent.

Le savoir esthétique, ou l'art, renvoie autant à une œuvre de grande beauté qu'aux habiletés à produire une telle œuvre. L'art est ainsi production plutôt que description. Pour certains, la dimension artistique des soins infirmiers est constituée essentiellement des habiletés acquises par l'expérience. Pour d'autres, le savoir artistique fait référence aux habiletés propres à la profession, c'est-à-dire ancrées dans des règles dérivées de la connaissance (intellectuelle) et de l'expérience[12]. Selon d'autres encore, l'art infirmier est plus complexe. Johnson (1996) a désigné cinq conceptions différentes de l'art infirmier dans la littérature : 1) l'art infirmier en tant qu'habileté à saisir le sens d'une relation avec une personne ; 2) l'art infirmier en tant qu'habileté à établir un lien significatif avec une personne ; 3) l'art infirmier en tant qu'habileté à exécuter avec adresse les activités infirmières et les soins techniques ; 4) l'art infirmier en tant qu'habileté à déterminer de façon rationnelle la conduite à tenir ou les interventions appropriées ; 5) l'art infirmier en tant qu'habileté à adopter une pratique morale. Dans tous les cas, l'art désigne autant la production d'une œuvre (le soin) que les habiletés à la produire. Dans tous les cas, l'art infirmier s'inspire autant de la connaissance que de l'expérience. Bref, l'art infirmier est, dans toutes ces conceptions, une connaissance du « comment faire ». Il représente, interprète et envisage. De nombreuses publications traitent de l'art infirmier[13].

Le savoir personnel est le plus problématique parce qu'il est le plus difficile à maîtriser et à enseigner, alors qu'il représente un savoir essentiel à la

8. Calvillo et Flaskerud (1993) ; Pollock (1993).
9. Moloney (1995) ; Stein (1995).
10. Ducharme (1991).
11. Godin et autres (1995) ; Godin et autres (1996) ; Godin, Vezina et Leclerc (1989) ; Hill et autres (1997).
12. Blondeau (1986).
13. Bishop et Scudder (1997) ; Chinn, Maeve et Bostick (1997) ; Johnson (1996).

compréhension de la santé et du bien-être d'une personne et au succès de plusieurs interventions infirmières. Il consiste, pour l'infirmière, en la connaissance, la rencontre et l'actualisation d'un soi personnel, intégré et conscient. Il concerne la globalité et l'engagement plutôt que le détachement. Il suppose « une participation passionnée à l'acte de la connaissance[14] ». Un tel savoir est au cœur d'une pratique des soins où l'infirmière est l'instrument principal, qui utilise le soi de façon thérapeutique[15]. Le savoir personnel montre comment ressentir, se concentrer, se réaliser en tant qu'être humain.

Finalement, le savoir éthique requiert une connaissance des normes encadrant la pratique infirmière, dont le sujet premier est l'être humain. En tant qu'agent moral, l'infirmière recherche constamment ce qui convient à l'être humain avec qui elle est en relation. Le savoir éthique comprend l'étude de l'être humain et de la vie humaine de même que l'acquisition de diverses théories permettant de mieux cibler la poursuite du bien et de la meilleure action à accomplir. La difficulté du savoir éthique loge dans le jugement moral, qui évolue constamment dans le singulier mais s'inspire de règles, de normes, de connaissances universelles, etc. Le savoir éthique évalue, apprécie, juge et agit[16].

En somme, selon cette typologie du savoir infirmier proposée à l'origine par Carper, les soins infirmiers sont issus d'une connaissance empirique des manifestations de la santé et de la maladie, de l'art de saisir le sens d'expériences humaines, d'une compréhension de soi et de l'autre en tant que personne unique et d'une capacité de faire des choix moraux dans des situations concrètes. Dans cette perspective, les infirmières ont certes besoin de connaissances empiriques, mais, pour appréhender la globalité et la complexité des situations de soins, elles doivent posséder tout un registre de savoirs. Voilà sans doute l'une des raisons pour lesquelles il est généralement admis que la pratique des soins infirmiers n'exige pas seulement des connaissances scientifiques.

Un savoir propre ou un savoir emprunté ?

Le savoir propre est le savoir infirmier élaboré à l'intérieur du paradigme des sciences infirmières, notamment les modèles conceptuels (modèle de l'adaptation de Roy, modèle de l'autosoin d'Orem) ou les théories (telle la théorie de l'autosoin conçue par Orem ou la théorie du processus interpersonnel de

14. Polanyi (1964). Notre traduction.
15. Bottorff et Morse (1994) ; Chalifour (1989) ; Doona, Haggerty et Chase (1997) ; Moch (1990).
16. Blondeau (1992).

Peplau). Cette affirmation, cependant, ne fait pas l'unanimité et suscite même la controverse[17] : on doute de l'existence du savoir infirmier[18], on remet en question son utilité[19], voire son utilisation effective[20]. En réalité, les infirmières utilisent le savoir infirmier ou un savoir propre, mais elles empruntent également du savoir. Selon Packard et Polifroni (1991), la pratique des soins infirmiers a été guidée par l'emprunt de savoirs à d'autres disciplines. Phillips (1977) a résumé les différents types de savoirs utilisés par les sciences infirmières. Le premier est le savoir médical, où la santé et la maladie sont des phénomènes organiques, l'importance étant mise sur les problèmes de structure et de fonctionnement du corps humain. Le deuxième type de savoir est emprunté à la psychologie. Cette discipline se préoccupe de la croissance et du développement humain normal et examine les perturbations du processus de maturation ainsi que certains états d'esprit, certaines pensées ou conduites indésirables. Un troisième type de savoir est issu du domaine de la santé publique ou écologique qui, tout en découlant du savoir médical, postule que la maladie prend naissance dans la relation entre la personne et son environnement tout en étant fonction de facteurs génétiques et environnementaux. Le dernier type de savoir provient des sciences sociales, selon lesquelles un individu est essentiellement le produit d'influences culturelles (la culture elle-même ou le groupe culturel comme la famille, les institutions sociales).

La notion de savoir emprunté va pourtant au-delà du simple emprunt ou de l'adoption de théories d'une autre discipline. Ainsi, pour certains auteurs[21], la notion de théorie empruntée est un pseudo-problème, car le savoir n'appartient à personne. Il est simplement utilisé ou appliqué aux phénomènes d'une discipline, peu importe d'où il provient. Par ailleurs, selon Meleis (1997a, p. 45), « l'utilisation de théories issues d'autres disciplines facilite peut-être la réalisation de la mission et des objectifs de la discipline infirmière, mais pareilles théories n'orientent pas en elles-mêmes sa mission ou ses objectifs d'ensemble[22] », un avis que partagent d'autres auteurs, notamment Silva (1997).

Au-delà de la polémique au sujet du savoir utilisé par les infirmières, plusieurs auteurs insistent sur la nécessité d'un savoir qui permet l'analyse des situations de soins[23]. Par ailleurs, un autre problème crucial subsiste :

17. Smith (1992).
18. Feldman (1992).
19. Adam (1992).
20. Ducharme (1998) ; Kim (1993).
21. Fry (1990) ; Levine (1995).
22. Notre traduction.
23. Adam (1992) ; Gortner (1993) ; Mitchell (1994).

plusieurs phénomènes liés à la maladie et à la santé, et présentant un intérêt pour les infirmières, demeurent inexpliqués. D'où la pertinence et la nécessité des efforts investis par des infirmières théoriciennes afin d'élaborer un savoir « propre » dont la pratique des soins infirmiers a grand besoin[24].

En résumé, le savoir infirmier existe, bien qu'il ne se compose pas exclusivement de savoir scientifique empirique. Il comprend d'autres types de savoirs (esthétique, personnel, éthique et emprunté), tous aussi importants dans la pratique des soins infirmiers. Dans le même ordre d'idées, tout ce qu'une infirmière sait ne pourrait être qualifié de connaissance scientifique, car si une science est une connaissance, toute connaissance n'est pas scientifique[25], ce qui nous amène à la notion même de « science ».

LA SCIENCE

On associe une foule d'usages et d'interprétations au mot *science*. Science signifie tout simplement savoir. Une science est donc un ensemble de connaissances, soit des faits, des théories, des descriptions élaborées à l'aide de la démarche scientifique afin de créer une représentation systématique de la réalité. La science est une connaissance de l'universel, elle s'enracine dans l'expérience, elle cherche à comprendre et à expliquer le monde tel qu'il est[26].

L'expression « c'est scientifique » symbolise l'autorité absolue puisqu'elle est synonyme de « vérité[27] ». Cet état de choses est possible en raison des efforts déployés pour dépasser la subjectivité à la base des opinions et des convictions[28]. La connaissance scientifique est ainsi considérée comme crédible parce qu'elle se construit à partir d'une démarche et de critères qui font l'unanimité. Parmi ces critères figurent un processus basé sur l'observation, une capacité d'expliquer les phénomènes naturels, l'élaboration de connaissances universelles et objectives[29].

Par ailleurs, la tradition scientifique repose sur le postulat que le savoir existe seulement s'il peut être objectivé par des mots, transmis, discuté et évalué. L'expression rend possible la mise en commun du savoir au-delà de l'expérience personnelle. Le savoir scientifique est public, c'est-à-dire qu'il

24. Adam (1992) ; Phillips (1997).
25. Morin et Brunet (1992, p. 45).
26. Jouary (1996) ; King (1997) ; Meleis (1997a) ; Paty (1990).
27. Jouary (1996).
28. *Ibid.*
29. Laudan (1997a, 1997b) ; Popper (1984).

n'appartient à personne, c'est pourquoi il doit être diffusé. Il doit également être diffusé en raison des conventions du monde scientifique selon lesquelles toute idée doit être originale et présentée, de façon désintéressée, d'abord à la communauté scientifique, où elle sera reçue avec scepticisme, discutée et rejetée si elle est prouvée fausse[30]. « Le caractère distinctif des énoncés empiriques réside dans la possibilité qu'ils ont d'être révisés, dans le fait qu'ils peuvent être critiqués et supplantés par de meilleurs[31]. » Toutes ces conventions standardisent le langage scientifique et, par conséquent, le savoir qu'il communique. Selon Fourez (1996, p. 93), « les universités modernes, et leur réseau transnational, peuvent être vues comme une gigantesque opération de standardisation du savoir : on y communie, à Moscou, Oslo, Pékin, Tokyo, Mexico et Bruxelles, aux mêmes grilles de lecture et d'interprétation du monde ». Une telle standardisation du langage fait partie du processus d'avancement des connaissances[32]. Les sciences viseraient donc autant une communication entre les gens qu'une représentation des objets. Dans cette perspective, la science infirmière concerne les connaissances qui sont du domaine public et non celles qui existent dans la pensée d'une infirmière en particulier ou qui sont utilisées dans des circonstances précises de pratique infirmière[33]. En raison des règles du jeu qu'a établies la science, ses résultats ou ses propositions sont perçus comme vrais, objectifs et universels.

Les sciences ne sont pas seulement intellectuelles ; elles comprennent une organisation matérielle et sociale. Pour produire des résultats scientifiques, il faut des ressources financières et matérielles, avoir accès aux revues, aux bibliothèques, aux banques de données, etc. La méthode de production des sciences passe également par des processus sociaux tels que la constitution d'équipes de recherche, l'organisation de colloques, de congrès, de rencontres de discussions, de consultations, etc. Les sciences apparaissent ainsi comme un processus intellectuel mais également comme un processus social, un processus accompli par des humains, pour des humains et avec des humains[34].

Si on choisit d'associer le mot *science* aux soins infirmiers, renverra-t-il nécessairement à une définition classique de la science comme la physique, généralement considérée comme une science théorique ou une science fondamentale ? Car, à l'instar des autres sciences, les sciences infirmières proposent des représentations de ce qui se passe dans la réalité – entre l'infirmière

---

30. Laudan (1997a, 1997b) ; Popper (1984) ; Ziman (1996).
31. Popper (1984, p. 46).
32. Fourez (1996).
33. Kim (1997).
34. Fourez (1996).

et la personne soignée[35]. En outre, les sciences infirmières sont définies comme un ensemble de savoir empirique, esthétique, personnel et éthique résultant des différentes approches méthodologiques utilisées pour approfondir leur étude[36]. Cette définition n'est toutefois pas suffisante pour comprendre le rapport des soins infirmiers avec les sciences. Une autre question demeure : à quel type de science appartiennent les sciences infirmières ?

Les sciences infirmières : une science théorique, une science pratique ou les deux ?

Une science théorique vise à connaître pour connaître. Elle se distingue d'une autre science théorique par l'objet qu'elle construit. Elle présente des points de vue et rencontre des problèmes théoriques[37]. Une science théorique répond ainsi à ses propres questions. Elle définit son travail par référence à un cadre disciplinaire précis : les chercheurs se définissent comme faisant de la physique ou de la biologie, ou des sciences infirmières. Selon cette conception de la science, les sciences infirmières s'intéresseraient à la douleur, au confort, à la solitude, au *caring* en tant que phénomènes qu'elles cherchent à comprendre. Une science théorique peut n'examiner que des problèmes pensés par les spécialistes en réponse aux questions qui les préoccupent et délaisser ceux qu'éprouvent les gens dans leur quotidienneté[38].

Une science pratique, quant à elle, est une science où il ne s'agit pas de connaître pour connaître mais de connaître en vue d'une application, d'une action, d'une intervention[39]. Contrairement à une discipline théorique, qui décrit ou analyse des phénomènes à partir de modèles précis (biologie, physique, etc.) sans intervenir, une science pratique vise à connaître en vue d'un geste unique, celui de soigner. Une science pratique se préoccupe de la vie quotidienne, elle répond à des questions externes à la discipline. Ainsi, la science infirmière répond à des questions concernant le service, le mandat social et les personnes soignées elles-mêmes. Par exemple, elle tente de répondre aux questions suivantes : Que veut dire se sentir bien pour une personne ayant une maladie chronique ? Comment intervenir afin d'améliorer le confort de cette personne ?

35. Meleis (1997a).
36. Kérouac et autres (1994).
37. Popper (1984).
38. Fourez (1996).
39. Morin et Brunet (1992).

L'unité d'une science pratique vient de la fin poursuivie, qui est de faire quelque chose, de produire quelque chose. « Si c'est l'unité de la fin qui, dans l'ordre pratique, donne à une science son unité, c'est l'unité de l'objet qui, dans l'ordre théorique, la lui donne[40]. » Le but commun en sciences infirmières est le soin dispensé à l'être humain en interrelation avec son environnement, en situation de santé ou de maladie. La connaissance est ordonnée en vue de faire quelque chose, de comprendre de telles situations et d'agir. Par ailleurs, la science infirmière serait une science pratique parce qu'elle revêt un sens moral alors que ni l'art ni la science théorique n'ont d'obligation comparable[41]. Une science pratique doit se préoccuper de ce qui est bon, de ce qui est désiré en vue du mieux-être et de la santé en raison de la fin poursuivie, qui est de faire quelque chose et plus précisément d'influer positivement sur la santé. En ce sens, les sciences infirmières s'inscrivent en tant que science pratique.

Les avis sont partagés quant à l'appartenance des sciences infirmières aux sciences théoriques ou pratiques. Plusieurs auteurs pensent que les sciences infirmières ont des préoccupations fondamentales[42], c'est-à-dire qu'elles s'intéressent intellectuellement à des phénomènes de santé et de maladie encore inexpliqués, qu'elles tentent de répondre à des questions qui surgissent à l'intérieur des sciences infirmières. Plus précisément, les sciences infirmières seraient, en partie, une science humaine fondamentale. Selon Kim (1997), les sciences infirmières sont à la fine pointe du développement des sciences humaines dans leurs efforts pour mettre de l'avant une vision holistique de l'être humain. Il s'agit donc d'une quête de savoir fondamental, de savoir nécessaire aux soins infirmiers, un savoir qui n'intéresse pas les autres sciences. Dans cette perspective, on peut affirmer que le savoir infirmier comprend, sur la base des types de savoirs que nous avons présentés précédemment, une dimension théorique et une dimension pratique. La connaissance théorique explique les phénomènes de santé et de maladie que vivent les personnes soignées. La connaissance théorique concerne le nécessaire, l'immuable, c'est-à-dire l'universel. Elle emprunte du savoir à différentes disciplines comme la biologie, car soigner exige des connaissances diverses, notamment la connaissance des modes de transmission d'un virus ou d'une bactérie donnés. En outre, la dimension théorique comprend le savoir propre que sont les modèles conceptuels, les théories et les principes particuliers aux soins infirmiers qui concernent également l'universel (par exemple, études sur le *caring*, l'incertitude, le confort, les modes de « présence à l'autre »,

40. Morin et Brunet (1992, p. 102).
41. Bishop et Scudder (1997).
42. Kramer (1997) ; Meleis (1997a).

etc.). Le savoir théorique est important parce que, sans lui, nous n'arriverions pas à résoudre la moitié des questions concrètes issues de la pratique. Compte tenu de la complexité de la condition humaine, on peut affirmer, à la suite de Levine (1995), que tous ces savoirs peuvent accroître l'efficacité de la pratique infirmière. Bref, « la théorie est ce qui apporte aux sciences infirmières leur existence intellectuelle[43] ».

Quant à la dimension pratique, elle se situe dans l'ordre du singulier où le défi consiste, grâce au jugement clinique, à appliquer des connaissances plus générales à une situation particulière. La dimension pratique s'adresse au mode du circonstanciel, du particulier, voire du singulier. Pour soigner, la connaissance s'emploie au « faire », à la production d'actes et d'interventions. Les éléments théoriques s'appliquent à l'aide des principes de la démarche de soins, des habiletés nécessaires au jugement clinique, des habiletés techniques requises par les interventions et la manipulation d'appareils et du savoir personnel construit avec la pratique des soins infirmiers. La dimension pratique s'inspire du savoir infirmier, notamment des taxinomies d'interventions, des listes de diagnostic infirmier, etc. On le voit, les dimensions théorique et pratique du savoir infirmier ne renferment pas les mêmes éléments. Benner conçoit cette différence entre la dimension pratique et la dimension théorique. Et si le *know that* (théorique) de Benner (1984) se distingue du *know how* (pratique), Kuhn (1970) maintient que l'un et l'autre s'influencent mutuellement.

En somme, il est difficile de trancher cette question. Si pour certaines les sciences infirmières sont une science pratique[44], pour d'autres, elles sont une science humaine pratique[45]. Quoi qu'il en soit, les infirmières s'intéressent à des phénomènes que la science seule ne peut expliquer de façon satisfaisante. D'où l'importance de considérer d'autres types de savoirs. Finalement, les soins infirmiers comportent du savoir, notamment du savoir scientifique, et à ce titre ils peuvent être considérés comme une science. Mais constituent-ils une discipline ?

La discipline infirmière

Une discipline se caractérise par des objets (savoirs), des méthodes, des problèmes spécifiques lui conférant une autorité intellectuelle. De façon générale, on définit une discipline comme une branche d'instruction ou de savoir. Une discipline, selon Toulmin (1972, p. 161), possède « des procédés et des

43. Levine (1995, p. 11). Notre traduction.
44. Fry (1990).
45. Kim (1997) ; Meleis (1991) ; Mitchell et Cody (1992).

techniques [...] qui forment ses aspects communs pouvant être appris, définissant ainsi l'ensemble représentatif de concepts qui forment le contenu "transmissible" d'une science[46] ». Pour cette raison, une discipline correspond souvent à une composante structurelle d'un établissement d'enseignement, généralement une université[47]. C'est à un tel établissement qu'incombe la tâche de transmettre les rudiments d'une discipline, soit le système conceptuel ou les principes généraux fondamentaux, les modes de validation du savoir, les conventions, les traditions, les problèmes centraux et les réponses de la discipline à ces mêmes questions. C'est au cours de la formation qu'un aspirant s'approprie le savoir, assimile cette approche du monde et l'intègre à sa propre expérience.

La formation permet également l'acquisition de la culture scientifique, qui se compose de règles et de conventions. Nous avons déjà mentionné plusieurs de ces règles dans ce chapitre, mais ajoutons les suivantes : la solidarité (*communalism*) et le désintéressement[48]. La solidarité, ou le corporatisme scientifique, signifie que le savoir élaboré est une propriété publique, qu'il n'appartient pas à celui qui en est l'auteur. Le désintéressement caractérise l'absence d'intérêt personnel à l'égard de ses propres travaux, associée à une attitude d'humilité, de neutralité et de détachement. Ces règles cherchent à préserver l'objectivité. Autrement dit, une discipline comprend une part importante de conventions et de standardisation qu'un aspirant doit maîtriser, particulièrement aux études supérieures. L'étudiant doit ensuite faire la démonstration de cette maîtrise avant d'être accepté au sein de la communauté disciplinaire[49]. Cette culture scientifique apprise au cours de la formation contribue à la standardisation que nous avons évoquée dans la section précédente.

Une discipline est une entreprise collective qui se construit un objet autour duquel s'élabore un consensus[50]. « L'une des meilleures indications qu'une science nouvelle est parvenue à définir clairement ses objectifs intellectuels et à obtenir le statut d'une discipline véritable consiste en l'adoption d'un ensemble convenu de concepts et de critères de sélection fondamentaux[51]. » On fait souvent référence à ce consensus quand on utilise la notion de paradigme. En sciences infirmières, on parle plutôt de métaparadigme[52]. Une structure métaparadigmatique oriente les intérêts intellectuels de la

46. Notre traduction.
47. Meleis (1997) ; Munhall (1997).
48. Ziman (1996).
49. Toulmin (1972).
50. Laudan (1977a, 1977b); Meleis (1997a).
51. Toulmin (1972, p. 381). Notre traduction.
52. Fawcett (1983) ; Kim (1997).

discipline, sélectionne et détermine le centre d'intérêt pour l'élaboration des connaissances, et critique la nature et le contenu du savoir[53].

Le métaparadigme infirmier se compose de quatre concepts centraux ainsi que de trois thèmes. Rappelons brièvement comment ont été établis les concepts centraux et les changements qu'ils ont subis. Yura et Torres (1975), mandatés par la National League for Nursing (NLN), ont effectué une analyse des programmes de formation américains afin de mettre en évidence des éléments communs aux différents programmes. Ils ont isolé les éléments suivants : *man, society, health and nursing*[54]. Quelques années plus tard, dans une autre publication de la NLN, Fawcett (1978) reprend ces concepts et les décrit comme étant les unités essentielles des sciences infirmières. Elle apporte alors deux modifications : le concept *man* devient *person* et celui de *society* devient *environment*. Selon Fawcett (1996), la personne est le sujet qui reçoit les soins, qu'il s'agisse d'un individu, d'un groupe, d'une famille ou d'une communauté ; l'environnement renvoie à l'entourage social et physique ainsi qu'aux lieux dans lesquels sont prodigués les soins ; la santé caractérise l'état de bien-être de la personne, qui peut varier d'un bien-être complet jusqu'à une mort imminente ; le soin définit toutes les actions de l'infirmière exécutées à la place de la personne ou en collaboration avec elle, de même que les buts visés par les actions infirmières et les résultats de ces mêmes actions[55]. Fawcett a tenté de définir ces concepts de façon générique. À l'heure actuelle, chacun des modèles conceptuels reprend ces concepts et les redéfinit de façon à ce qu'ils tiennent compte de la perspective particulière du modèle.

Ces quatre concepts rallient la majorité des infirmières, bien que certaines expriment des objections alors que d'autres suggèrent d'ajouter des concepts qu'elles jugent fondamentaux. Ainsi, Conway (1985) s'oppose à l'inclusion du concept de *nursing* dans le métaparadigme, opposition que partage Adam (1992). Meleis propose le concept de transition alors que d'autres suggèrent l'inclusion du concept de *caring*[56]. Cette situation montre que les concepts centraux de la discipline font encore l'objet de discussions.

À la même époque, Donaldson et Crowley (1978, p. 204) ont publié un article dans lequel ils proposent trois thèmes qui représentent « des thèmes fréquents auxquels les spécialistes du domaine recourent afin d'expliquer ce qu'ils envisagent comme l'essentiel ou le cœur de la discipline infirmière[57] ».

53. Kim (1997).
54. Flaskerud et Halloran (1980).
55. Fawcett (1996).
56. Leininger (1981) ; Watson (1985).
57. Notre traduction.

Rappelons ici les principaux éléments de ces énoncés. La première proposition lie les concepts de santé et de personne en signalant un intérêt pour les processus de la vie, du bien-être et du fonctionnement optimal des êtres humains, sains et malades. La deuxième proposition souligne l'intérêt des interactions entre la personne et l'environnement dans les situations normales et critiques de la vie humaine. La troisième proposition lie santé et soin en insistant sur les processus qui entraînent des changements positifs de la santé. L'influence de cet article sur la discipline infirmière a été aussi considérable que celle de l'établissement de concepts centraux car, ensemble, ils ont délimité le territoire de la discipline infirmière.

La structure d'une discipline ne définit pas seulement sa « carte » conceptuelle mais également la façon dont cette carte est mise à jour, améliorée et raffinée[58]. Cela nous amène à considérer comment a évolué le savoir de la discipline infirmière. Plusieurs infirmières américaines ont cherché à retracer l'évolution du savoir infirmier[59]. Elles se sont surtout intéressées à l'histoire récente, à partir de ce qui s'est passé aux États-Unis, et ont mis l'importance sur l'évolution des sciences infirmières depuis Florence Nightingale, une infirmière britannique de la fin du XIXe siècle. D'autres ont montré l'évolution du savoir nécessaire aux soins en remontant plus loin dans l'histoire, à partir d'une perspective plus large, notamment Collière (1982), Saillant (1991), Rousseau (1997) et Meleis (1997a). D'autres encore ont souligné l'évolution de concepts particuliers, par exemple le *caring*[60] ou la santé[61].

L'histoire de l'évolution du savoir infirmier n'est pas seulement une suite d'événements à mémoriser ; cette évolution doit être comprise en profondeur, intériorisée comme une aventure historique, c'est-à-dire comme une culture[62]. Car selon Laudan (1977a, p. 92-93), « chaque discipline intellectuelle [...] a une longue histoire de recherche [...] [ayant] un certain nombre de théories spécifiques qui l'exemplifient et la constituent en partie ». Dans cette perspective, les questions que se sont successivement posées les théoriciennes infirmières représentent une partie importante de la discipline. Meleis (1985, 1991, 1997a) retrace l'évolution du savoir infirmier en notant les différentes questions qui s'y sont succédé :

> Que sont les soins infirmiers ? Qui sont nos clients ? En quoi les soins infirmiers sont-ils différents lorsqu'une infirmière diplômée se charge de leur prestation ? Quel processus fondamental les soins infirmiers représentent-ils ? Quelles sont les unités d'analyse ? les résultats souhaités ?

---

58. Kim (1997) ; Laudan (1997a, 1997b) ; Meleis (1997a).
59. Menke (1990) ; Stevenson (1990).
60. Leininger (1981).
61. Newman (1991, 1997) ; Smith (1981).
62. Jouary (1996).

> Quel lien y a-t-il entre les interventions infirmières et les résultats souhaités ? Quelle est la nature du savoir infirmier ? Quelle est la nature de la recherche ? Jusqu'à quel point le savoir infirmier et les méthodes de recherche sont-ils en harmonie[63] ?

Les réponses à ces questions ont été élaborées sous forme de modèles conceptuels ou de théories, proposant des représentations abstraites des soins infirmiers[64].

L'utilisation d'un paradigme commun permet de centrer l'attention sur les problèmes à résoudre[65]. Lorsqu'une discipline est « établie », elle possède un objet construit d'une manière relativement stable ainsi que des méthodes relativement claires, ce qui permet de traduire les questions de la vie quotidienne ou de la pratique en termes paradigmatiques et vice versa[66]. Par exemple, la physique, en tant que science, doit une partie de son succès au caractère précis, bien circonscrit et limité des problèmes qu'elle aborde. Une telle situation représente l'idéal de synthèse, de simplification ainsi que l'idée d'unification, autre idée importante de la science traditionnelle. Ainsi, un champ unifié autour de concepts, de problèmes et de méthodes exigeant une synthèse montre l'avancée des connaissances d'une discipline. En sciences infirmières, les quatre concepts centraux et les trois énoncés de Donalson et Crowley représentent cette synthèse et aideront une chercheuse à situer son étude à l'intérieur du champ disciplinaire. Le paradigme infirmier évite également d'avoir à réexaminer constamment les principes fondamentaux de la discipline, facilitant la reconnaissance et la résolution des problèmes disciplinaires ainsi que l'élaboration des connaissances.

Par ailleurs, les sciences infirmières sont aussi une discipline professionnelle[67] au sens où elles appliquent un savoir dans un service qu'elles offrent à la société. Puisque le mandat social au regard de la discipline et de la pratique infirmières change, les phénomènes qui suscitent l'intérêt, au-delà du contexte où ils émergent, doivent faire l'objet d'un consensus. Dans cette perspective, une discipline professionnelle reflète l'influence du savoir sur la pratique et l'influence de cette même pratique sur l'élaboration du savoir, dans le contexte d'une société et d'une époque particulières. Quand la pratique change, en réaction à des modifications dans l'environnement ou dans la société, la discipline change[68]. En tant que discipline professionnelle, les sciences infirmières ne se préoccupent ainsi pas seulement d'élaborer des

---

63. Meleis (1991). Notre traduction.
64. Adam (1992).
65. Schnieding (1983).
66. Fourez (1996).
67. Donaldson et Crowley (1978).
68. Ramos (1987).

connaissances, mais elles doivent également juger de l'utilité de ce qu'elles connaissent et, en particulier, de l'utilisation effective de ce savoir[69]. En outre, l'élaboration d'un savoir disciplinaire n'a pas seulement pour but d'offrir une représentation de ce qu'il est possible de faire, mais elle a aussi comme objectif de légitimer des actions et de les motiver. C'est ainsi qu'une discipline propose de nouvelles façons de faire et les explique par des travaux de recherche.

En résumé, une discipline possède un savoir particulier, issu de façons particulières de produire et d'élaborer ce savoir[70]. Ce savoir ainsi que la culture qui l'accompagne s'acquièrent généralement à l'université, ce qui affirme la reconnaissance du statut disciplinaire du savoir transmis. En général, toutefois, la formation infirmière ne se donne pas dans un établissement universitaire. Une telle situation suggère que les soins infirmiers s'apprennent en dehors de la perspective disciplinaire. Ce type de formation a des conséquences importantes sur les soins infirmiers en tant que discipline. Les propos suivants de Jouary (1996, p. 90) au sujet de l'apprentissage des sciences sont en mesure d'alimenter la réflexion sur la formation infirmière :

> C'est pourquoi, apprendre aux élèves quels ont été les résultats des sciences, sans faire intérioriser la nature des obstacles qu'il a fallu vaincre pour y parvenir, les modes de pensée que cela a supposés, le cheminement conceptuel qui y a conduit – ce n'est pas enseigner les sciences, mais faire répéter leurs conclusions comme s'il s'agissait d'opinions. Dès lors, qu'on ne s'étonne pas du voisinage de la conception dogmatique de la vérité avec le relativisme le plus plat, et de la coexistence des diplômes scientifiques avec les croyances les plus archaïques.

Bref, en vertu des critères autres que ceux de la formation, les sciences infirmières constituent une discipline qui possède une perspective unique ou un métaparadigme démontrant un consensus au sujet de ses concepts centraux. Ces derniers constituent le cœur du domaine disciplinaire, que nous allons explorer dans la prochaine section.

Le domaine

Le domaine théorique d'une discipline comprend des phénomènes qui présentent un intérêt ou qui font partie de son paradigme, comme nous l'avons mentionné dans la section précédente. Un phénomène est un aspect de la réalité, soit une chose, un événement ou une situation, auquel on attribue une signification à partir de la perception humaine, de la reconnaissance et

69. Fawcett (1983) ; Meleis (1983).
70. Chinn et Kramer (1991) ; Kérouac et autres (1994); Meleis (1991).

de l'expérience et qui sera traduit en mots[71]. Un domaine est le cœur, l'essence ou la substance de la discipline[72]. Plus précisément, c'est un territoire délimité par des frontières théoriques et pratiques qui représentent l'état actuel du savoir de la discipline et celui en voie d'élaboration, notamment par les recherches en cours. Nous avons indiqué certains des éléments de ce domaine dans la section précédente, soit les concepts centraux, les thèmes de Donaldson et Crowley et les questions que se sont successivement posées les théoriciennes.

Par ailleurs, les sciences infirmières isolent et décrivent des phénomènes uniques aux soins, c'est-à-dire qui exigent d'être compris et expliqués afin de parfaire la perspective infirmière. Ces phénomènes concernent les concepts centraux, soit la personne, le soin, la santé et l'environnement dans le contexte des processus de la vie, dans des situations de santé et de maladie considérées en tant qu'interactions entre la personne et l'environnement. Ces généralités ont conduit à désigner d'autres aspects de la réalité qui intéressent les infirmières, notamment des phénomènes divers dont l'autosoin, le confort, le toucher, la surveillance de la santé et de la maladie, la présence à l'autre, le soutien, les ressources personnelles, la vie avec une maladie ou des symptômes chroniques, les façons de composer avec des malaises, etc.

Ainsi, le domaine de la discipline infirmière représente un consensus quant aux concepts centraux ainsi que la filiation intellectuelle nécessaire à l'élaboration de son savoir. Le domaine de la discipline infirmière a été défini de plusieurs façons, notamment par Schlotfeldt, Meleis, Kim, Ellis et Fawcett. Les sections suivantes présentent brièvement la perspective de ces auteures (voir le chapitre 16 pour la perspective de Fawcett).

Schlotfeldt

Selon Schlotfeldt (1988), on peut décrire le savoir infirmier à l'aide d'un grand cercle subdivisé en portions inégales, bordé d'une frontière perméable et extensible permettant l'ajout ou le retrait de connaissances. La portion la plus grande de la sphère représente la science infirmière (faits vérifiés empiriquement, principes et lois qui ont été élaborés à l'aide de la méthode scientifique). La deuxième portion englobe les connaissances historiques des sciences infirmières (du statut de métier à la professionnalisation, y compris ce qui a influé sur l'évolution de la profession). La troisième portion regroupe les connaissances philosophiques (valeurs, code de déontologie, théories philosophiques). La quatrième portion désigne les connaissances de

71. Chinn et Kramer (1991) ; Kérouac et autres (1994) ; Meleis (1991).
72. Kim (1997).

stratégies d'interventions, d'approches et de technologies ainsi que les principes scientifiques et artistiques sous-jacents à leur exécution et une connaissance du système de santé. Une autre portion importante du savoir infirmier concerne la connaissance des facteurs qui influent sur la santé (capacités biologiques, physiques et cognitives, connaissance des facteurs environnementaux, contexte économique et social, changements associés au développement normal, y compris le vieillissement). Finalement, une dernière portion correspond aux connaissances personnelles que l'infirmière acquiert au contact de chaque personne ou groupe de personnes qu'elle soigne dans le respect de leur unicité.

Une telle représentation du domaine permet d'envisager le contenu d'un programme de formation infirmière, car elle décrit le bagage intellectuel nécessaire à la pratique des soins infirmiers.

Meleis

Selon Meleis (1991, p. 99), le domaine de la discipline infirmière comprend « des unités d'analyse, des méthodes conformes, des démarches de soins, des approches holistiques en matière d'évaluation ainsi que d'autres pratiques et procédés méthodologiques essentiels au développement de la connaissance[73] ». Meleis (1986) ajoute aux concepts centraux déjà mentionnés celui de transition[74] et elle remplace le concept de soin à la fois par celui d'interaction et celui de *nursing therapeutics*. Ce dernier concept comprend la démarche de soins et les interventions infirmières. Selon Meleis (1991, p. 101):

> [...] l'infirmière interagit (**interaction**) avec un être humain en état de santé/maladie (**client**) qui fait partie intégrante de son contexte socioculturel (**environnement**) et qui vit une transition quelconque ou en anticipe une (**transition**); les interactions entre l'infirmière et le client s'articulent autour d'un but (**démarche de soins, résolution de problèmes ou évaluation holistique**) pour améliorer, rétablir ou favoriser la santé (**santé**)[75].

Meleis décrit le domaine infirmier en mettant l'importance sur les éléments nécessaires à l'élaboration du savoir ainsi que sur le savoir lui-même. La description du domaine infirmier contenue dans la citation précédente donne une représentation de la perspective disciplinaire appliquée à la pratique infirmière.

---

73. Notre traduction.
74. Meleis et Transgenstein (1994).
75. Notre traduction.

Kim

Kim (1987) propose une structure constituée de quatre composantes qu'elle nomme « domaines », soit le domaine client, le domaine infirmière-client, le domaine de la pratique et le domaine de l'environnement. Le domaine client contient un savoir concernant des phénomènes humains relatifs à tous les âges de la vie (de la naissance à la vieillesse), à la croissance, au stress et à l'adaptation, à la restauration de la santé, etc.[76]. On trouve également dans le domaine client le savoir issu de l'étude de l'expérience d'être soigné, notamment les études récentes portant sur l'incertitude vécue par les personnes souffrant de maladies chroniques et hospitalisées à répétition[77].

Le domaine infirmière-client comprend les phénomènes relatifs à l'interaction entre le client et l'infirmière, qui en constitue l'élément principal. Les travaux de Peplau (1962), d'Orlando (1961), de Wiendenbach (1963) et de King (1981) ont été conduits à partir de concepts de ce domaine. Pour sa part, le domaine de la pratique comprend des phénomènes tels que le style et la démarche de soins, la prise de décision, les modes de transfert des connaissances à la pratique, les variations dans les actions infirmières, le développement de la compétence, le développement et l'utilisation de l'expertise et les modalités de résolution de dilemmes éthiques. Selon Kim, on peut en trouver des exemples dans les travaux de Gortner (1985) sur l'éthique, les travaux de Kramer (1974) sur le choc de la réalité et les travaux de Benner (1984) sur l'expertise. Quant au domaine de l'environnement, il reste peu défini mais comprend des phénomènes relatifs au temps, à l'espace et à la qualité de l'environnement.

Cette proposition est particulièrement intéressante, car elle explique en détail les domaines en fonction de la pratique infirmière. Notons toutefois que le concept central de santé n'y est pas désigné en tant que domaine. Selon Hinshaw (1992, p. 144), l'examen de cette typologie du savoir infirmier pose la question suivante : « La santé est-elle un fil qui traverse chacun des domaines cités à l'intérieur de la classification en évolution de Kim ou constitue-t-elle plutôt un domaine distinct[78] ? »

Ellis

Selon Ellis, les soins infirmiers sont une forme de *caring*. Les interactions entre l'infirmière et le client sont axées sur la promotion de la santé, sur la

---

76. Kim (1987).
77. Burke et autres (1991) ; Mishel (1997).
78. Notre traduction.

santé elle-même ou sur des problèmes de santé[79]. Pour Ellis, le domaine comprend un savoir scientifique, un savoir historique, un savoir philosophique et des technologies infirmières. La technologie infirmière englobe les techniques exécutées dans le contexte de la pratique infirmière ainsi que les techniques interpersonnelles nécessaires à l'atteinte des buts thérapeutiques poursuivis, la mise au point de procédures de soins infirmiers et les techniques d'éducation utilisées avec les personnes soignées. Algase et Whall (1993) ont résumé les phénomènes dont s'est préoccupée Ellis : la dépendance, l'incontinence, la mobilisation postopératoire, le sentiment d'impuissance, le développement visuel chez l'enfant, les noms donnés par les malades à leurs problèmes ou aux parties de leur corps touchées par la maladie, l'utilisation de l'humour par les patients, l'appétit, le soin du dos, la facilitation de la verbalisation concernant la maladie, les soins de confort et la privation sensorielle. Une telle conception du domaine infirmier souligne l'étendue des phénomènes qui intéressent la discipline.

En somme, les sciences infirmières sont un domaine de connaissances qui se préoccupe de l'adaptation de personnes et de groupes à des problèmes actuels ou potentiels de santé, d'un environnement qui influe sur la santé des humains et des interventions thérapeutiques qui favorisent la santé et agissent sur les conséquences de la maladie[80]. Par ailleurs, selon Kikuchi (1997, p. 98), il existe des questions d'intérêt pour les infirmières auxquelles la science ne peut répondre, notamment la question suivante : « Quelle est la nature fondamentale des soins infirmiers[81] ? » Une telle question est d'ordre philosophique et non scientifique, même si elle fait partie des questions du domaine disciplinaire[82].

CONCLUSION

La discipline infirmière a beaucoup évolué depuis les années 50. Son avenir dépend de plusieurs éléments, dont le principal est l'existence d'une attitude bienveillante à l'intérieur de la discipline elle-même, une attitude qui « repose sur la capacité de tous de construire des dialogues sur les ruines des conceptions anciennes scientistes, positivistes, réductrices et dogmatiques de la vérité scientifique[83] ». Plus précisément, le futur de la discipline et sa capacité d'élaborer un savoir vivant et dynamique exigent absolument que chacun

79. Pressler et Fitzpatrick (1988).
80. Stevenson et Woods (1986).
81. Notre traduction.
82. Kikuchi (1992, 1997).
83. Jouary (1996, p. 208).

agisse pour faire sortir de terre la statue de Socrate, non pas pour l'adorer, mais pour sa leçon essentielle : il n'est pas de pensée vivante sans contradiction, sans dispute, sans doute, sans critique, c'est-à-dire sans vrai dialogue[84].

84. *Ibid.*

Quinzième chapitre

L'art du soin infirmier : un art pratique
La nécessaire relation entre l'art et l'éthique[1]

DANIELLE BLONDEAU

INTRODUCTION

Dans la dernière décennie, plusieurs théoriciens et théoriciennes se sont intéressés à la nature du soin infirmier, notamment à travers la relation entretenue entre l'art et la science[2]. Cet intérêt s'est aussi accompagné d'une littérature accrue portant sur l'éthique et les soins infirmiers[3]. En dépit de cela, la relation entre l'art et l'éthique[4] est demeurée obscure. Dans les récentes discussions au sujet de l'art conçu comme artisanal ou esthétique, la dimension artistique est totalement dissociée des considérations éthiques. Par ailleurs, si certains auteurs qualifient les soins infirmiers d'art moral[5], le sens accordé à l'expression « art moral » reste encore nébuleux.

1. Ce texte est une traduction de *Nursing Art as a Practical Art: The Necessary Relationship Between Nursing Art and Nursing Ethics* de la revue *Nursing Philosophy* (sous presse). La permission de reproduire et de traduire a été accordée par Blackwell Publishing.
2. Wainwright (2000) ; Whelton (2000) ; Parse (1999) ; Chinn, Maeve et Bostick (1997) ; Darbyshire (1999) ; Kikuchi et Simmons (1999a) ; LeVasseur (1999) ; De Raeve (1998) ; Edwards (1998) ; Johnson (1996, 1994, 1991) ; Oldnall (1995) ; Rose et Parker (1994) ; Roger (1992) ; Holden (1991).
3. Gastmans (1999) ; Gastmans, Dierckx de Casterle et Schotsmans (1998) ; Aroskar (1998, 1994, 1992) ; Liaschenko (1998) ; Bishop et Scudder (1997) ; Cassidy (1996) ; Sarvimäki (1995a) ; Curtin (1982, 1993) ; Davis (1991).
4. Dans ce chapitre, les termes « éthique » et « morale » sont utilisés sans distinction.
5. Curtin (1982).

Le but de ce chapitre est plutôt de proposer une conception de l'art du soin infirmier en tant qu'art pratique. Une telle conception a le mérite de mettre en lumière la relation entre la dimension artistique et la dimension éthique du soin infirmier. Elle s'appuie sur la thèse suivante : l'art du soin infirmier est subordonné à l'éthique ; il s'agit par conséquent d'un art moral. Elle n'aborde pas la science à proprement parler même si celle-ci entretient un rapport étroit avec l'art. Johnson (1996, p. 46) écrit en effet à ce propos : « Les axiomes qui guident la pratique des soins infirmiers sont en partie dérivés de principes scientifiques. Ainsi, pour cette raison, tous les arts peuvent être qualifiés de sciences[6]. »

Afin d'explorer la relation entre l'art et l'éthique en soins infirmiers, la première partie de ce chapitre met en lumière les limites de certaines des définitions de l'art infirmier proposées jusqu'à ce jour. La deuxième partie cherche à démontrer que la conceptualisation de l'art infirmier en tant qu'art pratique permet d'éclairer la relation entre l'art et l'éthique en soin infirmier.

QUELQUES CONCEPTIONS DE L'ART INFIRMIER

Certaines théoriciennes reconnues[7] ont soutenu que le soin infirmier est un art libéral, un *fine art*. Si elles ont parfois été critiquées, elles ont tout de même attiré l'attention sur un sujet complexe et incontournable de la discipline infirmière. Parmi les principales critiques qui leur ont été adressées, mentionnons notamment celles de Edwards (1998), de De Raeve (1998) et de Wainwright (1999, 2000). Selon ces auteurs, une conception du soin infirmier en tant qu'art libéral crée une confusion par le seul emploi du mot « art ». Edwards a soulevé trois difficultés liées à la définition de l'art telle que proposée par Chinn et Watson. Voici leur définition : « L'art des soins infirmiers consiste en cette capacité que possède un être humain d'accueillir l'expression des sentiments éprouvés par un autre être humain pour les éprouver à son tour[8] ». Selon Edwards, la définition proposée ne correspond tout simplement pas à une définition de l'art. Il souligne également la difficulté liée au fait qu'une personne puisse éprouver les sentiments d'autrui. Son argument est le suivant : « … au sens strict, une personne ne peut pas éprouver la douleur de l'autre[9] ». Enfin, et toujours selon Edwards, le mot « capacité » fait problème. Il écrit : « de bons soins infirmiers exigent non

6. Notre traduction.
7. Chinn et Watson (1994) ; Carper (1978) ; Chinn et Kramer (1995).
8. Chinn et Watson (1994, p. 394). Notre traduction.
9. Edwards (1998, p. 394). Notre traduction.

seulement de posséder la capacité de réagir à la détresse de l'autre, mais encore de l'utiliser[10] ».

Wainwright a aussi critiqué la définition proposée par Chinn et Watson. Essentiellement, sa critique porte sur l'importance accordée à l'expérience de l'infirmière plutôt qu'à celle du patient. Selon lui, les soins infirmiers ne sont pas une fin en soi et ne visent pas l'expression artistique de l'infirmière. Au contraire, ils sont davantage des moyens poursuivant comme finalité le bien-être d'une personne, d'une famille ou d'une communauté. Wainwright appuie sa réflexion sur les travaux de Collingwood qui soutient que : « une des caractéristiques distinctives de l'art est d'être essentiellement égocentrique, égoïste[11] ». Si cet argument est plausible, poursuit Wainwright, comment peut-on l'associer aux soins infirmiers ? Voilà pourquoi il écrit : « non seulement des personnes pratiquent les soins infirmiers, mais les résultats obtenus dépendent de l'effet des interactions entre les personnes[12] ».

Une autre auteure en soins infirmiers, Barbara Carper, a distingué quatre formes de savoir dans la discipline. Il s'agit des savoirs empirique, esthétique, personnel et moral. Selon Carper, la dimension esthétique constitue l'art du soin infirmier, qu'elle définit de la façon suivante :

> La dimension esthétique des soins infirmiers suppose la perception des particuliers abstraits en tant que distincts des universels abstraits. Il s'agit de la connaissance d'un particulier unique plutôt que de celle d'une catégorie exemplaire[13].

Cette description ne porte pas véritablement sur l'art comme tel, mais représente davantage une catégorisation du savoir infirmier. Edwards souligne de nouveau une difficulté, liée à la conception de Carper cette fois : « De façon générale, on considère l'esthétique comme l'étude de la beauté[14], au mieux la beauté apparaît-elle comme accessoire aux soins infirmiers[15] ». Pousser la logique de l'argument de Edwards conduit à la question suivante : est-ce que la beauté représente la finalité du soin infirmier ? Wainwright interroge lui aussi la description de Carper, qui s'appuie elle-même sur Weitz :

> Ainsi Carper ne peut utiliser l'approche de « concept ouvert » de Weitz comme prétexte pour dire que les soins infirmiers sont un art, puisque tout peut être un art : elle doit justifier que les soins infirmiers possèdent

---

10. *Ibid.*
11. Collingwood (1958), cité par Wainwright (1999, p. 382). Notre traduction.
12. Wainwright (1999, p. 381). Notre traduction.
13. Carper (1978, p. 220). Notre traduction.
14. Flew, A. (1979, p. 6).
15. Edwards (1998, p. 393). Notre traduction.

> suffisamment de points communs avec d'autres formes d'art pour faire partie de la famille[16].

Wainwright ajoute que Carper confond les termes « art » et « esthétique ». Il écrit :

> Mais ayant établi un rapprochement entre l'art et l'esthétique, Carper se tourne vers l'esthétique, entendue dans un sens philosophique, pour donner un caractère plus ésotérique à sa définition des soins infirmiers en tant qu'art[17].

La pensée de Jacques Maritain, philosophe, est pertinente pour mieux comprendre les critiques envers ces conceptions de l'art. Selon lui, l'esthétique, dans le sens d'art libéral, repose sur l'intuition créatrice de l'artiste libre de créer et de livrer son interprétation de la beauté. Cette œuvre d'art n'a pas, à proprement parler, de fonction instrumentale. Elle vise plutôt à toucher, à réjouir et à plaire. La beauté en elle-même représente la fin ultime et transcendantale. Pour cette raison, les règles de l'art (dans le sens de *fine art,* ou art libéral) sont constamment renouvelées, contrairement aux règles employées pour les arts dits utiles. Le savoir-faire, dans le cas des arts libéraux, est donc perpétuellement réinventé, puisqu'il ne s'adresse pas, par exemple, à la fabrication d'un objet particulier et parce que la beauté est sans fin. Selon Maritain, l'activité esthétique est pure créativité, elle est donc libre de toutes contraintes.

Transposée dans le contexte de la discipline infirmière, l'approche de Maritain au sujet de l'esthétique (*fine art*) conduit aux questions suivantes : est-ce que le soin infirmier est un art libéral, *the finest of the Fine Arts,* comme le proclamait Florence Nightingale ? Est-ce que la nature du soin infirmier serait identique à celle de la poésie, de la musique ou de la peinture ? La réponse est évidente. Si le soin infirmier était un art libéral, un changement de pansement serait effectué dans un souci d'esthétisme où la beauté serait la finalité recherchée. L'objet ainsi produit – le pansement – le serait sans souci éthique, puisqu'il ne serait pas considéré comme un moyen utilisé pour une fin déterminée. Si le soin infirmier était un art libéral, le changement de pansement serait le résultat d'une intuition créatrice, sans préoccupation pour son utilité. De la sorte, le savoir propre au soin infirmier ne serait d'aucun secours. Voilà pourquoi prétendre que le soin infirmier est un art libéral équivaut à la négation pure et simple de la discipline.

Afin d'élargir les perspectives et d'approfondir la réflexion sur la nature de l'art infirmier, il semble approprié de considérer l'art infirmier comme un

---

16. Wainwright (1999, p. 383). Notre traduction.
17. *Ibid.*, p. 751. Notre traduction.

art pratique plutôt qu'un art libéral. Une telle conception présente l'avantage de réconcilier l'art et l'éthique en soins infirmiers.

L'ART INFIRMIER: UN ART PRATIQUE

Afin de cerner la nature de l'art pratique, il sera question des différents types de savoirs qu'il comprend et de la relation entre les savoirs artistique et éthique. Mais auparavant, voyons la distinction entre les savoirs pratique et théorique.

La finalité de l'art pratique concerne l'action concrète. C'est pourquoi le savoir pratique, qui est ordonné à « l'action concrète », diffère du savoir théorique, dont la finalité converge plutôt vers la poursuite de la vérité. Alors que le savoir pratique pourrait se traduire par l'expression « connaître en vue de l'action », le savoir théorique correspond mieux à l'expression « connaître pour connaître ». Contrairement au savoir pratique, le savoir théorique s'adresse au nécessaire et à l'universel, c'est-à-dire « aux choses qui ne peuvent être autrement qu'elles ne sont[18] ». Quant au savoir pratique, il se manifeste dans l'action[19]. Il s'agit de la connaissance concernant la manière de faire les choses particulières, soit l'exacte relation entre la fin et les moyens.

Afin d'illustrer la différence entre les finalités du savoir pratique et du savoir théorique, prenons l'exemple des virus. La biologie fournira entre autres des connaissances sur leur nature, sur leur composition, sur leur mode de propagation, etc. Elle permettra notamment d'établir des repères connus sous la forme de vérités universelles et qui s'appliqueront à tous les virus d'un groupe donné. En d'autres mots, la biologie fournira une connaissance au sujet des choses « qui ne peuvent être autrement qu'elles ne sont ». Il s'agit là de la finalité du savoir théorique. Les infirmières seront pour leur part appelées à soigner des personnes particulières, infectées par des virus spécifiques. Elles chercheront à comprendre comment *ce* virus affecte *cette* personne. Si elles doivent recourir à des connaissances théoriques de type universel au sujet des virus, le but de leur action est d'abord d'accomplir quelque chose qui fera une différence dans la condition des personnes qu'elles soignent. Cette dimension concerne le savoir pratique, celui « qui se manifeste dans l'action ». On comprendra pourquoi Kikuchi et Simmons expliquent que le savoir pratique implique « un processus de raisonnement pratique qui entraîne le raisonnement d'un niveau de jugement à un autre[20] »,

18. Aristote (1987).
19. Sarvimäki (1995b, p. 81).
20. Kikuchi et Simmons (1999a). Notre traduction.

ce qui se traduit par le passage du niveau de l'universel à celui du général, puis du particulier[21].

En résumé, les soins infirmiers s'intéressent à l'action, soit à la *praxis*. Or, le savoir pratique concerne une bonne pratique parce que celle-ci concerne le bien des personnes. Ainsi le savoir pratique comporte à la fois une dimension artistique et, nécessairement, une dimension éthique.

Les types de savoir pratique

Le savoir pratique concerne, d'une part, le faire (*making*) et, d'autre part, l'agir (*doing*). Le *faire* réfère à la dimension artistique alors que l'*agir* rejoint la dimension éthique. Dans les deux cas, le but poursuivi est la réussite. Dans le *faire*, qui consiste dans la production, le succès vient avec le produit – un soulier, un tableau, un mets, un bandage, etc. Le produit ainsi réalisé est distinct de l'artisan ou de l'artiste. Le faire (*making*) poursuit donc la réalisation d'un produit bien fait et, pour cette raison, il ne s'adresse pas à la réalisation de l'artisan en tant qu'être humain. Par opposition, l'agir (*doing*) sollicite l'être humain en tant que tel, c'est-à-dire sur les plans moral et social, puisque le succès de l'action relève du sujet en soi et en relation avec autrui. L'agir contribue ainsi à la réalisation de l'être humain lui-même. Le savoir propre au soin infirmier conçu comme un art pratique comprend donc une dimension artistique (*making*) et une dimension éthique (*doing*).

Le savoir artistique en soins infirmiers

Le savoir artistique s'associe à la production d'une œuvre et requiert particulièrement deux conditions : une idée productive et le savoir-faire nécessaire pour traduire l'idée dans la réalité. Adler précise bien la relation entre ces deux conditions :

> Les idées productives ne sont pas suffisantes lorsqu'il s'agit de fabriquer quelque chose, que ce soit une chaise ou une maison. Pour y parvenir, il est nécessaire de savoir comment manipuler la matière brute de telle sorte que son potentiel soit actualisé. Si ce résultat n'est pas atteint, l'idée ne se matérialisera pas, elle ne s'exprimera pas dans la matière[22].

21. Pour en savoir plus sur ce processus, consulter Kikuchi, J.F. et Simmons, H. (1999) « Practical nursing judgment : A moderate realist conception », *Scholarly Inquiry for Nursing Practice : An International Journal*, vol. 13, n° 1, p. 43-55.
22. Adler (1978b, p. 59). Notre traduction.

Comment cette explication s'applique-t-elle au soin infirmier ? Selon la conception décrite, le changement de pansement, par exemple, exigerait, en plus de l'idée même d'effectuer le changement de pansement, le savoir-faire afin de produire concrètement un pansement efficace. Une telle conception décrit la nature d'un art utile[23] ou productif[24], en d'autres mots, de l'art selon l'acception rendue en anglais par le mot *craft*. Le but poursuivi est donc la production d'un produit bien fait. Selon cette conception, l'artiste ne prend pas en considération les aspects éthiques qui peuvent lui être imposés, comme, dans le cas d'une infirmière, s'assurer que la douleur est diminuée, que l'indépendance est maximisée, que les désirs du patient sont pris en considération, etc. Vus comme art utile, les soins infirmiers seraient d'ordre strictement technique, ce qui aurait pour conséquence de réduire la personne malade au pur statut d'objet. La pratique de l'infirmière ne serait orientée que sur la tâche, traitant chaque activité comme une fin en soi plutôt que comme un moyen en vue du bien-être des personnes. Selon cette conception, aucune considération éthique n'est prise en compte. Par exemple, le manufacturier de chaussures doit maîtriser l'art qui permet la production d'un bon soulier, mais en tant qu'artisan, il n'a pas à se préoccuper de l'usage qu'on en fera. Quelqu'un pourrait utiliser le soulier pour se défendre contre un voleur ou un chien enragé. L'activité artistique liée à la production artisanale obéit à deux conditions : l'idée productive et la maîtrise de l'art nécessaire pour transformer cette idée en une réalité matérielle. Dans cet univers, la sphère de la moralité n'a pas sa place. C'est dans cet esprit que Edwards avance, avec justesse, nous semble-t-il, qu'il est problématique de soutenir l'hypothèse qui veut que le soin infirmier soit un art utile, au sens de *craft*[25]. Une telle conception, parce que réductrice, échappe en effet à la nature même du soin infirmier, qui s'adresse davantage à l'être humain et à sa santé en cherchant à contribuer à son bien-être. Le savoir artistique en soins infirmiers ne peut être isolé de la moralité et ne peut être considéré comme une fin en soi. Il doit forcément s'associer au savoir éthique.

Le savoir éthique en soins infirmiers

En tant qu'être humain, il existe une manière d'être, de vivre et d'être en relation avec autrui. Ici, la question n'est pas tant de savoir comment fabriquer tel objet ou produire telle œuvre, mais plutôt de savoir comment agir.

---

23. Maritain (1966).
24. Adler (1978a).
25. À ce sujet, voir l'article de Steven D. Edwards où il écrit, d'après Collingwood, que : « l'art diffère considérablement de ce qui est considéré comme "craft" ». Edwards (1998, p. 395). Notre traduction.

Et c'est pour cette raison que le savoir éthique est requis. Comme les soins infirmiers engagent la dimension humaine de l'infirmière et du patient, la moralité y est intrinsèque. Il y a une façon d'être et de vivre quand on est infirmière et que l'on s'engage à prendre soin d'autrui. Ici, le savoir éthique ne réfère pas aux vérités théoriques ni aux règles de l'art ; il sert plutôt à distinguer la bonne action de la mauvaise.

Le savoir pratique nécessaire à l'action (*doing*) peut être nommé la « sagesse pratique » ou le « savoir prudentiel ». Il s'intéresse à la relation entre les moyens utilisés et les fins poursuivies. Adler explique :

> Dans la plupart des cas, [...] nous agissons intentionnellement, nous ne pouvons donc pas agir sans penser. Le but que nous visons, l'objectif que nous désirons atteindre monopolise nos pensées. Nous devons en effet penser aux différents moyens que nous pouvons utiliser pour parvenir à nos fins[26].

Penser aux fins et aux moyens s'inscrit dans le raisonnement pratique et réfère à la dimension éthique. Dans la sphère de la moralité, la raison[27] est engagée dans la réflexion qui précède l'action, évaluant et appréciant ce qui doit être fait en vue de la fin ultime. Comme Sarvimäki l'écrit : « la finalité des soins infirmiers est de contribuer à une vie meilleure[28] ». Selon Adler, une « vie meilleure » est une vie qui « conduit l'individu à une actualisation plus complète de ses capacités et à une satisfaction plus complète de ses besoins[29] ». Le but ultime du soin infirmier est donc de promouvoir ce qui est bien pour autrui par la réalisation des potentialités de la personne et la satisfaction de ses besoins humains (biologiques, psychologiques, spirituels, sociaux, etc.)[30]. Dans la poursuite de cette finalité, l'infirmière utilisera sa raison pour évaluer la meilleure action à entreprendre parmi les moyens permettant d'atteindre son but. La raison prudentielle assurera, par délibération, la rectitude des moyens choisis. Maritain et Simon, cités dans Kikuchi et Simmons, ont démontré l'importance de la prudence tout en soulignant que « parce qu'il n'y a pas de science de la prudence sous forme de principes ou de règles, l'exercice de la prudence doit recourir à d'autres ressources comme l'expérience passée, la mémoire, l'imagination et la consultation au moment de la délibération[31] ».

---

26. Adler (1978b, p. 70). Notre traduction.
27. Il faut entendre par « raison » la faculté humaine de réfléchir, de penser, d'évaluer, etc. Il faut alors distinguer la raison de la notion de quotient intellectuel.
28. Sarvimäki (1995b, p. 150-151).
29. Adler (1978b, p. 90). Notre traduction.
30. Sarvimäki (1988).
31. Maritain et Simon, cités par Kikuchi et Simmons (1999a, p. 51).

La raison prudentielle permettra de choisir la meilleure décision en regard des situations particulières, puisque cette forme de raison évalue les moyens et précède l'action *hic et nunc*. Comme le raisonnement prudentiel concerne l'évaluation, le jugement et la réflexion à propos de situations déterminées, il représente un élément essentiel en soins infirmiers.

Compte tenu de la difficulté et du défi liés à l'exercice du savoir prudentiel, qui consiste en l'évaluation juste, par la raison, d'une situation singulière, l'éducation revêt toute son importance. C'est en effet par l'éducation qu'une personne apprend à faire preuve d'une plus grande capacité de compréhension et de discernement ainsi que d'une plus grande habileté à éviter les erreurs. En d'autres mots, c'est l'éducation qui entraîne la raison à être prudente[32]. Le fait d'être une personne bonne et vertueuse ne résout donc pas tous les problèmes de nature éthique[33], d'où l'importance de l'éducation ainsi que de la pratique, qui accroissent la compétence par la répétition des activités, donc par l'expérience. Une partie importante du savoir-faire peut en effet être maîtrisée par l'action même, ce qui contribue à l'amélioration des compétences.

Si le savoir pratique comprend les savoirs artistique et éthique, il faut comprendre comment ils s'articulent l'un par rapport à l'autre. Mais il est essentiel d'examiner en premier lieu les différences entre la nature de l'art et celle de la prudence. Dans son ouvrage intitulé *Art and Prudence*, Adler soulève un problème fondamental de la philosophie pratique :

> En philosophie pratique, l'inévitable conflit entre l'art et la prudence est source de tensions. Art et prudence sont en soi des vertus contribuant à la perfection de l'être humain, mais cette perfection reste limitée par le manque d'harmonie entre les vertus, ce que Maritain voit comme une antinomie engendrée par les demandes conflictuelles de la moralité, d'une part, et de l'intellectualité (art et science), d'autre part[34].

En d'autres mots, les finalités de l'art et de la prudence sont distinctes. Comme nous l'avons vu précédemment, l'art, dans l'ordre du *faire*, requiert le savoir-faire qui conduit à la production d'une œuvre bien faite. Contrairement à l'art, la prudence est liée à l'action. « Comment dois-je agir ? » est la question adressée par la prudence. L'art et la prudence sont des habitudes de l'opération rationnelle dans l'ordre pratique[35]. Mais pour la prudence, l'action implique directement la volonté et exige la rectitude de la raison,

---

32. Morin et Brunet (1996).
33. Sarvimäki (1995a, p. 347-348).
34. Adler (1978a, p. 426-427). Notre traduction.
35. *Ibid.*, p. 428.

traditionnellement nommée la « raison droite ». Car ce qui est recherché par la prudence est la bonne action à poser. L'art fait aussi appel à l'intellect (au savoir et au savoir-faire), mais les opérations seront extérieures à la personne. Le résultat obtenu sera en effet un changement dans la matière extérieure (par exemple : un soulier, une maison, un bandage). Par conséquent, l'art ne s'adresse pas à l'agir, au *doing*.

Connaissant la fin à atteindre, la prudence est confinée au choix des moyens. Elle doit juger et évaluer les moyens disponibles avant de décider quelle sera la meilleure action à entreprendre. Ainsi, la prudence ne requiert pas seulement la connaissance de ce qui doit être fait ou évité. Elle exige la juste application du savoir à une situation particulière par le choix du moyen approprié. Voilà pourquoi Adler écrit : « l'art est considéré comme la "raison droite" pour les choses à fabriquer ; la prudence, comme la "raison droite" pour les actions à poser[36] ».

Si l'art et la prudence recourent également à l'activité intellectuelle pour l'atteinte de leurs fins propres, c'est la prudence qui est sollicitée dans la sphère de la moralité, puisque cette dernière concerne la vie humaine. Adler écrit encore : « la prudence rend un être humain bon dans le même sens qu'elle le fait agir correctement en tant qu'être humain[37] ».

En résumé, la finalité de l'art est le produit bien fait. L'art évolue dans la sphère de l'intellect puisque l'artiste connaît les règles établies et possède la capacité de maîtriser la matière. La prudence est pour sa part une vertu intellectuelle – une disposition intellectuelle –, puisqu'il s'agit ici de « la raison droite au sujet des actions à poser[38] ». Elle s'aligne cependant dans les rangs des vertus morales, puisque les moyens « sont choisis en fonction de la fin, ce qui, dans l'ordre moral, est le bien ultime ou un bien qui lui est subordonné[39] ».

La relation entre le savoir artistique infirmier et le savoir éthique infirmier

Alors que l'art fait de l'être humain un artiste, la prudence le rend bon en tant qu'être humain. Mais quand le produit de l'art – le bandage, par exemple – côtoie une « entité naturelle », la prudence intervient. La question

36. *Ibid.*, p. 430. Notre traduction.
37. *Ibid.* Notre traduction.
38. *Ibid.*, p. 443. Notre traduction.
39. *Ibid.*, p. 437. Notre traduction.

qui se pose alors devient celle-ci: « Quel est le meilleur moyen, quel est le produit de l'art, à choisir dans cette situation précise? » La prudence évalue et discerne les moyens qui permettront d'atteindre le bien recherché, soit la santé d'une personne. En ce sens, l'art est *subordonné* à la prudence. Ce constat est particulièrement vrai quand il s'agit du soin infirmier, puisque l'essence même de l'art de l'infirmière s'adresse au bien de l'être humain; l'art infirmier (ou la technique) est subordonné à un plus grand bien.

Adler (1978a) a argumenté brillamment sur la subordination de l'art à la prudence. Si le travail de l'artiste est pour lui une fin en soi, il devient un moyen à partir du moment où le produit a son existence propre. Il peut alors être considéré comme beau ou utile par une autre personne que celle qui l'a exécuté. Dans ce cas, la prudence intervient. Si le jugement porté sur le savoir-faire et sur le produit de l'art est essentiellement artistique, le jugement qui considère si quelque chose doit être produit en vue de fins ultérieures est prudentiel[40]. La prudence détermine les moyens appropriés à la poursuite de la fin, comme la santé dans le contexte des soins infirmiers. Adler précise cette idée: « la prudence intervient dans la sphère de l'art au moment où l'art s'arrête[41] ».

Les soins infirmiers exigent que l'infirmière, en tant qu'artiste, soit une personne prudentielle. Comme artiste, elle doit en effet posséder les connaissances universelles pour guider son travail. Ces connaissances universelles correspondent à un savoir scientifique. C'est pourquoi « tout art peut être considéré comme une science[42] ». La personne « prudentielle » ne possède pas de règles toutes faites. Pour chaque situation, « il y aura une façon particulière de se conformer à la finalité[43] ». Cela met encore une fois l'accent sur la nécessité d'une éducation fondamentale pour l'entraînement de l'intelligence à évaluer, à délibérer et à juger avec rectitude. Mais deux nuances méritent notre attention: la prudence artistique et l'art de la prudence.

Dans certaines circonstances, la prudence interviendra dans l'activité artistique « dans la mesure où l'atteinte d'un bien particulier implique le choix de certains moyens[44] ». Ce type de prudence se nomme la *prudence artistique*. Elle entre en jeu quand les règles de l'art sont insuffisantes pour en déterminer la procédure. L'intrusion de la prudence artistique apparaît notamment dans le cas des « arts qui laissent place à la contingence, comme

40. *Ibid.*, p. 438.
41. *Ibid.*, p. 440. Notre traduction.
42. *Ibid.*, p. 439. Notre traduction.
43. *Ibid.*, p. 439-440. Notre traduction.
44. *Ibid.*, p. 437. Notre traduction.

la médecine[45] », en raison d'une incertitude possible devant diverses possibilités pour atteindre la fin visée. Dans de telles situations, « l'artiste doit demander conseil et faire un choix judicieux des moyens à la lumière des circonstances[46] ». La prudence artistique évalue et juge alors des moyens qui devront être adoptés pour l'atteinte des résultats. Cette forme de prudence « perfectionne » l'artiste en tant que tel, mais non pas en tant qu'humain. C'est la raison pour laquelle la prudence artistique est considérée comme une prudence imparfaite.

Si la prudence juge le travail de l'artiste, la personne prudentielle doit maîtriser l'art de la prudence. Adler propose la définition suivante :

> Si la prudence doit être considérée comme la raison droite dans le choix des moyens d'atteindre des finalités de la vie, l'art de la prudence – l'ensemble des principes et des règles auxquels recourt la prudence pour son application aux cas particuliers – est composé des sciences pratiques de l'éthique et du politique[47].

L'éthique et le politique fournissent ainsi à la prudence les principes éthiques universels qu'elle peut utiliser.

CONCLUSION

Quand le soin infirmier est perçu comme un art pratique, les considérations éthiques sont partie prenante de chaque activité. Ainsi, les infirmières utilisent leur savoir et leur art en vue de procurer un certain bien-être aux personnes qu'elles soignent. Leur rôle est en effet d'induire un changement favorable dans l'état de santé d'une personne en tenant compte de son unicité et de son souci d'améliorer sa santé. Par conséquent, le savoir engagé est en fait une somme des savoirs scientifiques, techniques (artistiques) et éthiques. Les infirmières agiront avec prudence et art en ce sens qu'elles devront évaluer et choisir les moyens possibles avant de décider de l'action appropriée à chaque cas. Au-delà de la connaissance stricte, la justesse de leur choix résultera du processus de raisonnement pratique. En d'autres mots, l'activité infirmière artistique évolue dans la sphère de la moralité. L'art lui est subordonné parce que les infirmières réfléchissent aux fins et aux moyens à l'aide de leur raison. Quant à la prudence, elle évolue dans la sphère de la moralité parce qu'elle s'intéresse à ce qui convient à l'être humain, à son bien-être.

---

45. *Ibid.*, p. 440. Notre traduction.
46. *Ibid.* Notre traduction.
47. *Ibid.*, p. 441. Notre traduction.

Selon cette conception qui considère le soin infirmier comme un art pratique, l'infirmière qui change un pansement – activité artistique – prend la personne en considération avec ses préférences et ses choix, évalue comment atténuer la douleur, comment préserver l'indépendance, comment contribuer au confort, etc. Avec toutes ces préoccupations à l'esprit, et en conformité avec les règles de l'art, elle adaptera ses interventions pour répondre aux besoins de chacun. Les soins infirmiers évoluent dans la sphère d'humanité de l'infirmière et des personnes, en d'autres mots, la sphère de la moralité. Pour ces raisons, les soins infirmiers ne peuvent être ni un art productif, ni une activité artisanale, ni un art libéral, car ils sont orientés vers le sujet des soins. Si le savoir infirmier artistique découle en partie du savoir scientifique, l'art qui fait appel à l'humanité de l'infirmière et du patient doit nécessairement considérer l'être humain et sa santé. Voilà pourquoi le soin infirmier est un art pratique, mais plus fondamentalement encore, un art pratique moral.

Remerciements

L'auteure tient à remercier June Kikuchi, R.N., Ph.D., professeure émérite à la Faculté de nursing de l'université de l'Alberta, pour ses précieux commentaires lors de la rédaction de cet article. L'auteure remercie également Olive Goulet, inf., M.Sc., professeure émérite à la Faculté des sciences infirmières de l'Université Laval, pour son appui et pour l'avoir présentée au Dr June Kikuchi.

Danielle Blondeau

Seizième chapitre

Les sciences infirmières : une structure épistémologique[1]

HÉLÈNE PROVENCHER et JACQUELINE FAWCETT

INTRODUCTION

La mission professionnelle de l'infirmière consiste à offrir des services à la population. Fonder ces services infirmiers sur un corpus de connaissances propres à la discipline infirmière constitue un enjeu important pour la profession infirmière. La démonstration de la contribution unique des services infirmiers au bien-être de la population passe par une articulation féconde des activités professionnelles de l'infirmière et de la consolidation des connaissances propres à la discipline infirmière.

La figure 16.1 offre une vision de la discipline infirmière qui insiste sur le caractère réciproque entre ses deux principales constituantes, soit la profession infirmière et les sciences infirmières. La profession infirmière concerne les activités de l'infirmière dans les secteurs suivants : clinique, recherche, gestion et formation. Les sciences infirmières correspondent à l'ensemble des connaissances propres à la discipline infirmière. Elles se répartissent en cinq composantes : le métaparadigme, les philosophies, les modèles conceptuels, les théories et les indicateurs empiriques. Chacune des composantes occupe une position précise à l'intérieur de la structure des sciences

1. Ce chapitre est une adaptation de J. Fawcett, « Conceptual models and contemporary nursing knowledge », dans Fawcett (1995), p. 1-50. Une version plus récente se retrouve dans Fawcett (2000), p. 3-33.

Figure 16.1
Les deux constituantes de la discipline infirmière

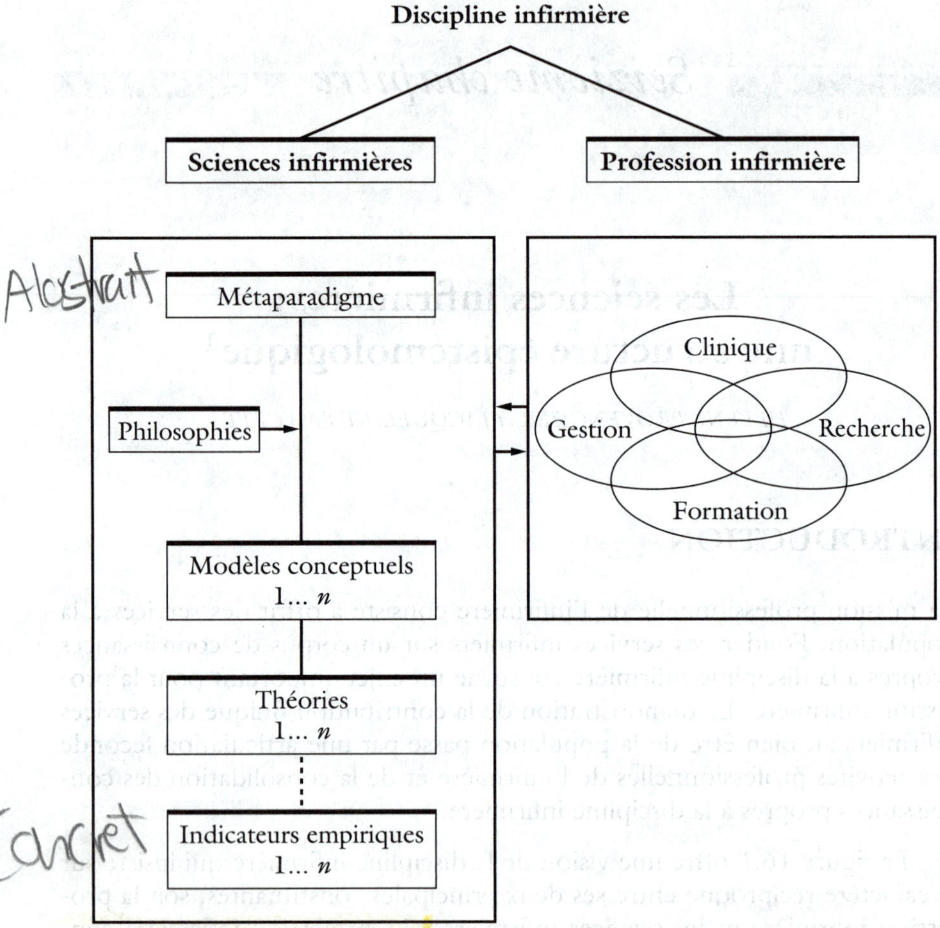

infirmières, celle-ci représentant un continuum ou un ordre hiérarchique quant au niveau d'abstraction de chacune de ses composantes. Alors que le métaparadigme est la composante la plus abstraite, les indicateurs empiriques forment à l'opposé la composante la plus concrète. Les flèches bidirectionnelles soulignent les échanges réciproques entre les sciences infirmières et la profession infirmière. D'un côté, les connaissances en sciences infirmières permettent d'orienter les activités professionnelles de l'infirmière et, de l'autre côté, l'exercice des activités professionnelles permet de vérifier la crédibilité des connaissances.

La vision de la structure des sciences infirmières que nous retenons dans ce chapitre est celle de la métathéoricienne Jacqueline Fawcett (1993, 1995). Nous effectuerons un survol des cinq composantes de la structure des sciences infirmières et proposerons une définition de chacune des composantes ainsi que de la fonction qui s'y rattache.

LE MÉTAPARADIGME

Définition

Le métaparadigme présente les concepts centraux d'une discipline de même que les propositions qui les relient[2]. Le terme « concept » signifie ici une image mentale alors que le mot « proposition » renvoie à un énoncé visant à définir un concept ou à établir des liens entre les concepts. Les concepts et les propositions qui appartiennent à un métaparadigme sont très généraux et abstraits. Chaque discipline possède son propre métaparadigme. Celui de la discipline infirmière repose sur quatre concepts et quatre propositions.

La détermination des concepts du métaparadigme infirmier découle de travaux effectués en sciences infirmières[3]. Ces quatre concepts sont la personne, l'environnement, la santé et les soins. Le concept personne se rapporte à tout bénéficiaire de services infirmiers, qu'il s'agisse d'un individu, d'une famille ou d'une communauté tout entière. Le concept environnement représente les milieux physique et social de la personne. Il se rapporte tout autant au lieu de résidence de la personne ou aux établissements qui lui offrent des services infirmiers qu'aux personnes qui sont significatives pour elle. Le concept santé est défini comme un état de bien-être caractérisant tout aussi bien une personne en état optimal de santé qu'un malade en phase terminale. Finalement, le concept soins se rapporte à la définition des soins, aux actions précises de l'infirmière et à l'évaluation de la démarche de soins.

La détermination des quatre propositions du métaparadigme infirmier résulte de l'intégration de connaissances provenant de deux articles qui ont joué un rôle déterminant dans le développement des sciences infirmières[4]. La première proposition établit le lien entre les concepts de personne et de santé : la discipline infirmière s'intéresse aux principes et aux lois qui régissent le processus vital, le bien-être et le fonctionnement optimal des êtres humains, malades ou en santé. La deuxième proposition précise la relation

---

2. Fawcett (1995).
3. Fawcett (1978, 1984b) ; Yura et Torres (1975).
4. Donaldson et Crowley (1978) ; Gortner (1980).

entre les concepts de personne et d'environnement : la discipline infirmière s'intéresse aux modèles de comportement de l'être humain en interaction avec son environnement dans le cadre d'événements courants et de situations déterminantes. La troisième proposition fait le lien entre les concepts de santé et de soins : la discipline infirmière s'intéresse aux interventions ou démarches de soins des infirmières qui permettent d'engendrer des modifications positives de l'état de santé. Finalement, la quatrième proposition relie entre eux les concepts de personne, d'environnement et de santé : la discipline infirmière s'intéresse à la totalité ou à la santé de l'être humain, reconnaissant que celui-ci interagit de manière continue avec son environnement.

Fonction

Les quatre concepts et les quatre propositions du métaparadigme infirmier indiquent les grands centres d'intérêt de la discipline infirmière. Étant donné que ces concepts et ces propositions représentent le niveau le plus élevé d'abstraction au sein de la structure des sciences infirmières, ils ne sont pas appropriés pour guider directement les activités professionnelles de l'infirmière. Cependant, ils constituent un cadre de référence pour la mission intellectuelle et sociale de la discipline infirmière.

Les critères d'évaluation pour modifier le métaparadigme infirmier

Fawcett (1992) a suggéré quatre critères pour évaluer la pertinence d'apporter des changements à la composition actuelle du métaparadigme infirmier. Ainsi, les quatre concepts et propositions sont susceptibles d'être modifiés pour autant que les changements envisagés satisfassent à ces quatre critères. Les modifications peuvent viser l'ajout, le remplacement ou le retrait de concepts ou de propositions.

Le premier critère concerne le caractère distinct du domaine disciplinaire couvert par le métaparadigme infirmier. Ainsi, les changements proposés doivent refléter la perspective unique des activités professionnelles de l'infirmière et favoriser le développement de connaissances propres à la discipline infirmière. Le deuxième critère insiste sur la parcimonie du domaine disciplinaire. Les modifications doivent proposer des concepts et des propositions globaux et non redondants. Le troisième critère se rapporte à la neutralité de l'orientation philosophique ou théorique du domaine disciplinaire. Les changements à apporter ne doivent pas privilégier des orientations reflétant une philosophie ou une théorie en particulier. Quant au quatrième critère, il souligne le caractère international du domaine disciplinaire couvert par le métaparadigme infirmier. Ainsi, les modifications suggérées ne doivent pas refléter des croyances ou des valeurs rattachées à des cultures ou des ethnies particulières.

D'après Fawcett (1995), les concepts et les propositions du métaparadigme actuel répondent tout à fait à ces quatre critères. Par ailleurs, d'autres auteures[5] ont suggéré de remplacer le concept soins par le concept *caring*, suscitant un intéressant débat scientifique. Le test des quatre critères visant à évaluer la pertinence de cette substitution révèle que trois d'entre eux ne sont pas satisfaits, soit le premier, le troisième et le quatrième. Le concept *caring* ne répond pas au caractère unique de la discipline infirmière puisque d'autres professionnels de la santé font aussi preuve de *caring* envers leur clientèle, tels les dentistes, les physiothérapeutes, les médecins, etc. Il ne satisfait pas non plus à la neutralité théorique du troisième critère puisqu'il reflète une vision particulière de la discipline infirmière[6]. En effet, plusieurs modèles conceptuels[7] font peu de cas d'une approche infirmière basée sur le *caring*. Finalement, le concept *caring* ne répond pas au caractère international du quatrième critère puisque les comportements liés à une approche de *caring* ne sont pas nécessairement applicables à divers pays et cultures[8].

En résumé, le métaparadigme infirmier correspond à la composante la plus abstraite de la structure des sciences infirmières. Les concepts de personne, d'environnement, de santé et de soins de même que les propositions qui les relient servent à délimiter le champ des connaissances propres aux sciences infirmières. Le dialogue sur la composition actuelle du métaparadigme demeure ouvert, et d'éventuels changements à sa composition restent possibles. Cependant, ces changements doivent reposer sur une argumentation rigoureuse s'inspirant des quatre critères mentionnés ci-dessus.

LES PHILOSOPHIES

Définition

Une philosophie signifie ici un ensemble d'énoncés se rattachant à des croyances ou à des valeurs[9]. Dans ce chapitre, le terme « philosophie » est

5. Leininger (1990) ; Watson (1990).
6. Leininger (1990) ; Watson (1990).
7. Johnson (1990) ; King (1989) ; Levine (1990) ; Neuman (1995) ; Orem (1991) ; Roy et Andrews (1991).
8. Mandelbaum (1991).
9. Kim (1989) ; Seaver et Cartwright (1977).

synonyme de « visions du monde[10] », de *world views* ou de paradigmes[11]. On trouve trois philosophies principales en sciences infirmières, soit la réaction, l'interaction réciproque et l'action simultanée[12]. Les tableaux 16.1, 16.2 et 16.3 (voir plus loin) offrent une synthèse de chacune de ces trois philosophies. Le tableau 16.4 (p. 323) propose quant à lui une classification des modèles conceptuels et des théories en fonction des philosophies sur lesquelles ils reposent.

La philosophie de la réaction

La philosophie de la réaction repose sur une vision morcelée de l'être humain. Les composantes biologiques, psychologiques, sociales et spirituelles de la personne sont considérées comme étant distinctes les unes des autres. La personne réagit aux stimuli de l'environnement d'une manière causale et linéaire. Les changements de comportements se font d'une façon prévisible et peuvent donc être maîtrisés. Le développement des connaissances est centré sur l'étude des phénomènes quantifiables ; on préconise donc l'utilisation de méthodes quantitatives.

Tableau 16.1

Philosophie de la réaction

- Vision morcelée de l'être humain : la personne est dissociée en composantes biologiques, sociales et spirituelles. Chaque composante est distincte des autres.
- La personne réagit aux stimuli de l'environnement de façon causale et linéaire.
- Les changements de comportements sont prévisibles, linéaires et maîtrisés au besoin.
- Le changement survient essentiellement pour la survie. Il est la conséquence d'antécédents prévisibles et maîtrisables.
- Importance d'étudier uniquement des phénomènes objectifs, isolés et définis.
- Le développement des connaissances est axé sur l'étude de phénomènes quantifiables.

Source : J. Fawcett, « From a plethora of paradigms to parsimony in world views », *Nursing Science Quarterly*, n° 6, 1993, p. 58. Reproduit avec permission.

10. Kérouac et autres (1994).
11. Fawcett (1995).
12. Fawcett (1993).

La philosophie de la réaction s'observe de façon partielle dans un seul modèle conceptuel, soit le modèle des systèmes[13]. Trois des concepts majeurs de ce modèle conceptuel reflètent la philosophie de la réaction, soit les concepts environnement créé, agents stressants et entropie. Les autres concepts s'insèrent à l'intérieur de la philosophie de l'interaction réciproque. Selon Neuman (1995), le concept environnement créé est défini comme étant la représentation symbolique de l'effet des stresseurs sur le système-client et se situe dans l'inconscient de la personne. Cette définition coïncide avec la philosophie de la réaction[14] puisque l'être humain se divise en parties conscientes et inconscientes, ce qui implique une vision morcelée de la personne. Les définitions suggérées par Neuman (1995) pour les concepts agents stressants et entropie reflètent aussi la philosophie de la réaction puisque la présence d'agents stressants entraîne nécessairement une réaction de la personne (réaction causale) et que l'entropie se manifeste en vase clos (changements prévisibles).

La philosophie de l'interaction réciproque

La philosophie de l'interaction réciproque présente une vision holistique de l'être humain. La personne est considérée comme une entité intégrée qui ne peut pas être divisée en parties distinctes. Elle est en interaction constante avec l'environnement, auquel elle réagit d'une façon active et spontanée. La personne peut ainsi modifier son environnement et, réciproquement, celui-ci peut l'inciter à changer certains comportements. On peut étudier les phénomènes selon plusieurs angles, en utilisant les méthodes quantitatives ou qualitatives. Les connaissances résultant de cette perspective philosophique tiennent compte des faits objectifs et de la perception subjective de l'expérience de la personne.

On trouve la philosophie de l'interaction réciproque dans les modèles conceptuels de Johnson, King, Levine, Neuman, Orem, Roy et dans les théories de Leininger, Orlando, Peplau et Watson (voir le tableau 16.4). La philosophie de l'interaction réciproque est la plus représentée dans les modèles conceptuels et les théories propres aux sciences infirmières.

13. Neuman (1995).
14. Fawcett (1995).

Tableau 16.2
Philosophie de l'interaction réciproque

- Vision holistique de l'être humain : la personne représente une entité intégrée qui ne peut être divisée en parties distinctes.
- La personne est en interaction constante et réciproque avec son environnement. Elle y réagit de façon active et spontanée.
- La réalité est multidimensionnelle, contextuelle et relative.
- Les changements se font en fonction de multiples facteurs antécédents.
- Le changement est probabiliste ; il peut se faire sur une base continue ou viser seulement la survie.
- L'étude des phénomènes s'effectue sous plusieurs angles grâce à l'utilisation de méthodes quantitatives et qualitatives.
- Le développement des connaissances est axé tant sur la perception subjective que sur l'évaluation objective de l'expérience de la personne.
- Importance accordée aux observations empiriques, aux vérifications méthodologiques et aux analyses statistiques.

Source : J. Fawcett, « From a plethora of paradigms to parsimony in world views », *Nursing Science Quarterly*, n° 6, 1993, p. 58. Reproduit avec permission.

La philosophie de l'action simultanée

La philosophie de l'action simultanée propose une vision unitaire de l'être humain selon laquelle l'environnement et la personne sont indissociables. La personne se compose de patrons de comportements, qui peuvent être tantôt organisés, tantôt désorganisés. La personne et l'environnement s'influencent mutuellement et continuellement. Les éventuels changements de patrons de comportements chez la personne se font en harmonie avec l'environnement et tendent essentiellement à atteindre un plus haut niveau d'organisation. Le développement des connaissances vise une meilleure compréhension de l'être en devenir grâce à la désignation de patrons de comportements. Cette philosophie accorde une importance particulière à l'expérience personnelle, expérience incluant les sentiments, les valeurs, les pensées et les choix de la personne.

La philosophie de l'action simultanée se reflète dans le modèle conceptuel de Rogers et dans deux théories infirmières, soit celles de Newman et de Parse (voir le tableau 16.4). Depuis environ une décennie, on note un intérêt grandissant pour les conceptualisations infirmières traduisant la philosophie de l'action simultanée[15].

15. Kérouac et autres (1994).

Tableau 16.3

Philosophie de l'action simultanée

- Vision unitaire de l'être humain (l'environnement et la personne sont indissociables).
- Les interactions entre la personne et son environnement sont réciproques (influence mutuelle et continuelle).
- Les changements de patrons de comportements chez la personne se font en harmonie avec l'environnement et visent essentiellement à atteindre un plus haut niveau d'organisation.
- La personne n'est observable que par l'intermédiaire de ses patrons de comportements, qui peuvent être tantôt organisés, tantôt désorganisés.
- Le développement des connaissances est principalement orienté vers une meilleure compréhension de l'être en devenir grâce à la définition de patrons de comportements.
- L'expérience personnelle est valorisée et fait référence à ses sentiments, ses valeurs, ses pensées et ses choix.

Source : J. Fawcett, « From a plethora of paradigms to parsimony in world views », *Nursing Science Quarterly*, n° 6, 1993, p. 58. Reproduit avec permission.

Tableau 16.4

Classification des modèles conceptuels et des théories en fonction des trois philosophies

	Philosophie de la réaction	Philosophie de l'interaction réciproque	Philosophie de l'action simultanée
Modèles	Neuman*	Johnson King Levine Neuman Orem Roy	Rogers
Théories		Leininger Orlando Peplau Watson	Newman Parse

* En référence à trois concepts du modèle de Neuman, soit l'environnement créé, les agents stressants et l'entropie.

Fonction

Dans la figure 16.1 (p. 316), les philosophies sont légèrement en retrait du métaparadigme infirmier et des modèles conceptuels. Cette position particulière indique qu'elles remplissent une fonction périphérique au sein de la structure des sciences infirmières. Les philosophies ne proposent pas une définition plus étroite du métaparadigme infirmier, mais elles guident les modèles conceptuels dans cette tâche. Autrement dit, elles ne définissent pas de façon plus précise les quatre concepts et propositions du métaparadigme infirmier, mais elles suggèrent des valeurs et des croyances dont les modèles conceptuels s'inspirent pour les définir. Par exemple, en se basant sur les valeurs et les croyances proposées par la philosophie de l'interaction réciproque, Orem (1991) définit la personne comme étant un être indivisible, activement engagé dans le maintien et la promotion des autosoins, et en lien constant avec son environnement.

LES MODÈLES CONCEPTUELS

Définition

Appliquée aux sciences infirmières, l'expression « modèle conceptuel » représente un ensemble de concepts et de propositions servant à orienter les activités professionnelles de l'infirmière et à guider le développement des connaissances scientifiques. Dans la littérature en sciences infirmières, l'expression « modèle conceptuel » est parfois utilisée de façon interchangeable avec les termes « cadre conceptuel », « paradigme » et « théorie ». Dans ce chapitre, nous conservons les expressions « modèle conceptuel » et « théorie », mais nous les considérons comme deux composantes distinctes.

À l'intérieur de la structure des sciences infirmières, les modèles conceptuels se situent entre le métaparadigme et les théories (voir la figure 16.1). Cette position indique que les concepts et les propositions appartenant à un modèle conceptuel sont plus concrets que ceux provenant du métaparadigme infirmier, mais ils demeurent cependant plus abstraits que ceux des théories infirmières.

Parmi les modèles conceptuels les plus reconnus en Amérique du Nord figurent le modèle des systèmes comportementaux[16], le modèle des systèmes généraux[17], le modèle de conservation[18], le modèle des systèmes[19], le cadre

16. Johnson (1980, 1990).
17. King (1980, 1990).
18. Levine (1969, 1991).
19. Neuman (1989, 1995).

des autosoins[20], le modèle de l'être humain unitaire[21] et le modèle d'adaptation[22]. L'auteur de chaque modèle conceptuel a construit sa vision originale de la discipline infirmière à partir de son expérience professionnelle et de ses réflexions personnelles, alimentées par la pensée de scientifiques de la discipline infirmière et d'autres disciplines.

Fonctions

Le modèle conceptuel remplit trois fonctions principales. La première fonction consiste à offrir une perspective globale et unique de la discipline infirmière. La deuxième fonction vise à clarifier de façon explicite la mission professionnelle des infirmières. Finalement, la troisième fonction réside dans l'augmentation des connaissances propres à la discipline infirmière.

En ce qui a trait à la première fonction, la perspective unique de chaque modèle conceptuel se traduit par un vocabulaire qui lui est propre et par sa vision originale de la discipline infirmière. Les concepts système-client et ligne flexible de défense[23], celui de déficit d'autosoins[24] et celui de champ énergétique[25] constituent des exemples d'une terminologie propre aux modèles conceptuels. Chaque modèle conceptuel structure à sa façon le centre d'intérêt de la discipline infirmière. Par exemple, le modèle des systèmes[26] est principalement axé sur les réactions aux agents stressants alors que celui des systèmes généraux[27] est orienté sur l'interaction sociale de l'individu au sein de son environnement. Selon Neuman (1995), le but des actions infirmières est de favoriser un bien-être optimal alors qu'il consiste, selon King (1992), à aider la personne à maintenir un état de santé lui permettant de satisfaire aux exigences liées à ses rôles sociaux.

Pour ce qui est de la deuxième fonction, la clarification explicite de la mission professionnelle des infirmières vient compléter la conception personnelle, fréquemment implicite, que chaque infirmière a de ses propres activités professionnelles. L'utilisation d'un modèle conceptuel au sein de la pratique infirmière permet de distinguer la mission professionnelle des infirmières de celle des autres professionnels de la santé, de préciser les services professionnels offerts au public par les infirmières, d'encadrer étroitement

---

20. Orem (1971, 1991).
21. Rogers (1970, 1990).
22. Roy (1976) ; Roy et Andrews (1991).
23. Neuman (1995).
24. Orem (1991).
25. Rogers (1990).
26. Neuman (1995).
27. King (1992).

les responsabilités professionnelles des infirmières et de fournir des paramètres pertinents quant à l'évaluation de la qualité de ces services. Par exemple, un établissement de réadaptation pourrait limiter sa mission spécifique des soins infirmiers à la gestion des déficits d'autosoins[28], alors qu'un centre d'hébergement pour personnes âgées pourrait privilégier les activités infirmières axées sur la prévention primaire, secondaire et tertiaire des stresseurs liés au vieillissement[29].

En ce qui concerne la troisième fonction, l'augmentation des connaissances propres à la discipline infirmière est intimement liée aux activités de recherche découlant du modèle conceptuel. Les résultats des recherches dérivant d'un modèle conceptuel permettent d'en connaître davantage sur des thématiques propres à celui-ci. Par exemple, les études basées sur le modèle des systèmes visent particulièrement à définir des catégories d'agents stressants et à évaluer l'efficacité d'interventions infirmières de type primaire, secondaire et tertiaire sur la stabilité du système-client. Ainsi, l'utilisation d'un modèle conceptuel contribue à l'établissement d'un corpus distinct de connaissances.

Les liens avec la structure des sciences infirmières

Selon Fawcett (1995), les sciences infirmières s'inscrivent à l'intérieur d'un seul métaparadigme. Plusieurs modèles conceptuels découlent de cet unique métaparadigme, ce qu'indique l'annotation 1… *n* à la figure 16.1 (p. 316). Les croyances et les valeurs sur lesquelles reposent les modèles conceptuels proviennent généralement d'une des trois philosophies présentes en sciences infirmières. Ces trois composantes au sein de la structure sont comparables aux principales parties d'une paire de lunettes : la monture correspond au métaparadigme, les deux verres constituent le modèle conceptuel et la teinte des verres reflète la philosophie particulièrement représentée dans le modèle.

Grâce à la présence de plusieurs modèles conceptuels, il existe donc plusieurs façons de transposer plus concrètement le métaparadigme infirmier. Cela illustre bien l'ouverture scientifique et le pluralisme qui caractérisent la discipline infirmière. À titre d'exemples, le concept personne correspond à un système adaptatif[30] ou à un agent d'autosoins[31], ou bien à un champ

28. Orem (1991).
29. Neuman (1995).
30. Roy et Andrews (1991).
31. Orem (1991).

énergétique[32]. Le concept environnement est considéré soit comme une source d'agents stressants[33], soit comme un milieu de ressources[34]. Le concept santé se situe sur un continuum allant de l'adaptation à la mauvaise adaptation[35] ou bien il correspond à la stabilité du système-client[36], ou encore il représente une valeur préconisée par un groupe culturel[37]. Dérivant directement de la définition de la santé offerte par le modèle conceptuel, le but des actions infirmières diffère également d'un modèle à l'autre. Selon Neuman (1995), le but des actions infirmières vise à faciliter une stabilité optimale du bien-être du système-client en conservant, en rétablissant et en maintenant la stabilité de celui-ci, alors que pour Orem (1991) il consiste à aider les personnes à satisfaire leurs demandes thérapeutiques d'autosoins. Par ailleurs, tous les modèles conceptuels proposent une démarche ou un processus de soins comprenant les étapes suivantes : évaluation de l'état de santé de l'individu, formulation des objectifs de soins, planification des interventions infirmières et détermination de l'efficacité des soins sur l'état de santé de l'individu. Cependant, chaque modèle conceptuel propose des concepts distincts pour structurer et évaluer la démarche de soins. Ainsi, l'évaluation des agents stressants perçus par l'individu et l'infirmière est une composante essentielle de la démarche de soins selon Neuman (1995). Pour sa part, Orem (1991) considère l'évaluation de la capacité d'autosoins, l'évaluation de la demande thérapeutique d'autosoins et celle des déficits d'autosoins comme les paramètres centraux à utiliser au moment de l'application de la démarche de soins.

LES THÉORIES

Définition

Une théorie est un ensemble de concepts et de propositions relativement concrets visant à comprendre ou à caractériser un phénomène[38]. La pertinence de différencier les modèles conceptuels des théories fait actuellement l'objet d'une controverse en sciences infirmières. Certains auteurs[39] considèrent que les modèles conceptuels et les théories sont des représentations

32. Rogers (1990).
33. Neuman (1995).
34. Rogers (1990).
35. Roy et Andrews (1991).
36. Neuman (1995).
37. Rogers (1990).
38. Barnum (1994).
39. Chinn et Kramer (1995) ; Kérouac et autres (1994).

théoriques semblables, alors que d'autres[40] les conçoivent comme deux entités différentes. C'est cette dernière conception que nous retenons dans ce chapitre. Les théories sont donc considérées ici comme des représentations plus concrètes que les modèles conceptuels mais plus abstraites que les indicateurs empiriques. Suivant cette définition, les théories s'insèrent donc entre les modèles conceptuels et les indicateurs empiriques (voir la figure 16.1, p. 316).

Les familles de théories

Il existe deux grandes familles de théories en sciences infirmières. Dans la première famille, les théories sont apparentées selon leurs niveaux d'abstraction et de spécificité. Deux catégories de théories en font partie : les théories à large spectre et les théories de niveau intermédiaire. La théorie de l'universalité et de la diversité du soin culturel[41], la théorie de l'être humain en devenir[42] et la théorie de la santé en tant qu'expansion de la conscience[43] sont toutes des théories à large spectre. La théorie de la démarche réfléchie de soins[44], la théorie sur les relations interpersonnelles[45] et la théorie du soin humain[46] représentent trois théories de niveau intermédiaire.

La deuxième famille rassemble les théories en fonction de leurs origines disciplinaires, c'est-à-dire celles provenant de la discipline infirmière et celles empruntées à des disciplines connexes. Plusieurs théories sont issues des sciences infirmières, telles la théorie de l'universalité et de la diversité du soin culturel, celle de l'être humain en devenir, celle de la santé en tant qu'expansion de la conscience, celle de la démarche réfléchie de soins, celle sur les relations interpersonnelles et enfin la théorie du soin humain. Ces théories sont considérées comme étant exclusives, « uniques » aux sciences infirmières. Par ailleurs, la théorie de *stress-coping* de Lazarus et Folkman (1984) et celle de l'attribution causale de Weiner (1985) représentent deux théories empruntées. Elles sont fréquemment utilisées en sciences infirmières et proviennent de la psychologie.

40. Johnson (1974) ; Reilley (1975) ; Rogers (1970).
41. Leininger (1991).
42. Parse (1981, 1992).
43. Newman (1990).
44. Orlando (1961).
45. Peplau (1952, 1992).
46. Watson (1985).

Les théories à large spectre et les théories de niveau intermédiaire

En opposition aux modèles conceptuels qui transposent l'ensemble du métaparadigme, c'est-à-dire ses quatre concepts et propositions, les théories à large spectre et celles de niveau intermédiaire concernent des aspects particuliers du métaparadigme. La théorie à large spectre de Newman (1990) se rapporte à un seul concept du métaparadigme, soit celui de santé. Quant à la théorie de niveau intermédiaire de Watson (1985), elle propose une explication de la relation entre l'infirmière et le patient et repose sur deux des quatre concepts du métaparadigme, soit les concepts de personne et de soins. Ainsi, ces deux théories offrent une étendue plus restreinte de la compréhension du métaparadigme.

Comme nous l'avons mentionné ci-dessus, les théories sont des représentations plus concrètes que les modèles conceptuels. Cependant, toutes les théories n'ont pas le même niveau d'abstraction. Les théories de niveau intermédiaire sont des représentations plus concrètes que les théories à large spectre. Ainsi, le niveau d'abstraction des théories à large spectre s'apparente davantage à celui des modèles conceptuels qu'à celui des théories de niveau intermédiaire. Les modèles conceptuels et les théories à large spectre ne peuvent pas être observés ou mesurés directement (voir la figure 16.2). C'est seulement par l'entremise d'une théorie de niveau intermédiaire qu'ils peuvent s'appliquer directement aux activités professionnelles de l'infirmière. À titre d'exemple, Leininger (1991) a clairement indiqué que sa théorie de l'universalité et de la diversité du soin culturel ne pouvait être testée directement. Elle demande à être reliée à des théories de niveau intermédiaire. Cela est compréhensible puisque les concepts et les propositions de sa théorie sont trop abstraits pour être mesurés directement. Ils nécessitent des composantes intermédiaires, c'est-à-dire des concepts et des propositions provenant d'une théorie de niveau intermédiaire.

Les théories de niveau intermédiaire sont suffisamment concrètes et spécifiques pour être directement utilisées dans les activités professionnelles de l'infirmière. En d'autres termes, aucune autre proposition intermédiaire ni aucun concept n'est requis pour l'utilisation pratique de cette catégorie de théorie. Cependant, en étant plus facilement applicable, l'objet d'étude de la théorie de niveau intermédiaire est aussi plus restreint. Par exemple, la théorie sur le statut fonctionnel au cours de la période périnatale[47] propose une compréhension très précise du concept de statut fonctionnel[48], mais dans le contexte limitatif de l'expérience de la maternité. Un autre exemple de théorie de niveau intermédiaire est la théorie sur les relations interpersonnelles,

---

47. Tulman, Fawcett et Myers (1988).
48. Roy (1984).

Figure 16.2

Comparaison du niveau d'abstraction d'un modèle conceptuel, d'une théorie à large spectre et d'une théorie de niveau intermédiaire

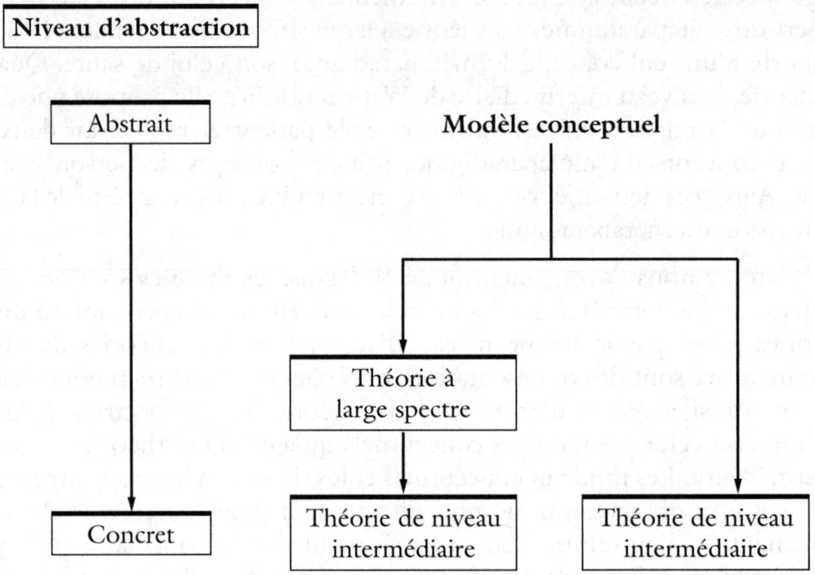

qui offre une description détaillée des quatre phases de la relation entre l'infirmière et le client. Toutefois, d'autres aspects de la relation d'aide ne sont pas considérés dans cette théorie tels que le développement d'attitudes thérapeutiques chez l'infirmière ou les caractéristiques spécifiques du patient et de l'infirmière influant sur la relation entre les deux. La théorie sur les relations interpersonnelles se révèle donc très concrète dans sa description précise de la relation entre l'infirmière et le client, mais elle demeure aussi très restreinte dans son étendue puisqu'elle se rapporte uniquement au déroulement de cette relation.

Les théories uniques aux sciences infirmières et les théories empruntées

En général, les théories uniques aux sciences infirmières découlent d'un modèle conceptuel infirmier. Cependant, trois théories sont tout de même considérées comme étant uniques aux sciences infirmières bien qu'elles ne dérivent pas d'un modèle conceptuel infirmier clairement défini. Ces trois théories sont celles de Peplau (1952), de Watson (1985) et de Leininger (1991). En s'attachant particulièrement à certains concepts et propositions du métaparadigme, les auteures de ces théories n'ont pas élargi leurs travaux à l'ensemble des quatre concepts et propositions qui sont toujours définis à l'intérieur d'un modèle conceptuel[49]. Autrement dit, Leininger, Peplau et Watson ont axé leurs réflexions théoriques sur certains concepts et propositions du métaparadigme. Étant donné que ces théories ont été élaborées précisément pour constituer un corpus de connaissances propres aux sciences infirmières, elles sont considérées comme uniques à celles-ci.

Une théorie empruntée peut être rattachée ou non à un modèle conceptuel appartenant aux sciences infirmières. Lorsqu'elle y est rattachée, les résultats de recherche contribuent à la fois à tester la crédibilité du modèle conceptuel et à vérifier l'application de la théorie empruntée dans le contexte de la profession infirmière. Lorsque la théorie empruntée n'est rattachée à aucun modèle conceptuel en sciences infirmières, les résultats ne servent qu'à vérifier l'application de la théorie empruntée dans le contexte de la profession infirmière. Dans les deux cas, si les résultats de recherche confirment les bases de la théorie empruntée dans le domaine infirmier, alors celle-ci devient une théorie partagée par les deux disciplines. Un exemple de l'utilisation d'une théorie empruntée non rattachée à un modèle conceptuel infirmier est le programme de recherche de Lowery et ses collègues (1987) visant à vérifier l'application de la théorie sur l'attribution[50] auprès de personnes souffrant d'arthrite, de diabète, d'hypertension et d'infarctus du myocarde. Les résultats de recherche ont révélé que les personnes ne recherchent pas systématiquement les causes de leur maladie pour donner un sens à leur vie, et cela contrairement à la proposition centrale de la théorie. En s'appuyant sur ces résultats, la théorie sur l'attribution ne constitue pas actuellement une théorie partagée par la psychologie et la discipline infirmière. D'autres études sont requises afin de tester une version modifiée et adaptée de cette théorie dans le contexte de la discipline infirmière ou de documenter son rejet éventuel. Par ailleurs, l'utilisation de la théorie de l'efficacité personnelle perçue[51] est prometteuse pour la discipline infirmière. Plusieurs résultats de recherche[52] soutiennent cette théorie en tant que théorie partagée par la psychologie et la discipline infirmière.

Une théorie unique ou empruntée est également classifiée selon son niveau d'abstraction. Ainsi, une théorie unique peut présenter un large spectre ou bien se situer à un niveau intermédiaire. Il en va de même pour une théorie empruntée. La théorie de la santé en tant qu'expansion de la conscience et la théorie de l'être humain en devenir sont deux théories uniques à large

49. Fawcett (1995).
50. Weiner (1985).
51. Bandura (1982).
52. Froman et Owen (1990) ; Hickey, Owen et Froman (1992).

spectre qui dérivent du modèle de l'être humain unitaire[53]. La théorie du statut fonctionnel de femmes souffrant d'un cancer du sein[54] est un exemple de théorie unique de niveau intermédiaire qui découle du modèle d'adaptation de Roy[55]. La théorie de *stress-coping* de Lazarus et Folkman (1984) représente, quant à elle, une théorie empruntée de niveau intermédiaire.

Les liens avec la structure des sciences infirmières

Les définitions et les propositions offertes par un modèle conceptuel demeurent très abstraites et générales. C'est seulement par l'intermédiaire de théories qu'il est possible d'utiliser les modèles conceptuels au sein des activités professionnelles de l'infirmière. L'articulation théorique entre les modèles conceptuels et les théories revêt donc une importance capitale. La compréhension de cette articulation demande un bon effort de conceptualisation et une certaine maîtrise des connaissances actuelles en sciences infirmières. L'exemple suivant ne constitue qu'une introduction aux liens théoriques qu'il est nécessaire d'établir entre les modèles conceptuels et les théories. Tel qu'il est représenté dans le modèle des systèmes, le concept ligne flexible de défense signifie un mécanisme protecteur visant à empêcher l'invasion d'agents stressants chez la personne. La ligne flexible de défense est une représentation mentale abstraite qu'on ne peut observer directement. On doit donc sélectionner un concept intermédiaire afin de l'utiliser concrètement dans les activités professionnelles, par exemple dans le cadre d'une collecte de données. Le concept intermédiaire choisi doit absolument refléter la définition du concept abstrait proposée par le modèle. Ici, le concept de stratégies adaptatives peut être lié au concept de ligne flexible de défense puisque les recherches antérieures ont démontré son caractère protecteur chez l'individu. On posera donc des questions sur les stratégies adaptatives au moment de l'évaluation clinique de la personne. On comprend aisément qu'interroger la personne sur l'efficacité de sa ligne flexible de défense n'aurait aucun sens pour elle. L'utilisation de concepts appartenant à une théorie de niveau intermédiaire dérivant du modèle conceptuel choisi s'avère donc nécessaire afin de vérifier la valeur de ce modèle pour les activités professionnelles. Une conceptualisation de niveau intermédiaire est également requise afin d'utiliser un ou des concepts provenant d'une théorie à large spectre.

53. Rogers (1970, 1980).
54. Tulman et Fawcett (1990).
55. Roy et Andrews (1991).

Puisque le niveau d'abstraction est différent au sein d'un modèle conceptuel et d'une théorie, il constitue un important repère pour les distinguer l'un de l'autre. Si le but de la représentation est de proposer un corpus distinct de connaissances basé sur une vision abstraite et générale de l'ensemble du métaparadigme, il s'agit d'un modèle conceptuel. Si la représentation vise à développer de façon relativement globale un aspect particulier du métaparadigme, il s'agit d'une théorie à large spectre. Finalement, si la représentation vise de façon précise à décrire, expliquer ou prédire un phénomène spécifique et concret, il s'agit d'une théorie de niveau intermédiaire.

LES INDICATEURS EMPIRIQUES

Définition

Les indicateurs empiriques constituent la cinquième et dernière composante de la structure des sciences infirmières. Ils peuvent représenter des instruments de recherche ou bien des procédures expérimentales. Ces deux types d'indicateurs sont habituellement liés à des concepts appartenant à une théorie de niveau intermédiaire.

Comme le montre la figure 16.1 (p. 316), une ligne pointillée relie les théories aux indicateurs empiriques. Cela signifie que les indicateurs empiriques ne représentent pas des entités théoriques, comme les modèles et les théories, mais sont des outils concrets qu'on peut utiliser dans toutes les activités professionnelles de l'infirmière. Ils appartiennent au domaine de l'expérimentation plutôt qu'au domaine théorique.

Fonction

Les indicateurs empiriques servent à évaluer les concepts d'une théorie de niveau intermédiaire ou à les engendrer. Par exemple, le « Relationship Form[56] » mesure le concept relation infirmière-patient proposé par la théorie sur les relations interpersonnelles. Les quatre phases de la relation entre l'infirmière et le patient de cette théorie de niveau intermédiaire (l'orientation, l'identification, l'exploitation et la résolution) sont évaluées par cet indicateur empirique.

Certaines étapes de la démarche de soins peuvent bénéficier de l'utilisation d'un ou de plusieurs indicateurs empiriques reconnus pour leur rigueur

56. Forchuk et Brown (1989).

scientifique. Ainsi, une série d'indicateurs empiriques pourrait servir à mesurer une situation problématique de soins au moment de la collecte des données ou de l'évaluation des résultats liés aux interventions infirmières. Par exemple, en se basant sur le modèle des systèmes, l'infirmière pourrait évaluer l'effet des agents stressants liés au soutien familial sur le système-client d'une mère dont le fils est atteint de schizophrénie[57]. Dans ce contexte, la clinicienne lierait les concepts provenant du modèle conceptuel, ceux provenant de la théorie de niveau intermédiaire et les indicateurs empiriques qui s'y rattachent. Les concepts provenant du modèle des systèmes pourraient être les agents stressants intrapersonnels, interpersonnels, extrapersonnels et les lignes flexible et normale de défense[58]. Les concepts provenant de la théorie de niveau intermédiaire pourraient être la réaction de deuil, le niveau de fonctionnement familial, le degré de satisfaction à l'égard des ressources psychiatriques, les stratégies adaptatives et l'état de santé mentale. Ainsi, la réaction de deuil de la mère quant aux limites de la maladie de son fils pourrait correspondre à un agent stressant intrapersonnel ; le niveau de fonctionnement de la famille perçu par la mère pourrait représenter un agent stressant interpersonnel ; le degré de satisfaction de la mère à l'égard des ressources psychiatriques utilisées par son fils pourrait correspondre à un agent stressant extrapersonnel ; les stratégies adaptatives utilisées par la mère pourraient représenter la ligne flexible de défense ; enfin, l'état de santé mentale de la mère pourrait correspondre à la ligne normale de défense. La théorie intermédiaire consiste donc à mesurer l'effet du deuil, du niveau de fonctionnement familial, du degré de satisfaction quant aux ressources psychiatriques et des stratégies adaptatives sur l'état de santé mentale de la mère.

En fait, chaque concept de la théorie de niveau intermédiaire devrait être mesuré par un indicateur empirique. Par exemple, la réaction de deuil pourrait être évaluée par le « Mental Illness Version of the Texas Inventory of Grief[59] », le niveau de fonctionnement familial, par le « Family Assessment Device[60] », le degré de satisfaction à l'égard des ressources psychiatriques, par le « Client Satisfaction Questionnaire[61] », les stratégies adaptatives, par le « Ways of Coping[62] » et l'état de santé mentale, par l'« Indice de détresse émotionnelle[63] ». En résumé, le rattachement d'indicateurs empiriques à des concepts issus d'une théorie de niveau intermédiaire, eux-mêmes associés à

57. Provencher, Fournier et Dupuis (1997).
58. Neuman (1995).
59. Miller et autres (1990).
60. Miller et autres (1985).
61. Perreault et autres (1993).
62. Folkman et Lazarus (1988).
63. Préville et autres (1992).

des concepts provenant d'un modèle conceptuel infirmier, permet d'enrichir le caractère scientifique de la collecte de données et de documenter empiriquement l'efficacité des interventions cliniques.

CONCLUSION

La contribution particulière de la discipline infirmière au bien-être de la population est intimement liée à sa capacité d'entretenir des liens étroits et réciproques entre ses deux principales constituantes, soit les sciences infirmières et la profession infirmière. La structure des sciences infirmières est hiérarchisée en fonction du niveau d'abstraction de ses cinq composantes.

Le métaparadigme infirmier précise les centres d'intérêt de la discipline. En s'appuyant sur des philosophies, les modèles conceptuels proposent des orientations quant à la transposition de l'ensemble du métaparadigme dans la profession alors que les théories à large spectre n'en permettent qu'une transposition partielle. En général, les théories de niveau intermédiaire découlent de modèles conceptuels ou de théories à large spectre. Les théories à large spectre et celles de niveau intermédiaire peuvent être uniques à la discipline infirmière ou empruntées à des disciplines connexes. Les théories de niveau intermédiaire constituent des composantes intermédiaires essentielles à la transposition des modèles conceptuels et des théories à large spectre dans le secteur professionnel. Associés à des indicateurs empiriques, les concepts provenant de théories de niveau intermédiaire sont directement applicables dans les activités professionnelles.

Cinquième partie

Les conditions de la reconnaissance sociale de la profession et de la discipline infirmières

Au seuil du XXIe siècle, la reconnaissance sociale de la profession infirmière est à rechercher dans un esprit de collaboration et non plus dans le sens de l'exclusivité. Collaboration et partenariat sont réclamés à grands cris par tous ceux qui s'intéressent au fonctionnement efficace et harmonieux du système de santé. Pour la formation comme pour la recherche, on peut y voir l'occasion d'une certaine révolution, la quête d'identité professionnelle et d'autonomie ayant jusqu'ici largement évolué en fonction d'une exclusivité inhérente à l'histoire des soins infirmiers. En ce qui a trait à la formation, cette nouvelle orientation s'ajoute à d'autres exigences pour justifier une remise en question de la formation initiale. Quant à la recherche, il faut bien admettre que le savoir est universel et qu'il n'appartient pas en exclusivité à une discipline, bien que la notion de discipline soit par définition basée sur un savoir spécialisé.

Convaincue que la collaboration entre professionnels constitue un choix obligé dans le système de santé à venir, Danielle D'Amour définit, dans le chapitre 17, la notion de collaboration et expose la nature des enjeux liés à sa mise en pratique, alors que se cachent derrière ce concept des valeurs sous-jacentes déterminantes. L'auteure traite ensuite des différentes formes de collaboration entre professionnels, de leurs particularités et des défis qu'elles recèlent. Elle termine en présentant un modèle d'analyse permettant de comprendre la dynamique même des processus de collaboration.

Tous les changements survenus dans l'univers de la santé sont à l'origine d'une volonté de renouvellement de la formation infirmière qui prend quelquefois l'allure d'une demande d'actions radicales en ce sens. L'intention est claire ; la pertinence sociale de la profession exige une transformation de la formation de manière à l'adapter aux nouvelles orientations en santé et aux progrès de la science et de la technologie afin de consolider les fondements de la pratique, d'assurer le développement de la recherche et de supporter les nouveaux modes de gestion. Olive Goulet évoque au chapitre 18 les défis engendrés par l'évolution du savoir et de la technologie, la réforme du système de santé et le virage ambulatoire, de même que par leurs retombées sur la pratique infirmière qui sont elles aussi susceptibles d'exiger au moins une adaptation, et peut-être même un renouvellement de la formation. L'auteure considère, avec une attention toute particulière à la formation initiale, les conditions auxquelles la formation, compte tenu de l'état de son développement actuel, pourra relever les défis qui l'attendent, en respectant la nature de la discipline infirmière.

Enfin, comme la recherche est d'une importance capitale pour assurer la reconnaissance sociale de la profession et de la discipline infirmières, Francine Ducharme annonce dans le chapitre 19 les perspectives qui se dessinent dans le domaine de la recherche en soins infirmiers. Elle définit la notion de recherche dans ce secteur d'activité, les influences paradigmatiques qu'elle a subies par le passé et qu'elle subit encore, ainsi que les possibilités et les contraintes qui se présentent aux chercheuses dans la conjoncture actuelle. L'auteure relève quelques défis importants liés à l'interdisciplinarité, au partenariat et aux liens à resserrer entre recherche et pratique, et aborde la question controversée de la pratique basée sur des données probantes, dont la définition ne fait pas l'unanimité. Elle identifie enfin les avenues qui s'ouvrent à la recherche au seuil du troisième millénaire.

Dix-septième chapitre

La collaboration professionnelle : un choix obligé

DANIELLE D'AMOUR

INTRODUCTION

Notre vie active se passe pour ainsi dire toujours dans des espaces collectifs tels que les lieux de travail, d'éducation, de loisirs et de soins. Dans chacun de ces lieux nous entrons en relation constante avec d'autres personnes. Une partie importante de ces rapports se fera avec des collègues de travail dans des organisations où nous occupons une fonction, où nous prodiguons un service, ou encore où nous fabriquons un produit.

Ces rapports prennent bien sûr de multiples formes, ils peuvent être simples ou complexes, à l'image de la complexité de la vie professionnelle. Ainsi en est-il de l'une des composantes de cette vie collective : la collaboration. Voici un terme qui exprime dans son essence même l'idée de partage. D'emblée, il suppose une action collective. D'emblée, il suppose que cette action sera orientée vers un même but. D'emblée, il induit un esprit d'entente, d'harmonie et de confiance, puisque c'est ce que l'on pressent chez des personnes qui décident de travailler ensemble pour mener à bien une tâche commune. C'est donc un terme simple, chargé d'un sens fondamental lui aussi très simple.

Le sens premier du mot « collaborer » a évolué. D'acte fortuit, spontané, inspiré d'altruisme, il est peu à peu devenu dans nos organisations un acte nécessaire, organisé, formalisé et sur lequel on réfléchit dans le but d'accroître l'effet positif principal qu'on lui attribue : l'efficience. De la simple vertu qu'il était, il est devenu une nécessité. C'est ce parcours que ce chapitre tentera de décrire.

Cette évolution est le fait de conditions particulières sur lesquelles il importe de s'attarder. Il faut noter les bouleversements radicaux que connaît le système de santé en réponse à des besoins croissants et à des ressources humaines et financières qui ne permettent plus de répondre à ces besoins. Au Canada et au Québec, de nombreuses révisions du système de santé sont actuellement en cours : fusion d'établissements, virage ambulatoire, refonte des services de première ligne. Pour le moment, ces changements se font principalement sur le plan des structures mais ils nécessitent aussi une transformation fondamentale des valeurs et des pratiques professionnelles, dont celles qui consistent à passer d'une logique de compétitivité à une nouvelle logique, celle de la collaboration entre professionnels et entre établissements de santé.

Un tel changement n'est pas chose aisée à mettre en place. D'abord parce que le terme même « collaborer » prend plusieurs significations dont les implications ne sont pas claires pour tous les partenaires. Puis parce qu'il est toujours difficile de changer des façons de faire et de remettre en question des acquis que l'on ne voudra pas bouleverser sans de très bonnes raisons. Et enfin, parce que tout cela suppose également l'acquisition et le partage de nouvelles valeurs professionnelles. Et tout cela ne va pas de soi.

Dans la première partie du chapitre, nous veillerons à définir la notion de collaboration. Nous exposerons également la nature des enjeux qui naissent de sa mise en pratique. Nous verrons alors que derrière ce concept se cachent des valeurs sous-jacentes fortes et déterminantes. La deuxième partie de ce chapitre abordera la question des différentes formes de collaboration entre professionnels, les particularités qu'elles présentent et les défis qu'elles soulèvent. Nous terminerons par la présentation d'un modèle d'analyse permettant de comprendre la dynamique même des processus de collaboration.

QU'EST-CE QUE LA COLLABORATION ?

Un peu d'histoire

Ce n'est que dans les années 40 que la notion de travail d'équipe a fait son apparition dans le domaine de la santé, d'abord en réadaptation, puis en santé mentale. Et ce n'est qu'au début des années 70 que le travail interprofessionnel est devenu largement souhaité dans tous les domaines. C'est à ce moment qu'on a vu apparaître au Canada des cliniques qui regroupaient plusieurs types de professionnels dans les services de première ligne. Le Québec a quant à lui innové avec l'implantation, à l'échelle de la province, des centres locaux de services communautaires (CLSC), un modèle d'organisation qui faisait de la collaboration interprofessionnelle l'une de ses pierres d'assises[1]. Les CLSC regroupaient en effet des professionnels du domaine de la santé et du social.

Au même moment, aux États-Unis, les planificateurs de la santé s'inquiétaient du manque de ressources médicales dans les services de première ligne. Une des solutions prônées alors était une meilleure attribution des ressources infirmières. Trois commissions d'étude furent donc mises sur pied pour étudier la notion de pratique conjointe (*joint practice*)[2]. À la suite de l'élaboration de cette pratique naissait la fonction d'infirmière praticienne (*nurse practitioner*). Il devenait alors possible à ces praticiennes d'assumer une certaine partie des responsabilités réservées jusque-là exclusivement aux médecins, engageant ainsi un véritable travail de collaboration avec ces derniers.

Une observation s'impose entre les deux expériences. Dans un cas, celui du Québec, des structures de collaboration interprofessionnelle qui n'existaient pas auparavant furent établies. On espérait qu'il en résulterait une action de soin qualitativement supérieure. Les territoires des groupes professionnels n'étaient toutefois pas modifiés. Dans le cas de l'expérience américaine, la collaboration était le fruit d'un changement majeur dans la répartition des champs professionnels respectifs de l'infirmière et du médecin, ce dernier concédant le partage d'une certaine partie de son champ professionnel afin de permettre cette collaboration. Il y a là une différence majeure de conception qu'il importe de souligner.

Les groupes professionnels ont vu leurs droits s'accroître au fil des ans, renforçant les ordres professionnels correspondants qui, à leur tour, et pour des raisons de protection des intérêts du public et de leurs propres membres, ont rendu de plus en plus étanches les frontières de leur champ professionnel particulier[3]. C'est sur ce terreau que le débat actuel sur la collaboration interprofessionnelle est posé. Mais les choses commencent à changer. Ainsi, l'Ontario a mis en application une mesure semblable à celle des États-Unis quant à la pratique conjointe entre médecins et infirmières praticiennes[4]. Le Québec est quant à lui en retard à ce propos. Il faut toutefois signaler qu'un

---

1. Brunet et Vinet (1978).
2. Sullivan (1998) ; Ritter (1983).
3. Abbott (1988).
4. Way et autres (2001).

groupe de travail ministériel a produit un rapport sur la révision du système professionnel et le partage des territoires[5]. L'avenir dira si ce rapport aura des suites.

Depuis le début des années 90, en fait depuis que le système de santé est engorgé de façon chronique, les décideurs politiques et les gestionnaires prônent avec insistance des moyens de le rendre plus performant. Ces moyens sont très souvent l'expression d'une forme ou d'une autre de collaboration : 1) établissement de réseaux intégrés de soins permettant aux clients de passer d'une organisation à une autre sans bris de continuité de soins et dont la condition sous-jacente est une collaboration entre les professionnels des différents établissements ; 2) mise en place d'une structure de gestion par programmes plutôt que par groupes professionnels, ainsi que cela se fait traditionnellement ; 3) instauration de séjours de courtes durées permettant que des soins ayant commencé dans un établissement puissent se poursuivre dans un autre ; 4) introduction de la notion d'intervenant pivot dont la tâche est de coordonner les soins dispensés par plusieurs intervenants, et 5) plus récemment, une proposition prônant la mise sur pied de groupes de médecine de famille[6] fondés en grande partie sur la collaboration entre médecins et infirmières cliniciennes ou praticiennes[7].

Quelle que soit la structure établie ou l'appellation donnée, toutes ces innovations dans le domaine de la santé font appel à la notion de collaboration, une notion située bien au-delà de ces structures. La collaboration est au départ un acte volontaire, elle ne peut être forcée. Mais peut-elle être organisée ? Qu'en est-il vraiment de la collaboration ? Dans quelle mesure les professionnels de la santé collaborent-ils ? Quelle définition donnent-ils à cette notion ? Quels sont les éléments qui pourraient faciliter une pratique de collaboration ? Telles sont les questions que nous voulons aborder dans les pages qui suivent.

Exploration du concept de collaboration

Il arrive souvent que les objets d'étude génèrent un foisonnement de vocables nouveaux dont il importe de clarifier la signification. Précisons que nous éviterons d'utiliser les termes « interdisciplinarité » et « multidisciplinarité », qui réfèrent au partage dans une perspective de développement de nouvelles connaissances, en particulier par le moyen de la recherche. Ces connaissances

5. Groupe ministériel de travail sur les professions de la santé et des relations humaines, Rapport Bernier (2001).
6. Commission d'étude sur les services de santé et les services sociaux (2000).
7. D'Amour (2001).

peuvent même mener à la création d'un champ de recherche inédit duquel naissent de nouvelles disciplines ; c'est ainsi que sont nées la biochimie, la bioéthique et la neuropsychologie.

Nous avons choisi d'éviter ces termes, car notre propos porte sur le partage dans une perspective de pratiques communes. Il nous semble plus approprié, en l'occurrence, d'utiliser la notion de collaboration interprofessionnelle qui réfère à cet ensemble d'actes par lesquels des individus d'une même profession ou de professions différentes, et d'une même organisation ou d'organisations différentes, établissent des pratiques communes dans la perspective convenue de rendre leur action plus efficiente. Ainsi, simplement posée, la collaboration serait un acte collectif de personnes aux connaissances, expériences et provenances diverses dont on attend qu'elles produisent un résultat global qualitativement supérieur à la somme des actes posés par chacune prise séparément.

Quand arrive le temps de mettre la chose en pratique cependant, on constate que l'une des difficultés importantes réside dans ce que chacun comprend par cette notion, et, par conséquent, dans ce que chacun est prêt à mettre dans le « panier » de la collaboration. Pour certains, ce sera un simple échange d'information pendant que d'autres iront jusqu'à parler de partage de la prise de décision. On comprendra que de tels écarts généreront des attentes et des formes multiples de collaboration. Ivey et ses collègues (1988) ont relevé divers degrés de collaboration (voir la figure 17.1).

Aussi est-il important d'aller plus loin dans ce que l'on entend précisément par « collaboration », en commençant par nous demander s'il existe une définition scientifique de ce concept. Les écrits abondent à ce sujet. King (1990) définit la collaboration comme le fait de partenaires qui partagent

Figure 17. 1

Les divers degrés de collaboration

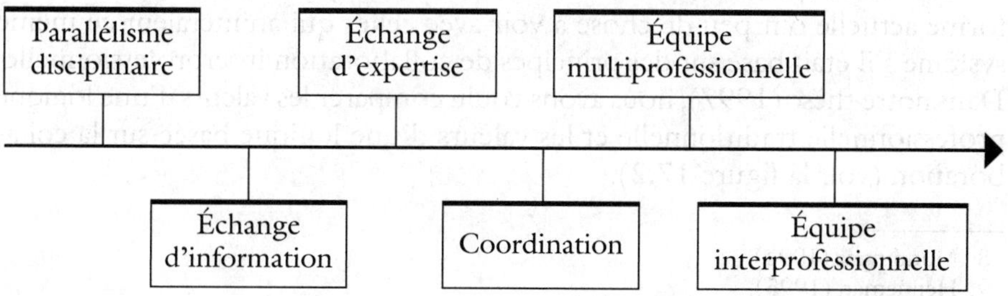

Source : Adapté de Ivey, Brown, Teske et Silverman (1988).

une « philosophie commune de soins ». Selon Gray (1991), la collaboration est un « processus conjoint de prise de décision ». Arcangelo (1994) soutient que la collaboration est plutôt le fait de « partager une expertise ». Le thème du pouvoir est souvent abordé comme un « partage d'autorité pour une pratique égalitaire[8] ». Henneman (1995) évoque aussi le thème du pouvoir : « partage du pouvoir basé sur le savoir et l'expertise plutôt que sur le rôle ou le titre ». La collaboration est aussi définie comme un « processus interpersonnel dans lequel les membres contribuent à un produit ou à un but commun[9] ». Nous avons nous-mêmes défini la collaboration comme « la structuration d'une action collective entre partenaires en situation d'interdépendance à travers le partage d'information et la prise de décision dans les processus cliniques[10] ». Sullivan a pour sa part produit une analyse du concept de collaboration où il la définit comme un « processus dynamique et transformateur de création d'un partenariat où le pouvoir est partagé[11] ». Pour Liedtka et Whitten (1998), l'essence de la collaboration implique un travail *across boundaries* : interfrontalier, donc entre les frontières professionnelles et organisationnelles. Philips, Lawrence et Hardy définissent la collaboration comme une « relation de coopération entre des organisations qui ne sont pas liées par des liens hiérarchiques[12] ».

On peut donc retenir de cet ensemble de définitions divers angles d'approche. Les uns soulignent le nécessaire processus de création de valeurs communes. Les autres abordent d'emblée le terrain du pouvoir. Pour ces derniers, la problématique de la collaboration est d'abord d'ordre « politique », dans le sens large que peut revêtir ce terme. Enfin, d'autres encore se concentrent sur l'aspect structurel du concept et l'abordent du point de vue de l'organisation. Tous s'accordent cependant pour dire que c'est par un processus de négociation que les partenaires parviennent à s'entendre et à édifier la collaboration. Mais se contenter de reconfigurer le système professionnel sur de nouvelles assises ne suffira pas à changer les choses, car les questions d'ordre structurel ne sont pas les seules en jeu.

Les valeurs liées au système professionnel tel qu'il fonctionne dans sa forme actuelle ont peu de chose à voir avec celles qui animeraient ce même système s'il était basé sur des principes de collaboration interprofessionnelle. Dans notre thèse (1997), nous avons voulu comparer les valeurs d'une logique professionnelle traditionnelle et les valeurs d'une logique basée sur la collaboration (voir la figure 17.2).

8. Mundinger (1994).
9. Henneman (1995).
10. D'Amour (1997, p. 104).
11. Sullivan (1998, p. 6).
12. Philips, Lawrence et Hardy (2000, p. 24).

Figure 17.2

Logiques en présence

Logique d'un système professionnel fondé sur les valeurs actuelles	PROFESSIONNEL	**Logique d'un système professionnel fondé sur des valeurs de collaboration**
La personne est un sujet.		La personne est d'abord un être humain.
Le sujet est abordé du point de vue du professionnel concerné et de son domaine d'expertise.		La personne est vue comme un être biopsychosocial en interaction avec son milieu.
La passivité du sujet est acceptée.		L'autodétermination de la personne est favorisée.
Le pouvoir, l'autorité, l'expertise et la spécialisation font loi.		Le partage de l'intégration des croissances et des pratiques est favorisé.
Taxonomie rigide du savoir.		Intégration des connaissances, reconnaissance de la complexité.
Approche centrée sur les territoires professionnels.		Approche centrée sur la clientèle.
Approche centrée sur l'étanchéité et l'exclusivité des territoires.		Approche centrée sur le partage des zones d'intervention.
Les relations entre les professionnels sont parallèles, cumulatives et non interactives.		Partenariat interactif. Intersubjectivité qui permet une meilleure compréhension.
On vise la régulation d'un marché pour des services techniques.		L'approche globale et participative est recherchée.

Source : D'Amour (1997).

Il ne faut bien sûr pas lire ce tableau de manière manichéenne, le bon d'un côté et le méchant de l'autre. Bien des professionnels partagent des valeurs humanistes, mais il ne s'agit pas de cela. Il s'agit en fait des valeurs propres à un système et non à des individus en particulier. Les professionnels sont soumis à des valeurs et à des forces contradictoires qui entrent en action lorsque se pose la question de la collaboration interprofessionnelle. La collaboration est une approche, une vision qui a ses propres codes, sa propre dynamique. Elle ne peut être forcée, mais elle n'est pas non plus spontanée. Elle s'apprivoise et provient d'un profond désir de travailler avec les autres. C'est ce que cette figure tente de démontrer et, en ce sens, elle est fondamentale. Le professionnel devient alors, au centre de cette lutte, pris entre l'arbre professionnel traditionnel et l'écorce de la collaboration. Dès qu'il s'inscrit dans cette nouvelle logique, il est bombardé par des exigences, des émotions, des façons de faire et des façons de se comporter avec ses collègues d'autant plus difficiles à acquérir que ce qui l'entoure, la structure et la philosophie qui y correspond, ne le favorisent en aucune manière. Nous pensons particulièrement aux structures hiérarchiques qui caractérisent les systèmes professionnels. Patronis-Jones (1994) montre dans son étude que la moitié des médecins et des infirmières rencontrés entretiennent entre eux des rapports d'autorité, de compétition et de compromis plutôt que de collaboration et de confiance. Même quand il s'agit de groupes de statut égal, il semble bien que chacun dépensera beaucoup d'énergie pour maintenir ce semblant d'équilibre, sapant d'autant les possibilités que s'instaurent un jour des rapports de confiance entre eux[13].

En résumé, nous pourrions dire que toute formule de collaboration, quelle qu'elle soit, devrait, pour réussir, prendre en compte les trois dimensions suivantes : une dimension structurelle ou organisationnelle, cela va de soi, puisqu'il faut réorganiser le travail sur des assises qui permettent un exercice véritablement effectif de la collaboration ; une dimension politique, puisqu'il faut réaménager le processus décisionnel traditionnel et l'adapter à cette nouvelle forme de travail ; enfin, et surtout, une dimension morale où les valeurs de la collaboration pourraient se construire durablement.

Mais une question se pose quand on prend la mesure des difficultés qui se présentent lorsqu'il s'agit d'adopter cette nouvelle façon de voir les choses : le jeu en vaut-il la chandelle ? Les énergies à dépenser pour contrer l'importance des forces d'inertie actuelles ne rendent-elles pas le projet contre-productif dès lors que les gains anticipés ne sont pas à la mesure des efforts engagés ? Autrement dit, et pour être bref, la collaboration, est-ce efficient ?

Les résultats de la collaboration

Première chose, un constat navrant. Peu d'études ont été faites sur les résultats produits par une organisation du travail basée sur les principes de la

13. Freidson (1986) ; Abbott (1988) ; Lamothe (1999).

collaboration interprofessionnelle, même si la référence à ce modèle est devenue courante dans le discours dominant. Dans une recension des écrits publiés de 1979 à 1995, Sullivan (1998) n'a repéré que 22 recherches sur le sujet dans le secteur des soins de santé. Elles portent sur le partenariat, les pratiques, les processus ou les stratégies de collaboration. L'étude de Baggs et ses collègues (1992) retient en particulier notre attention. Elle démontre qu'une décision partagée entre les infirmières et les médecins quant au congé des patients des soins intensifs diminue les risques d'effets négatifs à la suite du congé. Ils diminuent en effet, passant de 16 à 5 % lorsqu'il y a collaboration.

Deux études plus récentes portent sur les résultats de la collaboration. La première, conduite par Lassen et Fosbinder (1997), démontre clairement qu'un protocole de suivi médecin/infirmière appliqué dans le cas d'enfants à risque de septicémie a permis de diminuer le nombre de jours d'hospitalisation en les faisant passer de 200 jours à 29, et cela en moins de 2 ans. La même étude montre également une diminution du nombre de traitements préventifs qui passent de 63 à 16 %. L'autre étude, conduite celle-là par Liedkta et Whitten (1998), est fondée sur une enquête auprès de 345 professionnels provenant de milieux reconnus pour avoir instauré des mécanismes de collaboration. Il ressort de cette enquête que l'un des avantages de ce mode d'organisation réside dans la grande satisfaction ressentie par la clientèle desservie, celle-ci ayant l'impression que le système la sert plutôt qu'il ne se sert lui-même (*patient flow versus staff convenience*). Les professionnels soutiennent qu'ils seraient favorables à un plus grand partage des responsabilités et de l'expertise afin d'être en mesure, disent-ils, de trouver des solutions plus satisfaisantes aux problèmes éprouvés.

Quant aux études menées sur l'organisation des soins de santé, Sullivan (1998) note que sur 17 recherches effectuées, 10 montrent que les raisons qui motivent la mise sur pied de ces nouveaux modes d'organisation sont d'abord d'ordre budgétaire, dans la mesure où c'est d'abord une réduction des coûts qui était recherchée. Enfin, cinq de ces études évoquent l'augmentation de la productivité du personnel. Quand les gestionnaires parlent de collaboration, ils ont souvent en tête une plus grande efficience[14]. De telles motivations, pour explicables qu'elles soient, surtout en des temps où les ressources font défaut, risquent cependant de nous faire passer à côté de l'essentiel. L'efficience n'est pas une prémisse pour les professionnels. Dans la recherche menée par Lassen et Fosbinder (1997), l'objectif était d'abord de prodiguer de meilleurs soins et, ce faisant, cela a également permis des économies appréciables. Inverser le raisonnement aura pour conséquence de

14. Lassen et Fosbinder (1997).

renforcer les résistances à toute forme de changement, même celles qui sont bien intentionnées. Le fait que les propositions de nouvelles formes d'organisations soient souvent présentées dans des contextes financiers difficiles laisse croire qu'elles sont des mesures de rationalisation plus que d'amélioration du travail. Cela constitue un autre obstacle à l'exercice d'une plus grande collaboration interprofessionnelle. Bref, il ne s'agit pas seulement de parler de collaboration, mais d'en parler de manière à susciter l'enthousiasme, pas de le réfréner.

Que conclure de ce rapide survol ? Bien que faibles en nombre, toutes ces études démontrent néanmoins que la collaboration est perçue comme une caractéristique d'un modèle organisationnel efficient au vu des résultats colligés. Tous les acteurs – la clientèle, les gestionnaires et l'ensemble des professionnels – trouvent de nombreux avantages à une meilleure collaboration, même si, du fait des intérêts en cause, les raisons qu'invoque chaque groupe sont différentes les unes des autres. Le défi est là en fait. Il s'agit que ces points de vue soient réconciliés. Et ils le seront si l'on fait en sorte que chacun y trouve son compte.

En résumé, nous avons expliqué la nature des forces contre lesquelles se bute toute entreprise de collaboration. Dans cet ordre d'idées, nous avons reconnu le système professionnel et les valeurs qui sont les siennes comme l'une de ces forces. Mais l'analyse est partielle. En fait, nous sommes également en face d'un problème important de communication. La nécessité de la collaboration est mal expliquée. On la présente sous une forme telle qu'elle inquiète plutôt que de rassurer. Nous avons également vu les sources historiques, politiques et sociales de ces forces. Une conclusion s'impose d'emblée : le défi est de taille pour les circonvenir. Dans la deuxième partie, nous traiterons de manière plus particulière des moyens concrets par lesquels s'exprimera l'exercice de cette collaboration. Nous terminerons par la présentation d'une grille d'analyse des pratiques de collaboration afin d'être en mesure d'en apprécier la qualité et, pourquoi pas, d'en élever l'efficience.

LA COLLABORATION : DES ÉQUIPES DE PLUS EN PLUS VIRTUELLES

Sur le terrain, les pratiques de collaboration peuvent prendre plusieurs formes, du fait des acteurs et des différents types d'organisations impliqués. De la plus simple à la plus complexe, nous venons de voir la collaboration interprofessionnelle. Passons à la collaboration interorganisationnelle et intersectorielle.

La collaboration interorganisationnelle

Nous avons jusqu'à maintenant traité principalement de la collaboration entre des professionnels d'une même organisation. Le virage ambulatoire et les importantes modifications du système de santé forcent désormais les organisations à travailler ensemble. Ainsi se pose la question de la collaboration entre les professionnels de divers établissements. La notion de systèmes intégrés de soins fait appel à une organisation des services de santé où un épisode de soins commencé dans un établissement se poursuit dans un autre[15]. Des mécanismes doivent être prévus pour faciliter le passage de l'un à l'autre afin d'assurer la continuité des soins et, éventuellement, de faciliter l'introduction d'intervenants provenant de tierces organisations. Pensons aux liens à établir entre les diverses organisations de première ligne – CLSC, urgence, cliniques privées – et entre la première ligne et la deuxième ligne – centres hospitaliers, CLSC. Cette collaboration peut par ailleurs être séquentielle, simultanée ou réciproque[16]. Contandriopoulos et ses collègues (2001) distinguent cinq dimensions de l'intégration. L'intégration des soins consiste à coordonner les pratiques cliniques; l'intégration des équipes cliniques concerne la constitution d'équipes et leur articulation avec la structure du réseau; l'intégration fonctionnelle vise à coordonner les modalités de financement et les pratiques de gestion; l'intégration normative vise à assurer une cohérence entre les valeurs des différents partenaires; et enfin, l'intégration systémique concerne les relations entre l'organisation et l'environnement dans lequel il se situe.

Ces nouveaux impératifs du système de santé supposent une relation d'interdépendance étroite des organisations. Une interdépendance qui ne sera pas facile à instaurer dans la mesure où, dans l'état actuel des choses, les établissements de santé fonctionnent plutôt « en silo », de manière complètement autonome les uns par rapport aux autres. Malheureusement, peu de recherches ont été menées sur les processus de collaboration interétablissements. L'une d'entre elles, celle de Ring et Van de Ven (1994), nous prévient que cette forme de collaboration implique un engagement institutionnel important et que nous devons, par exemple, mieux cerner les processus de mise en place de l'équité, de la confiance et de la résolution de conflits entre les établissements. Une autre de ces recherches, celle de Philips, Lawrence et Hardy (2000), souligne que la collaboration entre des personnes de différentes organisations est fortement dépendante des règles qui régissent chacune d'elles et des ressources dont elles disposent. Les processus

15. Gillies et autres (1993).
16. Alter et Hage (1993).

de collaboration ne sont pas une abstraction, leur mise en place doit nécessairement tenir compte des conditions déjà existantes dans les organisations concernées. Il se peut donc que certaines pratiques institutionnelles la rendent très difficile, voire impossible. Ces pratiques doivent donc être revues.

Les auteurs qui ont étudié les processus interorganisationnels soulignent tous l'aspect primordial de la confiance dans l'instauration de la pratique de la collaboration, une confiance qui, en règle générale, exige que les acteurs se connaissent. Mais les professionnels se connaissent peu d'une organisation à l'autre. D'autre part, ils ont souvent des cultures organisationnelles différentes qui ne facilitent guère les choses. Et ces différences sont difficiles à concilier. Voilà donc un défi à relever, car, selon Walker et ses collègues (2001) ainsi que Currall et Judge (1995), la confiance mutuelle des organisations est un déterminant majeur et même critique du succès pour celles qui, afin de s'adapter aux nouveaux impératifs des marchés, doivent travailler de concert.

Concevoir et mettre en place des équipes interprofessionnelles dites virtuelles – puisqu'elles ne se situent pas géographiquement dans les mêmes lieux mais qu'elles doivent échanger des renseignements, assurer la cohérence des enseignements et la continuité des soins – est une manière d'aborder la situation. Cela constituerait une innovation majeure du système de santé québécois. Mais plusieurs questions se posent. Le système de santé est-il prêt à prendre en charge cette innovation ? Les responsabilités peuvent-elles être repartagées, notamment entre les principales organisations concernées que sont les centres hospitaliers, les CLSC et les cliniques médicales ? Qui assumera la responsabilité du client dans le continuum des soins ? Est-ce que les questions liées à la responsabilité professionnelle et à l'imputabilité des résultats peuvent être résolues ? Voilà des questions à considérer avant de penser véritablement à une possible collaboration interorganisationnelle. La clientèle y trouvera alors son compte avec des services accessibles, appropriés et continus.

Pour illustrer l'importance d'établir des mécanismes de collaboration interorganisationnelle, prenons l'exemple d'une situation peu complexe, soit le suivi postnatal des mères ayant eu un congé précoce. Le suivi postnatal qui, avant le virage ambulatoire, était assumé par les infirmières et les médecins en milieu hospitalier, puisque les mères y demeuraient de 4 à 5 jours, a été réduit à 48 heures dans le cas d'un accouchement vaginal s'étant déroulé normalement. La modification des pratiques impose que le suivi postnatal soit dorénavant assuré à partir du domicile de la famille, particulièrement par les infirmières des CLSC. Dans ces nouvelles conditions, qu'en est-il des services reçus par les mères ? Une enquête épidémiologique a été conduite dans une région du Québec auprès de 1 158 mères qui ont obtenu un congé précoce[17]. Les résultats de l'étude montrent que 89 % des mères ont reçu un appel téléphonique mais que seulement 8,2 % d'entre elles l'ont reçu dans les délais recommandés, soit 24 heures après la sortie de l'hôpital. La même étude rapporte qu'une faible proportion des mères ont reçu une visite à domicile, soit 44 %, et que seulement 8 % de celles-ci l'ont reçue dans les délais recommandés – 72 heures après leur sortie de l'hôpital –, alors que chacune aurait dû en bénéficier. Plus inquiétant encore, 49 % des mères ont reçu un service en double. Par ailleurs, 20 % des mères disent avoir reçu des informations contradictoires de la part du CLSC et de l'hôpital. De toute évidence, un meilleur arrimage entre les différents établissements de santé s'avère absolument nécessaire.

Deux recherches québécoises ont analysé les relations entre les professionnels concernés, soit les infirmières en périnatalité des CLSC et centres hospitaliers. Ces recherches confirment que les infirmières ne se connaissaient pas et ne se faisaient pas confiance. En fait, il faudrait plutôt dire que, ne se connaissant pas, elles se faisaient peu confiance[18]. Cette situation semble être due au manque de connaissance du travail de l'autre et à une faible perception de sa compétence. À titre d'exemple, les infirmières des centres hospitaliers ne savaient pas si les infirmières des CLSC avaient la compétence pour suivre un nouveau-né présentant des symptômes d'ictère. Et cela pendant que, de leur côté, les infirmières des CLSC estimaient que les infirmières des hôpitaux, ne possédant pas une vision globale de la famille, auraient de la difficulté à reconnaître celles qui pouvaient présenter un risque psychosocial quelconque. Une meilleure connaissance mutuelle entre ces infirmières – et nous pourrions ajouter les médecins – aurait certainement contribué à établir la relation de confiance nécessaire pour assurer des soins continus qui ne soient pas dédoublés.

La collaboration intersectorielle

Il s'agit ici de collaboration entre des organismes de secteurs d'activité différents tels que des services de santé qui travailleraient avec des organismes communautaires ou municipaux, ou encore des organismes des commissions scolaires ou autres…[19]. L'enjeu de cette forme de collaboration est considérable, particulièrement en santé. Elle est à l'origine des stratégies de promotion et de prévention, des stratégies qui, rappelons-le, sont l'une des clés de l'avenir qui permettront que l'ensemble de la société puisse prendre en

---

17. Goulet et autres (2001).
18. D'Amour et autres (2000) ; Daigle (2000).
19. Polivka (1995) ; Delaney (1994).

charge ses problèmes de santé, que ce soit dans les domaines des effets des drogues, d'une sexualité sans protection, de la cigarette, d'une mauvaise alimentation, etc. On comprendra toute l'importance que revêt le fait d'encourager ces formes de collaboration avec des organismes de la communauté. Mais la prévention n'est pas le seul argument en faveur de cette orientation. Il y a également la répartition des charges et des responsabilités qu'il faut assurer pour faire que l'accessibilité aux soins ne dépende plus que d'un secteur. L'exemple type à ce propos serait le problème du maintien à domicile des personnes âgées. On sait que cette problématique va s'alourdissant avec le vieillissement de la population. Aussi la collaboration intersectorielle serait-elle certainement une des avenues à privilégier dans ce domaine. Il faut cependant prendre en compte le fait que cette collaboration est fondée sur un engagement volontaire et bénévole de la part des personnes rattachées aux organismes en question. La relation de partenariat est ici primordiale, puisqu'il s'agit de se faire suffisamment confiance pour établir une relation harmonieuse.

Nous venons de le voir, instaurer des pratiques de collaboration ne va pas de soi. C'est, dans plusieurs des cas, un réflexe qui reste encore à induire. Nous sommes cependant persuadés que les circonstances imposeront ce mode d'organisation du travail et que celui-ci ne pourra faire autrement que de s'ancrer dans nos mœurs. La nécessité de disposer d'outils d'analyse et d'évaluation des pratiques de collaboration se pose donc avec acuité de manière que nous soyons en position de les améliorer au fil du temps. C'est précisément l'objet de la partie suivante.

UN MODÈLE D'ANALYSE DE LA COLLABORATION

Les pages qui suivent proposent un modèle qui permet d'analyser la collaboration à partir de quatre dimensions. L'expérience montre que la collaboration fonctionne dans la mesure où la question des relations interpersonnelles et le souci de la qualité des interactions sont au centre des préoccupations de chacun. La collaboration est un processus dynamique en constante transformation, sensible à tout nouveau stimulus, que ce soit l'arrivée de nouveaux partenaires ou l'introduction de nouvelles technologies. Elle est en fait sensible à tout élément susceptible de modifier les interactions et le partage des responsabilités.

Le modèle de structuration de la collaboration professionnelle que nous avons élaboré en 1997[20] permet d'analyser le processus de collaboration et

20. D'Amour (1997).

d'en discerner les forces et les faiblesses. Il a été construit à partir des écrits de Friedberg (1993) sur l'approche organisationnelle. Friedberg pose ainsi le problème: la question centrale de toute organisation est la construction de la collaboration entre les personnes concernées. Il entend par là la manière dont se constituent les mécanismes empiriques de stabilisation et de régulation au sein de cet univers de rapports humains qu'est l'organisation proprement dite. Ce processus doit avoir pour but de créer une forme de collaboration qui soit la moins conflictuelle possible. Le modèle en question définit quatre dimensions interreliées qui sont, successivement, la finalisation, l'intériorisation, la formalisation et la délégation. Chacune de ces dimensions constitue un aspect essentiel de la collaboration et peut se retrouver dans toutes les formes possibles de celle-ci. L'analyste de la collaboration fait son travail d'appréciation d'une expérience de collaboration à travers le prisme de chacune de ces dimensions. Dans le but d'en faire comprendre la teneur exacte nous les présenterons une à une (voir la figure 17.3).

Figure 17.3

Modèle d'analyse de la structuration de la collaboration professionnelle

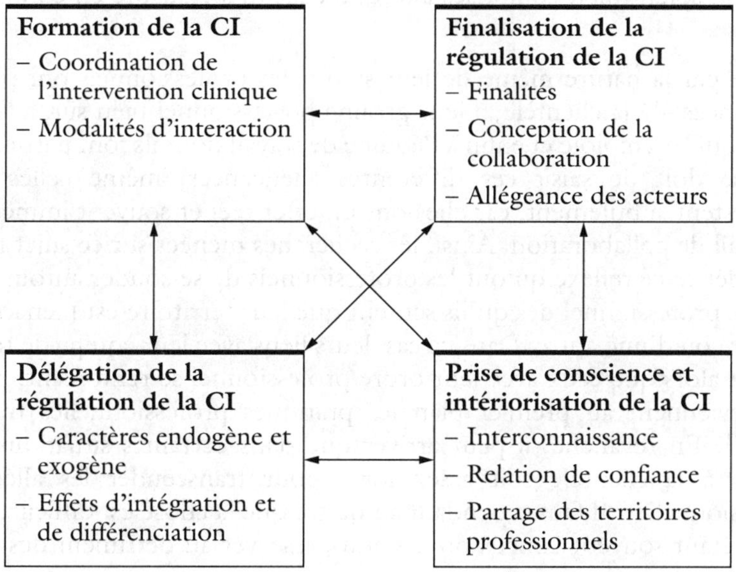

Source: D'Amour (1997).

La finalisation

La première raison qui justifie une organisation du travail fondée sur un processus de collaboration est celle des objectifs communs à atteindre. En d'autres mots, le partage des objectifs et des finalités. Il est donc important que l'analyste s'enquière de la qualité de ces finalités. Les professionnels de cette équipe (qu'elle soit réelle ou virtuelle) se sont-ils donné des buts communs ? Ont-ils une vision de leur projet qui soit partagée, des valeurs auxquelles chacun adhère et un espace de création suffisant pour leur permettre de s'exprimer ? L'analyste pourrait, à titre d'exemple, se demander si des professionnels formés selon un modèle conceptuel disciplinaire seront à l'aise dans un nouveau cadre et pourront adhérer aux mêmes finalités et objectifs d'intervention.

Au-delà des buts à atteindre, l'analyste tentera également de comprendre comment chacun des membres de l'équipe conçoit la collaboration. Certaines personnes se contentent en effet d'un simple échange d'information alors que collaborer signifie pour d'autres une relation de partenariat dans laquelle les décisions à prendre sont partagées par tous les membres de l'équipe. Ces deux conceptions, de toute évidence, mènent à des attentes différentes. Il importe donc qu'on sache à quoi s'en tenir, que les attentes de chacun soient bien cernées et que les limites ou les possibilités qu'offre la situation soient bien comprises afin que chacun s'y adapte en connaissance de cause.

De par la nature même de leur statut, les professionnels ont plusieurs allégeances – à la clientèle, à leur groupe professionnel bien sûr, à l'organisation qui les emploie et enfin à l'équipe de travail dont ils font partie. L'analyste se doit de saisir ces différentes allégeances, même celles qui se manifestent subtilement, car elles ont un effet réel et souvent immédiat sur le travail de collaboration. Ainsi, les recherches menées sur ce sujet mettent en évidence ce réflexe qu'ont les professionnels de se souder autour de leur groupe professionnel dès qu'ils sentent que leur territoire est menacé d'une manière ou d'une autre. Dans ce cas, leurs liens avec leur équipe de travail se diluent alors que ceux avec leur ordre professionnel se renforcent, pendant que reviennent au premier plan les pratiques professionnelles traditionnelles[21]. En revanche, il peut arriver que dans certaines situations, l'allégeance à la clientèle soit assez forte pour transcender les allégeances professionnelles. Il faut cependant admettre que la chose est difficile, les systèmes étant souvent conçus pour s'autopréserver au détriment des besoins

21. Abbott (1988) ; D'Amour, Sicotte et Levy (1999).

de la clientèle. On comprend alors qu'une finalité n'est jamais complètement acquise, même si les modalités de celle-ci étaient au départ partagées par tous. Les aléas de la conjoncture peuvent donc venir bousculer les meilleures intentions.

La collaboration entre professionnels d'organisations différentes pose un défi supplémentaire, sur le plan de la finalisation, en ce sens que s'ils ne partagent pas la même culture organisationnelle, ils ne partagent pas non plus les valeurs habituellement associées à celle-ci. Ils doivent donc traverser les murs de deux cultures organisationnelles. Coffey, Fenner et Stogis (1997) ont analysé le phénomène des cultures propres aux établissements de soins de santé. Ils démontrent que pour instaurer des systèmes intégrés de soins, deux orientations doivent être conciliées, l'une concernant la maladie et l'autre, la santé (*wellness*). Les auteurs soulignent avoir constaté des différences importantes concernant des questions aussi fondamentales que la définition de la santé, celle des droits et des responsabilités de la clientèle, les différentes approches de soin, les manières d'apprécier les résultats et même de définir ceux que l'on recherche. Les centres hospitaliers et les CLSC constituent un bon exemple des disparités de conception qui peuvent exister à cet égard. On comprend alors l'importance, pour l'analyste, d'avoir une bonne connaissance de ces différences de philosophies et de pratiques de manière à les intégrer comme une des données de la situation et éventuellement à les utiliser comme des forces complémentaires plutôt que comme une source potentielle de conflits. Dans ce cas, l'établissement d'un climat de compréhension mutuelle est un préalable absolument nécessaire pour assurer des conditions positives de rapprochement entre des cultures organisationnelles distinctes. Ainsi qu'on peut le constater, rien à ce propos ne peut être laissé au hasard, et il est impératif d'élaborer des stratégies visant la solution de ces problèmes.

L'intériorisation

Il s'agit, pour l'analyste, d'apprécier combien les professionnels provenant d'un même établissement ou d'établissements différents ont pris conscience du fait qu'ils forment une seule et même équipe ; combien ont *intériorisé* cette notion et établi entre eux des relations de respect mutuel, de tolérance et de confiance. Cette intériorisation constitue une dimension cruciale dans la mesure ou les professionnels sont à la fois autonomes et de plus en plus interdépendants dans leur pratique. Ils devront constamment résoudre cette dualité au sein de l'équipe dans laquelle ils travaillent. Le bien-être de la clientèle – ce trait d'union qui les lie les uns aux autres – les force constamment à utiliser ces différences en mode de complémentarité plutôt qu'en mode de conflit. Mais comment l'analyste pourra-t-il prendre la mesure de cette dimension ? Est-il possible de déterminer concrètement une chose apparemment aussi intangible que l'esprit d'équipe et la nature de ses manifestations ? L'analyste évaluera la connaissance mutuelle des membres de l'équipe sur les plans professionnel et personnel, la confiance réciproque qu'ils s'accordent et le partage des responsabilités qu'ils se sont données. Voyons comment cela se passe dans la pratique.

Se connaître professionnellement

Prenons un exemple précis. Les infirmières n'ont pas toutes été formées de la même manière. Elles ont étudié dans des écoles différentes et dans lesquelles elles ont acquis des connaissances fondamentales identiques qui définissent leur profession, mais à partir de modèles conceptuels qui comportent des différences notables. Ces modèles conceptuels sont pour les infirmières qui les adoptent un moyen d'avoir une action plus cohérente, mais ils peuvent aussi devenir une véritable barrière dans leur travail avec leurs collègues d'autres professions, lorsqu'ils ne sont pas connus de ces derniers. « J'entends souvent les infirmières parler de McGill, mais moi je ne sais pas ce que c'est, le modèle McGill[22] ». Il semble donc nécessaire que ces cadres de référence soient mutuellement partagés. Ce processus prend du temps, mais c'est de partage de richesse qu'il s'agit. Ces différences sont des éléments qui peuvent devenir des sources d'enrichissement mutuel si, au départ, on prend conscience que le problème peut se poser et qu'il faut trouver à le résoudre.

Se connaître personnellement

Voilà qui constitue un autre défi, surtout dans un contexte interorganisationnel. Il est souvent difficile de partager certains renseignements avec des personnes que l'on ne connaît pas. Plus encore, il est difficile de confier en toute sérénité la suite de notre action à des personnes que l'on n'a jamais vues et desquelles nous ne connaissons rien. Le fait de se connaître personnellement est un préalable nécessaire pour instaurer un climat de confiance et assurer un partage efficace des responsabilités. C'est le souci qui a été exprimé lors d'une expérience menée dans une région du Québec où l'on a instauré en périnatalité un réseau réunissant des infirmières de divers établis-

22. Verbatim d'un propos d'une travailleuse sociale.

sements, CLSC et centres hospitaliers. On a bien pris soin de faire en sorte que ces infirmières appelées à travailler ensemble puissent d'abord se connaître personnellement. Elles se sont donc rencontrées, ont pu socialiser et ont reçu une formation conjointe où l'infirmière en milieu communautaire a été formée à l'examen du bébé et l'infirmière du centre hospitalier, au suivi communautaire. Sans ces mesures simples et concrètes, il eût été difficile d'établir par la suite la relation de confiance nécessaire à la bonne marche du travail.

Se faire confiance

Que signifie exactement se faire confiance dans un contexte organisationnel? Établissons d'emblée que la confiance en milieu de travail est l'un des ingrédients fondamentaux des interactions professionnelles. Dans le cadre du travail, nous sommes tous en interdépendance, particulièrement lorsque nous sommes membres d'une même équipe. La relation de confiance est absolument indispensable pour rendre viable cette interdépendance obligée entre professionnels, qui cultivent par ailleurs l'autonomie comme l'un des éléments fondamentaux de leur statut de professionnel. Mayer, Davis et Schoorman (1995) définissent la confiance comme « *the willingness to take risk* », une volonté assumée de prendre des risques.

Mais il ne suffit pas de parler de la confiance et de sa nécessité pour que celle-ci s'instaure d'emblée. Certains auteurs font valoir l'importance de réunir un certain nombre de conditions pour que ce climat de confiance s'installe. En milieu de travail professionnel, la confiance est d'abord fondée sur la perception de la compétence de l'autre, sur la conviction que sa volonté de collaborer est indéniable et, enfin, sur le respect mutuel, un sentiment d'intégrité en quelque sorte. Le travail en collaboration nécessite un partage : partage de renseignements, d'expertise et de difficultés éprouvées. Ce partage nécessite donc, en quelque sorte, de se dévoiler à l'appréciation des autres. Cela n'est possible qu'entre individus qui se font pleinement confiance.

Par ailleurs, cette relation de confiance n'est possible que dans un environnement stable où les conflits, inévitables, sont pris en compte et réglés. En effet, rien n'est plus dommageable qu'un environnement qu'on laisse se détériorer. La collaboration prend alors une tout autre tournure. Elle se transforme vite en compétition et en revendications de toutes sortes qui affectent non seulement les relations entre les gens, mais aussi la cohésion du groupe. Les gestionnaires d'équipes interprofessionnelles ne peuvent se permettre de penser que les professionnels trouveront eux-mêmes les moyens de régler leurs conflits. Ils doivent faire preuve de leadership.

Partager des responsabilités

Ce dernier aspect de l'intériorisation que l'analyste voudra apprécier est délicat dans la mesure où ce partage des responsabilités soulève la question des territoires professionnels propres à chaque groupe. Les avis à ce propos sont partagés. Certains plaident en faveur d'un respect strict des territoires professionnels ; le partage des responsabilités est alors calqué sur ces territoires. D'autres estiment plutôt qu'il y a plusieurs avantages à permettre le partage des territoires professionnels qui, selon l'expression de Beaudry (1994), deviennent ainsi des « biens collectifs » permettant d'une certaine manière l'épanouissement collectif des personnes. Reconnaissons, en effet, qu'un certain partage des territoires permet à des professionnels de pousser plus loin leur compréhension des situations de santé et contribue à bonifier leurs interactions. C'est en ce sens que le nouveau territoire créé se trouve transformé en bien collectif.

Malheureusement, de nombreux conflits existent autour du concept de territoire professionnel, et il faut bien le dire, le discours des corporations professionnelles, surtout celles qui possèdent un exercice exclusif, ne va pas dans le sens d'un partage des territoires, bien au contraire. Il se trouve cependant que les contextes changent, les besoins se précisent et sont en même temps plus pressants, nécessitant le recours à des méthodes nouvelles. Il devient nécessaire d'assouplir le système professionnel. Ainsi, ne devrait-on pas instaurer des mécanismes d'ouverture de frontières professionnelles, quand les situations l'exigent, ou encore créer des zones communes (*boundary spanning*) entre les territoires professionnels afin de permettre cette diversité dans les formes d'intervention ? Ces questions vont dans le sens des travaux effectués par le Groupe de travail Bernier sur la révision des lois professionnelles en 2001.

La formalisation

La formalisation constitue l'ensemble des règles ou lignes de conduite dont se sont dotés les professionnels pour assumer leur tâche. L'analyste devra les comprendre pour faire son travail d'évaluation des pratiques de collaboration. À cet égard, deux règles semblent jouer un rôle particulièrement important dans le milieu de la santé, soit celle de la coordination clinique et celle des modalités d'interaction. La coordination clinique réfère à la règle qui décrit les mécanismes et cible les personnes responsables de coordonner l'action des différents professionnels engagés auprès de la clientèle. On désigne habituellement la personne chargée de coordonner les professionnels auprès d'un client/famille sous le vocable d'intervenant pivot. Mais qui devrait assumer cette responsabilité ? Le débat est vif parmi les infirmières. Plusieurs voudraient voir l'infirmière jouer d'emblée le rôle d'intervenante pivot, car, dit-on, elle est déjà le pivot naturel du système de santé. Elle est en effet au cœur de l'action et, en matière de soins, elle touche les aspects psychosociaux et physiques, sans oublier les aspects relatifs à la promotion de la santé, à la prévention de la maladie, aux soins curatifs et de réadaptation. Les opposants à ce point de vue soutiennent quant à eux que la coordination d'une équipe serait pour l'infirmière un travail dont les résultats ne lui seraient pas attribués en propre, et encore moins reconnus directement, et cela malgré le temps et l'énergie qu'elle y aurait investis. C'est là un sujet sur lequel les infirmières doivent en effet réfléchir en se demandant comment elles servent le mieux le client et le système de santé. Est-ce en coordonnant les activités des autres ou en accomplissant des interventions infirmières ?

La deuxième règle à ne pas négliger dans la collaboration interprofessionnelle est celle des modalités d'interaction. En effet, quelles procédures de transmission de l'information et de prise de décisions cliniques doivent régir les échanges ? Il y a beaucoup d'insatisfaction à cet égard, tant dans la collaboration entre professionnels d'une même équipe qu'entre professionnels de différentes organisations. Les conflits tournent autour de la qualité de l'information donnée, de l'existence ou non de mécanismes de rétroaction, des délais nécessaires à la transmission de l'information, de la participation à la prise de décision et une fois cela fait, du respect des décisions prises en équipe. Cette question se complexifie davantage lorsqu'il s'agit de collaboration interétablissements. Se posent alors les questions d'éthique évoquées plus haut quant à la confidentialité de l'information et celles reliées à l'imputabilité qui définissent les domaines de responsabilité en matière de soins et de résultats. Chacune de ces questions importantes peut devenir une barrière à la collaboration.

L'analyste doit donc s'interroger sur le degré d'adhésion aux règles que se sont données les partenaires. Des règles trop rigides et qui n'ont pas fait consensus entraînent des conflits et drainent des énergies importantes dans l'équipe. Les gestionnaires devraient avoir cette préoccupation en tête en s'assurant que les règles de fonctionnement sont suffisamment souples pour permettre le travail de collaboration tout en étant assez précises pour ne pas générer d'ambiguïté, et qu'elles sont acceptées par tous les partenaires.

La délégation

Il s'agit là des instances et des mécanismes mis en place pour diriger le travail de collaboration. Que ce soit le fait d'une personne (gestionnaire ou non) ou d'un comité, il existe presque toujours une instance interne responsable du fonctionnement de l'équipe. Il importe que ces instances soient bien établies et leurs responsabilités, reconnues. Il y a également des instances externes qui, sans jouer un rôle direct, ont néanmoins une grande influence sur la collaboration qui s'exerce entre les professionnels. Les ordres professionnels et les syndicats sont précisément de cette nature. L'effet de ces formes de régulation peut être de deux ordres : il peut souligner les ressemblances et permettre ainsi d'obtenir un effet d'intégration renforcé ou, au contraire, il peut souligner les différences, et donc générer un effet de différenciation accentué. Il importe, de manière générale, d'être conscient de l'existence de ces forces exercées par les environnements interne et externe qui influent sur la collaboration.

Encore une fois, nous n'insisterons jamais assez sur le fait que le gestionnaire a un rôle primordial de leadership à exercer dans toutes les dimensions de la collaboration, et sans doute plus particulièrement dans la délégation. Sa responsabilité est de faire en sorte que s'installe une dynamique réelle d'interactions. Il y parviendra en favorisant des structures et des règles qui permettent une véritable collaboration au moyen de mécanismes non pas individuels mais collectifs, lesquels, en retour, permettront que l'équipe soit non seulement un outil de travail performant, mais également un lieu d'apprentissage collectif d'où chacun sortira grandi et plus compétent.

CONCLUSION

Nous l'avons vu, la collaboration dans les organisations est un phénomène qui ne va pas de soi. Trop longtemps, cette collaboration tenait plus du vœu pieux que d'une intention réelle. On s'imaginait en fait que des professionnels placés sous un même toit collaboreraient naturellement. Il faut remettre en question cette vision naïve et revoir notre approche dans le contexte actuel où les multiples enjeux, très complexes, nous y forcent littéralement.

Pour y parvenir, il faut d'abord cesser de voir les choses de manière étroite et se limiter aux seules organisations engagées directement dans le système de soins de santé. Le système d'éducation, pour commencer, doit intégrer cette notion dans la formation même des professionnels. Autant l'acquisition des connaissances disciplinaires est fondamentale, autant il importe que les professionnels soient préparés à transposer ces connaissances dans un contexte de pratique interprofessionnelle. Il faudra mettre autant d'énergie à modifier les cadres d'enseignement interdisciplinaire que l'on en a mis à créer et à enrichir les disciplines. Pour aller plus loin sur cette question, Cooper et ses collègues (2001) proposent une revue systématique des écrits sur le sujet.

D'autre part, le système professionnel doit aussi remettre en question les valeurs sous-jacentes à la division par territoires professionnels. S'il est vrai que l'expertise dans un domaine doit être préservée, il est également vrai que le système professionnel doit permettre la construction de champs partagés où les professionnels créeront des expertises communes, des « biens collectifs ». Nous l'avons vu, il s'agit d'une véritable exigence induite par les circonstances de complexité croissante des soins et de raréfaction des ressources humaines et financières. Or, ce que nous voyons pour l'instant de la refonte du système professionnel, bien qu'elle ait progressé récemment, nous laisse perplexe quant à l'introduction de véritables changements de mentalité.

Les gestionnaires du système de santé doivent également modifier leur stratégie de promotion de la collaboration. Les professionnels n'adhèrent pas véritablement à des motivations liées aux gains financiers de l'organisation. Il faut plutôt élaborer des mesures incitatives reliées à une meilleure qualité des soins et à une plus grande satisfaction au travail. La mise sur pied de nouvelles interventions présentant des occasions d'apprentissage et d'expérimentation accrues est une de ces mesures. Les gestionnaires doivent mettre en valeur cette dimension du changement qui permet d'apprendre et de s'améliorer.

Mais ils peuvent par ailleurs se buter à l'argument temporel: « Collaborer, cela prend beaucoup trop de temps. » Ils peuvent être eux-mêmes porteurs d'une telle conception des choses, ou encore se la faire servir par les personnes avec lesquelles ils travaillent, dont certains professionnels. Il est assez évident que mettre en place des mécanismes de collaboration prend du temps, comme prend également du temps l'instauration de toute nouvelle mesure organisationnelle, même celles qui ont précisément comme objectif de faire gagner du temps. Concernant les mécanismes de collaboration, une simple analyse permet de comprendre que ce n'est pas la pratique de collaboration elle-même qui prend du temps, mais bien son intégration dans un système qui n'est pas organisé pour cela. Une fois cet écueil contourné (ce qui prendra du temps), la pratique de collaboration permettra non seulement une meilleure qualité des soins, mais certainement aussi une meilleure efficience, et donc un gain de temps important. On comprendra cependant que tous ces bouleversements nécessiteront des gestionnaires qu'ils relâchent les mécanismes de contrôle auxquels ils ont trop souvent recours, afin de laisser des espaces discrétionnaires d'autonomie aux professionnels. Plus encore, les gestionnaires devront eux-mêmes exercer un leadership fort et crédible pour assurer l'établissement de mécanismes de collaboration. Ces changements ne pourront se faire sans eux. Ils doivent donc être prêts à prendre les risques inhérents à ces bouleversements. C'est le prix du changement.

Pour leur part, les professionnels doivent mener une réflexion sérieuse sur la question de l'imputabilité. Nous passons actuellement d'une époque où le professionnel est responsable de « son client » à une époque où la responsabilité est partagée entre les membres de l'équipe de soins[23]. Les médecins doivent apprendre à partager cette responsabilité avec les autres professionnels, qui doivent pour leur part accepter d'assumer une plus grande partie de cette responsabilité. Ils devront donc partager cette imputabilité. Cette question est délicate. Trop souvent l'imputabilité est l'argument invoqué pour freiner toute forme de collaboration un tant soit peu sérieuse. C'est un argument intellectuellement faible dans la mesure où il refuse le changement. Toutes les règles organisationnelles, et les formes juridiques qui leur sont associées, sont d'abord le produit d'une conception des choses et non pas l'inverse. Si les circonstances veulent que des changements soient apportés, on ne peut invoquer l'existence de règles déjà établies pour s'y opposer. La logique même du progrès exige que le débat se fasse et que, par la suite, de nouvelles règles soient établies, si les acteurs en ont décidé ainsi. On comprendra que cette transition de l'imputabilité individuelle à l'imputabilité collective a un important contenu subjectif dans la mesure où elle fait appel à la notion de confiance, et donc aux mécanismes mêmes permettant de l'instaurer. Sans cette confiance, il sera impossible d'organiser de véritables services de soins intégrés.

Ainsi la collaboration est un phénomène général complexe auquel s'ajoutent les particularités qui lui sont propres lorsqu'elle doit être établie entre des professionnels. Ces particularités sont issues des systèmes éducationnel et professionnel qui les ont engendrées ainsi que des règles et valeurs qui constituent les environnements de travail. Nous pensons que ces pratiques interprofessionnelles forment une pratique différente qui a ses propres codes, sa propre manière de faire et, nous l'avons vu, ses propres valeurs. Aussi, de la même façon que l'on a parlé d'interdisciplinarité lorsqu'il s'est agi de caractériser ces nouveaux champs de connaissances partagées par plusieurs disciplines, croyons-nous qu'il serait utile de rendre compte de cette singularité en formulant le concept d'« interprofessionnalité », qui nous semble le mieux exprimer ce phénomène. Il est symptomatique de constater que nous ne disposons toujours pas d'un concept précis pour parler de cette forme particulière de collaboration. Or, l'existence d'un tel concept favoriserait une définition des attributs particuliers de l'interprofessionnalité. Il serait d'abord et avant tout l'expression d'une reconnaissance de la présence de ce phénomène organisationnel et de son potentiel. Son existence ainsi légitimée, son instauration pourra être abordée avec toute la profondeur, l'énergie et les ressources requises. Il sera ainsi permis de déterminer ce qu'est le caractère interprofessionnel d'une intervention, l'espace qui lui est

23. Shortell et autres (1998).

nécessaire pour s'exprimer et les formes récurrentes ou temporaires qu'elle pourra prendre. Voilà des manières de voir les choses qui, appréhendées globalement, permettront de parler d'une nouvelle forme de travail en émergence et de nouvelles interventions caractérisées par leur nature intrinsèquement interprofessionnelle. Alors, laissons à une véritable interprofessionnalité la chance de naître. Collaborons !

Remerciements

Je tiens à remercier mes collègues de travail, particulièrement Jean-François Labadie, dont la réflexion et l'enthousiasme au sujet de la collaboration m'ont grandement aidée à poursuivre ma propre réflexion. Merci également à Nacer Mazani, qui a révisé ce texte. Je remercie aussi tous les étudiants et les étudiantes de maîtrise qui ont travaillé sur le thème de la collaboration et qui, chacun à leur manière, enrichissent aussi ma réflexion, en particulier Karina Daigle, Marcela Ferrada et Sandro Échaquan.

Danielle D'Amour

Dix-huitième chapitre

Une formation infirmière à renouveler

OLIVE GOULET

INTRODUCTION

« On peut dire que les soins infirmiers appartiennent à la société, en ce sens qu'une profession acquiert sa reconnaissance sociale, sa pertinence et même sa signification en fonction de sa relation à la société, à sa culture, à ses institutions et à ses autres membres [1]». En vertu de cette appartenance, la participation particulière de la profession à la « production de la santé[2] » lui confère une mission sociale en grande partie tributaire de la formation.

Or, dans la société actuelle, la santé et l'éducation semblent être devenues les cibles privilégiées d'un changement accéléré si profond qu'il ébranle les certitudes, entretient l'ambiguïté et rend l'avenir difficile à prévoir[3]. De même, les impératifs politiques, scientifiques, technologiques, démographiques et économiques qui sont à l'origine de ce changement, conjugués à la Réforme de la santé et au virage ambulatoire, bouleversent tous les secteurs de l'activité infirmière à la fois : la pratique, la recherche, la gestion et la formation.

Pour des motifs de différents ordres, la formation est ici doublement visée. En effet, bien que la consolidation de la formation, enjeu essentiel du processus de professionnalisation amorcé au début du XXe siècle, ait contribué à l'avancement de la profession, elle n'a pas produit tous les résultats

1. Lindeman (2000, p. 7). Notre traduction.
2. Dallaire, O'Neill et Lessard (1994).
3. Lindeman (2000).

attendus. De part et d'autre, des actions radicales en vue de corriger certaines lacunes sont réclamées, laissant entrevoir la nécessité d'un renouvellement de la formation.

Ces actions impliqueraient une transformation majeure de la formation pour qu'elle participe à l'actualisation du mouvement « la santé pour tous »[4], un nouveau paradigme[5] et un nouveau plan pour la formation infirmière[6]. Ses standards devraient par ailleurs être rehaussés pour tenir compte de l'avancement de la science et de la technologie[7]. Au Québec, depuis 1999, plusieurs groupes de travail, sous l'égide du ministère de l'Éducation, ont débattu la question de la formation afin d'en clarifier les exigences.

Ce chapitre a pour but d'examiner la pertinence sociale de la formation et les moyens à prendre pour l'assurer, puisqu'elle vise à préparer des professionnels qui devront contribuer à l'amélioration de la santé de la population en rendant un service spécifique à la société. Nous évoquerons d'abord les défis engendrés par le changement, la réforme de la santé et le virage ambulatoire, dans la mesure où ils sont susceptibles d'exiger une adaptation, sinon un renouvellement de la formation. Nous verrons ensuite à quelles conditions la formation, compte tenu de son état actuel, peut relever les défis auxquels elle fait face en respectant la nature de la discipline infirmière. Nous examinerons enfin la structure du système de formation, particulièrement ce qui a trait à la formation initiale.

LES RETOMBÉES DU CHANGEMENT : SOURCES DE DÉFIS

En ce début du XXIe siècle, la Réforme de la santé et son corollaire, le virage ambulatoire, font ressortir avec force les effets conjugués des retombées du changement qui, à eux seuls, auraient suffi à créer l'univers complexe de l'exercice infirmier. En effet, les découvertes scientifiques qui se font plus nombreuses et les progrès de la technologie médicale et des technologies de l'information génèrent des diagnostics et des traitements sophistiqués donnant souvent lieu à des résultats spectaculaires dans l'éradication des problèmes de santé. Cette évolution scientifique a servi à justifier le virage ambulatoire, qui a quant à lui transformé en profondeur la configuration du

4. OMS (1991a).
5. Lindeman (1992).
6. Fagin et Lynaugh (1992).
7. Tiré d'une intervention de M. Styles, présidente du Conseil international des infirmières au Congrès international de 1997.

réseau de distribution de soins et de services. Du coup, les particularités du milieu institutionnel et les multiples ramifications du milieu naturel qu'illustre la diversification des milieux où œuvrent les infirmières ont été mises en évidence.

Les soins infirmiers, dont on a dit qu'ils étaient le pivot du système de santé, sont interpellés sur tous les fronts : leur système de valeurs et leur adhésion à la promotion de la santé sont mis à l'épreuve, l'environnement des soins subit des remaniements considérables et la pratique infirmière, frappée en même temps par une pénurie de ressources humaines et financières, se trouve jusqu'à un certain point sur la corde raide.

Un système de valeurs interpellé

Les valeurs morales et humanistes sont depuis toujours indissociables de l'occupation infirmière. En ce qui concerne les valeurs morales, les progrès de la science et leur incidence sur le diagnostic et le traitement contribuent à la multiplication des dilemmes éthiques. Ainsi les professionnels, comme les usagers et leurs familles, sont souvent placés devant des choix pénibles. La complexité du processus de décision fait donc ressortir avec acuité la portée éthique des actes infirmiers. D'un autre côté, l'évolution démographique qui se traduit entre autres par le vieillissement de la population, la transformation des structures familiales et sociales, de même que par la diversification ethnique et culturelle ajoute à la problématique. L'infirmière est de plus en plus susceptible de jouer le rôle d'avocate pour défendre les intérêts et les valeurs de l'usager. À tout le moins, elle agira comme conseillère, une fonction que les autres professionnels de la santé sont aussi appelés à assumer[8]. Et dorénavant, le respect des croyances personnelles est de rigueur, compte tenu du fait que les conceptions de la santé ne sont plus inspirées par un système de valeurs unique, en raison de la diversité culturelle.

Par ailleurs, la plupart des dilemmes éthiques font l'objet de débats de société auxquels la profession se doit de participer en exerçant une action politique, et cela pour défendre le respect de la dignité des personnes et de leur qualité de vie. Les gouvernements prennent parfois des décisions concernant la santé sur la base de considérations politiques et économiques, sans tenir compte de l'avis des professionnels et faisant fi des questions éthiques qu'elles soulèvent. Dès lors, une action politique concertée s'impose pour contrecarrer cette tendance.

8. Pew Health Professions Commission (1991).

Enfin, la technologie envahit le système de santé à un rythme ahurissant, ce qui interpelle les valeurs humanistes de la profession infirmière. La discipline infirmière fait alors face à un défi de taille qui consiste à concilier l'humanisme et la technologie.

La promotion de la santé mise en veilleuse

Parallèlement, la promotion de la santé, une autre valeur adoptée par la profession infirmière dès la naissance du mouvement « la santé pour tous », se trouve en quelque sorte reléguée au second plan. Il est vrai que la profession infirmière s'est engagée concrètement et sans hésitation dans le mouvement prônant la santé pour tous bien avant les gouvernements. L'adhésion avouée mais « théorique » de l'État à la philosophie de la promotion de la santé, en légitimant les multiples facettes de la fonction éducative revendiquée par la profession, devait permettre d'élargir le champ de l'exercice infirmier. Mais les retards que les gouvernements mettent à financer ce volet de leur mandat, comparativement à leur empressement à protéger les soins aigus, représentent pour les infirmières une source constante de frustration. D'ailleurs, une participation limitée de la profession à la définition des politiques de santé n'a pas réussi à contrer le désengagement de l'État.

Au chapitre 13 de cet ouvrage, Gagnon et Dallaire examinent le rapport de la promotion de la santé aux soins infirmiers et à la santé publique. Bien que la promotion de la santé puisse désigner un ensemble de pratiques spécialisées visant le changement des habitudes de vie liées à la santé, elle peut également signifier une acceptation globale de la santé et peut, pour être efficace et efficiente, faire appel à des actions bien planifiées ayant pour cible tous les déterminants de la santé. Elle concerne alors autant les populations que les individus[9]. Ainsi, dans la perspective du virage ambulatoire, les caractéristiques particulières d'une communauté doivent être prises en compte, non pas parce que de plus en plus de services y sont offerts, mais parce qu'ils doivent répondre à des besoins précis.

Lorsqu'elle concerne la population, la promotion de la santé autorise à considérer la communauté comme client des services de santé et des services sociaux, et met en relief l'importance d'assurer la pertinence sociale de la formation et de la profession infirmières, des parties intégrantes du réseau. En effet, la société est en droit d'attendre que les professions veillent à ce que la formation et la supervision des professionnels soient pertinentes par rapport

9. O'Neill (1998).

à une vision globale de la santé et qu'elles démontrent également leur efficacité et leur efficience[10].

En revanche, et nonobstant l'immobilisme de l'État, la promotion de la santé visant le changement des habitudes de vie donne à entendre que l'infirmière est une spécialiste de l'éducation à la santé, tant pour l'usager que pour le personnel, qu'elle se préoccupe de la mise en valeur de la prévention primaire, secondaire et tertiaire, et qu'elle assume aussi un rôle de « facilitateur » de comportements de santé pour aider les usagers à adopter de saines habitudes de vie[11]. L'éducation pour la santé comporte alors une dimension pédagogique décrite par Dallaire au chapitre 5 de cet ouvrage. Malheureusement, dans le contexte actuel, les restrictions budgétaires empêchent la pleine actualisation de cette fonction.

Comme la lutte pour le respect des valeurs morales, la profession doit inclure la promotion de la santé dans son programme d'action politique, et il lui faut faire preuve d'un leadership collectif pour influencer l'élaboration de politiques.

Un environnement en mutation

En milieu institutionnel, le virage ambulatoire révèle un recours accru aux unités de soins intensifs, qui se multiplient dans les hôpitaux de soins aigus en raison du caractère extrêmement critique des pathologies qui y sont traitées, dont la complexité nécessite des expertises diversifiées, spécialisées et surspécialisées[12]. Cette superspécialisation et les technologies sophistiquées qui lui servent de support font craindre une déshumanisation des établissements.

Par ailleurs, avec les avancées des technologies de pointe, les interventions sont moins effractives et la durée de séjour en établissement est plus courte. La nouvelle technologie se prête également à une mobilité qui maximise les possibilités du milieu naturel. Ainsi le transfert d'usagers vers des ressources plus légères (centres de réadaptation et de soins chroniques, cliniques externes, domicile) devient monnaie courante et pallie ainsi les coûts élevés de l'hospitalisation et des soins de santé. Par conséquent, les services de suppléance, de même que les aidants naturels, sont sollicités de toutes parts[13]. Cette mobilisation des ressources de la famille, y compris sa participation à l'évaluation de la qualité des soins reçus, le recours aux ressources

10. Lindeman (2000).
11. Goulet (1999b).
12. Avis non publié du MSSS au MEQ concernant la formation dans le domaine de la santé.
13. Goulet (1999b).

de la communauté pour soutenir la personne malade et maximiser l'effet des actions de soins interpellent les fonctions de conseil et d'éducation des infirmières.

Par ailleurs, dans l'ensemble du réseau de distribution de soins et de services, le virage ambulatoire sous-entend que les usagers et leurs familles peuvent compter sur des services planifiés et efficaces, de même que sur des soins complets à domicile. Dès lors, pour assurer une accessibilité aux soins et obtenir des résultats positifs chez les usagers, les professionnels doivent travailler efficacement au sein de services intégrés[14]. Ils acceptent ainsi de faire partie d'une entreprise collective en tant que membres d'équipes interdisciplinaires, dans des milieux qui valorisent des soins efficaces et de qualité[15].

Dans le temps comme dans l'espace, le fonctionnement optimal de ces équipes dépend d'un accès rapide à l'information, dont la circulation est assurée par la technologie. Cet accès à l'information est en effet indispensable au maintien de liens constants avec les autres professionnels de la santé et le personnel « subalterne » afin de faciliter la collaboration et la coordination. Cette collégialité fait appel à une approche multisectorielle et multidisciplinaire misant sur des expertises propres clairement reconnaissables, ainsi qu'à une capacité d'adaptation quasi illimitée[16].

Cependant, la rapidité avec laquelle un grand nombre de données sont produites entraîne des difficultés de gestion de l'information[17], alors que le processus de décision, toujours plus compliqué, présuppose un tri judicieux permettant de ne retenir que les données pertinentes.

Si la nécessité du travail interdisciplinaire, de la collaboration et du partenariat dont traite le chapitre 17 de cet ouvrage semble incontournable, elle ne saurait être possible sans des modes de gestion sophistiqués de la pratique infirmière et un leadership fort chez les gestionnaires[18]. Aussi observe-t-on une réorganisation des modes de pratique infirmière centrés sur l'usager et accordant une place prépondérante à la coordination et à la continuité des soins. Ces nouveaux modes d'organisation de la pratique sont accompagnés de mesures visant l'efficacité et l'efficience des soins. Cette approche, qui privilégie les résultats à obtenir, comparativement à celle qui était favorisée jusqu'à maintenant et qui misait sur les objectifs poursuivis par les soins, s'écarte des façons de faire antérieures.

14. Pew Health Professions Commission (1991).
15. Wade (1999, p. 313).
16. Goulet (1999b).
17. Sandelowski (1997).
18. NLN (1999).

Pour conclure sur ce point, il apparaît qu'au-delà des compétences généralement attendues des infirmières, comme la compréhension des fondements théoriques des soins et une habileté à maîtriser la technologie associée, les retombées du changement font ressortir la nécessité de renforcer ou d'acquérir d'autres compétences. Citons par exemple la compétence morale et le jugement éthique, la compréhension du contexte social et de l'environnement, la maîtrise de la communication orale et interpersonnelle, la capacité d'intégrer la théorie à la pratique, voire une certaine spécialisation, de même que l'aptitude permettant d'anticiper le changement et de s'y adapter, et de trouver la capacité de reconnaître les besoins de perfectionnement ainsi que la motivation pour y satisfaire[19].

UN TOURNANT DÉCISIF POUR LA FORMATION ?

Depuis le début du XXe siècle, la formation représente un enjeu majeur pour la profession infirmière qui n'a jamais ménagé ses efforts pour assurer un service de qualité à la population. Si elle n'a pas nécessairement atteint tous ses objectifs, en raison des embûches de toute nature qui se sont dressés sur sa route, de grands progrès ont cependant été accomplis. Au chapitre 19 de cet ouvrage, Ducharme décrit les acquis, dans le domaine de la recherche, qui concourent à préciser la nature de la discipline infirmière et qui permettent d'explorer les fondements théoriques à partir desquels orienter les programmes de formation. Ils suggèrent également les pistes à emprunter pour poursuivre la consolidation de la discipline et fournissent les arguments utiles aux infirmières pour faire valoir leur expertise professionnelle dans tous les milieux.

Cependant, pour que ces acquis soient mis à profit, l'ensemble du projet de renouvellement de la formation devrait s'articuler autour de la discipline infirmière et de ce qu'elle a à offrir pour répondre aux besoins de la population dans le domaine de la santé. Ce projet doit aussi tenir compte des valeurs que la profession privilégie et de la nécessité de former des professionnelles socialement engagées et autonomes.

L'autonomie étant particulièrement importante dans la perspective de la professionnalisation, voyons les conditions que Wade (1999) établit pour y parvenir. Un programme de formation qui veut promouvoir l'autonomie professionnelle devrait mettre l'accent sur l'éducation plutôt que sur le *training*, sur la compréhension plutôt que sur la technique, de même que sur la prise de décision autonome plutôt que sur le contenu. En d'autres mots, la

19. Vinson (2000).

formation doit passer de la pensée ritualiste à l'esprit de recherche, à la réflexion. Comme Gottlieb et Gottlieb (1998), qui mentionnent qu'à l'heure actuelle la formation encourage l'acceptation, la standardisation et les protocoles, et décourage la prise de risques, l'entrepreneurship, la coopération interprofessionnelle et l'innovation[20], Wade reproche aux programmes de formation d'inculquer des attitudes de rigidité qui empêchent les étudiants d'acquérir les compétences compatibles avec l'autonomie[21]. Aussi, Collière (2000, p. 42) estime que nous ne pouvons plus nous contenter d'une culture du prêt-à-penser. D'ailleurs, Oermann, Truesdell et Ziolkowski (2000) rapportent qu'aux États-Unis l'enseignement et l'évaluation portent davantage sur la mémorisation et le détail du soin plutôt que sur le jugement critique. De son côté, la National League for Nursing (NLN) (1999, p. 8) reproche aux établissements d'enseignement de ne pas favoriser le *scholarship*, c'est-à-dire la réflexion, l'utilisation de résultats de recherche et la curiosité intellectuelle.

De façon générale, la NLN (2002, p. 5) avance que la démarche de renouvellement de la formation, plutôt que de respecter la rectitude politique, doit s'inspirer d'un cadre théorique pluraliste, donner la priorité aux valeurs associées à l'humanisme plutôt qu'à la technologie et favoriser une relation enseignant-étudiant plutôt qu'un enseignement fondé sur une érudition ésotérique[22]. La préséance de l'humanisme sur la technologie ne fait cependant pas l'unanimité dans la communauté infirmière, et fait l'objet d'un débat perpétuel et sans issue, semble-t-il, tant sur le plan de la pratique que sur celui de la formation. Pour certains auteurs, le modèle médical qui prévalait dans les écoles d'infirmières d'hôpital continue encore à influer sur le discours et sur la réalité alors que la formation la plus valorisée serait celle visant à perfectionner les compétences techniques préparant à prodiguer des soins à l'hôpital[23].

Ces observations touchent la formation initiale et, à cet égard, Christman (1995, p. 291) estime que les infirmières doivent posséder une connaissance générale étendue en ce qui a trait aux sciences biophysiques et aux sciences du comportement, de même qu'une connaissance scientifique approfondie du champ de spécialisation dans lequel elles exercent[24]. Or, pour les fins de ce chapitre, nous faisons l'hypothèse que la formation professionnelle repose sur une formation fondamentale qui permet d'atteindre un certain niveau de culture générale, de favoriser une formation globale de

20. Notre traduction.
21. Notre traduction.
22. Notre traduction.
23. Goulet (1999b).
24. Notre traduction.

la personne axée sur l'acquisition d'un sens des valeurs morales et l'apprentissage de la vie en société, de maîtriser les outils de la pensée et, finalement, d'avoir accès aux fondements de la discipline professionnelle[25].

Des compétences liées à la formation fondamentale

Du point de vue de la culture générale, l'infirmière doit acquérir, comme tout autre professionnel, une conscience historique et doit connaître les différentes formes d'activités rationnelles, la philosophie – en particulier la philosophie des sciences – et les mathématiques[26]. Dans l'état actuel d'avancement de la discipline infirmière, l'initiation à la philosophie, à la nature de la réflexion philosophique concernant notamment les concepts de science, de discipline et de connaissance, est nécessaire pour se familiariser avec la structure épistémologique de la discipline en particulier, et ainsi faire la distinction entre les notions de paradigme, de théorie et de modèle, de processus et de démarche constamment utilisés dans le discours, mais dont la signification est loin d'être univoque pour bon nombre d'infirmières[27]. Si on s'attend à ce que toutes les infirmières contribuent, selon leur niveau de formation, à la consolidation de la discipline, une connaissance et une maîtrise même minimales du vocabulaire et du langage sont nécessaires pour s'y adonner de façon efficace.

D'un autre côté, la philosophie initie également à l'éthique. Alors que les dilemmes éthiques se multiplient, l'acquisition des valeurs morales est incontournable pour affiner la compétence morale que requiert l'exercice professionnel. À cet égard, il semble que les infirmières ayant reçu une culture générale font des choix éthiques éclairés et responsables, non seulement par rapport aux usagers, mais aussi par rapport aux questions qui préoccupent la profession[28].

La philosophie s'intéresse à tous les aspects de la vie en société, ainsi « une connaissance de la réalité sociale suffisamment étendue émerge de la culture générale et aide à situer l'exercice de la profession dans le contexte de la société[29] ». Dans la mesure où la notion de « communauté comme client » finira par s'actualiser, une connaissance de la réalité sociale incluant la familiarisation avec les politiques de la santé et la législation en matière de santé est un acquis appréciable et renvoie jusqu'à un certain point à l'obliga-

---

25. Goulet (1999b).
26. *Ibid.*
27. Holt et Clarke (2000).
28. Goulet (1999b).
29. McGlothlin, cité dans Goulet (1999b).

tion qu'ont les professions de rendre un service à la société. Dans cet esprit, Lindeman (1992) propose d'élargir le contenu de la formation fondamentale donnant accès aux assises de la discipline pour inclure une compréhension des déterminants politiques, économiques, sociaux, culturels et légaux de la santé et du système de santé, de l'environnement, du comportement, des soins médicaux et de la génétique, sans lesquels la promotion de la santé n'a aucune signification.

L'apprentissage de la vie en société prédispose à l'engagement social nécessaire pour jouer un rôle de critique et de vigile par rapport aux politiques de santé[30]. On comprend dès lors que l'expertise professionnelle en soins infirmiers ne se limite pas à la prestation de soins directs à un individu ni à des activités de recherche, mais qu'elle exige une forme d'action sociale et politique de la part de tous les acteurs en soins infirmiers, gestionnaires, chercheurs, enseignants et intervenants.

Par ailleurs, comme la société est maintenant de plus en plus dépendante de la connaissance comme moyen de production[31] et que le savoir scientifique et technologique s'accroît à un rythme si effréné que sa production quasi industrielle inquiète et laisse parfois planer un doute sur sa validité[32], l'engagement social devrait aussi se traduire, pour le professionnel, par une volonté non seulement de se perfectionner et d'améliorer ses connaissances, mais encore d'exercer son jugement critique à leur égard. Boland (2000) soutient que les infirmières doivent être des *knowledge workers*.

D'un autre côté, la démocratisation des technologies de l'information rend les connaissances scientifiques disponibles tant pour les professionnels que pour un public mieux éduqué qui, en tant que consommateur de soins, cherche la qualité, l'accessibilité et l'imputabilité[33]. Ainsi, le fossé qui séparait la connaissance du professionnel de celle de la population s'est rétréci. Les professionnels n'ont plus le monopole du savoir et leur autorité sur le diagnostic et le traitement de l'usager peut être défiée[34]. On voit un plus grand nombre de personnes qui souhaitent comprendre en quoi consistent les interventions liées à leur diagnostic et à leur traitement, les raisons pour lesquelles on y a recours, le cas échéant, et prendre part aux décisions relatives à leur santé[35]. L'infirmière doit alors utiliser son jugement critique pour

30. NLN (2002).
31. Spitzer (1998).
32. Il s'agit d'un constat fait par John Drummond au cours d'une communication présentée à l'Université de Leeds, le 18 septembre 2001.
33. NLN (1999).
34. Parkin (1995).
35. NLN (1999).

les aider dans leur démarche, de même que pour évaluer les connaissances qu'elle-même recueille. Si le jugement critique sert à cette fin, il est également nécessaire au processus de décision clinique en soins infirmiers et la formation fondamentale facilite son exercice.

Or, la formation fondamentale qui vise la maîtrise de la langue maternelle parlée et écrite ainsi que la connaissance des principes de la logique favorise l'acquisition des outils de la pensée ou des compétences cognitives – comme l'analyse et la synthèse, la résolution de problèmes et l'analyse critique – nécessaires pour échapper à la pensée ritualiste ou au prêt-à-penser, en aidant à structurer le raisonnement clinique et à énoncer clairement des idées et des concepts.

Par ailleurs, les mathématiques et les sciences, qui relèvent elles aussi de la formation fondamentale, sont des éléments essentiels de l'arsenal intellectuel. Mais des études ont démontré les difficultés éprouvées par les infirmières par rapport aux mathématiques même élémentaires[36]. Quant aux sciences, la prestation de soins aux malades dans des environnements techniques complexes exige des connaissances plus poussées, non seulement des sciences biomédicales, mais encore des sciences exactes comme la physique.

Enfin, en donnant accès aux fondements de la discipline professionnelle, la formation initiale ouvre la voie à l'étude de la discipline infirmière, de son savoir, de ses méthodes et des problèmes spécifiques qui lui confèrent une autorité intellectuelle[37] et un statut social comparable à celui des autres professions reconnues.

Garder le cap sur la discipline infirmière

Garder le cap sur la discipline infirmière consisterait à inclure dans la formation le corpus de connaissances infirmières qui lui est propre ainsi que les différentes approches utilisées pour lui donner une structure épistémologique, tout en exploitant les compétences acquises par le biais de la formation fondamentale. La profession pourrait ainsi prétendre à une expertise infirmière particulière, expertise nécessaire pour justifier sa pertinence sociale. Il va sans dire, néanmoins, que les objectifs poursuivis seraient différents selon les niveaux de formation.

Les composantes du savoir propre dont il est ici question sont souvent structurées en fonction du paradigme infirmier et s'articulent autour de théories ou de modèles de soins infirmiers. L'American Association of Colleges

36. Hoyles (2001).

37. Ces distinctions sont inspirées de la définition d'une discipline que donnent Blondeau et Dallaire au chapitre 14.

of Nursing (AACN) (1986) considère que la connaissance de ces théories et modèles ainsi que la compréhension de la démarche de soins et d'un système de classification des diagnostics infirmiers sont des compétences cognitives que la formation professionnelle initiale doit viser, puisqu'elles constituent des éléments de la structure épistémologique de la discipline infirmière.

En revanche, les notions de paradigme, de théorie, de modèle et de démarche de soins sont de plus en plus remises en question. En effet, la réflexion épistémologique à propos de la discipline infirmière s'intensifie et révèle que puisque ces notions n'ont pas une signification univoque, leur application dans la pratique devient difficile. Par surcroît, il arrive qu'on utilise pour les fins de leur application des outils d'où les fondements théoriques sont évincés, sans compter qu'ils sont parfois imposés aux infirmières[38]. Spitzer (1998) avance que la démarche de soins limiterait l'habileté à saisir la complexité d'une situation parce que n'étant pas inspirée par une approche client, elle débouche sur une schématisation des besoins, freinant la capacité d'appréhender toute la complexité d'une situation. Pour Collière (2000, p. 41), c'est ce qui advient dès qu'un modèle conceptuel impose sa finalité de façon exclusive. On pourrait donc en déduire que les modèles conceptuels contribuent à une autre forme de verrouillage de la pensée, aussi nocif pour la consolidation du savoir que pour une formation professionnelle authentique. Selon Clarke (1996), l'évaluation des besoins et l'établissement d'un diagnostic sont des opérations complexes qui exigent une compréhension à la fois déductive et inductive. Ces opérations consistent en une application individualisée de principes faisant appel aux outils de la pensée menée de concert avec le traitement. Il faut également dire que la pratique infirmière est à certains égards empirique, pragmatique, intuitive et esthétique[39], ce qui laisse une marge de manœuvre dans l'appréciation des situations.

Quoi qu'il en soit, les principes relatifs au diagnostic et au traitement appliqués à des situations particulières relèvent, jusqu'à ce jour, du savoir infirmier spécialisé et font partie de la dimension professionnelle de la formation. Et comme on l'a vu au chapitre 9, ce sont deux éléments clés de l'expertise infirmière professionnelle autonome et socialement reconnaissable. Aussi McBride (1999, p. 115) estime-t-elle que la taxonomie des diagnostics élaborée par la North American Nursing Diagnosis Association (NANDA) et la classification des interventions proposée par McKloskey et Bulechek sont des éléments importants pour établir la spécificité et l'utilité des soins infirmiers. Mais la réussite des opérations repose sur la maîtrise de l'information et sur une connaissance des technologies de l'information en raison,

38. Zaoui (2000).
39. Donaldson et Crawley (1978).

d'une part, de la diversification des problèmes de santé et de leurs déterminants. D'autre part, les avancées des technologies de l'information et la gestion de l'information à partir de la cueillette, du tri et de l'analyse impliquent le traitement concomitant d'un grand nombre de données tant scientifiques que technologiques[40].

Quant au traitement, il couvre tout un éventail de stratégies. On peut maintenant utiliser des théories et des résultats de recherche valables et fiables obtenus grâce à l'étude scientifique de problèmes associés à l'exercice de la profession et directement applicables à la pratique infirmière, permettant ainsi la prise de décisions mieux éclairées[41]. Selon Kim (1994), les théories fournissent ou peuvent fournir des explications quant aux problèmes de santé, elles peuvent suggérer des traitements, donner des idées quant à l'approche à utiliser avec un usager, proposer différents scénarios pour la prise de décision ou décrire ce qui se passe au cours d'une activité de soins. On comprend donc pourquoi la pratique fondée sur des résultats de recherche est de plus en plus valorisée. En effet, pour que la discipline infirmière puisse répondre aux besoins actuels et futurs en matière de soins de santé, il faut que l'exercice de la profession ne repose pas simplement sur des croyances, des traditions et des rituels, mais sur une connaissance rationnelle et humaniste[42]. Cependant, alors qu'au chapitre 19 Ducharme présente une critique pondérée de la pratique fondée sur des résultats de recherche, Dean (1995) met elle aussi en garde contre la tendance à l'idéaliser, au risque d'oublier le savoir issu de la pratique infirmière elle-même. Enfin, White (1997) souligne encore les limites des résultats obtenus uniquement par la recherche expérimentale. Il soutient que tous les problèmes de soins infirmiers ne peuvent pas être résolus que par des données scientifiques compte tenu des dimensions éthiques et esthétiques du savoir infirmier.

Enfin, la complexité des environnements dans lesquels œuvrent les infirmières fait appel à une capacité d'adaptation hors du commun qui sollicite des compétences personnelles d'autocritique et d'affirmation de soi d'abord, puis d'affirmation d'un leadership pour assurer la croissance de la discipline. Ces compétences, jointes à l'importance attachée à l'esprit de recherche, à la réflexion et au jugement critique, appellent des approches pédagogiques favorisant leur exercice. Et puis le rythme de l'évolution des connaissances exige pour sa part la nécessité d'apprendre tout au long de sa vie[43]. Sutherland (1996) et Boland (2000) préconisent l'apprentissage « par problèmes »,

---

40. AACN (1996).
41. Goulet (1999b).
42. *Ibid.*
43. McBride (1999).

qui met l'accent sur la capacité d'analyse et l'autonomie en ce qui concerne la résolution de problèmes. Ils proposent également que les étudiants exercent leur jugement critique par rapport à leurs actions et à celles de leurs pairs. De son côté, Fisher (2000) estime qu'en intégrant à la formule le développement d'habiletés à la construction et au maintien du travail en équipe, on prépare également les étudiants à la vraie vie.

Selon la National League for Nursing (NLN) (2002), le profil de la clientèle étudiante se diversifie à cause du multiculturalisme. Leurs attentes varient ainsi en fonction de la multiplicité de leurs systèmes de valeurs et de leurs expériences de vie et de travail. Les étudiantes ont maintenant des modes d'apprentissage, des styles et des objectifs différents[44] ; elles veulent apprendre à leur rythme et définir elles-mêmes leurs besoins. Pour l'enseignement, cela signifie à tout le moins que les enseignants doivent être à l'affût des nouvelles découvertes pour en vérifier la validité afin de former de futurs professionnels conscients de la nécessité de demeurer intellectuellement actifs dans un univers d'ambiguïté et de changement[45].

Pour clore cette partie, il apparaît que le renforcement de la formation fondamentale, le respect de la discipline infirmière, la promotion du savoir-être et du savoir-faire reliés à une ouverture à la collaboration et aux nouvelles approches de gestion, ainsi qu'une pédagogie appropriée devraient permettre de relever les défis que nous avons soulevés. Il faut cependant tenir compte du potentiel du système de formation pour assurer la consolidation, sinon le renouvellement, de la formation.

Le système de formation peut-il s'adapter ?

Le système de formation en soins infirmiers est habituellement intégré au système général de formation, au Québec comme ailleurs sur le continent nord-américain (bien qu'il reste encore quelques écoles d'infirmières d'hôpital) ; il offre des programmes au niveau collégial et au niveau universitaire aux premier, deuxième et troisième cycles. Une caractéristique particulière le distingue cependant du modèle habituellement adopté par les autres professions de la santé, en ce sens que la formation initiale en soins infirmiers, qui donne droit à l'exercice professionnel, est accessible tant au collégial qu'au premier cycle de l'enseignement universitaire[46]. L'Université McGill l'offre même au deuxième cycle[47].

44. Notre traduction.
45. Lindeman (2000).
46. Goulet (1999b).
47. Commission des universités sur les programmes (1999). Rapport n° 9.

Ce modèle marginal, parfois perçu comme une absence de normes réglementant l'accès à l'exercice de la profession, serait responsable de certaines difficultés qu'éprouve la profession[48] et fait l'objet d'une controverse qui perdure depuis plus de 30 ans. Cette controverse oppose ceux qui, comme plusieurs associations professionnelles, préconisent la formation universitaire[49] à ceux qui préfèrent ou acceptent la disponibilité de voies d'accès multiples, dont le gouvernement du Québec[50]. L'objectif poursuivi en abordant cette question est de considérer le renouvellement de la formation à la lumière des arguments invoqués de part et d'autre.

D'une part, les partisans de la formation universitaire la présentent comme seule capable d'assurer la pertinence sociale de la formation initiale, à court et à long terme. Cette option s'inscrit habituellement dans la perspective du mouvement de professionnalisation discuté au chapitre 9, parce qu'elle correspond à l'un des principaux critères servant à reconnaître une profession. Ce critère implique que la formation repose sur un corpus de connaissances organisé qui possède sa propre structure épistémologique offrant l'axe principal de programmes offerts dans des établissements universitaires voués à la recherche savante[51]. De plus, selon les tenants de cette position, le volet fondamental de la formation universitaire donne un esprit d'ouverture sur le monde qui incite à voir la profession dans son contexte universel. Elle favorise également l'autonomie, la créativité et la pensée critique, motive à poursuivre des études supérieures aux niveaux deuxième et troisième cycles et force à reconnaître la nécessité de continuer d'apprendre tout au long de sa vie[52].

D'autre part, les voies multiples de la formation professionnelle sont perçues comme offrant aux étudiants l'avantage de reconnaître les apprentissages et les expériences antérieures. À ce titre, Lindeman (2000) évoque un système de formation progressif qui faciliterait des apprentissages interchangeables entre les niveaux d'enseignement et compatibles avec la notion de formation continue. McBride (1999) mentionne qu'en soins infirmiers, on réussit depuis longtemps à établir des passerelles entre les différents niveaux de formation. Au Québec, la dernière initiative en ce sens prend la forme d'un programme d'études collégial et universitaire intégré (DEC-BAC intégré) dont la réussite dépend d'une étroite collaboration entre les collèges et les universités[53]. Comme pour la plupart des modèles semblables, ce

48. Jacobs et autres (1998).
49. Commission des universités sur les programmes (1999).
50. Pew (1995) ; Lindeman (2000).
51. Goulet (1999b).
52. Jacobs et autres (1998).
53. « Une voie d'avenir incontournable », *Le Journal*, mars-avril 2001, p. 3.

programme prévoit une voie de sortie après l'obtention du diplôme d'études collégiales. Ce dernier sanctionne la formation initiale, donnant accès au droit de pratique, tout comme le diplôme de baccalauréat décerné au premier cycle de l'enseignement universitaire. Or, c'est là que le bât blesse. En effet, la Commission Pew (1995) acceptait le système de voies d'accès multiples à condition de reconnaître des pratiques différenciées, des droits de pratique et des titres différents, de même que des salaires distincts. La notion de pratique infirmière avancée réfère à une classification des rôles, des fonctions et du travail des infirmières en fonction de leur formation, de leur expérience clinique et de leur aptitude à prendre des décisions afin de répondre aux besoins des usagers[54]. Malheureusement, peu d'expériences ont été faites jusqu'à ce jour pour produire une telle classification.

Mis à part les programmes intégrés, la formule des voies multiples a été contestée pour des motifs d'ordres divers. D'un point de vue politique, la multiplicité des niveaux de formation initiale se répercute sur l'image que projette la profession et influencerait parfois négativement le choix des candidats potentiels à l'étude de la profession à cause de la confusion qui en découle. Selon Jacobs et ses collaborateurs (2000), des études ont démontré que le public voit les infirmières comme moins capables de raisonner, moins intelligentes et moins aptes à exercer un leadership que les médecins.

Problème

Sur le marché du travail, l'arrivée de diplômés issus de programmes différents mais qui ont le même droit d'exercice et un accès aux mêmes emplois prête aussi à confusion : les employeurs peuvent surestimer l'expertise des uns et sous-estimer celle des autres[55], sans compter qu'une formation, des préoccupations et des valeurs différentes entraînent une segmentation de la profession. Par ailleurs, une formation initiale marginale par rapport à celle des autres professionnels de la santé nuit à l'intégration des infirmières aux équipes multidisciplinaires si elles n'ont pas atteint le même niveau de langage et d'habileté pour la résolution de problèmes[56].

D'un point de vue philosophique et, plus précisément, épistémologique, l'accès au même droit d'exercice par des voies variées risque d'entraîner une fragmentation du savoir infirmier. Du coup, la fragmentation pourra nuire à la reconnaissance de l'exclusivité de la compétence et forcera à s'interroger sur la capacité de la formation à servir de fondement à la spécialisation, indissociable de la pratique infirmière avancée pour laquelle une formation de deuxième ou de troisième cycle est jugée nécessaire[57]. McBride (1999)

54. Fenton (2000).
55. Boland (2000).
56. Vinson (2000).
57. Canadian Nurses Association (CNA) (1997).

doute clairement que ces programmes soient en mesure de consolider l'expertise et d'encourager la recherche essentielle à la délimitation du champ de compétence. En ce qui a trait au troisième cycle universitaire, dont l'objectif est essentiellement de parfaire le savoir infirmier, il y a lieu de souligner la difficulté de réconcilier et de consolider les liens entre la théorie, la pratique et la recherche chez des candidats ayant des formations et des expériences disparates. En revanche, la formation initiale intégrée à des études de deuxième ou de troisième cycle risque d'occulter la formation générale, caractéristique, en principe, d'une formation initiale.

De façon générale, la notion de spécialisation prête à confusion : la signification du concept varie en fonction des époques, du contexte, des personnes, des groupes, des établissements de santé et des intérêts de la société[58]. Comme le prévoyait Calkin (1992), trois orientations semblent se dessiner. Ainsi, on trouve un premier modèle, semblable à celui de la médecine et centré sur les réactions de la personne à la maladie, un modèle auquel Fawcett et Bourbonnière (2000) s'opposent nettement parce qu'il favorise un rapport de dépendance à la médecine et qu'il risque déjà d'orienter la pratique infirmière avancée. Par ailleurs, une approche fondée sur l'apport particulier, mais interdépendant, de la discipline à l'équipe des professionnels de la santé semble caractériser le deuxième modèle. On peut également distinguer une perspective multifactorielle axée sur les tendances se manifestant dans la société, sur la démographie et sur des stratégies de soins adaptées au contexte qui laisse un bon nombre de questions sans réponse. Calkin (1992, p. 341) soutient que les décisions concernant l'orientation de la spécialisation doivent être prises en fonction d'un « *preferred future* ».

CONCLUSION

À l'aube du XXIe siècle, la formation infirmière dispose déjà de certains acquis pour consolider sa pertinence sociale. Parmi ces acquis, on note l'intégration de la formation infirmière au système général d'éducation, la croissance progressive du savoir infirmier pour orienter les programmes et un accroissement constant du nombre d'infirmières formées au niveau de l'enseignement supérieur. Des statistiques récentes, publiées au mois de septembre 2001 par l'Ordre des infirmières et infirmiers du Québec, révèlent que le pourcentage d'infirmières qui ont une formation universitaire (certificat, baccalauréat, maîtrise ou doctorat) est passé de 37 % en 1994-1995 à 43 %

58. Cotton (1997).

en 2001[59]. Bien que la formation soit perçue comme offrant de nombreuses possibilités d'expansion, il faut admettre que la conjoncture sociale présente certains écueils, notamment en raison des retombées des restrictions budgétaires qui hantent le domaine de la santé. Citons par exemple la décision de libéraliser les exigences de formation pour la pratique infirmière avancée afin de répondre à des besoins immédiats[60].

Dans l'ensemble, les obstacles à franchir pour consolider la pertinence sociale de la formation ressortent assez clairement. En premier lieu, il est impérieux de mettre un terme au débat entourant la formation initiale[61]. Pour McBride (1999), il en va de l'avenir de la profession, même si elle reconnaît que des forces politiques souhaitent le maintien du *statu quo*. McClure (2000) prévoit pour sa part qu'à l'avenir la formation infirmière de premier cycle ne sera qu'une formation professionnelle générale en comparaison des habiletés spécialisées exigées à plus ou moins court terme. En second lieu, il est impératif que les programmes de maîtrise et de doctorat soient centrés sur l'approfondissement et l'enrichissement du savoir infirmier afin d'éviter une prédominance du savoir médical tel qu'il est permis de l'observer dans la pratique infirmière avancée actuelle. Par ailleurs, en raison de la complexité toujours accrue des problèmes de santé, la réponse aux besoins de la population dépend aussi d'une augmentation du nombre d'infirmières ayant un grade universitaire (baccalauréat, maîtrise et doctorat). Il va sans dire que ce constat fait ressortir l'urgence de consolider les connaissances et la discipline infirmière, en plus d'accentuer le besoin de formation continue.

En d'autres mots, tout le dossier de la formation doit être examiné à la lumière de la complexité des soins infirmiers et du service à rendre à la société.

---

59. OIIQ (2201b).
60. La CNA (1997) rapporte que plusieurs provinces canadiennes acceptent différents niveaux de formation pour ne pas freiner les initiatives.
61. McBride (1999) ; McClure (2000).

Dix-neuvième chapitre

Les soins infirmiers et la recherche: perspectives au seuil du troisième millénaire

FRANCINE DUCHARME

INTRODUCTION

Les progrès scientifiques croissants dans le domaine de la santé, l'avancement technologique et les dilemmes éthiques qui accompagnent ces phénomènes de société font en sorte que les responsabilités des infirmières, dans la prestation des soins, sont devenues de plus en plus complexes. D'autre part, les grands changements socioculturels, notamment la mondialisation et la nouvelle économie du savoir, ont fait apparaître un besoin imminent de promotion de l'innovation et de documentation de la pratique infirmière à partir de données probantes issues de recherches empiriques. La tradition de recherche étant relativement jeune dans la discipline infirmière, cette perspective évolutive de la recherche pose donc de grands défis. Voilà pourquoi nous proposons, dans les pages qui suivent, une discussion des perspectives qui se dessinent dans le domaine de la recherche en soins infirmiers pour les prochaines années[1]. Après avoir défini ce qu'est la recherche en sciences infirmières et ses influences paradigmatiques, nous présenterons les possibilités qui s'offrent aux infirmières-chercheuses ainsi que les contraintes auxquelles elles font face dans le contexte actuel. Nous aborderons quelques défis importants, notamment ceux de l'interdisciplinarité, du partenariat et des liens à resserrer entre recherche et pratique. Nous examinerons enfin le

---

1. Cette discussion est fondée sur un approfondissement de certaines réflexions publiées précédemment (Ducharme, 2001, 2000, 1998, 1997).

mouvement de la pratique fondée sur des données probantes et ses controverses, avant de proposer des avenues pour la recherche, au seuil du troisième millénaire.

QU'EST-CE QUE LA RECHERCHE EN SCIENCES INFIRMIÈRES ?

Comme dans toutes les disciplines, la recherche est considérée en sciences infirmières comme un outil pour le développement et l'enrichissement des connaissances, en l'occurrence, les connaissances infirmières. Elle vise à explorer, à décrire, à expliquer et à prédire des phénomènes qui présentent un intérêt pour la discipline. Elle permet de valider et de raffiner le savoir existant, mais aussi de générer de nouvelles connaissances directement ou indirectement utiles à la pratique. La recherche infirmière appartient en grande partie au champ de la recherche appliquée, qui vise à trouver des solutions à des problèmes cliniques et à induire des changements dans la pratique des soins. Elle a pour finalité la santé des différents groupes cibles avec lesquels les infirmières ont à travailler en fournissant des pistes pour l'amélioration de la qualité et de l'efficacité des soins infirmiers.

À l'instar de Carper (1978), nous croyons que le caractère spécifique de toute discipline détermine le type de connaissances à générer, ainsi que les approches privilégiées pour la consolidation du savoir. Dans cette perspective, a-t-on vraiment défini les objets d'étude de la recherche infirmière ? La réponse à cette question dépend évidemment de la conception que nous avons de la discipline.

Le métaparadigme infirmier qui concerne la relation entre la personne, le soin, la santé et l'environnement est encore aujourd'hui la toile de fond du champ d'intérêt de la discipline infirmière[2]. Par conséquent, les recherches entreprises par les infirmières sont fondées sur cette perspective générale. Mais encore, est-ce suffisamment explicite pour définir les objets de la recherche infirmière ? Diverses définitions de cette discipline ont été proposées au cours des dernières années et permettent d'apporter plus de précision à cette perspective générale[3]. Si on examine par exemple celle qui définit la discipline comme s'intéressant « au soin des personnes, des familles ou des communautés qui vivent diverses expériences liées à la santé au sein de leur environnement[4] », la recherche infirmière vise à la fois la compréhension des

2. Fawcett (1984).
3. Kérouac et autres (1994).
4. *Ibid.*, p. 60.

expériences et phénomènes liés à la santé qui se manifestent au cours des différentes étapes de la vie, l'étude des facteurs de l'environnement interne et externe qui régissent ces expériences, et le développement et l'évaluation d'approches de soin qui permettent de favoriser la santé des personnes, des familles et des communautés. Mais il ne s'agit là que d'une perspective parmi d'autres. La section qui suit fait état de différentes influences qui ont marqué la recherche en sciences infirmières.

DES INFLUENCES PARADIGMATIQUES

Depuis que les infirmières publient les résultats de leurs recherches – les années 50 environ –, on peut observer l'influence marquante de plusieurs paradigmes. En tentant de répondre à la question « Qu'est-ce que signifie être infirmière ? », ces courants de pensée et ces diverses conceptions de la discipline ont modifié le cours des recherches entreprises par les infirmières et, par conséquent, l'évolution des connaissances.

En examinant la période qui s'étend des années 50 aux années 70, on remarque que le paradigme de la catégorisation[5] – celui selon lequel les phénomènes de recherche sont vus comme des entités divisibles en catégories et considérés comme des manifestations simplifiables – a fortement marqué l'évolution du savoir infirmier scientifique. Certaines méthodes quantitatives issues du courant postpositiviste et permettant de catégoriser le plus objectivement possible des variables mesurées à l'aide d'outils standardisés sont les méthodes retenues par les infirmières-chercheuses qui adhèrent à cette perspective. Voulant acquérir un statut de chercheuses et une crédibilité aux yeux de la communauté scientifique, les infirmières ont donc d'abord emprunté aux sciences exactes et expérimentales des méthodes pour réaliser leurs études cliniques. Le modèle expérimental est l'étalon de la recherche scientifique. Les recherches, pour la plupart « athéoriques », visent à évaluer différentes techniques de soins au moyen de devis quasi expérimentaux contrôlant le maximum de variables étrangères. La conception de la discipline est donc plutôt médicale, les modèles conceptuels ne sont pas encore développés.

La période suivante, soit de 1970 à 1985, est celle où la formation et la gestion en soins infirmiers constituent des domaines d'investigation privilégiés. Cette période correspond à l'avènement des modèles conceptuels et à la précision graduelle de la « substance infirmière ». C'est ainsi que certains phénomènes et concepts sont reconnus comme pertinents et font l'objet d'études empiriques. Le paradigme de la catégorisation domine encore, et

5. Kérouac et autres (1994).

les recherches sont issues d'une vision postpositiviste de la science. Des recherches descriptives et des études corrélatives sont publiées. En fait, on tente bien légitimement de préciser la nature des investigations en sciences infirmières. Un besoin de mieux explorer et décrire les concepts proposés par les théoriciennes se fait sentir[6].

Enfin, les 15 dernières années ont été des plus productives pour la recherche infirmière. Les infirmières-chercheuses sont de plus en plus nombreuses à s'orienter vers le courant de pensée de la « transformation »[7], soutenu par la prise en compte d'une réalité plus complexe, non linéaire et toujours en évolution. Selon ce paradigme, tout phénomène est unique, il ne peut jamais ressembler tout à fait à un autre. Ainsi, plusieurs théoriciennes et chercheuses s'interrogent sur la pertinence des approches quantitatives pour l'étude de phénomènes dans la discipline infirmière[8]. Ces approches seraient selon elles inadéquates pour explorer la nature holiste des soins infirmiers. Elles proposent plutôt des méthodes qui tiennent compte de l'interaction personne-environnement (contexte) et qui favorisent la compréhension de l'expérience humaine de santé.

Mais qu'en est-il de la recherche au seuil du troisième millénaire ? On doit reconnaître qu'elle est loin de constituer une entité monolithique. La recherche est aujourd'hui teintée d'un pluralisme philosophique et méthodologique, et d'une coexistence des paradigmes[9]. On note encore l'influence des visions dominantes issues du postpositivisme, mais aussi du courant interprétatif et d'un apport de l'approche plus récente de la théorie sociale critique. Il s'agit pour certains, dont Moccia, de débats épistémologiques fondamentaux sur la nature de la connaissance, de la réalité et de la science, plus que de débats purement instrumentaux ou techniques touchant les méthodes de recherche[10]. Pour d'autres, les traditions de recherche quantitatives et qualitatives apparaissent plus près l'une de l'autre que l'argument épistémologique ne le laisse entrevoir[11]. Enfin, d'autres encore soulignent l'importance de créer et d'utiliser des méthodes de recherche « uniques » aux sciences infirmières[12], puisque c'est là une des marques distinctives des disciplines matures[13]. C'est à ce point tournant de leur histoire

6. Gottlieb (1999).
7. Kérouac et autres (1994).
8. Leininger (1985) ; Phillips (1992).
9. Ford-Gilboe et autres (1995).
10. Moccia (1988).
11. Begley (1996) ; Corner (1991).
12. Leininger (1988) ; Newman (1994) ; Parse (1998) ; Thorne, Kirkham et MacDonald-Emes (1997) ; Watson (1988).
13. Barrett (1998).

qu'en sont maintenant les connaissances scientifiques dans la discipline infirmière.

LES POSSIBILITÉS ET LES CONTRAINTES DANS LE CONTEXTE DU NOUVEAU MILLÉNAIRE

Les recherches menées actuellement par les infirmières touchent des thématiques socialement pertinentes et concernent des problématiques prioritaires dans le domaine de la santé. Il suffit d'évoquer les préoccupations des infirmières-chercheuses eu égard aux grandes transformations du système de santé, qu'il s'agisse du virage ambulatoire, du maintien à domicile des personnes âgées, de la désinstitutionnalisation, de l'essor des technologies telles que la télé-santé et des dilemmes éthiques contemporains. La pertinence sociale des services, dont le système de santé est imputable, nécessite des choix judicieux quant à la nature des recherches entreprises par les infirmières. Ce sont d'ailleurs les politiques qui guident dorénavant bon nombre de programmes de subvention. Au Québec, par exemple, on ne peut faire abstraction de la politique québécoise de la science et de la technologie[14] dont l'intitulé, « savoir changer le monde », représente les orientations. Cette politique mise sur la formation et le partage du savoir, ainsi que sur la recherche au sujet d'organisations innovantes dans le but de favoriser le mieux-être de la société québécoise.

En fait, on assiste aujourd'hui à l'émergence d'une épistémologie duale misant à la fois sur l'importance des connaissances « en soi » et sur l'importance des connaissances pour améliorer le monde. Les orientations actuelles des politiques et des organismes de subvention appellent un nouveau type de recherche : celle qu'on dit orientée. La recherche dite « libre » et la recherche fondamentale demeurent reconnues et essentielles, mais bon nombre d'études doivent maintenant tenir compte des plans stratégiques de développement dans le domaine de la santé. Ces plans sont en lien avec les priorités et les politiques gouvernementales et tiennent compte de la rareté des ressources du système de santé. C'est ainsi que les chercheurs sont maintenant appelés à établir un dialogue avec les décideurs et à travailler en concertation avec ces derniers afin de fournir des données probantes qui contribueront à une prise de décisions éclairée.

On souligne aussi de plus en plus l'importance de la commercialisation des produits et des innovations issus de la recherche[15], un domaine où les

14. Gouvernement du Québec (2001).
15. *Ibid.*

infirmières-chercheuses ont été jusqu'ici peu conviées et auquel elles ont peu contribué. Les années à venir modifieront le visage de la recherche et les infirmières-chercheuses auront, elles aussi, à mettre de l'avant leurs innovations. Il suffit de penser aux programmes de soins qui ont fait l'objet d'études évaluatives, aux outils cliniques utilisés auprès de diverses populations vulnérables, aux instruments de recherche qui ont fait l'objet d'études méthodologiques et aux programmes d'enseignement offerts à des clientèles variées. N'est-ce pas là des innovations qui pourraient être diffusées, valorisées et, pourquoi pas, commercialisées ?

En somme, l'ensemble des priorités évoquées au Québec et au Canada par les organismes de subvention font foi d'une profonde mutation de notre société. Pour les chercheurs du domaine de la santé, incluant les infirmières, cette mutation exige des efforts considérables, notamment une ouverture face à la recherche orientée en fonction de plans stratégiques.

Une autre des exigences actuelles de la recherche concerne le fait que les connaissances générées par la recherche infirmière doivent apporter une contribution unique, bien que non exclusive. En d'autres mots, il importe de plus en plus de générer des connaissances qui contribuent à une pratique en interdisciplinarité préservant à la fois la qualité et les coûts. On dit que le XXIe siècle sera celui de la gestion des paradoxes. En voilà un, et des plus intéressants !

LE DÉFI DE L'INTERDISCIPLINARITÉ ET DU PARTENARIAT

Le décloisonnement disciplinaire est aujourd'hui grandement valorisé. La reconfiguration des organismes de subvention au Québec en est un exemple éloquent. À partir de 2002, les subventions seront attribuées en fonction des grands domaines de recherche plutôt qu'en fonction des disciplines[16]. Il s'agit d'un autre défi à relever pour les infirmières qui commencent à peine à définir leur propre discipline. En dépit de certaines tensions qui persistent entre les modèles disciplinaires et interdisciplinaires de recherche, c'est plutôt une compréhension transdisciplinaire et transsectorielle de la santé qui est actuellement visée en recherche. On invoque une organisation différente de la recherche qui a comme noyau un ensemble de chercheurs de diverses disciplines ayant la capacité d'aborder tout le spectre de la recherche sur un même domaine ou une même thématique. Il s'agit d'une stratégie élaborée

16. Fonds de la recherche en santé du Québec (2000).

afin d'accélérer le transfert des connaissances. On voit d'ores et déjà proliférer des réseaux de recherche nationaux et internationaux. Les infirmières-chercheuses doivent allier leurs forces avec des chercheurs du monde entier et être ouvertes à des projets multicentriques impliquant des comparaisons internationales.

Cet impératif de la recherche interdisciplinaire ne peut être que favorable à l'essor de la recherche en sciences infirmières. D'une part, la discipline infirmière s'est construite en intégrant des théories et des concepts d'une grande variété de disciplines scientifiques connexes telles que la psychologie, la sociologie, l'anthropologie, les sciences de l'éducation et, bien sûr, la médecine. D'autre part, les disciplines scientifiques qui s'intéressent au comportement humain dans les contextes de santé ont besoin de théories et de concepts provenant des sciences infirmières.

D'un point de vue macroscopique, le phénomène de la mondialisation des marchés touche la recherche et est un facteur important qui invite à rallier les forces, en interdisciplinarité, afin de mieux rivaliser avec les chercheurs à l'échelle mondiale. Apprendre à travailler en interdisciplinarité et entreprendre des recherches en collaboration tout en reconnaissant la contribution des chercheurs de chacune des disciplines engagées, voilà un des défis que les infirmières-chercheuses affrontent déjà.

Cette recherche interdisciplinaire, pouvant aller jusqu'à la transdisciplinarité, c'est-à-dire jusqu'à l'émergence d'une nouvelle discipline qui dépasse les frontières des disciplines engagées[17], fait inévitablement appel aux notions de collaboration et de partenariat qui, à leur tour, posent un nombre imposant de défis. On peut penser aux divergences des partenaires quant aux principes, aux valeurs et aux croyances qui animent le processus de la recherche, aux divergences paradigmatiques et méthodologiques, et au nécessaire partage de pouvoir entre les chercheurs et les partenaires des divers milieux (qu'il s'agisse du milieu communautaire ou du réseau de la santé), au temps et à l'énergie exigés pour l'établissement d'un réel partenariat, aux demandes financières effectuées par les partenaires, aux problèmes de gestion de la recherche[18]. Mais on peut aussi penser aux bénéfices considérables de ce partenariat, ne serait-ce que le fait d'enrichir la recherche de multiples perspectives, de favoriser une synergie et un partage d'idées et de ressources humaines et matérielles qui en font une plus-value et, surtout, l'accroissement de l'imputabilité des produits de la recherche auprès du grand public[19].

17. Voyer (2001).
18. Jones et autres (1998).
19. *Ibid.*

Par ailleurs, la nécessité d'un rapprochement entre la recherche et la pratique infirmière demeure une autre considération loin d'être négligeable. Avec le temps, les chercheurs se sont souvent éloignés de leur objet principal de préoccupation, le soin infirmier. La prochaine section discute de cette problématique et propose certaines avenues pour resserrer les liens entre recherche et pratique.

LA RECHERCHE ET LES SOINS, DES ENTITÉS À RÉUNIR

Au cours des dernières années, plusieurs auteurs ont proposé des méthodes qui permettent de rapprocher la recherche et la pratique des soins, et qui favorisent le transfert des connaissances et l'avancement de la pratique infirmière[20]. Ces approches adoptent une troisième position, c'est-à-dire qu'elles transcendent la distinction entre les mouvements postpositiviste et interprétatif et créent, pour une discipline professionnelle comme la nôtre, les fondements de nouveaux modèles de recherche.

On reconnaît notamment l'importance d'une recherche fondée sur une pratique dite « réflexive »[21], une pratique établie sur un questionnement perpétuel, par exemple : Comment pourrait-on mieux dispenser ce soin ? ou encore : Cette intervention a bien fonctionné, pourquoi ?[22]. Ces questions s'avèrent essentielles, car même si le potentiel de la recherche pour induire des changements dans la pratique quotidienne des soins est reconnu, le transfert des connaissances dans la discipline infirmière est plutôt lent. En fait, il semble que l'impact direct de la recherche sur les soins soit encore peu déterminant et que, malheureusement, les infirmières ne fondent pas, en général, leur pratique sur des résultats de recherche[23].

De nombreuses connaissances infirmières issues de la recherche sont actuellement accessibles. Les recherches qui offrent des données empiriques valides et pertinentes pour la pratique infirmière couvrent plusieurs domaines et incluent, entre autres, les soins palliatifs, l'enseignement pré et postopératoire, la gestion des plaies, les soins liés à la thérapie intraveineuse, les interventions psychosociales et en santé mentale, les soins au nouveau-né (y compris la stimulation des enfants prématurés), les soins à domicile, les programmes de promotion de la santé, les comportements face aux personnes

---

20. Holter et Barcott (1993) ; Oiler Boyd (1993) ; Rolfe (1994) ; Sandelowski (1996).
21. *Ibid.*
22. Witmer et Cullum (1999).
23. Estabrooks (1999).

âgées souffrant de déficiences cognitives[24]. Parmi ces connaissances, quelques-unes sont utilisées dans la pratique alors que d'autres le sont beaucoup moins. On peut se demander si les infirmières soignantes et les infirmières gestionnaires sont informées de l'existence de ces connaissances. Une étude effectuée au Canada par Mitchell et ses collaborateurs et publiée en 1995 démontre que les répondants de 97 % des établisssements de santé en Ontario souhaitaient une forme de soutien pour enseigner au personnel infirmier comment utiliser des résultats de recherche pour améliorer sa pratique. Par ailleurs, seulement 35 % des établissements de moins de 250 lits possédaient des revues spécialisées dans leur bibliothèque… Cela nous amène à aborder le phénomène du transfert des connaissances infirmières.

LE PROBLÈME DE LA DISSÉMINATION DES RÉSULTATS DE RECHERCHE

Le transfert des connaissances des milieux de recherche vers la pratique est un processus visant l'appropriation, par les utilisateurs (les infirmières de la pratique), des résultats de la recherche en vue de leur application dans le champ de la prise de décisions ou dans celui de l'intervention clinique[25]. Il vise quatre objectifs principaux: la mise à jour des connaissances scientifiques; le changement dans les comportements ou les pratiques des cliniciens; les prises de décisions à partir de données probantes ainsi que la qualité et l'efficacité des services[26]. En dépit de la reconnaissance grandissante de tous ces bienfaits, il persiste encore un écart important entre la fin d'un processus de recherche et l'utilisation concrète des connaissances qui en sont issues[27]. Dans les années 80, on évaluait à cinq ans[28] la durée de la période entre une découverte et son application dans la pratique. À l'aube du XXIe siècle, cet écart ne s'est vraisemblablement pas rétréci.

L'exemple suivant permet d'illustrer ce fait concrètement. Il est connu depuis longtemps que la rotation interne du fémur, durant une injection intramusculaire au muscle fessier dans la position ventrale ou en décubitus latéral, réduit l'inconfort et la douleur de l'injection. Une étude américaine auprès d'un échantillon stratifié de 216 infirmières provenant de petits, de moyens et de grands centres hospitaliers a démontré que 44 % des infirmières

---

24. Voir la recension des méta-analyses dans Burns et Groves (2001) et la revue systématique des écrits de Droogan et Cullum (1998).
25. Comité aviseur sur la recherche (1997).
26. *Ibid.*
27. Voir Ducharme (1997).
28. Glaser, Abelson et Garrison (1983).

connaissaient cette technique, que 34 % d'entre elles étaient persuadées que ce résultat était important pour la pratique, que 29 % utilisaient ce résultat à l'occasion, dans le cadre de leur pratique quotidienne, et que seulement 10 % des infirmières l'utilisaient tout le temps[29]. Cette recherche est intéressante en ce sens qu'elle révèle les nombreuses étapes que les résultats d'une recherche doivent franchir avant d'être utilisés en pratique. L'infirmière doit d'abord être à l'affût de ces données à travers ses lectures ou en participant à des conférences ; elle doit être persuadée que le résultat est important avant de choisir de l'utiliser et elle doit finalement intégrer ce changement dans sa pratique de tous les jours.

En conclusion, comme la recherche infirmière est encore jeune, il est clair que le délai entre la publication des résultats d'une recherche et leur utilisation pratique est plus long que dans les disciplines bénéficiant d'une plus vieille tradition de recherche. Mais comment se fait-il que dans une discipline professionnelle comme la nôtre, qui constitue un riche laboratoire de situations pour l'exploration et la découverte, la recherche ne réussit pas encore à influencer de façon importante la pratique ?

Des modèles explicatifs

Plusieurs modèles explicatifs de cette situation ont été proposés au cours des dernières années[30]. Ces modèles soulignent essentiellement quatre ensembles de facteurs explicatifs, soit : les qualités ou les caractéristiques de la recherche que les infirmières entreprennent ; les caractéristiques de la diffusion des résultats de cette recherche par les chercheurs ; les caractéristiques des cliniciens qui pourraient utiliser les résultats et les facteurs organisationnels liés aux milieux de pratique. Pour chacun de ces ensembles de facteurs, certaines questions permettent de mieux comprendre les enjeux[31]. Ainsi, si l'on se réfère aux caractéristiques de la recherche, on peut se demander si les recherches que les infirmières réalisent sont réellement pertinentes et importantes sur le plan clinique. En effet, peuvent-elles entraîner des bienfaits pour les usagers des services ou les milieux de soins et peuvent-elles résoudre des problèmes ou fournir des éléments de réponse à des préoccupations cliniques ?

En ce qui a trait aux caractéristiques de la diffusion des résultats par les chercheurs, d'autres questions peuvent nous aider à saisir cette lenteur du

29. Brett (1987).
30. Funk, Tornquist et Champagne (1995).
31. Ducharme (2001).

transfert des connaissances. Par exemple, comment et sous quelles formes les résultats des recherches sont-ils communiqués aux différents auditoires? Le rôle du chercheur ne se limite pas à la recherche et à la rédaction d'articles scientifiques; en effet, la capacité des chercheurs à interagir avec les cliniciens et à transformer les résultats de leurs recherches en produits compréhensibles pour les praticiens sont des facteurs importants dans le processus du transfert des connaissances.

Pour ce qui est des caractéristiques des cliniciens eux-mêmes, voici également quelques questions pertinentes. Quelles connaissances ont les cliniciens à propos de la recherche? Le milieu est-il doté de plusieurs cliniciens «innovateurs» qui ont le goût et la volonté du changement et qui ont les connaissances fondamentales nécessaires? Enfin, on ne peut passer ici sous silence l'importance capitale de la formation et la place qu'occupe la recherche au sein de cette formation.

En ce qui a trait aux facteurs organisationnels, les questions à considérer sont les suivantes. Les gestionnaires de soins soutiennent-ils les innovations? Dispose-t-on des ressources requises pour effectuer les changements souhaités? Dispose-t-on du temps nécessaire pour se documenter? Il semble également que l'absence de pouvoir pour instaurer des changements dans les pratiques soit parmi les facteurs qui entravent le plus le transfert des connaissances[32]. Une recension des écrits, effectuée en 1998 par Dobbins et ses collaborateurs, souligne que les facteurs organisationnels comptent pour 80 à 90% des facteurs qui influent sur l'utilisation des résultats de recherche dans la pratique, les 10% restants étant attribués aux facteurs environnementaux et aux facteurs individuels[33].

Il serait par ailleurs difficile d'aborder ce sujet sans glisser un mot sur le phénomène humain qui colore l'ensemble du processus, celui de la résistance au changement[34]. L'étude classique de Rogers, publiée en 1983, a permis de catégoriser, sur une courbe normale, l'attitude des personnes devant une innovation. Selon cette étude, il n'y aurait que 2,5% de vrais innovateurs et que 13,5% de personnes qui adopteraient rapidement les innovations, par rapport à 16% de véritables retardataires[35]. Ces données peuvent expliquer la dynamique prévalant dans les milieux lorsque des changements sont apportés, notamment ceux qui sont associés aux nouvelles connaissances générées par la recherche.

---

32. Crane (1989).
33. Dobbins, Ciliska et DiCenso (1998).
34. MacGuire (1990).
35. Rogers (1983).

Les infirmières étant dans une position privilégiée pour favoriser l'interrelation entre la recherche et la pratique, il devrait donc être possible d'envisager des solutions afin de lier davantage ces éléments. En fait, l'interrelation entre la théorie, la recherche et la pratique est l'une des principales caractéristiques des disciplines professionnelles[36]. La pratique infirmière fournit un laboratoire précieux de situations cliniques et un milieu riche de données qui appellent au questionnement et à la recherche, et elle soulève des problèmes cliniques qui méritent investigation. En ce sens, la recherche infirmière émane de la pratique. Par sa part, la théorie guide la conceptualisation des sujets de recherche issus du milieu clinique et permet de générer de nouvelles réflexions. Enfin, les activités de recherche permettent de raffiner les théories existantes et de contribuer, à partir des nouvelles connaissances, à l'élaboration d'autres théories qui guideront l'action ou le changement dans la pratique des infirmières. Mais le cycle de la recherche ne s'arrête pas là. Les connaissances issues des recherches infirmières doivent aussi être disséminées et utilisées afin qu'elles puissent retourner à la pratique et permettre de susciter d'autres processus de réflexion.

Ainsi, comment renforcer le lien entre recherche et pratique ? Comment en arriver concrètement à une intégration des résultats de recherche dans la pratique ?

Des pistes de solution

Un des éléments de réponse à cette question consiste à établir de nouveaux modes de collaboration entre chercheurs et cliniciens. L'écart entre la culture des infirmières-chercheuses, souvent très hermétique, et la culture des infirmières soignantes, souvent très pragmatique, est une importante barrière au processus de transfert des connaissances. Pour en arriver à une intégration, l'établissement de modes de collaboration adaptés entre chercheurs et cliniciens reste à promouvoir. Le langage de la recherche et celui de la pratique doivent trouver une aire commune en vue de rendre l'intégration des connaissances plus facile[37]. Certains ont suggéré d'insérer, dans la définition du rôle de l'infirmière et selon les niveaux de formation, une forme de collaboration ou d'implication dans la réalisation d'activités de recherche ou encore d'implanter un système de reconnaissance pour les infirmières qui y participent[38]. Ce mouvement s'insère bien dans la foulée du « plan de

36. Bergman (1990).
37. Lomas (1991).
38. Edwards-Beckett (1990).

carrière en milieu clinique[39] », qui offre à l'infirmière des possibilités d'avancement personnel selon différents degrés de compétence, de la novice à l'experte en soins infirmiers[40]. Ainsi, cette stratégie est elle aussi étroitement liée à la formation des infirmières, incluant la formation en recherche.

Les universités doivent intensifier les efforts de concertation et de collaboration avec les différents milieux de pratique. Les soins infirmiers sont dispensés dans les milieux cliniques et les chercheurs universitaires doivent retourner dans ces milieux afin de construire des programmes de recherche qui permettront une réelle amélioration de la qualité et de l'efficacité des soins. Il est vrai que jusqu'à aujourd'hui, la recherche ne s'est établie que difficilement dans ces milieux, faute de ressources humaines qualifiées et de ressources matérielles consacrées aux activités de recherche. Une infrastructure favorable à la recherche comme pilier du renouvellement des pratiques reste donc encore à mettre en place.

Le fait que la majorité des infirmières œuvrant dans les milieux de pratique connaissent encore peu les diverses activités associées au processus de la recherche et le rôle qu'elles pourraient y tenir, et cela en raison des conditions difficiles d'exercice de la profession, n'est pas à négliger. Il est évident qu'une infirmière détenant un baccalauréat ne s'engagera pas autant qu'une infirmière formée à la recherche au niveau doctoral, mais c'est davantage une concertation pour l'avancement et l'utilisation des connaissances scientifiques qui permettra une pratique fondée sur la science. Ainsi, l'infirmière bachelière qui a une connaissance des étapes de la démarche empirique et de certaines techniques de recherche peut conceptualiser, à partir de ses connaissances professionnelles et de sa formation, certains projets cliniques qui méritent une investigation scientifique. Ses connaissances lui permettent d'assimiler les résultats transmis par les rapports et les articles scientifiques et de les utiliser dans sa pratique. Elle peut jouer un rôle d'assistante de recherche. À la maîtrise, l'infirmière peut interpréter les résultats d'études et préparer des projets en collaboration avec des chercheurs. Quant à l'infirmière détenant un doctorat, elle peut assurer le leadership dans une équipe de recherche et être ce que l'on appelle une chercheuse autonome. Son rôle est de faire avancer les connaissances, de créer de nouvelles approches méthodologiques, de construire des instruments de mesure des phénomènes intéressant les sciences infirmières et d'être la personne-ressource pour l'avancement de la recherche dans les milieux de pratique[41].

---

39. Truchon et autres (1990).
40. Benner (1984).
41. Field, Stinson et Thibaudeau (1992).

C'est dans une perspective de rapprochement des cultures et d'évolution de la relation entre la recherche et la pratique infirmière que certains modèles de collaboration entre chercheurs et cliniciens ont été décrits[42]. L'intention est de remplacer le modèle traditionnel linéaire et séquentiel selon lequel les chercheurs sont les seuls responsables de l'enrichissement des connaissances, les cliniciens étant ceux qui les utilisent. Un modèle collaboratif est nécessaire afin de lier les deux systèmes – celui des utilisateurs de résultats (les cliniciens et les clients) et celui des générateurs de la connaissance (les chercheurs). Un nouveau modèle intégrateur et participatif a en effet davantage de chances de favoriser un transfert des connaissances parce qu'il implique un partenariat et une relation non hiérarchique entre cliniciens, chercheurs et clients[43]. On reconnaît également dans ce type de modèle la valeur de la recherche-action en tant qu'approche favorisant un essor théorique et empirique ancré dans la réalité des observations provenant de la pratique.

Par ailleurs, la part des infirmières gestionnaires est demeurée absente dans les modèles de collaboration proposés au cours des dernières années, et cela même si les facteurs organisationnels sont maintenant reconnus comme étant parmi les plus importants dans l'utilisation des résultats de recherche. C'est dans cette perspective qu'a été récemment suggéré un modèle « de la concertation[44] » qui propose une interrelation, non seulement entre le chercheur, le client et les cliniciens, mais également avec le gestionnaire en tant qu'acteur important du changement dans les pratiques infirmières. Les modes de gestion des milieux de soins ainsi que la philosophie véhiculée par les infirmières gestionnaires sont des éléments contextuels essentiels qui doivent être pris en compte dans le processus de transfert des connaissances.

L'avancement dans les technologies de l'information qui permet maintenant un partage accéléré des connaissances générées par la recherche est aussi un facteur à considérer. On parlait déjà, au début des années 80, de la société de l'information en tant que mégatendance[45]. Comme prévu, il est aujourd'hui possible, pour les chercheurs et les cliniciens intéressés à un même domaine, de communiquer facilement. Ces innovations technologiques, sans constituer une solution miracle, peuvent déjà et pourront de plus en plus faciliter le transfert des connaissances et la création de nouveaux réseaux de collaboration locaux, nationaux et internationaux. Elles faciliteront la mise à jour des connaissances scientifiques des cliniciens. Mais encore faut-il que les milieux se mettent au pas de la technologie.

---

42. Ducharme (1998).
43. Havelock et Havelock (1973).
44. Ducharme et Saulnier (1998).
45. Les *mega-trends* de Naisbitt (1984).

Enfin, comme la recherche infirmière a pour finalité l'amélioration de la santé, la notion d'imputabilité s'applique aux infirmières-chercheuses. Dans cette perspective, un autre des défis actuels consiste à démontrer l'efficacité des soins infirmiers, ce qui nécessite inévitablement des liens étroits avec la pratique[46]. Cela nous amène à discuter d'un mouvement qui se dessine actuellement, celui de la pratique basée sur des données probantes[47].

LA PRATIQUE BASÉE SUR DES DONNÉES PROBANTES : DES POSITIONS CONTROVERSÉES

Même si ce mouvement contemporain de pratique basée sur des données probantes a récemment fait l'objet de critiques acerbes et de controverses[48], à cause de la vision paradigmatique qu'il sous-tend – une vision liée à l'efficacité, à la standardisation et à la recherche d'effets concrets –, il n'est pas inintéressant dans la mesure où il offre un modèle de prise de décisions où la pratique est entre autres fondée sur une information empirique. Il s'agit en effet d'un modèle de prise de décisions qui repose sur des données empiriques issues de la recherche, mais aussi sur l'expertise clinique, les préférences et les volontés des patients, ainsi que les ressources disponibles dans le milieu de soins[49].

Lorsque l'on examine plus attentivement les fondements de ce mouvement, il est vrai que les concepts de preuves et de faits objectifs issus de devis quasi expérimentaux ou d'essais randomisés, étalon de la recherche expérimentale, sont invoqués. Mais il faut reconnaître la pertinence de ce type de recherche et l'utilité de ces devis quantitatifs pour l'évaluation de certaines approches en soins infirmiers. On peut en effet apporter comme exemple deux stratégies qui, grâce aux essais cliniques, ont été éliminées (ou presque) de nos pratiques courantes, soit le rasage complet avant une opération ou un accouchement[50] et le port d'une blouse pour prendre soin des nouveau-nés en santé et les toucher[51].

C'est dans cette perspective qu'en 1850, Nightingale, la première infirmière-chercheuse de l'histoire (1859), a pu démontrer, grâce à ses travaux de recherche, l'effet de mesures d'hygiène et de modifications de l'environnement sur la mortalité. Les travaux de Nightingale fournissent encore

---

46. Ducharme (1997).
47. Les *Evidence-based nursing practice* (EBNP). Voir Closs et Cheater (1999) ; Estabrooks (1999).
48. Mitchell (1997).
49. Haynes et autres (1996).
50. Hoe et Nambiar (1985).
51. Rush et autres (1990).

aujourd'hui un exemple percutant des retombées directes de la recherche infirmière. Ses travaux sur la qualité de l'air, de l'eau et de la lumière ont en effet permis de réduire de 43 à 2 % la mortalité des soldats de la guerre de Crimée[52]. En l'an 2000, les connaissances acquises nous permettent de mieux définir de nombreuses autres composantes des soins infirmiers, ainsi que des mesures de résultat pertinentes et originales. Certaines infirmières ont ainsi déjà démontré par leurs recherches qu'elles peuvent faire une réelle différence au sein du système de santé.

L'article de Brooten et de ses collaborateurs demeure un grand classique dans la démonstration de cette affirmation[53]. Ces chercheurs ont en effet démontré, à l'aide d'un essai clinique randomisé, que les enfants de faible poids à la naissance peuvent être retournés rapidement à leur domicile s'ils sont suivis par une infirmière clinicienne spécialiste, et cela avec des économies substantielles pour le système de santé. De nouvelles formes de prestation et de gestion des soins infirmiers font aussi actuellement l'objet d'études évaluatives systématiques, non seulement sur le plan des économies mais aussi sur celui de la satisfaction de la clientèle[54]. On parle de plus en plus de gestion de cas (*case management*), de soins intégrés (*managed care*) et de gestion du processus de soins et de cheminement clinique (*care map*)[55]. D'autres recherches sont également entreprises[56] sur l'efficacité des infirmières qui font une pratique dite « avancée » (*nurse practitioners*). Compte tenu du contexte québécois actuel, dans lequel ce nouveau mode de prestation des soins est encore à établir, la recherche devient un outil qui peut fournir les données probantes qui permettront des prises de décisions éclairées.

En somme, le mouvement prônant une pratique fondée sur des données probantes prend de l'ampleur dans tous les pays industrialisés. Des centres de données probantes ont notamment vu le jour au Royaume-Uni, en Allemagne, en Australie, en Nouvelle-Zélande, aux États-Unis et au Canada. Ils effectuent et diffusent des méta-analyses d'études sous diverses formes[57]. Le réseau international de collaboration Cochrane, du nom de l'épidémiologiste britannique Archie Cochrane, l'instigateur de ce mouvement, bien qu'il soit davantage connu en Europe, est une autre initiative qui encourage cette tendance[58].

---

52. Cook (1913).
53. Brooten, Kumar et Brown (1986).
54. Issel (1995) ; Marschke et Nolan (1993) ; Ordre des infirmières et infirmiers du Québec (1997).
55. Lefebvre, Bouchard et Pelchat (1999).
56. McGrath (1990) ; Mundinger et autres (2000).
57. Royle et Blythe (1998).
58. DiCenso, Cullum et Ciliska (1998).

Nous devons toutefois conserver un regard critique devant l'ampleur de ce phénomène, et nous préoccuper de répondre à certaines questions qui s'imposent. Qu'est-ce qui constitue, pour notre pratique, la meilleure évidence ? Qui juge de cela et comment jugeons-nous de l'évidence ? En fait, les questions permettant de savoir « quoi évaluer » et « comment l'évaluer » se posent dans la discipline infirmière comme dans toute autre discipline[59].

Il nous appartient d'être alerte quant à l'évolution de ce mouvement et d'éviter de sombrer dans la simple rationalité utilitariste. Même si, dans le contexte actuel, il importe de documenter l'efficience des soins infirmiers sur le plan des coûts pour le système de santé (on peut invoquer la réduction des durées de séjour et la diminution des taux d'utilisation de différents services de santé), la recherche en sciences infirmières, qui informe la pratique, ne se limite évidemment pas à ce rôle. Même si le soin infirmier est souvent invisible comme le mentionne Collière (1986), l'atteinte d'objectifs personnels, la satisfaction de la clientèle, la perception de la santé et de la qualité de vie par les principaux intéressés – les personnes bénéficiant des soins – sont aussi des indicateurs pertinents d'efficacité.

Le mouvement pour la pratique fondée sur des données probantes ne devrait pas remettre en question l'importance des devis qualitatifs de recherche qui permettent de mieux comprendre et d'explorer les expériences de santé vécues par les patients, les croyances et les valeurs qui influent sur la qualité des soins, ainsi que le soin « non mesurable ». Plusieurs dimensions essentielles des soins nécessitent des approches différentes. La confiance, le soutien et les différentes formes de l'art infirmier qui favorisent le confort et la santé ne se quantifient pas ou très difficilement. C'est d'ailleurs dans la foulée de ce mouvement que le périodique *Evidence-based Nursing* publie depuis peu des revues systématiques d'études qualitatives.

DES AVENUES STIMULANTES POUR L'AVENIR

Les avancées scientifiques sans précédent des dernières décennies requièrent des chercheurs bien préparés et une solide relève permettant d'assurer des effectifs suffisants pour l'avenir. Même si les infirmières, quelle que soit leur formation, peuvent effectuer des contributions importantes au développement du savoir infirmier, les programmes de formation supérieure qui privilégient la recherche doivent continuer de croître et de proliférer. Le nombre d'infirmières détenant une formation universitaire de deuxième et de troisième cycles est encore limité au Québec et au Canada. Par conséquent, les

59. Godin (2000) ; McQueen et Anderson (2000).

chercheurs œuvrent pour la plupart dans les universités et les milieux de pratique sont encore pauvrement dotés de telles ressources pour l'avancement de la recherche. À l'instar de nombreuses autres disciplines, l'avenir passe par la création de programmes de formation postdoctorale pour les infirmières. La formation en recherche au-delà du doctorat est encore rare, même si ce type de formation est une norme dans plusieurs disciplines.

L'ouverture actuelle face au partenariat, tant de la part des universités que des milieux de pratique infirmière, laisse présager que les liens chercheurs-cliniciens seront de plus en plus interactifs et correspondront, dans un avenir rapproché, à un modèle de collaboration. Le transfert des connaissances ne pourra alors que s'accélérer. Il est ainsi possible d'envisager, au seuil du troisième millénaire, la création d'un véritable réseau de communication favorisant le transfert des connaissances entre les universités, les centres hospitaliers, les centres locaux de services communautaires et les instituts affiliés aux universités. En fait, on peut penser que les chercheurs de ce réseau seraient soutenus par une infrastructure facilitant leurs travaux, qu'ils considéreraient les besoins en recherche des milieux de pratique et qu'ils travailleraient avec des infirmières intéressées à l'avancement et à l'utilisation des connaissances. Les infirmières des milieux de pratique auraient quant à elles accès à une formation continue, y compris une formation sur les processus de recherche, et pourraient s'engager, dans le cadre de leur pratique quotidienne et selon leurs compétences, dans différentes étapes de ce processus. Elles auraient facilement accès aux résultats des recherches pertinentes à leur pratique sous différentes formes (banque de données, monographies, etc.) et bénéficieraient de certaines plages de temps pour les consulter. Ateliers, conférences, groupes de discussion, clubs de lectures et publications internes seraient parmi les modalités encouragées dans ces milieux. Des budgets spéciaux seraient consentis pour la réalisation de ces activités jugées prioritaires pour l'avancement des connaissances, l'évolution des milieux de soins et l'actualisation du personnel.

Enfin, les innovations sans précédent dans les technologies de l'information au cours des dernières années offrent également des défis liés à de nouveaux modes d'échange des savoirs. Cet essor technologique a d'ailleurs permis un partage accéléré des connaissances générées par la recherche. On parle aujourd'hui non seulement d'une accessibilité accrue mais également de l'instantanéité de l'échange des connaissances. Il est en effet possible, pour les chercheurs, les cliniciens et les usagers intéressés à un même domaine, de communiquer facilement. Ainsi, comme pour toutes les disciplines, ces innovations technologiques pourront faciliter le transfert des connaissances de la recherche à la pratique. Elles doivent donc faire l'objet d'une attention particulière dans les milieux de soins et dans les universités.

En résumé, créer des conditions organisationnelles facilitantes et favoriser tous les mécanismes visant à réduire les écarts entre la recherche et l'intervention sont des défis majeurs pour l'amélioration de la qualité des soins infirmiers.

CONCLUSION

La recherche en sciences infirmières a pour finalité la santé des populations. Les infirmières-chercheuses ayant une responsabilité face à la société, elles doivent donc réaliser des recherches qui permettent l'amélioration des soins. Dans cette perspective, un des défis actuels consiste à démontrer, par la recherche, l'efficacité des soins[60]. Préciser leur propre conception des soins infirmiers et générer des connaissances spécifiques à la discipline par une méthode empirique cohérente avec cette conception pourra apporter aux infirmières la reconnaissance sociale dont elles ont besoin dans le contexte actuel.

Le savoir scientifique en sciences infirmières est de plus en plus valorisé. La recherche, un des moyens pour l'avancement des connaissances, reçoit maintenant une juste attention et davantage d'infirmières « prendront soin » dans l'avenir en s'inspirant d'un savoir scientifique reconnu. Ces constats incitent inévitablement à une réflexion sur la formation des infirmières au seuil du troisième millénaire. La mise sur pied relativement récente de programmes de doctorat en sciences infirmières dans différents pays du monde – programmes dont l'un des objectifs principaux est précisément la formation de chercheurs autonomes – est l'un des facteurs marquants de la consolidation et de la reconnaissance sociale de la discipline infirmière comme discipline scientifique. Cette formation supérieure concrétise, comme pour les autres disciplines qui ont une plus longue tradition, une activité qui vise l'enrichissement d'un corpus de connaissances scientifiques qui lui est propre[61]. Aussi des stratégies favorisant un transfert plus rapide des connaissances, la création de programmes de recherche en collaboration avec les infirmières de la pratique et des chercheurs provenant d'autres disciplines, des recherches de plus en plus centrées sur l'évaluation des soins infirmiers et une pratique réflexive et critique fondée sur des données probantes ne pourront-elles que contribuer à une plus grande reconnaissance de la profession. Enfin, la mondialisation et la révolution de l'information appellent à la collaboration internationale et nous amènent à générer des connaissances

---

60. Ducharme (1997).
61. *Ibid.*

plus rapidement et surtout à les générer différemment afin de répondre aux besoins changeants des populations, des systèmes de santé et des impératifs des sociétés. Voilà bien quelques perspectives stimulantes, au seuil du troisième millénaire !

Conclusion

Au terme de cette étude attentive des enjeux liés à une occupation plus judicieuse du champ d'activité exclusif des soins infirmiers ainsi qu'aux possibilités d'un nouvel essor pour la profession infirmière, il y a lieu de s'attarder à certains thèmes qui se dégagent de l'ensemble de l'ouvrage.

Dans la foulée des avancées scientifiques, technologiques et sociales, la transformation continue devient une caractéristique permanente du domaine de la santé. Il ne s'agit plus d'une lente évolution du réseau sociosanitaire, mais de la succession rapide de transformations, trop souvent source de chaos. Dans le contexte actuel, on doit assurer le maintien de l'équilibre fragile du système de santé tout en favorisant l'innovation. Tous les acteurs en santé peuvent donc saisir les opportunités qui s'offrent à eux pour être novateurs et travailler en même temps à instaurer la cohésion à l'intérieur du système.

À plusieurs égards, le rôle de la profession infirmière est primordial dans la recherche d'un meilleur équilibre du système, pour autant que la profession et chacun de ses membres affichent leur appartenance inconditionnelle au domaine de la santé et consentent à actualiser, au-delà du discours, une conception sociale de la santé dans leurs activités quotidiennes. En d'autres mots, les membres n'ont d'autre choix que de s'intéresser activement à la dimension politique de leur exercice professionnel. Cette conception s'impose alors que sont révélées avec de plus en plus de force les limites d'un système de santé essentiellement orienté vers une approche strictement biomédicale. Il s'avère en effet que la population ne requiert pas que des diagnostics et des traitements médicaux, mais aussi des soins de « santé », des soins inscrits depuis longtemps sous la bannière des grandes fonctions infirmières. Si ces dernières ont longtemps été subordonnées à la médecine et aux structures bureaucratiques hiérarchisées au sein desquelles elles œuvrent, la profession, grâce à des acquis même fragiles, dispose désormais d'outils lui permettant d'assumer pleinement sa responsabilité sociale et d'exercer un pouvoir certain dans la société, en particulier dans le domaine de la santé.

Il ne s'agit pas de rechercher le pouvoir en soi et pour soi, mais bien plutôt d'exploiter l'influence politique qui en découle afin qu'émerge une reconnaissance sociale véritable de la profession et de la discipline infirmières si ardemment désirée et que la seule existence légale de la profession n'a pas suffi à établir. S'il est vrai, comme le soutenait Toffler (1990), que nous vivons à une époque où le pouvoir appartient au savoir, les implications pour son avancement, sa consolidation et sa diffusion sont multiples.

Le savoir représente donc la plaque tournante autour de laquelle devraient s'articuler tous les grands secteurs d'activité des soins infirmiers. Il serait ainsi à l'origine d'une nouvelle cohésion au sein de la profession et de la discipline, témoignant d'un dialogue véritable qui assurerait la concertation entre chercheurs, éducateurs, intervenants et gestionnaires. Plus que jamais, le besoin d'unité dans la diversité se fait sentir et devient incontournable si les limites du champ d'exercice doivent être préservées et si l'avenir de la profession doit être assuré dans l'harmonie. Cet appel à l'unité nécessite cependant un réalignement des efforts de recherche pour les concentrer sur la consolidation du savoir indispensable à l'exercice de la profession. Mais la recherche doit aussi pouvoir compter sur une pratique, une formation et une gestion qui contribuent à cet effort de consolidation et qui maintiennent un environnement propice à la dissémination du savoir généré. En d'autres mots, il importe d'utiliser les résultats de recherche dans la pratique pour affermir l'efficacité des soins.

Dans une perspective de pertinence sociale, une attention particulière à une réciprocité entre le savoir infirmier et le savoir propre de la promotion de la santé gagnerait à être exploitée. D'une part, elle contribuerait à l'avancement du savoir infirmier et, d'autre part, elle démontrerait son importance stratégique en santé. Dans la pratique, la réciprocité se traduirait dans le passage d'une vision individuelle et ponctuelle de la promotion de la santé vers une approche orientée vers les dimensions politiques du système de santé. Une telle orientation inciterait à une critique bien étayée du choix des priorités dans ce domaine et à une considération de l'environnement qui dépasse le « ici et maintenant ». Un avantage additionnel consisterait à alimenter l'action politique en soins infirmiers et à écarter les clichés et les lieux communs du discours traditionnel en cette matière.

Par ailleurs, selon une perspective philosophique, le savoir infirmier, considéré comme un savoir pratique, élargit les horizons de la problématique du savoir infirmier. Selon cette conception, la dimension éthique du savoir occupe une place centrale, en même temps qu'elle relie la responsabilité morale de l'infirmière à l'humanisme et au *caring* dont se réclame la profession pour en révéler toute la profondeur.

Savoir, recherche et formation vont de pair. La formation est un lieu de dissémination des connaissances en même temps qu'un lieu de consolidation. Le savoir fonde l'apprentissage qui instille le sentiment d'appartenance à la profession et qui pousse à le valoriser dans la pratique. Bien que la diversité des programmes de formation en soins infirmiers et en sciences infirmières – notamment les programmes de formation initiale – puisse sembler avantageuse pour la clientèle, à certains égards, il est permis de douter de son aptitude à servir la consolidation de la profession et de la discipline infirmières. Encore là, la recherche d'unité dans la diversité serait appropriée. Comment peut-on parvenir à l'unité au sein de la profession si, de la formation initiale jusqu'au doctorat, les candidates proviennent d'univers distincts aux valeurs et aux perspectives théoriques différentes ?

Les considérations précédentes seront stériles si la profession n'est pas d'abord assurée d'une main-d'œuvre suffisante, fruit d'une planification continue à long terme. En effet, l'amélioration de la contribution sociale de la profession et de la discipline infirmières passe par la nécessité de stabiliser une main-d'œuvre dont la planification a été trop longtemps laissée au hasard des exigences du marché et des facteurs démographiques ou, plus simplement, à l'immobilisme des décideurs. Mentionnons que, plus préoccupés par des impératifs politiques et économiques que par une réponse adéquate aux besoins en santé, ces décideurs oublient fréquemment que la planification n'est pas surtout affaire de nombre mais de qualité. Ce type de préoccupations explique en partie le peu d'efforts consentis pour mettre un terme au conflit entourant la formation initiale. La profession infirmière ne pourra respecter ses valeurs fondamentales et exercer ses fonctions propres au maximum tant que les effectifs seront quantitativement et qualitativement insuffisants, et tant que le milieu de travail ne sera pas en mesure de se soucier de l'épanouissement professionnel de personnes qui, envers et contre tous, se préoccupent de répondre au mieux aux besoins de la population.

La participation de la profession infirmière à l'équilibre du réseau sociosanitaire sera en effet impossible si, les autres conditions étant réunies, les milieux de travail n'offrent pas un environnement favorable à l'exercice de l'autonomie dans un esprit communautaire misant sur l'interdisciplinarité et la collaboration, de même que sur une ouverture à la cogestion. Par ailleurs, les infirmières devront trouver des façons de concilier collaboration et interdisciplinarité avec un rôle et un savoir propres. Voilà autant de mesures visant une pleine reconnaissance de la valeur sociale des soins infirmiers, une condition *sine qua non* pour corriger de façon durable les déséquilibres actuels du système de santé.

Bibliographie

Abbott, A. (1988). *The System of Professions: An Essay on the Division of Expert Labor,* Chicago, University of Chicago Press.

Academy of Canadian Executive Nurses, Association canadienne des écoles universitaires de nursing, Association des infirmières et infirmiers du Canada (2002). *La conjoncture actuelle exige des solutions progressives aux pénuries d'infirmières, disent les groupes infirmiers aux premiers ministres,* Vancouver, Communiqué de presse.

Adam, E. (1992). « Contemporary conceptualizations of nursing: Philosophy or science? », dans J.F. Kikuchi et H. Simmons (sous la dir. de), *Philosophic Inquiry in Nursing,* Newbury Park (Calif.), Sage.

Adler, M.J. (1978a). *Art and Prudence,* New York, Arn° Press.

Adler, M.J. (1978b). *Aristotle for Everybody,* 2e éd., New York, Macmillan Publishing Co.

Aiken, L.H. (1995). « Transformation of the nursing workforce », *Nursing Outlook,* n° 43, p. 201-209.

Aiken, L.H., Clarke, S.P. et Sloane, D.M. (2000). « Hospital restructuring: Does it adversely affect care and outcomes », *Journal of Nursing Administration,* vol. 30, n° 10, p. 457-465.

Aiken, L.H., Clarke, S.P., Sloane, D.M., Sochalski, J., Busse, R., Clarke, H., Giovannetti, P., Hunt, J., Rafferty, A.M. et Shamian, J. (2001). « Nurses' reports on hospital care in five countries », *Health Affairs,* mai-juin, p. 43-53.

Aiken, L.H. et Patrician, P.A. (2000). « Measuring organizational traits of hospitals: The revised nursing work index », *Nursing Research,* vol. 49, n° 3, p. 146-153.

Aiken, L.H., Smith, H.L. et Lake, E.T. (1994). « Lower medicare mortality among a set of hospitals known for good nursing care », *Medical Care,* vol. 32, n° 8, p. 771-787.

Algase, D.L. et Whall, A.F. (1993). « Rosemary Ellis' views on the substantive structure of nursing », *Image, Journal of Nursing Scholarschip,* vol. 25, n° 1, p. 69-72.

Allemang, M.M. (2000). « Development of community health nursing in Canada », dans M.J. Stewart (sous la dir. de), *Community Nursing. Promoting Canadians' Health,* Toronto, Saunders, p. 4-32.

Allen, M. (1983). « Primary care nursing: Research in action », dans L. Hackey (sous la dir. de), *Primary Care Nursing,* Édimbourg, Churchill Livingstone.

Alter, C. et Hage, J. (1993). *Organizations Working Together,* Newbury Park, Sage Publications.

American Association of Colleges of Nursing (AACN) (1986). *Essentials of College and University Education for Professional Nursing,* Washington (D.C.), AACN.

American Nurses Association (ANA) (1997). *Implementing Nursing's Report Card: A Study of RN Staffing, Length of Stay and Patient Outcomes,* Washington (D.C.), American Nurses Publishing.

Anderson, C. (2001). « Health promotion – fact or fiction ? », *Nursing Outlook,* vol. 49, p. 161-162.

Anderson, J.E. (1985). *Public-Policy-Making,* 3e éd., New York, Holt, Rinehart and Winston.

Angus, J. (1994). « Women's paid/ unpaid work and health : Exploring the social context of everyday life », *Canadian Journal of Nursing Research,* vol. 26, no 4, p. 23-42.

Arcangelo, V.P. (1994). « The myth of independent practice », *Nursing Forum,* vol. 29, p. 3-4.

Aristote, (1987). *Éthique à Nicomaque,* Paris, Vrin, p. 273-314.

Aroskar, M.A. (1980). « The fractured image : The public stereotype of nursing and the nurse », dans S.F. Spicker et S. Gadow (sous la dir. de), *Nursing: Images and Ideals. Opening Dialogue with the Humanities,* New York, Springer Publishing, p. 25-26.

Aroskar, M.A. (1992). « Ethical foundations in nursing for broad health care access », *Scholarly Inquiry for Nursing Practice,* vol. 6, no 3, p. 201-205.

Aroskar, M.A. (1994). « Ethical decision-making in patient care », *American Nurse,* vol. 26, no 3, p. 10.

Aroskar, M.A. (1998). « Nursing's values challenged by managed care », *Nursing Trends and Issues,* vol. 3, no 1, p. 1-8.

Ashley, J.A. (1973). « About power in nursing », *Nursing Outlook,* vol. 21, no 10, p. 637-641.

Ashley, J.A. (1976). *Hospitals, Paternalism, and the Role of the Nurse,* New York, Teachers College Press, p. 17.

Association des hôpitaux du Québec (AHQ) (1997). *Réflexion sur les modalités d'allocation des ressources dans le système sociosanitaire québécois,* Montréal, coll. « La reconfiguration du réseau », no 11.

Association des hôpitaux du Québec (AHQ) (1998). *Résultats du questionnaire d'évaluation relatif à la pénurie d'infirmières,* Montréal, 10 p.

Association des hôpitaux du Québec (AHQ) (2002). « Le ministre Legault s'engage à travailler en partenariat avec le réseau », *Le Décideur,* p. 1.

Association des infirmières et infirmiers du Canada (AIIC) (1980). *Code de déontologie de l'AIIC. Les fondements d'une éthique professionnelle pour le service infirmier au Canada,* Ottawa, AIIC.

Association des infirmières et infirmiers du Canada (AIIC) (1991). *Code de déontologie de la profession infirmière,* Ottawa, AIIC, p. i.

Association des infirmières et infirmiers du Canada (AIIC) (1993). *Les infirmières font toute la différence : un mémoire sur la rentabilité des services infirmiers,* Ottawa, AIIC.

Association des infirmières et infirmiers du Canada (AIIC) (1994). *Rentabilité des soins infirmiers : congé précoce – intervention chirurgicale à cœur ouvert,* Ottawa, AIIC.

Association des infirmières et infirmiers du Canada (AIIC) (1997). « Out in front – Advanced nursing practice », *Nursing Now,* no 2.

Baggs, J.G., Ryan, S.A., Phelps, C.E., Richeson, F. et Johnson, J.J. (1992). « The association between interdisciplinary collaboration and patients outcomes in a medical intensive care unit », *Heart and Lung,* vol. 21, p. 18-24.

Baker, C. (1995). « The development of the self-care ability to detect early signs of relapse among individuals who have schizophrenia », *Archives of Psychiatric Nursing,* vol. 9, no 5, p. 261-268.

Baly, M.E. (1986). *Florence Nightingale and the Nursing Legacy,* Londres, Sydney, Dover, Croom (N.H.), Croom Helm, 237 p.

Bandura, A. (1977). « Self-efficacy : Toward a unifying theory of behavioral change », *Psychological Review,* vol. 82, p. 191-215.

Bandura, A. (1982). « Self-efficacy mechanism in human agency », *American Psychologist,* nº 37, p. 122-147.

Barnes, D., Eribes, C., Juarbe, T., Nelson, M., Proctor, S., Sawyer, L., Shaul, M. et Meleis, A.I. (1995). « Primary health care and primary care : A confusion of philosophies », *Nursing Outlook,* vol. 43, p. 7-16.

Barnum, B.J.S. (1994). *Nursing Theory: Analysis, Application, Evaluation,* 4e éd., Philadelphie, J.B. Lippincott.

Barreau, H. (1990). *L'épistémologie,* Paris, Presses Universitaires de France.

Barrett, E. (1998). « Unique nursing research methods : The diversity chant of pioneers », *Nursing Science Quarterly,* vol. 11, nº 3, p. 94-95.

Barry-Walker, J. (2000). « The impact of systems redesign on staff, patient and financial outcomes », *Journal of Nursing Administration,* vol. 30, nº 2, p. 77-89.

Baugmart, A.J. (1980). « Nurses and political action : The legacy of sexism », *Nursing Papers,* vol. 12, nº 4, p. 615.

Baugmart, A.J. (1995). « Afterword », dans M.J. Stewart (sous la dir. de), *Community Nursing. Promoting Canadians' Health,* Toronto, Saunders.

Baumann, A., O'Brien-Pallas, L., Armstrong-Strassen, M., Blythe, J., Bourbonnais, R., Cameron, S., Doran, D.I., Kerr, M., Vézina, M., Butt, M. et Ryan, L. (2001). *Engagement et soins: les avantages d'un milieu de travail sain pour le personnel infirmier, leurs patients et le système,* Ottawa, Fondation canadienne de la recherche sur les services de santé, 48 p.

Baumgartner, F.R. et Jones, B.D. (1993). *Agendas and Instability in American politics,* Chicago, University of Chicago Press.

Beaudry, B. (1994). « De la confiance dans la relation d'emploi ou de sous-traitance », *Sociologie du travail,* vol. 36, nº 1, p. 43-61.

Becker, M.H., Haefner, D.P., Kasl, S.V., Kirscht, J.P., Maiman, L.A. et Rosentock, I.M. (1977). « Selected psychosocial models and correlates of individual health-related behaviors », *Medical Care,* vol. XV, nº 5 (supplément), p. 27-46.

Becker, P.H. (1986). « Advocacy in nursing : Perils and possibilities », *Holistic Nursing Practice,* vol. 1, nº 1, p. 54-63.

Bégin, C., Bergeron, P., Forest, P.-G. et Lemieux, V. (1999). *Le système de santé québécois : un modèle en transformation,* Montréal, Les Presses de l'Université de Montréal.

Bégin, L. (1992). « Compétence technique et compétence éthique », dans Conseil en économie et en gestion agricoles du Québec (sous la dir. de), *La vulgarisation agricole au-delà des techniques : les dimensions oubliées,* Québec, CEGAQ, p. 19-24.

Begley, C. (1996). « Using triangulation in nursing research », *Journal of Advanced Nursing,* vol. 24, p. 122-128.

Beletz, E.E. (1990). « The "red herrings" of the entry issue », dans N.L. Chaska (sous la dir. de), *The Nursing Profession Turning Points,* Saint Louis, The C.V. Mosby, p. 61-68.

Bellavance, M. (1985). *Les politiques gouvernementales : élaboration, gestion et évaluation,* Montréal, Agence d'Arc.

Benner, P. (1982). « From novice to expert », *American Journal of Nursing,* p. 402-407.

Benner, P. (1984). *From Novice to Expert: Excellence and Power in Clinical Nursing Practice,* Menlo Park (Calif.), Addison-Wesley.

Benner, P. et Wrubel, J. (1989). *The Primacy of Caring,* Menlo Parks (Calif.), Addison-Wesley, p. 145-194.

Benner, P.A., Tanner, C.A. et Chesla, C.A. (1996). *Expertise in Nursing Practice: Caring, Clinical Judgment and Ethics,* New York, Springer, 410 p.

Bergman, R. (1990). « Interrelations between nursing theory, research, practice and education», dans *International Nursing Research Round Table Proceedings Book,* Utrecht, Université d'Utrecht.

Bishop, A.H. et Scudder, J.R. (1997). «Nursing as a practice rather than an art or a science», *Nursing Outlook,* nº 45, p. 82-85.

Blais, M. (1983). «La sagesse des lois», dans M. Blais (sous la dir. de), *L'anatomie d'une société saine,* Montréal, Fides, p. 183-211.

Block, P. (1993). *Stewardship: Choosing Service Over Self Interest,* San Francisco, Berret-Koehler Publishers.

Blondeau, D. (1986). *De l'éthique à la bioéthique: repères en soins infirmiers,* Boucherville, Gaëtan Morin Éditeur.

Blondeau, D. (1992). «L'éthique professionnelle. Un univers à explorer», *Nursing Québec,* vol. 12, nº 13, p. 27-31.

Blythe, J., Baumann, A. et Giovannetti, P. (2001). «Health policy and systems: Nurses' experiences of restructuring in three Ontario hospitals», *Journal of Nursing Scholarship,* vol. 33, nº 1, p. 61-68.

Boitte, P. (1995). *Éthique, justice et santé. Allocation des ressources en soins dans une population vieillissante,* Montréal, Éditions Fides.

Boland, D.L. (2000). «The future of nursing education: Helping to determine if nursing is to be or not to be», dans N.L. Chaska (sous la dir. de), *The Nursing Profession,* Thousand Oaks (Calif.), Sage, p. 867-880.

Bottorff, J.L. et Morse, J.M. (1994). «Identifying types of attending: Patterns of nurses' work», *Image, Journal of Nursing Scholarship,* vol. 26, nº 1, p. 53-60.

Boudreau, M. (1994). *Portrait des infirmières exerçant en pratique privée au Québec,* Mémoire de maîtrise en sciences infirmières, Université Laval, Québec.

Bourbonnais, R., Comeau, M., Viens, C., Laliberté, D., Malenfant, R., Brisson, C. et Vézina, M. (1998). *La transformation du réseau de la santé: mesure des caractéristiques du travail et de la santé des infirmières de l'agglomération de Québec,* Rapport de recherche soumis au ministère de la Santé et des Services sociaux, 45 p.

Breda, K.L. (1997). «Professional nurses in unions: Working together pays off», *Journal of Professional Nursing,* vol. 13, nº 2, p. 99-109.

Brett, J. (1987). «Organizational integrative mechanisms and adoption of innovations by nurses», *Nursing Research,* vol. 36, nº 6, p. 344-349.

Brewer, G.D. et de Leon, P. (1983). *The Foundations of Policy Analysis,* Hoewood, The Dorsey Press.

Brooten, D., Kumar, S. et Brown, L. (1986). «A randomized clinical trial of early hospital discharge and home follow-up of very-low-birth-weight infants», *New England Journal of Medicine,* vol. 315, p. 934.

Brooten, D. et Naylor, M.D. (1995). «Nurses' effect on changing patient outcomes», *Image, Journal of Nursing Scholarship,* vol. 27, nº 2, p. 95-99.

Brosseau, P. et Héroux, M. (1995). *La chirurgie d'un jour et son organisation,* Québec, Ministère de la Santé et des Services sociaux.

Brown, J., Smith, B. et Issacs, D. (1994). «Operating principles for building community», dans P.M. Senge, A. Kleiner, C. Roberts, R.B. Ross et B.J. Smith (sous la dir. de), *The Fifth Discipline Fieldbook,* New York, Bantam, Doubleday, Dell, p. 525-528.

Brown, S.A. et Grimes, D.E. (1993). *Nurse Practitioners and Certified Nurse-Midwives: A Meta-analysis of Studies on Nurses in Primary Care Roles,* Washington (D.C.), American Nurses Publishing.

Browne, G., Roberts, J., Gafni, A., Weir, R., Watt, S. et Byrne, C. (1995). «More effective and less expensive: Lessons from five studies examining community approaches to care», *Health Policy,* vol. 34, nº 2, p. 95-112.

Bruckner, P. (1995). *La tentation de l'innocence,* Paris, Grasset.

Brunet, M. et Vinet, A. (1978). *Les équipes multidisciplinaires dans les CLSC: 1973-1976,* Rapport de recherche, Québec, Université Laval.

Brush, B.L. et Capezuti, E.A. (1997). « Professional autonomy : Essential for nurse practitioner survival in the 21st century », *Journal of American Nurse Practitioner,* vol. 9, nº 6, p. 265-270.

Buchan, J. (1997). « Clinical ladders : The ups and downs », *International Nursing Review,* vol. 44, nº 2, p. 41-46.

Buresh, B. et Gordon, S. (2000). *From Silence to Voice,* Ottawa, Canadian Nurses Association.

Burke, S.O., Kauffman, E., Costello, E.A. et Dillon, M.C. (1991). « Hazardous secrets and reluctantly taking charge : Parenting a child with repeated hospitalizations », *Image, Journal of Nursing Scholarship,* vol. 23, nº 1, p. 39-45.

Burns, N. et Groves, S. (2001). *The Practice of Nursing Research. Conduct, Critique and Utilization,* Montréal, Saunders.

Butterfield, P.G. (1990). « Thinking upstream : Nurturing a conceptual understanding of the societal context of health behavior », *Advances in Nursing Science,* vol. 12, nº 2, p. 1-8.

Caillouette, J. (1992). « La Réforme Côté ou l'ambivalence de l'État à l'égard du communautaire », *Service social,* vol. 41, nº 2, p. 115-129.

Calkin, J.D. (1992). « Specialization issues », dans A.J. Baumgart et J. Larsen (sous la dir. de), *Canadian Nursing Faces the Future,* Saint Louis, Mosby Year Book, p. 327-344.

Calvillo, E.R. et Flaskerud, J.H. (1993). « The adequacy and scope of Roy's adaptation model to guide cross-cultural pain research », *Nursing Science Quarterly,* vol. 6, nº 3, p. 118-129.

Canadian Nurses Association (CNA) (1997). *Advanced Nursing Practice, Nursing Now,* Ottawa, CNA.

Caraher, M. (1994). « A sociological approach to health promotion for nurses in an institutional setting », *Journal of Advanced Nursing,* nº 20, p. 544-551.

Carpentier-Roy, M.C. (1991). *Corps et âme : psychopathologie du travail infirmier,* Montréal, Liber.

Carper, B. (1978). « Fundamental patterns of knowing in nursing », *Advances in Nursing Science,* vol. 1, nº 1, p. 13-23.

Cash, K. (2001). « Clinical autonomy and contractual space », *Nursing Philosophy,* vol. 2, nº 1, p. 36-41.

Cassidy, V.R. (1996). « Moral competency », *Annual Review of Nursing Research,* vol. 14, p. 181-204.

Chalifour, J. (1989). *La relation d'aide en soins infirmiers. Une perspective holistique humaniste,* Boucherville, Gaëtan Morin Éditeur.

Chaska, N.L. (sous la dir. de) (2000). *The Nursing Profession,* Thousand Oaks (Calif.), Sage.

Chinn, P.L. et Jacobs, M.K. (1987). *Theory and Nursing: A Systematic Approach,* 2e éd., Saint Louis, C.V. Mosby.

Chinn, P.L. et Kramer, M.K. (1991). *Theory and Nursing: A Systematic Approach,* 3e éd., Saint Louis, Mosby Year Book.

Chinn, P.L. et Kramer, M.K. (1995). *Theory and Nursing: A Systematic Approach,* 4e éd., Saint Louis, C.V. Mosby.

Chinn, P.L., Maeve, M.K. et Bostick, C. (1997). « Æsthetic inquiry and the art of nursing », *Scholarly Inquiry for Nursing Practice: An International Journal,* vol. 11, nº 2, p. 83-100.

Chinn, P.L. et Watson, J. (sous la dir. de) (1994). *Art and Æsthetics in Nursing,* New York, National League for Nursing Press.

Christman, L. (1995). « Science as the predictor of professional recognition and success », dans A. Omery, D.E. Kasper et G.G. Page (sous la dir. de),

In Search of Nursing Science, Thousand Oaks (Calif.), Sage, p. 291-294.

Ciliska, D. et DiCenso, A. (1999). « Centres of evidence-based nursing : Directions and challenges », *Evidence-based Nursing,* vol. 2, n° 4, p. 102-104.

Clark, J. (1997). « The unique function of the nurse », *International Nursing Review,* vol. 44, n° 5, p. 144-152.

Clark, P.G. (1989). « The philosophical foundation of empowerment », *Journal of Aging and Health,* vol. 1, n° 3, p. 267-286.

Clarke, H.F. (1996). « Theory testing and theory building : Research in nursing », dans J. Kerr et J. MacPhail (sous la dir. de), *Canadian Nursing : Issues and Perspectives,* 3e éd., Saint Louis, Mosby, p. 105-117.

Clarke, H.F., Beddome, G. et Whyte, N.B. (1993). « Public health nurses' vision of their future reflects changing paradigms », *Image, Journal of Nursing Scholarship,* vol. 25, n° 4, p. 311-348.

Clifford, J.C. (1998). *Restructuring : The Impact of Hospital Reorganization on Nursing Leadership,* Chicago, American Hospital Publishing Inc.

Closs, S. et Cheater, F. (1999). « Evidence for nursing practice : A clarification of the issues », *Journal of Advanced Nursing,* vol. 30, n° 1, p. 10-17.

Cloutier Laffrey, S. et Craig, D.M. (2000). « Health promotion for communities and aggregates : An integrated model », dans M.J. Stewart (sous la dir. de), *Community Nursing. Promoting Canadians' Health,* Toronto, Saunders, p. 105-125.

Coburn, D. (1988). « The development of Canadian nursing : Professionalization and proletarianization », *International Journal of Health Services,* vol. 18, n° 3, p. 437-456.

Coffey, J.R., Fenner, K.M. et Stogis, S.L. (1997). *Virtually Integrated Health Systems : A Guide to Assessing Organizational Readiness as Strategic Partners,* San Francisco, Jossey-Bass.

Cohen, Y. et Bienvenue, L. (1994). « Émergence de l'identité professionnelle chez les infirmières québécoises, 1890-1927 », *CBMH/BCHM,* n° 11, p. 119-151.

Collière, M.F. (1982). *Promouvoir la vie. De la pratique des femmes soignantes aux soins infirmiers,* Paris, InterÉditions.

Collière, M.F. (1986). « Invisible care and invisible women as health care-providers », *International Journal of Nursing Studies,* vol. 23, p. 95-112.

Collière, M.F. (2000). « Identité infirmière… mythe… rêve ou réalité ? », *Soins,* n° 645, p. 40-42.

Comité aviseur sur la recherche et l'évaluation en toxicomanie (1997). *Avis n° 4 sur le transfert des connaissances,* Québec, Bibliothèque nationale du Québec.

Comité consultatif sur le cancer (1995). *Pour une meilleure compréhension des besoins des personnes atteintes de cancer,* Québec, Ministère de la Santé et des Services sociaux.

Commission d'enquête sur les services de santé et les services sociaux (CESSSS) (1988). *Rapport de la Commission d'enquête sur les services de santé et les services sociaux,* Québec, Publications du Québec.

Commission d'étude sur les services de santé et les services sociaux (2000). *Les solutions émergentes. Rapport et recommandations,* Québec, Ministère de la Santé et des Services sociaux.

Commission sur l'avenir des soins de santé au Canada (2002), <www.healthcarecommission.ca>.

Conférence internationale sur les soins primaires, *Alma Ata, Kazakhstan (1978),* Genève, OMS.

Conseil de la santé et du bien-être (1995). *Un juste prix pour les services de santé,* Québec, Gouvernement du Québec.

Conseil de la santé et du bien-être (1997). *Évolution des rapports public-privé dans les services de santé et les services sociaux,* Québec, Gouvernement du Québec.

Conseil international des infirmières (1953). *Code international d'éthique des infirmières,* Genève.

Conseil international des infirmières (1973). *Code de l'infirmière 1973. Principes déontologiques appliqués aux soins infirmiers,* Genève.

Conseil médical du Québec (1995). *Avis sur une nouvelle dynamique organisationnelle à implanter : la hiérarchisation des services médicaux,* Québec.

Contandriopoulos, A.-P. (1985). « Économie du système de santé », dans J. Dufresne, F. Dumont et Y. Martin (sous la dir. de), *Traité d'anthropologie médicale. L'institution de la santé et de la maladie,* Sillery, Presses de l'Université du Québec, Institut québécois de recherche sur la culture ; Lyon, Presses universitaires de Lyon, p. 443-479.

Contandriopoulos, A.P., Denis, J.L., Touati, N. et Rodriguez, R. (2001). « Intégration des soins : dimensions et mise en œuvre », *Rupture. Revue transdisciplinaire en santé,* vol. 8, n° 2, p. 38-51.

Conway, M.E. (1985). « Toward greater specificity in defining nursing's metaparadigm », *Advances in Nursing Sciences,* vol. 7, n° 2, p. 73-81.

Cook, E. (1913). *The Life of Florence Nightingale,* Londres, Macmillan.

Cooper, H., Carlisle, C., Gibbs, T. et Watkins, C. (2001). « Developing an evidence base for interdisciplinary learning : a systematic review », *Journal of Advanced Nursing,* vol. 35, n° 2, p. 228-237.

Corner, J. (1991). « In search of more complete answers to research questions. Quantitative versus qualitative methods : Is there a way forward ? », *Journal of Advanced Nursing,* vol. 16, p. 718-727.

Cotton, A.H. (1997). « Power, knowledge, and the discourse of specialization in nursing », *Clinical Nurse Specialist,* vol. 11, n° 1, p. 25-29.

Couture, D. (1988). « Technologies médicales et statut des corps professionnels », *Sociologie et société,* vol. XX, n° 2, p. 77-89.

Covey, S.R. (1990). *The Seven Habits of Highly Effective People : Restoring the Character Ethic,* New York, Simon and Schuster.

Crane, J. (1989). *Factors Associated with the Use of Research-Based Knowledge in Nursing,* Doctoral Dissertation, Université du Michigan.

Crozier, M. et Friedberg, E. (1977). *L'acteur et le système,* Paris, Seuil.

Cull-Wilby, B.L. et Pepin, J.I. (1985). « Towards a coexistence of paradigms in nursing : Knowledge development », *Journal of Advanced Nursing,* vol. 12, n° 4, p. 515-521.

Curral, S.C. et Judge, T.A. (1995). « Measuring trust between organizational boundary role persons », *Organizational Behavior and Human Decision Process,* vol. 6, n° 2, p. 151-170.

Curtin, L. (1982). « The commitment of nursing », dans L.H. Curtin et M.J. Flaherty (sous la dir. de), *Nursing Ethics : Theories and Pragmatics,* Bowie (Md.), Robert J. Bundy, p. 97-102.

Curtin, L. (1993). « Creating moral space for nurses », *Nursing Management,* vol. 24, n° 3, p. 18-19.

Cushing, M. (1982). « A matter of judgment », *American Journal of Nursing,* vol. 82, n° 5, juin, p. 990-991.

Dahl, R.A. (1973). *L'analyse politique contemporaine,* Paris, Laffont.

Daigle, K. (2000). *La collaboration entre les infirmières d'un CH et d'un CLSC dans le cadre du congé précoce en postnatal,* Mémoire de maîtrise, Université de Montréal.

Dallaire, C. (1984). « A study of the satisfaction of chronically ill elderly with selected nursing activities », Mémoire de maîtrise, Montréal, Université McGill.

Dallaire, C. (1989). « L'action politique », *L'Appui,* vol. 6, n° 3, p. 3-6.

Dallaire, C. (1990a). « L'influence politique », *L'Appui,* vol. 7, n° 1, p. 3-5.

Dallaire, C. (1990b). « Les réseaux de relations », *L'Appui*, vol. 7, n° 2, p. 3-6.

Dallaire, C. (1991). « L'action politique : le contenu », *L'Appui*, vol. 8, n° 2, p. 3-5.

Dallaire, C. (1993). « La contribution des soins au système de santé », dans O. Goulet (sous la dir. de), *La profession infirmière, valeurs, enjeux, perspectives*, Boucherville, Gaëtan Morin Éditeur.

Dallaire, C. (1997). « Le processus de réaction aux stresseurs quotidiens de femmes âgées vivant seules dans la communauté », Thèse de doctorat, Montréal, Université de Montréal.

Dallaire, C. (1999). « Les grandes fonctions de la pratique », dans O. Goulet et C. Dallaire (sous la dir. de), *Soins infirmiers et société*, Boucherville, Gaëtan Morin Éditeur.

Dallaire, C. et Blondeau, D. (1999). « Le savoir infirmier : une problématique », dans O. Goulet et C. Dallaire (sous la dir. de), *Soins infirmiers et société*, Boucherville, Gaëtan Morin Éditeur.

Dallaire, C., Hagan, L. et O'Neill, M. (2000). « Linking health promotion and community health nursing : Conceptual and practical issues », dans M.J. Stewart (sous la dir. de), *Community Nursing. Promoting Canadians' Health*, Toronto, Saunders, p. 317-332.

Dallaire, C. et O'Neill, M. (1991). *Towards a wider approach to lifestyles research and increased participation of nursing in interdisciplinary health promotion research*, Communication présentée à la Nursing Section of the Learned Societies Conference, Kingston (Ontario).

Dallaire, C., O'Neill, M. et Lessard, C. (1994). « Les enjeux majeurs de la profession infirmière », dans V. Lemieux, P. Bergeron, C. Bégin et G. Bélanger (sous la dir. de), *Le système de santé au Québec. Organisations, acteurs et enjeux*, Québec, Les Presses de l'Université Laval, p. 245-272.

Darbyshire, P. (1999). « Nursing, art and science : Revisiting the two cultures », *International Journal of Nursing Practice*, vol. 5, p. 123-131.

David, H. (1995). « L'insoutenable lourdeur de l'autonomie pour les personnes âgées », dans L. Bouchard et D. Cohen (sous la dir. de), *Médicalisation et contrôle social*, Montréal, Groupe de recherche sur les aspects sociaux de la santé et de la prévention, Actes du colloque tenu le 17 avril 1994 à l'Université du Québec à Montréal dans le cadre du 62e Congrès de l'Association canadienne-française pour l'avancement des sciences (ACFAS), p. 43-66.

Davis, A.J. (1991). « Dilemmas in alternative care settings », *Western Journal of Nursing Research*, vol. 13, n° 5, p. 650-652.

D'Amour, D. (1997). *Structuration de la collaboration interprofessionnelle dans les services de santé de première ligne au Québec*, 2 vol., Thèse de doctorat, Université de Montréal.

D'Amour, D. (2001). « Collaboration entre les infirmières et les médecins de famille. Pourquoi et dans quelles conditions ? », *Rupture. Revue transdisciplinaire en santé*, vol. 8, n° 1, p. 136-145.

D'Amour, D., Goulet, L., Pineault, R. et Daigle, K. (2000). « Analyse stratégique de la mise en place d'un réseau de soins en périnatalité », dans R. Pineault et P. Tousignant (sous la dir. de), *Impact de la transformation du réseau montréalais sur la santé*, Collectif de recherche, Montréal, Direction de santé publique, RRSSSM-C, p. 53-60.

D'Amour, D., Sicotte, C. et Lévy, R. (1999). « Un modèle de structuration de l'action collective dans les services de santé de première ligne au Québec », *Sciences Sociales et Santé*, vol. 17, n° 3, p. 67-94.

De Raeve, L. (1998). « The art of nursing : An æsthetic ? », *Nursing Ethics*, vol. 5, n° 5, p. 401-411.

Dean, H. (1995). « Science and practice : The nature of knowledge », dans A. Omery, C.E. Kasper et G. Page (sous la dir. de), *In Search of Nursing Science,* Thousand Oaks (Calif.), Sage, p. 275-290.

Delaney, F.G. (1994). « Muddling through the middle ground : theoretical concerns in intersectorial collaboration and health promotion », *Health Promotion International,* vol. 9, n° 3, p. 217-225.

Delisle, M.-A. (1996). *Aspects démographiques, économiques et sociologiques du vieillissement,* Sainte-Foy, Éditions La Liberté, p. 56.

DeMarco, R.F., Horowitz, J.A. et McLeod, D. (2000). « A call to intraprofessional alliances », *Nursing Outlook,* vol. 48, p. 172-178.

DeMarco, T. (2001). *Slack : Getting Past Burnout, Busywork, and the Myth of Total Efficiency,* New York, Broadway Books.

Demers, L. (1994), « La profession médicale », dans V. Lemieux, P. Bergeron, C. Bégin et G. Bélanger (sous la dir. de), *Le système de santé au Québec. Organisations, acteurs et enjeux,* Québec, Les Presses de l'Université Laval, p. 213-244.

Demers, L., Dumas, A. et Bégin, C. (1999). « La gestion des établissements de santé au Québec », dans C. Bégin, P. Bergeron, P.G. Forest et V. Lemieux (sous la dir. de), *Le système de santé québécois : un modèle en transformation,* Montréal, Les Presses de l'Université de Montréal, p. 195-228.

Demers, M. (1996). « Factors explaining the increase in cost for physician care in Quebec's elderly population », *Canadian Medical Association Journal,* vol. 155, n° 11, p. 1555-1560.

Denton, F., Gafni, A., Spencer, B. et Stoddart, G. (1982). « Potential savings from the adoption of nurse practitioner technology in the Canadian health care system », *Socio-Economic Planning Sciences,* vol. 17, n° 4, p. 199-209.

Desjardins, E., Giroux, S. et Flanagan, E.C. (1970). *Histoire de la profession infirmière au Québec,* Saint-Jean, Les Éditions du Richelieu ltée, 270 p.

Desrosiers, G. (1996). « La réforme du système de santé. Une deuxième vague ou un raz de marée », *L'infirmière du Québec,* vol. 4, n° 5, p. 3.

Desrosiers, G. (1997a). « Le virage ambulatoire vu de l'intérieur, un an après », texte inédit présenté aux membres de l'Institut canadien de la retraite et des avantages sociaux, Mont-Tremblant, 10 septembre.

Desrosiers, G. (1997b). *Une histoire à succès du virage ambulatoire : une économie de 100 millions $ avec Info-santé CLSC,* Montréal, Ordre des infirmières et infirmiers du Québec.

Desrosiers, G. (2001). « Le projet de loi 28 : enfin, les commissions infirmières régionales ! », *L'Infirmière du Québec,* vol. 8, n° 6, p. 8-9.

Desrosiers, G. et Valois, M. (1993). *La gestion contemporaine des soins infirmiers à l'heure des DRG,* Montréal, Association des hôpitaux du Québec.

Di Domenico, M. (1996). Virage ambulatoire : notes exploratoires, Québec, Conseil du statut de la femme, p. 9.

DiCenso, A., Cullum, N. et Ciliska, D. (1998). « Implementing evidence-based nursing : Some misconceptions », *Evidence-based Nursing,* vol. 1, p. 38-40.

Dobbins, M., Ciliska, D. et DiCenso, A. (1998). *Dissemination and use of research evidence for policy and practice : A framework for developing, implementing, and evaluating strategies,* Rapport préparé pour le Dissemination and Utilization Model Advisory Committee de la Canadian Nurses Association et Santé Canada.

Donahue, P.M. (1996). *Nursing the Finest Art,* 2ᵉ éd., Toronto, Mosby.

Donaldson, S.K. (1995). « Nursing science for nursing practice », dans A. Omery, C.E. Kasper et G.G. Page (sous la dir. de), *In Search of Nursing Science,* Thousand Oaks (Calif.), Sage, p. 3-12.

Donaldson, S.K. et Crowley, D. (1978). « The discipline of nursing », *Nursing Outlook,* vol. 26, nº 2, p. 113-120.

Doona, M.E., Haggerty, L.A. et Chase, S.K. (1997). « Nursing presence : An existential exploration of the concept », *Scholarly Inquiry for Nursing Practice,* vol. 11, nº 1, p. 3-16.

Doucet, H. (1992). « Le code de déontologie. Un instrument utile, mais limité », *Nursing Québec,* vol. 12, nº 3, p. 40-43.

Doyon, O. et Cayouette, L. (1993). « Programme de préparation en préadmission à l'intention des bénéficiaires devant subir une chirurgie cardiaque. Atelier 13 », dans *L'innovation : un défi pour les infirmières. Cahier des conférences,* 73e Assemblée générale annuelle et Congrès 1993, 25 et 26 octobre, Palais des Congrès de Montréal, Montréal, Ordre des infirmières et infirmiers du Québec.

Droogan, J. et Cullum, N. (1998). « Systematic reviews in nursing », *International Journal of Nursing Studies,* vol. 35, p. 13-22.

Dubar, C. (1996). *La socialisation : construction des identités sociales et professionnelles,* 2e éd., Paris, Armand Colin.

Ducharme, F. (1991). « Soutien conjugal et bien-être des conjoints âgés, proposition d'un mécanisme d'action », *Canadian Journal of Community Mental Health,* vol. 10, nº 2, p. 11-29.

Ducharme, F. (1997). « La recherche en sciences infirmières, des défis à relever », *Revue canadienne de recherches en sciences infirmières,* vol. 29, p. 123-140.

Ducharme, F. (1998). « Pour un transfert rapide des connaissances dans les milieux de soins », *L'infirmière du Québec,* vol. 5, nº 5, p. 41-48.

Ducharme, F. (2000). « La recherche… pour le développement des connaissances sur le soin », *Recherche en soins infirmiers,* vol. 63, p. 19-25.

Ducharme, F. (2001). « La recherche, voie privilégiée de développement du savoir infirmier », *L'infirmière du Québec,* vol. 8, nº 4, p. 23-34.

Ducharme, F. et Saulnier, D. (1998). *La recherche contribue-t-elle à influencer la pratique professionnelle ?,* Actes du colloque « La gériatrie : une jeune tradition », Institut universitaire de gériatrie de Montréal, octobre, p. 36.

Duffy, M.E. (1997). « Determinants of reported health promotion behaviors in employed Mexican American women », *Health Care for Women International,* vol. 18, p. 149-163.

Duffy, M.E. (1988). « Health promotion in the family : Current findings and directives for nursing research », *Journal of Advanced Nursing,* nº 13, p. 109-117.

Dufresne, J. (1985). « Corporations et syndicats », dans J. Dufresne, F. Dumont et Y. Martin, *Traité d'anthropologie médicale,* Québec, Presse de l'Université du Québec, p. 645-647.

Duncan, S.M., Leipert, B.D. et Mill, J.E. (1999). « Nurses as health evangelists ? The evolution of public health nursing in Canada, 1918-1939 », *Advances in Nursing Science,* vol. 22, nº 1, p. 40-51.

Durand, G. (1987). « La bioéthique : réalité, divergences, ou nuances ? », *L'Union médicale du Canada,* vol. 116, nº 5, p. 304-316.

Dussault, G. (1988). « La régulation des professions sanitaires ; l'expérience du Québec », *Sociologie et société,* vol. XX, nº 2, p. 125-139.

Dussault, G. (1994). « Les producteurs de services socio-sanitaires », dans V. Lemieux, P. Bergeron, C. Bégin et G. Bélanger (sous la dir. de), *Le système de santé au Québec. Organisations, acteurs et enjeux,* Les Presses de l'Université Laval, p. 193-210.

Dussault, G., Fournier, M.A., Zanchetta, M.S., Kérouac, S., Denis, J.L., Bojanowski, L., Carpentier, M. et Grossman, M. (2001). *Le marché du travail en soins infirmiers au Canada : revue de la littérature,* Rapport présenté à la Table ronde des intervenants en soins infirmiers, Université de Montréal, GRIS.

Dye, T.R. (1984). *Understanding Public Policy,* Englewood Cliffs, Prentice-Hall.

Edwards, S.D. (1998). « The art of nursing », *Nursing Ethics,* vol. 5, n° 5, p. 393-400.

Edwards-Beckett, J. (1990). « Nursing research utilization techniques », *Journal of Nursing Administration,* vol. 20, n° 11, p. 26.

Enriquez, E. (1997). *Les jeux de pouvoir et du désir dans l'entreprise,* Paris, Desclée de Brouwer.

Epp, J. (1986). *La santé pour tous: plan d'ensemble pour la promotion de la santé,* Ottawa, Ministre de la Santé nationale et du Bien-être social.

Estabrooks, C. (1999). « Will evidence-based nursing practice make practice perfect ? », *Canadian Journal of Nursing Research,* vol. 30, p. 273-294.

Evans, R.G. (1991). « Life and death, money and power: The politics of health care finance », dans T.J. Litman et L.S. Robins (sous la dir. de), *Health Politics and Policy,* 2e éd., Albany (N.Y.), Delmar, p. 287- 301.

Evans, R.G., Barrer, M.L. et Marmor, T.H. (1996). *Être ou ne pas être en bonne santé. Biologie et déterminants sociaux de la maladie,* Montréal, Les Presses de l'Université de Montréal.

Fagin, C.M. (1990). « Nursing's value proves itself », *American Journal of Nursing,* vol. 90, n° 4, p. 17-29.

Fagin, C.M. (1992). « Cost-effectiveness of nursing care revisited: 1981-1990 », dans L. Aiken et C. Fagin (sous la dir. de), *Charting Nursing's Future. Agenda for the 1990s,* Philadelphie, J.B. Lippincott.

Fagin, C.M. (2000). *Essays on Nursing Leadership,* New York, Springer.

Fagin, C.M. (2001). *When Care Becomes a Burden: Diminishing Access to Adequate Nursing, Report.* Milbank Memorial Fund, 25 p.

Fagin, C.M. et Lynaugh, J.E. (1992). « Reaping the rewards of radical change: A new agenda for nursing education », *Nursing Outlook,* vol. 40, n° 5, p. 213-220.

Fawcett, J. (1978). « The "what" of theory development », dans J. Fawcett (sous la dir. de), *Theory Development*: What, Why, How ?, New York, National League for Nursing, p. 17-33.

Fawcett, J. (1978). *The « What » of Theory Development. NLN Theory Development: What, Why, How ?,* New York, National League of Nursing (publication n° 15-1708).

Fawcett, J. (1983). « Hallmarks of success in nursing theory development », dans P.L. Chinn (sous la dir. de), *Advances in Nursing Theory Development,* Rockville (Md.), Aspen, p. 3-17.

Fawcett, J. (1984a). *Analysis and Evaluation of Conceptual Models of Nursing,* 1re éd., Philadelphie, F.A. Davis.

Fawcett, J. (1984b). « The metaparadigm of nursing. Current status and future refinements », *Image: The Journal of Nursing Scholarship,* vol. 16, n° 3, p. 84-87.

Fawcett, J. (1992). « The metaparadigm of nursing: International in scope and substance », dans K. Krause et P. Astedt-Kurki (sous la dir. de), *International Perspectives on Nursing: A Joint Effort to Explore Nursing Internationally* (série A 3/ 92), Tempere, Finlande, Tempere University Department of Nursing, p. 13-21.

Fawcett, J. (1993). *Analysis and Evaluation of Nursing Theories,* Philadelphie, F.A. Davis.

Fawcett, J. (1995). *Analysis and Evaluation of Conceptual Models of Nursing,* 3e éd., Philadelphie, F.A. Davis.

Fawcett, J. (1996). « On the requirements for a metaparadigm: An invitation to dialogue », *Nursing Science Quarterly,* vol. 9, n° 3, p. 94-97.

Fawcett, J. (2000). *Analysis and Evaluation of Contemporary Nursing Knowledge: Nursing Models and Theories,* Philadelphie (Del.), F.A. Davis.

Fawcett, J. et Bourbonnière, M.G. (2000). « Utilization of nursing knowledge and the future of the discipline », dans N.L. Chaska (sous la dir. de), *The Nursing Profession,* Thousand Oaks (Calif.), Sage, p. 311-320.

Fédération des infirmières et infirmiers du Québec (FIIQ) (1996a). « L'infirmière d'hier à demain : des interventions clés », *Une direction. Mille et un virages (8),* 4e Congrès biennal.

Fédération des infirmières et infirmiers du Québec (FIIQ) (1996b). « Réflexion stratégique pour un projet rassembleur », *Une direction. Mille et un virages (7),* 4e Congrès biennal.

Fédération des infirmières et infirmiers du Québec (FIIQ) (1996c). « Vers une prise en charge de l'organisation du travail », *Une direction. Mille et un virages (9),* 4e Congrès biennal.

Fédération des infirmières et infirmiers du Québec (FIIQ) (2002). *Planification de la main-d'œuvre infirmière. Agir sur notre devenir,* Montréal.

Feldman, H.R. (1992). « A science of nursing. To be or not to be ? », dans L.H. Nicoll (sous la dir. de), *Perspectives on Nursing Theory,* 2e éd., Philadelphie, J.B. Lippincott.

Fenner, K.M. (1980). *Ethics and Law in Nursing. Professional Perspectives,* New York, D. Van Nostrand Company.

Fenton, G. (2000). « Building for the next century », dans N.L. Chaska (sous la dir. de), *The Nursing Profession,* Thousand Oaks (Calif.), Sage, p. 3-15.

Ferland, M., Paquette, G. et Lapointe, F. (1995). « Liens entre le statut socio-économique et la santé », dans C. Lavallée, C. Bellerose, J. Camirand et P. Canis (sous la dir. de), *Aspects sociaux reliés à la santé. Rapport de l'Enquête sociale et de santé 1992-1993, vol. 2,* Montréal, Ministère de la Santé et des Services sociaux, p. 119-156.

Ferraro, K.F. et Sutherland, T. (1989). « Domains of medical practice : Physician's assessment of the role of physician extenders », *Journal of Health and Social Behaviour,* vol. 30, no 6, p. 192-205.

Field, M.G. (1973). « The concept of the health system at the macro-sociological level », *Social Science and Medicine,* no 7, p. 763-785.

Field, P., Stinson, S. et Thibaudeau, M.-F. (1992). « Graduate education in nursing in Canada », dans A. Baumgart et J. Larsen (sous la dir. de), *Canadian Nursing Faces the Future,* Toronto, Mosby, p. 421-445.

Fisher, M.L. (2000). « Preparing tomorrow's nursing leaders : Changing the paradigm », dans N.L. Chaska (sous la dir. de), *The Nursing Profession,* Thousand Oaks (Calif.), Sage, p. 199-210.

Flaskerud, J.H. et Halloran, E.J. (1980). « Areas of agreement in nursing theory development », *Advances in Nursing Sciences,* vol. 3, no 1, p. 1-7.

Flew, A. (1979). *A Dictionary of Philosophy,* London, Pan.

Folkman, S. et Lazarus, R.S. (1988). *Ways of Coping Questionnaire : Research Edition,* Palo Alto (Calif.), Consulting Psychologists Press.

Folscheid, D., Feuillet-Le Mintier, B. et Mattéi, J.-F. (1997). *Philosophie éthique et droit de la médecine,* Paris, Presses Universitaires de France, p. 91.

Fonds de la recherche en santé du Québec (2000). *Plan triennal 2001-2004. Énoncé,* Québec, Fonds de la recherche en santé du Québec.

Foot, D.K. et Stoffman, D. (1996). *Entre le boom et l'écho,* Montréal, Boréal, p. 88.

Forchuk, C. et Brown, B. (1989). « Establishing a nurse-client relationship », *Journal of Psychosocial Nursing and Mental Health Services,* vol. 27, no 2, p. 30-34.

Ford-Gilboe, M., Campbell, J. et Berman, H. (1995). « Stone and numbers : Coexistence without compromise », *Advances in Nursing Science,* vol. 18, p. 14-26.

Forest, P.-G. (1997a). *Six leçons sur l'analyse normative des politiques sociales. Les Cahiers du CERVL,* Rapport de recherche no 3, Bordeaux, Institut d'Études Politiques de Bordeaux.

Forest, P.-G. (1997b). « Les régimes d'équité dans le système de santé du

Québec », *Canadian Public Policy – Analyse de politique,* vol. XXIII, n° 1, p. 55-68.

Fourastié, J. (1979). *Les trente glorieuses ou la Révolution invisible de 1946 à 1975,* Paris, Fayard.

Fourez, G. (1996). *La construction des sciences,* Bruxelles, De Boeck Université.

Francillon, D. (2000). « Modèle ou utopie ? Le programme de formation de l'école d'infirmières de 1934 », *Dynamique de la formation professionnelle à l'école La Source. 1990-2000,* Lausanne, Cahiers de La Source.

Freidson, E. (1986). *Professional Powers: A Study of the Institutionalization of Formal Knowledge,* Chicago, University of Chicago Press.

Freire, P. (1971). *Pedagogy of the Oppressed,* New York, Herder & Herder.

Friedberg, E. (1993). *Le pouvoir et la règle : Dynamiques de l'action organisée,* Paris, Éditions du Seuil.

Friedson, E. (1986). « Professional dominance and the ordering of health services : Some consequences », dans P. Conrad et R. Kern (sous la dir. de), *The Sociology of Health and Illness: Critical Perspectives,* 2e éd., New York, St. Martin's Press.

Froman, R.D. et Owen, S.V. (1990). « Mothers' and nurses' perceptions of infant care skills », *Research in Nursing and Health,* n° 13, p. 247-253.

Fry, S.T. (1989). « The role of caring in a theory of nursing ethics », *Hypatia,* vol. 4, n° 2, p. 93.

Fry, S.T. (1990). « The development of nursing science : Theoretical and philosophical issues », dans N.L. Chaska (sous la dir. de), *The Nursing Profession Turning Points,* Saint Louis, Mosby, chap. 28.

Fry, S.T. (1995). « Science as Problem Solving », dans A. Omery, C.E. Kasper et G. Page (sous la dir. de), *In Search of Nursing Science,* Thousand Oaks (Calif.), Sage, p. 72-80.

Fullan, M. (2001). *Leading in A Culture of Change,* San Francisco, John Wiley and Sons Inc.

Funk, S., Tornquist, E. et Champagne, M. (1995). « Barriers and facilitators of research utilization. An integrative review », *Nursing Clinics of North America,* vol. 30, p. 395-407.

Gadow, S. (1980). « Existential advocacy : Philosophical foundation of nursing », dans S.F. Spicker et S. Gadow (sous la dir. de), *Nursing: Images and Ideals. Opening Dialogue with the Humanities,* New York, Springer, p. 79-101.

Gadow, S. (1995). « Clinical epistemology : A dialectic assessment », *Canadian Journal of Nursing Research,* vol. 27, n° 2, p. 25-34.

Gallagher, L.P. et Kreidler, M.C. (1987). « Nursing and health promotion », dans L.P. Gallagher et M.C. Kreidler (sous la dir. de), *Nursing and Health: Maximizing Human Potential Throughout the Life Cycle,* Norwalk (Conn.), Appleton & Lange, p. 45-71.

Garant, L. et Bolduc, M. (1990). *L'aide par les proches, mythes et réalités,* Québec, Ministère de la Santé et des Services sociaux.

Gary, F., Sigsby, L.M. et Campbell, D. (1998). « Feminism : a perspective for the 21st century », *Issues in Mental Health Nursing,* vol. 19, p. 139-152.

Gastmans, C. (1999). « Care as a moral attitude in nursing », *Nursing Ethics,* vol. 6, n° 3, p. 214-223.

Gastmans, C., Dierckx de Casterle, B. et Schotsmans, P. (1998). « Nursing considered as moral practice : A philosophical-ethical interpretation of nursing », *Kennedy Institute of Ethics Journal,* vol. 8, n° 1, p. 43-69.

Gaumer, B. et Desrosiers, G. (2001). « Les conseils des médecins, dentistes et pharmaciens des hôpitaux et l'histoire de leur association », *Ruptures,* vol. 8, n° 1, p. 27-39.

Germain, R. (1985). *Le mouvement infirmier au Québec, 50 ans d'histoire,* Montréal, Éditions Bellarmin, 565 p.

Gerteis, M., Edgman-Levitan, S., Daley, J. et Delbanco, T. (sous la dir. de) (1993). *Through the Patient's Eyes:*

Understanding and Promoting Patient–Centered Care, San Francisco, Jossey-Bass.

Gillies, R.R., Shortell, S.M., Anderson, D.A et Morgan, K.L. (1993). « Conceptualizing and measuring integration : Findings from the health systems integration study », *Hospital and Health Services Administration,* vol. 38, nº 4, p. 467-489.

Gillis, A. et Perry, A. (1991). « The relationship between physical activity and health-promoting behaviours in mid-life women », *Journal of Advanced Nursing,* vol. 16, nº 3, p. 299-310.

Glaser, E., Abelson, H. et Garrison, K. (1983). *Putting Knowledge to Use,* San Francisco, Jossey-Bass.

Godin, G. (1991). « L'éducation pour la santé : les fondements psychosociaux de la définition des messages éducatifs », *Sciences sociales et Santé,* vol. IX, nº 1, p. 67-94.

Godin, G. (2000). « Entre la rhétorique et les données probantes : enjeux théoriques et méthodologiques », *Rupture, revue transdisciplinaire en santé,* vol. 7, nº 1, p. 132-137.

Godin, G. (sous presse). « Le changement des comportements de santé », dans G.F. Fisher (sous la dir. de), *Traité de psychologie de la santé,* Paris, Les Éditions Dunod.

Godin, G., Desarnais, R., Valois, P. et Bradet, R. (1995). « Combining behavioral and motivational dimensions to identify and characterize the stages in the process of adherence to exercise », *Psychology and Health,* vol. 10, nº 4, p. 333-344.

Godin, G., Maticka-Tindale, E., Adrien, A., Mason-Singer, S., Willms, D. et Cappon, P. (1996). « Cross-cultural testing of three social cognitive theories : An application to condom use », *Journal of Applied Social Psychology,* nº 26, p. 1556-1686.

Godin, G., Vezina, L. et Leclerc, O. (1989). « Factors influencing intentions of pregnant women to exercise after giving birth », *Public Health Reports,* vol. 104, nº 2, p. 188-195.

Gortner, S. (1985). « Ethical inquiry », dans J.J. Fitzpatrick et H.H. Werley (sous la dir. de), *Annual Review of Nursing Research,* New York, Springer.

Gortner, S.R. (1980). « Nursing science in transition », *Nursing Research,* nº 29, p. 180-183.

Gortner, S.R. (1993). « Nursing's syntax revisited : A critique of philosophies said to influence nursing theories », *International Journal of Nursing Studies,* vol. 30, nº 6, p. 477-488.

Gottlieb, L. (1992). « Nurses not heard in the health promotion movement », *Canadian Journal of Nursing Research,* vol. 24, nº 4, p. 1-2.

Gottlieb, L. (1999). « From nursing papers to research journal : A 30-year odyssey », *Canadian Journal of Nursing Research,* vol. 30, p. 9-14.

Gottlieb, L. et Rowat, K. (1987). « The McGill model of nursing : A practice-derived model », *Advances in Nursing Science,* vol. 9, nº 4, p. 51-61.

Gottlieb, L.N. et Gottlieb, B. (1998). « Evolutionary principles can guide nursing's future development », *Journal of Advanced Nursing,* vol. 28, nº 5, p. 1099-1105.

Goulet, L., D'Amour, D., Pineault, R., Séguin, L. et Bisson, J. (2001). *Évaluation de l'impact des modalités de suivi postnatal sur la mère et le nouveau-né dans le contexte du congé précoce en obstétrique.* Rapport de recherche, GRIS, Université de Montréal.

Goulet, O. (1999a). « L'autonomie professionnelle et la pratique infirmière », dans O. Goulet et C. Dallaire (sous la dir. de), *Soins infirmiers et société,* Boucherville, Gaëtan Morin Éditeur, p. 135-155.

Goulet, O. (1999b). « La consolidation de la formation », dans O. Goulet et C. Dallaire (sous la dir. de), *Soins infirmiers et société,* Boucherville, Gaëtan Morin Éditeur Éditeur, p. 225-257.

Gouvernement du Québec (1988). *Rapport de la Commission d'enquête sur les services de santé et les services sociaux,* Québec, Publications du Québec, p. 450.

Gouvernement du Québec (1999). *La mise à jour du système professionnel québécois,* Québec, Gouvernement du Québec.

Gouvernement du Québec (2000). *Rapport et recommandations de la Commission d'étude sur les services de santé et les services sociaux,* 410 p.

Gouvernement du Québec (2001). *Savoir changer le monde. Politique québécoise de la science et de l'innovation,* Québec, Ministère de la Recherche, de la Science et de la Technologie.

Gray, B. (1991). *Collaborating,* San Francisco, Jossey-Bass.

Gray, M. (2000). « Advanced practice roles in nursing preparation and scope of practice », dans N.L. Chaska (sous la dir. de), *The Nursing Profession,* Thousand Oaks (Calif.), Sage, p. 515-526.

Green, L.W. et Kreuter, M.W. (1991). *Health Promotion Planning: An Educational and Environmental Approach,* Mountain View (Calif.), Mayfield.

Green, L.W., Richard, L. et Potvin, L. (1996). « Ecological foundations of health promotion », *American Journal of Health Promotion,* vol. 10, p. 270-281.

Greiner, P.A. (1987). « Nursing and worksite wellness: Missing the boat », *Holistic Nursing Practice,* vol. 2, n° 1, p. 53-60.

Griffith, H.M. et Robinson, K.R. (1993). « Current procedural terminology (CPT) coded services provided by nurse specialists », *Image, Journal of Nursing Scholarship,* vol. 25, n° 3, p. 178-186.

Griffith, H.M., Thomas, N. et Griffith, L. (1991). « MDs bill for these routine nursing tasks », *American Journal of Nursing,* p. 22-27.

Grobe, S.J. (1992). « Nursing intervention lexicon and taxonomy study: Language and classification methods », dans K.C. Lun (sous la dir. de), *MED-INFO 92: Proceedings of the Seventh World Congress on Medical Informatics,* 6-10 septembre.

Groupe de travail ministériel sur les professions de la santé et des relations humaines (2001). *Une vision renouvelée du système professionnel en santé et en relations humaines,* Rapport d'étape, Québec, Office des professions.

Groupe Secor (1996). *Les effectifs de la profession infirmière: analyse prospective et enjeux,* Étude réalisée pour l'Ordre des infirmières et infirmiers du Québec, Montréal.

Growe, S.J. (1991). *Who Cares. The Crisis in Canadian Nursing,* Toronto, McClelland & Stewart.

Guberman, N. et Maheu, P. (1994). « Au-delà des soins: un travail de conciliation », *Service social,* vol. 43, n° 1, p. 87-103.

Guyon, L. (1988). « Prévention et promotion de la santé: Les jeux sont-ils faits pour la profession infirmière ? », *Nursing Québec,* vol. 8, n° 1, p. 35-40.

Hagan, L. (1986). « La promotion de la santé: à nous de jouer », *Nursing Québec,* vol. 6, n° 5, p. 6-12.

Hagan, L. (1988). « L'éducation pour la santé », *Santé et Société,* vol. 2, p. 41-56.

Hagan, L. (1991). « L'éducation pour la santé en CLSC », *Nursing Québec,* vol. 11, n° 4, p. 48-55.

Hagan, L. (1991). *Analyse de l'exercice de la fonction éducative des infirmiers et des infirmières des Centres locaux de services communautaires du Québec,* Thèse de doctorat, Faculé des Sciences de l'Éducation, Université de Montréal.

Hagan, L., Dallaire, C. et O'Neill, M. (1994). « Linking health promotion and community health nursing: Conceptual and practical issues », dans M.J. Stewart, (sous la dir. de), *Community Nursing. Promoting Canadians' Health,* Toronto, Saunders.

Hagan, L. et Garon, G. (1996). *Évaluation de la satisfaction et de la capacité d'autosoin chez les usagers du service téléphonique Info-santé de la région de*

Québec, Sainte-Foy, Université Laval, Centre de recherche sur les services communautaires.

Hagan, L. et Paul, D. (1988). « La promotion de la santé mentale : du concept à l'action », *Nursing Québec,* vol. 8, nº 1, p. 13-18.

Hagan, L. et Proulx, S. (1996). « L'éducation pour la santé. Le temps d'agir », *L'infirmière du Québec,* vol. 3, nº 3, p. 44-52.

Hallam, J. (1998). « From angels to handmaidens : Changing constructions of nursing's public image in post-war Britain », *Nursing Inquiry,* nº 5, p. 32-42.

Hamilton, N. et Bhatti, T. (1996). *Promotion de la santé de la population,* Modèle d'intégration de la santé de la population et de la promotion de la santé, Ottawa, Santé Canada.

Hammond, M. (1990). « Is nursing a semi-profession ? », *The Canadian Nurse/ L'Infirmière canadienne,* vol. 86, nº 2, p. 20-23.

Hamric, A.B., Spross, J.A. et Hanson, C.M. (1996). *Advanced Nursing Practice,* Philadelphie, W.B. Saunders.

Havelock, R. et Havelock, M. (1973). *Training for change agents,* Ann Arbor, Center for Research on Utilization of Scientific Knowledge, Institute for Social Research, Université du Michigan.

Havens, D.H. et Aiken, L.H. (1999). « Shaping systems to promote desired outcomes : The magnet hospital model », *Journal of Nursing Administration,* vol. 29, nº 2, p. 14-20.

Haynes, R.B., Sackett, D.L., Gray, J.M., Cook, D.S. et Guyatt, G. H. (1996). « Transferring evidence from research into practice. The role of clinical care research evidence from clinical decisions (editorial) », *ACP Journal Club,* vol. 125, p. A14-16.

Henderson, V. (1966). *The Nature of Nursing,* New York, MacMillan.

Henneman, E.A. (1995). « Nurse-physician collaboration : A poststucturalist view », *Journal of Nursing Administration,* vol. 22, nº 2, p. 359-363.

Herdman, E.A. (2001). « The illusion of progress in nursing », *Nursing Philosophy,* vol. 2, nº 1, p. 4-13.

Hertzman, C., Frank, J. et Evans, R.G. (1996). « L'hétérogénéité de l'état de santé et les déterminants de la santé des populations », dans R.G. Evans, L. Morris, L. Barer et T.R. Marmor (sous la dir. de), *Être ou ne pas être en bonne santé. Biologie et déterminants sociaux de la maladie,* Montréal, Les Presses de l'Université de Montréal ; Paris, John Libbey Eurotext, p. 92.

Hess, R.G. (1998). « Measuring nursing governance », *Nursing Research,* vol. 47, nº 1, p. 35-42.

Hickey, M.L., Owen, S.V. et Froman, R.D. (1992). « Instrument development : Cardiac diet and exercise self-efficacy », *Nursing Research,* nº 41, p. 347-351.

Hill, A.J., Boudreau, F., Amyot, E., Dery, D. et Godin, G. (1997). « Predicting the stages of smoking acquisition according to the theory of planned behavior », *Journal of Adolescent Health,* vol. 21, nº 2, p. 107-115.

Hilton, A. (1986). « Analysis of Pender's health-promotion behaviour model », *Nursing Papers/Perspectives en nursing,* vol. 18, nº 1, p. 57-66.

Hinshaw, A.S. (1992). « Response to "Structuring the nursing knowledge system : A typology of four domains" », dans L.H. Nicoll (sous la dir. de), *Perspectives on Nursing Theory,* 2e éd., Philadelphie, J.B. Lippincott.

Hoe, N. et Nambiar, R. (1985). « Is pre-operative shaving really necessary ? », *Annals of the Academy of Medicine, Singapore*, vol. 14, p. 700-704.

Holden, R.J. (1991). « In defence of cartesian dualism and the hermeneutic horizon », *Journal of Advanced Nursing,* vol. 16, nº 11, p. 1375-1381.

Holt, J. et Clarke, D. (2000). « Philosophy and nursing : A useful transferable skill », *Nursing Philosophy,* vol. 1, nº 1, p. 76-79.

Holter, I. et Barcott, D. (1993). « Action research : What is it ? How has it been used and how can it be used in nursing ? », *Journal of Advanced Nursing,* vol. 18, p. 298-304.

Houle, C.O. (1981). *Continuing Learning in the Professions,* San Francisco, Jossey-Bass Publishers.

Hoyles, C. (2001), « Proportional reasoning in nursing practice », *Journal for Research in Mathematics,* vol. 32, n° 1, p. 4-27.

Iglesias, J.R. (1996). « Soins de santé : une réforme incontournable », *La Presse,* 2 avril, p. B3.

Institute of Medicine (1996). *Nursing Staff in Hospitals and Nursing Homes: Is It Adequate ?,* Washington (D.C.), National Academy Press.

International Council of Nurses (1993). *Nursing's Next Advance : An International Classification for Nursing Practice (ICNP). A Working Paper,* Genève, International Council of Nurses.

Issel, L. (1995). « Evaluating case management programs », *Maternal-Child Nursing,* vol. 20, n° 2, p. 67-70, 72-74.

Ivey, S., Brown, K.S., Teske, Y. et Silverman, D. (1988). « A model for teaching about interdisciplinary practice in health care settings », *Journal of Allied Health,* août, p. 189-195.

Jacobs, L.A., DiMattio, M.J., Bishop, T.L. et Fields, S.D. (1998). « The baccalaureate degree in nursing as an entry : Level requirement for professional nursing practice », *Journal of Professional Nursing,* vol. 14, n° 4, p. 225-233.

Janoff-Bluman, R. et Wade, M.B. (1996). « The dilemma of self-advocacy for women : Another case of blaming the victim ? », *Journal of Social and Clinical Psychology,* vol. 15, n° 2, p. 143-152.

Jean, S. (2000). « Présentation du "Système de monitorage" pour la planification de la main-d'œuvre du réseau de la santé et des services sociaux », dans Ministère de la Santé et des Services sociaux (2001), *Rapport du Forum national sur la planification de la main-d'œuvre infirmière,* Québec.

Johnson, D.E. (1974). « Development of theory : A requisite for nursing as a primary health profession », *Nursing Research,* n° 23, p. 372-377.

Johnson, D.E. (1980). « The behavioral system model for nursing », dans J.P. Riehl et C. Roy (sous la dir. de), *Conceptual Models for Nursing Practice,* 2e éd., New York, Appleton-Century-Crofts, p. 207-216.

Johnson, D.E. (1990). « The behavioral system model for nursing », dans M.E. Parker (sous la dir. de), *Nursing Theories in Practice,* New York, National League for Nursing, p. 23-32.

Johnson, J. (1991). « Nursing science : Basic, applied, or practical ? Implications for the art of nursing », *Advances in Nursing Science,* vol. 14, n° 1, p. 7-16.

Johnson, J. (1994). « A dialectical examination of nursing art », *Advances in Nursing Science,* vol. 17, n° 1, p. 1-14.

Johnson, J. (1996), « Nursing art and prescriptive truths », dans J. Kikuchi et H. Simmons (sous la dir. de), *Philosophic Inquiry in Nursing,* California, United Kingdom, India, Sage, p. 36-50.

Johnson, J.L. (1996). « The art of nursing », *Image, Journal of Nursing Scholarship,* n° 28, p. 169-175.

Johnson, J.L., Rattner, P.A., Bottorff, J.L. et Hayduk, L.U. (1993). « An exploration of Pender's health promotion model using LISREL », *Nursing Research,* vol. 42, p. 132-138.

Jonathan, L. et Stoddart, G.L. (1985). « Estimates of the potential impact of nurse praticitioners on future requirements for physicians in office-based general practice », *Revue canadienne de santé publique,* vol. 76, n° 2, p. 119-123.

Jones, C.O. (1984). *An Introduction to the Study of Public Policy,* 3e éd., Montery, Brooks/Cole.

Jones, S., Myers, S., Biordi, D. et Shepherd, J. (1998). « Advantages and disadvantages of collaborative research : A university and behavioral health care provider's experience», *Archives of Psychiatric Nursing,* vol. 12, n° 5, p. 241-246.

Jouary, J.P. (1996). *Enseigner la vérité ?,* Paris, Stock.

Kalish, P.A. et Kalish, B.J. (1995). *The Advance of American Nursing,* 3e éd., Philadelphie, J.B. Lippincott.

Kanter, R.M. (1977). *Men and Women of the Corporation,* New York, Basic Books.

Kanter, R.M. (1993). *Men and Women of the Corporation,* 2e éd., New York, Basic Books.

Kelly, L.Y. (1981). *Dimensions of Professional Nursing,* 2e éd., New York, Macmillan.

Kelly, L.Y. (1992). *The Nursing Experience: Trends, Challenges, and Transitions,* New York, McGraw-Hill.

Kelly, L.Y. et Joël, L.A. (1995). *Dimensions of Professional Nursing,* 7e éd., New York, McGraw-Hill.

Kermode, S. (1993), «The power to be different: Is professionalization the answer?», *Contemporary Nurse,* vol. 2, n° 3, p. 102-109.

Kérouac, S., Pepin, J., Ducharme, F., Duquette, A. et Major, F. (1994). «Des ouvertures pour la formation et la recherche», *La pensée infirmière,* Laval, Éditions Études Vivantes, p. 109-114.

Kérouac, S., Pepin, J., Ducharme, F., Duquette, A. et Major, F. (1994). *La pensée infirmière,* Montréal, Éditions Études Vivantes, Paris, Maloine.

Kerr, J.R. (1988). «Unionism and professionalism: Conflicting or compatible processes?», dans J. Kerr et J. MacPhail, *Canadian Nursing. Issues and Perspectives,* Toronto, McGraw-Hill, 401 p.

Kickbusch, I. (1986). «Health promotion: A global perspective», *Canadian Journal of Public Health,* vol. 77, p. 321-326.

Kickbusch, I. (1989). *Good Planets are Hard to Find,* (WHO Healthy Cities Papers n° 5), Copenhague, FADL Publishers.

Kikuchi, J.F. (1992). «Nursing questions that science cannot answer», dans J.F. Kikuchi et H. Simmons (sous la dir. de), *Philosophic Inquiry in Nursing,* Newbury Park (Calif.), Sage.

Kikuchi, J.F. (1997). «Clarifying the nature of conceptualizations about nursing», *Canadian Journal of Nursing Research,* vol. 29, n° 1, p. 111-126.

Kikuchi, J.F. (1999). «Clarifying the nature of conceptualizations about nursing», *Canadian Journal of Nursing Research,* vol. 30, n° 4, p. 115-128.

Kikuchi, J.F. et Simmons, H. (sous la dir. de) (1992). *Philosophical Inquiry in Nursing,* Newbury Park (Calif.), Sage.

Kikuchi, J.F. et Simmons, H. (1999). «Practical nursing judgment: A moderate realist conception», *Scholarly Inquiry for Nursing Practice: An International Journal,* vol. 13, n° 1, p. 43-55.

Kim, H.S. (1987). «Structuring the nursing knowledge system: A typology of four domains», *Scholarly Inquiry for Nursing Practice,* vol. 1, n° 2, p. 99-110.

Kim, H.S. (1989). «Theoretical thinking in nursing: Problems and prospects», *Recent Advances in Nursing,* n° 24, p. 106-122.

Kim, H.S. (1993). «Putting theory into practice: Problems and prospects», *Journal of Advanced Nursing,* n° 18, p. 1632-1639.

Kim, H.S. (1994). «Practice theories in nursing and a science of nursing practice», *Scholarly Inquiry for Nursing Practice: An International Journal,* vol. 8, n° 2, p. 145-166.

Kim, H.S. (1997). «Terminology in structuring and developing nursing knowledge», dans I.M. King et J. Fawcett (sous la dir. de), *The Language of Nursing Theory and Metatheory,* Indianapolis, Sigma Theta Tau International.

Kim, K.K., Horan, M.L., Gendler, P. et Patel, M.K. (1991). «Development and evaluation of the osteoporosis health belief scale », *Research in Nursing & Health,* vol. 14, p. 155-163.

King, I.M. (1980). *Toward a Theory for Nursing : General Concepts of Human Behavior,* New York, John Wiley & Sons.

King, I.M. (1981). *A Theory for Nursing : Systems, Concepts and Process,* Albany (N.Y.), Delmar.

King, I.M. (1989). « King's general systems framework and theory », dans J.P. Riehl-Sisca, *Conceptual Models for Nursing Practice,* 3e éd., Norwalk (Conn.), Appleton & Lange, p. 149-158.

King, I.M. (1990). « King's conceptual framework and theory of goal attainment », dans M.E. Parker (sous la dir. de), *Nursing Theories in Practice,* New York, National League for Nursing, p. 73-84.

King, I.M. (1992). « King's theory of goal attainment », *Nursing Science Quarterly,* no 5, p. 19-25.

King, I.M. (1997). « Knowledge development for nursing : A process », dans I.M. King et J. Fawcett (sous la dir. de), *The Language of Nursing Theory and Metatheory,* Indianapolis, Sigma Theta Tau International.

King, M.B. (1990). « Clinical nurse specialist collaboration with physicians », *Clinical Nurse Specialist,* vol. 4, no 4, p. 172-177.

King, M.L. (1992). « Case management », *The Canadian Nurse/L'infirmière canadienne,* vol. 88, no 4, avril, p. 15-17.

Kingdon, J.W. (1984). *Agendas, Alternatives and Public Policies,* Boston (Me.), Little Brown.

Knaus, W.A., Draper, E.A., Wagner, D.P. et Zimmerman, J.E. (1986). « An evaluation of outcome from intensive care in major medical centers », *Annals of Internal Medicine,* vol. 104, no 3, p. 410-418.

Koehoorn, M., Lowe, G.S. et Schellenberg, G. (2002). *Créer des milieux de travail de haute qualité dans le secteur de la santé,* Document de recherche du Réseau de la main-d'œuvre W/15, Ottawa, Les réseaux canadiens de recherche en politiques publiques.

Kotter, J.P. (2001). « What leaders really do », *Harvard Business Review,* décembre, p. 85-96.

Kovner, C. et Gergen, P.J. (1998). « Nurse staffing levels and adverse events following surgery in U.S. hospitals », *Image, Journal of Nursing Scholarship,* vol. 30, no 4, p. 315-321.

Krakauer, H., Bailey, R.C., Skellan, K.J., Stewart, A.J., Kuhn, E.M. et Rimm, A.J. (1992). « Evaluation of the HCFA model for the analysis of mortality following hospitalization », *Health Services Research,* vol. 27, no 3, p. 317-335.

Kramer, M.K. (1974). *Reality Shock : Why Nurses Leave Nursing,* Saint Louis, C.V. Mosby.

Kramer, M.K. (1997). « Terminology in nursing : Definitions and comments », dans I.M. King et J. Fawcett (sous la dir. de), *The Language of Nursing Theory and Metatheory,* Indianapolis, Sigma Theta Tau International.

Kreitzer, M.J. (1997). « Creating community in the workplace : A key to surviving organizational chaos », *Nursing Dynamics,* vol. 3, no 2, p. 15-19.

Kritzer, H.M. (1999). « The professions are dead, long live the professions : Legal practice in a postprofessional world », *Law and Society Review,* vol. 33, no 3, p. 713-759.

Kuhn, E.M., Hartz, A.J., Gottlieb, M.S. et Rimm, A.A. (1991). « The relationship of hospital characteristics and the results of peer review in six large states », *Medical Care,* vol. 29, no 10, p. 1028-1038.

Kuhn, T.S. (1970). *The Structure of Scientific Revolution,* Chicago, University of Chicago Press.

Kulbok, P.P., Earls, F. et Montgomery, A.C. (1988). « Lifestyle and patterns of health and social behavior in high-risk adolescents », *Advances in Nursing Science,* vol. 11, no 1, p. 22-35.

Labonté, R. et Penfold, S. (1981). « Analyse critique des perspectives canadiennes en promotion de la santé », *Éducation sanitaire*, p. 4-15.

Lacasse, F. (1995). *Mythes, savoirs et décisions politiques*, Paris, Presses Universitaires de France.

Laffrey, S.C. et Kulbok, P. (1999). « An integrative model for holistic community health nursing », *Journal of Holistic Nursing*, vol. 17, n° 1, p. 88-103.

Lalancette, D. (1993). « L'Ordre professionnel », dans O. Goulet (sous la dir. de), *La profession infirmière. Valeurs, enjeux, perspectives*, Boucherville, Gaëtan Morin Éditeur, 227 p.

Lalonde, M. (1974). *Nouvelle perspective de la santé des Canadiens*, Ottawa, Ministère de la Santé et du Bien-être.

Lamothe, L. (1999). « La reconfiguration des hôpitaux: un défi d'ordre professionnel », *Rupture. Revue transdisciplinaire en santé*, vol. 6, n° 2, p. 132-148.

Lanara, V.A. (1986). « Heroism in nursing. Implications for nursing research », dans S.M. Stinson et autres (sous la dir. de), *Proceedings of the International Nursing Research Conference*, New Frontiers in Nursing Research, Alberta, du 7 au 9 mai, p. 25-27.

Lang, V. (1999). *La professionnalisation des enseignants*, Paris, Presses Universitaires de France.

Langslow, A. (1987). « Legal issues: An overview of a case study », dans Monash University Centre for Human Bioethics, *Proceedings of the Conference « The Role of the Nurse: Doctors' Handmaiden, Patients' Advocate or WHAT? »*, Monash University, Clayton, Victoria (Australie), 16 novembre, p. 61-72.

Larouche, R. (1987). *La sociologie des professions*, Québec, Office des professions du Québec.

Larsen, J. (1980). « The nursing profession viewed as a political pressure group: Selected review of the literature, *Nursing Papers*, vol. 12, n° 4, p. 17-33.

Larsen, J. et Baumgart, A.J. (1988). « Overview: use of the political process », dans A.J. Baumgart et J. Larsen (sous la dir. de), *Canadian Nursing Faces the Future*, Saint Louis, C.V. Mosby, p. 3-39.

Laschinger, H.K.S. (1996). « A theoretical approach to studying work empowerment in nursing: A review of studies testing Kanter's theory of structural power in organizations », *Nursing Administration Quarterly*, vol. 20, n° 2, p. 25-41.

Laschinger, H.K.S., Finegan, J., Shamian, J. et Wilk, P. (2001). « Impact of structural and psychological empowerment on job strain in nursing work settings », *Journal of Nursing Administration*, vol. 31, n° 5, p. 260-272.

Lassen, A.A. et Fosbinder, D.M. (1997). « Nurse/physician collaborative practice: Improving health care quality while decreasing cost », *Nursing Economics*, vol. 15, n° 2, p. 87-91.

Lathrop, P. (1991). « The patient-focused hospital », *Healthcare Forum Journal*, vol. 34, p. 17-19.

Laudan, L. (1977a). *La dynamique de la science*, Bruxelles, Pierre Mardaga.

Laudan, L. (1977b). *Progress and its Problems: Towards a Theory of Scientific Growth*, Berkeley, University of California Press.

Lauver, D. (1987). « Theoretical perspectives relevant to breast self-examination », *Advances in Nursing Science*, vol. 9, n° 4, p. 16-24.

Lavoie, J., O'Neill, M. et Goulet, O. (1999). « Pour une plus grande expertise politique des infirmières », *L'Infirmière du Québec*, vol. 6, n° 5, p. 37-40.

Lazarus, R.S. et Folkman, S. (1984). *Stress, Appraisal and Coping*, New York, Springer.

Le Petit Robert (1991). Montréal, Les Dictionnaires Robert-Canada.

Lefebvre, H., Bouchard, L. et Pelchat, D. (1999). « Le suivi systématique de la personne/famille au cœur de la réforme des services de santé au Québec », *L'infirmière du Québec*, vol. 6, n° 5, p. 22-28.

Leininger, M. (1981). *Caring. An Essential Human Need,* Thorofare (N.J.), Charles Slack.

Leininger, M. (1985). *Qualitative Research Methods in Nursing,* Orlando, Grune & Stratton.

Leininger, M. (1988). « Leininger's theory of nursing : Cultural care diversity and universality », *Nursing Science Quarterly,* vol. 1, n° 4, p. 152-160.

Leininger, M.M. (1990). « Historic and epistemologic dimensions of care and caring with future directions », dans J.S. Stevenson et T. Tripp-Reimer (sous la dir. de), *Knowledge About Care and Caring : State of the Art and Future Developments,* Kansas City (Mo.), American Academy of Nursing, p. 19-31.

Leininger, M.M. (1991). *Culture Care Diversity and Universality : A Theory of Nursing,* New York, National League for Nursing.

Lemieux, V. (1995). *L'étude des politiques publiques. Les acteurs et leur pouvoir,* Québec, Les Presses de l'Université Laval.

Lemieux, V. (1998). *Les coalitions. Liens, transactions et contrôles,* Paris, Presses Universitaires de France.

Lemieux, V., Bergeron, P., Bégin, C. et Bélanger, G. (sous la dir. de) (1994). *Le système de santé au Québec,* Québec, Les Presses de l'Université Laval.

Leprohon, J. (sous la dir. de) (1995). *Appréciation et amélioration de la qualité. Rapport annuel 1994-1995,* Montréal, CLSC Montréal-Nord, Info-santé.

Leprohon, J. (2000). « Vers une culture d'amélioration continue », *L'Infirmière du Québec,* vol. 7, n° 5, p. 25-41.

Lesage-Jarjoura, P., Lessard, J. et Philips-Nootens, S. (1995). *Éléments de responsabilité civile médicale. Le droit dans le quotidien de la médecine,* Montréal, Éditions Yvon Blais.

Lesemann, F. (1981). *Du pain et des services,* Montréal, Éditions Albert Saint-Martin.

LeVasseur, J.J. (1999). « Toward an understanding of art in nursing », *Advances in Nurisng Science,* vol. 21, n° 4, p. 48-63.

Levin, L.S. (1981). *Prendre en charge sa propre santé : Une arme à double tranchant,* Forum mondial de la santé, vol. 2, n° 2, p. 208-217.

Levine, M.E. (1969). *Introduction to Clinical Nursing,* Philadelphie, F.A. Davis.

Levine, M.E. (1988). « Antecedents from adjunctive disciplines : Creation of nursing theory », *Nursing Science Quarterly,* vol. 1, n° 1, p. 16-21.

Levine, M.E. (1990). « Conservation and Integrity », dans M.E. Parker (sous la dir. de), *Nursing Theorie»s in Practice,* New York, National League for Nursing, p. 189-201.

Levine, M.E. (1991). « The conservation principles : A model for health », dans K.M. Schaefer et J.B. Pond (sous la dir. de), *Levine's Conservation Model : A Framework for Nursing Practice,* Philadelphie, F.A. Davis.

Levine, M.E. (1995). « On the humanities in nursing », *Canadian Journal of Nursing Research/Revue canadienne de recherche en sciences infirmières,* vol. 27, n° 2, p. 19-23.

Lewin-VHI Inc. (1995). *Nursing Care Report Card for Acute Care Settings,* Washington (D.C.), American Nurses Publishing.

Liaschenko, J. (1998). « A question of ethics. The inadequacy of a duty-based approach to the moral problems of health care », *Home Care Provider,* vol. 3, n° 5, p. 242-243.

Liedtka, J.M. et Whitten, E. (1998). « Enhancing care delivery through cross-disciplinary collaboration : A case study », *Journal of Healthcare Management,* vol. 43, n° 2, p. 185-203.

Lindeman, C.A. (1992). « Nursing education : The need for a new paradigm », *Nursing Outlook,* vol. 31, n° 7, p. 293-295.

Lindeman, C.A. (2000). « The future of nursing education », *Journal of Nursing Education,* vol. 39, n° 1, p. 5-12.

Lipman-Blumen, J. (1984). *Gender and Power,* Englewoods Cliffs (NJ), Prentice-Hall Foundations of Modern Sociology Series.

Loi modifiant la Loi sur les services de santé et les services sociaux, L.Q. 1974, c. 42.

Loi modifiant la Loi sur les services de santé et les services sociaux (1996). Chapitre 36.

Loi modifiant la Loi sur les services de santé et les services sociaux et modifiant diverses dispositions administratives (1997). Projet de loi n° 404.

Loi modifiant la Loi sur les services de santé et les services sociaux et modifiant diverses dispositions législatives, L.Q. 2001, c. 24.

Loi sur les services de santé et les services sociaux, L.Q. 1971, c. 48.

Loi sur les services de santé et les services sociaux, L.R.Q., 1991, c. S-4.2.

Loi sur les services de santé et les services sociaux et modifiant diverses dispositions législatives, L.Q. 1991, c. 42.

Loiselle, C. et Delvigne-Jean, Y. (1998). « L'éducation pour la santé : éléments d'une critique », *L'infirmière canadienne/The Canadian Nurse,* p. 42-46.

Lomas, J. (1991). « Words without action ? The production, dissemination and impact of consensus recommendations », *Annual Review of Public Health,* vol. 12, p. 41-65.

Lomas, J. (1997). *Pour améliorer la diffusion et l'utilisation des résultats de la recherche dans le secteur de la santé : la fin des dialogues de sourds,* Rapport préparé pour le Comité consultatif sur les services de santé relevant de la Conférence fédérale-provinciale-territoriale des sous-ministres de la Santé, Ottawa, Santé Canada.

Lomas, J. et Stoddart, G. (1985). « Estimates of the potential impact of nurse practitioners on future requirements for physicians in office-based general practice », *Canadian Journal of Public Health,* vol. 76, n° 2, p. 119-123.

Lowery, B.J., Jacobsen, B.S. et McCauley, K. (1987). « On the prevalence of causal search in illness situations », *Nursing Research,* n° 36, p. 88-93.

McBride, A.B. (1999). « Breakthroughs in nursing education : Looking back, looking forward », *Nursing Outlook,* vol. 47, n° 3, p. 114-119.

McCloskey, J.C. et Bulechek, G.M. (1992). *Nursing Interventions Classification (NIC),* Saint Louis (Mo.), Mosby Year Book.

McClure, M.L. (2000). « Nurse executive practice for the new millenium », dans N.L. Chaska (sous la dir. de), *The Nursing Profession,* Thousand Oaks (Calif.), Sage, p. 751-760.

McGillis-Hall, L. et Donner, G.J. (1997). « The changing role of hospital nurse managers », *Canadian Journal of Nursing Administration,* mai-juin, p. 14-39.

McGrath, S. (1990). « The cost-effectiveness of nurse practitioners », *Nurse Practitioners,* vol. 15, n° 7, p. 40-42.

MacGuire, J. (1990). « Putting nursing research findings into practice : Research utilization as an aspect of the management of change », *Journal of Advanced Nursing,* vol. 15, p. 614-620.

McKeown, T. (1979). *The Role of Medicine : Dream, Mirage or Nemesis ?,* 2e éd., Oxford, Basil Blackwell.

McKinlay, J.B., McKinlay, S.M. et Beaglehole, R. (1989). « A review of the evidence concerning the impact of medical measures on recent mortality and morbidity in the United States », *International Journal of Health Services,* vol. 19, n° 2, p. 181-208.

McQueen, D. et Anderson, L. (2000). « Qu'est-ce qu'une donnée probante ? Questions et débats au sujet des données probantes pertinentes à l'évaluation des programmes en promotion de la santé », *Ruptures. Revue transdisciplinaire en santé,* vol. 7, n° 1, p. 79-98.

Madore, O. (1996). *La Loi canadienne sur la santé : aperçu et options* [une publication du service de recherche de la bibliothèque du parlement],

Ottawa, ministère des Approvisionnements et Services, octobre.

Maïoni, A. (1999). « Les normes centrales et les politiques de santé », dans C. Bégin et autres, *Le système de santé québécois. Un système en transformation*, Montréal, Les Presses de l'Université de Montréal, p. 53-76.

Mallison, M.B. (1993). « "Begat" of a nurse. Editorial », *American Journal of Nursing*, p. 93.

Mandelbaum, J. (1991). « Why there cannot be an international theory of nursing ? », *International Nursing Review*, vol. 38, nº 48, p. 53-55.

Manga, P. et Campbell, T. (1994). *Health Human Resources Substitution : A Major Area of Reform Towards a More Cost-Effective Health Care System*, Projets de recherche économique des universités d'Ottawa et Queen's, document nº 94-01, Ottawa, Université d'Ottawa.

Maritain, J. (1966). *L'intuition créatrice dans l'art et la poésie*, Paris, Desclée de Brouwer.

Marschke, P. et Nolan, M. (1993). « Research related to case management », *Nursing Administration Quarterly*, vol. 17, nº 3, p. 16-21.

Martin, C. (1988). « La vraie nature de la promotion de la santé », *Santé et Société*, vol. 10, nº 1, p. 42-47.

Martin, C. et McQueen, D. (sous la dir. de) (1989). *Readings for a New Public Health*, Édimbourg, University of Edinburgh Press.

Martin, D.P., Diehr, P., Conrad, D.A., Davis, J.H., Leickly, R. et Perrin, E.B. (1998). « Randomized trial of a patient-centered hospital unit », *Patient Education and Counseling*, vol. 34, p. 125-133.

Martin, K.S. et Scheet, N.J. (1992). *The Omaha System : Application for Community Health Nursing*, Philadelphie, Saunders.

Mason D.J. et Leavitt, J.K. (1998). *Policy and Politics in Nursing and Health Care*, 3e éd., Philadelphie, Saunders.

Mason D.J. et Talbot, S.W. (sous la dir. de) (1985). *Political Action : Handbook for Nurses*, Menlo Park (Calif.), Addison-Wesley.

Massé, R. (1995). *Culture et santé publique*, Boucherville, Gaëtan Morin Éditeur.

Mattéi, J.-F. (1997). « La liberté et la responsabilité », dans D. Folscheid, B. Feuillet-Le Mintier et J.-F. Mattéi (sous la dir. de), *Philosophie éthique et droit de la médecine*, Paris, Presses Universitaires de France, p. 85-92.

May, C. (1990). « Research on nurse-patient relationships : Problems of theory, problems of practice », *Journal of Advanced Nursing*, nº 15, p. 307-315.

May, C. (1995). « Patient autonomy and the politics of professional relationships », *Journal of Advanced Nursing*, nº 21, p. 83-87.

Mayer, R.C., Davis, J.H. et Schoorman, F.D. (1995). « An integrative model of organizational trust », *Academy of Management Review*, vol. 20, nº 3, p. 709-734.

Meakins, J.L. et Doray, C. (1996). « Cogestion medico-nursing : la solution au défi d'efficacité et d'efficience », *Scalpel*, vol. 10, nº 1, p. 4-8.

Melberg, S.E. (1997). « Effects of changing skill mix », *Nursing Management*, vol. 28, nº 11, p. 47-48.

Meleis, A.I. (1983). « The evolving nursing scholarliness », dans P.L. Chinn (sous la dir. de), *Advances in Nursing Theory Development*, Rockville (Md.), Aspen, p. 19-34.

Meleis, A.I. (1985). *Theoretical Nursing : Development and Progress*, Philadelphie, J.B. Lippincott.

Meleis, A.I. (1986). « Theory development and domain concepts », dans P. Moccia (sous la dir. de), *New Approaches to Theory Development*, New York, National League for Nursing, p. 3-21.

Meleis, A.I. (1990). « Being and becoming healthy : The core of nursing knowledge », *Nursing Science Quarterly*, vol. 3, nº 2, p. 107-114.

Meleis, A.I. (1991). *Theoretical Nursing: Development and Progress*, 2e éd., Philadelphie, J.B. Lippincott.

Meleis, A.I. et Transgenstein, P.A. (1994). « Facilitating transitions : Redefinition of the nursing mission », *Nursing Outlook*, nº 42, p. 255-259.

Meleis, A.I. (1997a). « Theoretical Nursing : Definitions and Interpretations », dans I.M. King et J. Fawcett (sous la dir. de), *The Language of Nursing Theory and Metatheory*, Indianapolis, Sigma Theta Tau International.

Meleis, A.I. (1997b). *Theoretical Nursing: Development and Progress*, 3e éd., Philadelphie, J.B. Lippincott.

Ménard, J.-P. et Martin, D. (1994). « Le cadre juridique du traitement psychiatrique », Étude préparée pour le Département d'administration de la santé de la Faculté de médecine de l'Université de Montréal, juin.

Menke, E.M. (1990). « Rhetoric and reality in the development of nursing knowledge », dans N.L. Chaska (sous la dir. de), *The Nursing Profession Turning Points*, Saint Louis, Mosby, chap. 27.

Meny, Y. et Thoenig, J.-C. (1989). *Politiques publiques*, Paris, Presses Universitaires de France.

Mercier, C. et Valois, M. (1994). *Pistes de réflexion sur la contribution des infirmières à l'efficacité des épisodes de soins des clientèles en centre hospitalier de soins généraux et spécialisés*, Montréal, Ordre des infirmières et infirmiers du Québec.

Milio, N. (1986). *Promoting Health Through Public Policy*, 2e éd., Ottawa, Canadian Public Health Association.

Millar, C. (1996). « À la rencontre des besoins des clients », *L'infirmière du Québec*, vol. 3, nº 4, p. 18-24.

Miller, F., Dworkin, J., Ward, M. et Barone, D. (1990). « A preliminary study of unresolved grief in families of seriously mentally ill patients », *Hospital and Community Psychiatry*, nº 41, p. 1321-1325.

Miller, I.W., Epstein, N.B., Bishop, D.S. et Keitner, G.I. (1985). « The McMaster Family assessment device : Reliability and validity », *Journal of Marital and Family Therapy*, nº 11, p. 345-356.

Miller, J.B. (1984). *Toward a New Psychology of Women*, Boston, Beacon Press.

Ministère de l'Éducation (MEQ) (1996). *Le ministère de l'Éducation annonce un important contingentement de l'admission aux programmes de soins infirmiers et de sciences infirmières*, Québec.

Ministère de la Santé et des Services sociaux (MSSS) (1987), *La main-d'œuvre en soins infirmiers*, Québec, 120 pages.

Ministère de la Santé et des Services sociaux (MSSS) (1988). *Rapport du groupe de travail sur l'analyse de l'action des départements de santé communautaire*, Direction de l'évaluation, MSSS.

Ministère de la Santé et des Services sociaux (MSSS) (1990a). *Livre blanc*, Québec, MSSS, p. 77.

Ministère de la Santé et des Services sociaux (MSSS) (1990b). *Une réforme axée sur le citoyen*, Québec, MSSS.

Ministère de la Santé et des Services sociaux (MSSS) (1991). *Pour un financement à la mesure de nos moyens*, Québec, MSSS.

Ministère de la Santé et des Services sociaux (MSSS) (1992). *Une réforme axée sur le citoyen : plan d'implantation*, Québec, MSSS.

Ministère de la Santé et des Services sociaux (MSSS) (1996). *La santé et les services sociaux : enjeux et orientations stratégiques d'un système en transformation*, Document produit pour le Sommet sur l'économie et l'emploi, Québec, MSSS.

Ministère de la Santé et des Services sociaux (MSSS) (1997a). *Le système sociosanitaire québécois : bilan et perspectives*, dossier pour consultation,

Québec, MSSS, Groupe de travail pour les consultations de l'automne.

Ministère de la Santé et des Services sociaux (MSSS) (1997b). *Recueil des fiches statistiques rédigées dans le cadre du dossier « Bilan et perspectives pour le système sociosanitaire québécois »*, Document de travail, Québec, MSSS, Service de l'analyse statistique.

Ministère de la Santé et des Services sociaux (MSSS) (1998). *Notre force, des personnes compétentes et dévouées 1998-1999 à 2000-2001,* Québec.

Ministère de la Santé et des Services sociaux (MSSS) (2001a). *Le système de santé et de services sociaux au Québec : en bref,* Québec, MSSS.

Ministère de la Santé et des Services sociaux (MSSS) (2001b). *Le système de santé et de services sociaux du Québec : une image chiffrée,* Québec, direction des Communications du ministère de la Santé et des Services sociaux, août, 183 p.

Ministère de la Santé et des Services sociaux (MSSS) (2001c). *Plan stratégique 2001-2004 du ministère de la Santé et des Services sociaux,* Québec, direction des Communications du ministère de la Santé et des Services sociaux.

Ministère de la Santé et des Services sociaux du Québec (MSSS) (2001d). *Planification de la main-d'œuvre – infirmiers et infirmières auxiliaires,* Québec.

Ministère de la Santé et des Services sociaux (MSSS) (2001e). *Rapport du forum national sur la planification de la main-d'œuvre infirmière,* Québec, 157 p.

Ministère de la Santé et des Services sociaux (MSSS) (2001f). *Répartition des établissements du réseau, selon la région et la mission, au 31 mars 2001,* [http://www.msss.gouv.qc.ca/f/statistiques/statindicat/ressinst.htm].

Mintrom, M. (1997). « Policy entrepreneurs and the diffusion of innovation », *American Journal of Political Science,* vol. 41, p. 738 et suivantes.

Mishel, M.H. (1981). « The measurement of uncertainty in illness », *Nursing Research,* vol. 30, n° 5, p. 258-263.

Mishel, M.H. (1997). « Uncertainty in acute illness », *Annual Review of Nursing Research,* n° 15, p. 57-80.

Mitchell, A., Janzen, K., Pask, E. et Southwell, D. (1995). « Assessment of nursing research utilization needs in Ontario health agencies », *Canadian Journal of Nursing Administration,* vol. 8, p. 77-91.

Mitchell, G. (1997). « Questioning evidence-based practice for nursing », *Nursing Science Quarterly,* vol. 10, n° 4, p. 154-155.

Mitchell, G.J. (1994). « Discipline-specific inquiry : The hermeneutics of theory-guided nursing research », *Nursing Outlook,* n° 42, p. 224-228.

Mitchell, G.J. (1996). « A qualitative study of older women's perceptions of control, health and ageing », *Health Education Journal,* n° 55, p. 267-274.

Mitchell, G.J. et Cody, W.K. (1992). « Nursing knowledge and human science : Ontological and epistemological considerations », *Nursing Science Quarterly,* vol. 5, n° 2, p. 54-61.

Moccia, P. (1988). « A critique of compromise : Beyond the methods debate », *Advances in Nursing Science,* vol. 10, n° 4, p. 1-9.

Moch, S.D. (1990). « Personal knowing : Evolving research and practice », *Scholarly Inquiry for Nursing Practice,* vol. 4, n° 2, p. 155-165.

Mohrman, S.A., Mohrman, A.M. Jr. et Cohen, S.G. (1995). « Organizing knowledge work systems », dans M.M. Beyerlein, D.A. Johnson et S.T. Beyerlein (sous la dir. de), *Advances in Interdisciplinary Studies of Work Teams, vol. 2. Knowledge Work in Teams,* Greenwich (Conn.), Jai Press, p. 61-69.

Moloney, M.F. (1995). « Older women's stories of being strong », *Image, Journal of Nursing Scholarship,* vol. 27, n° 2, p. 104-109.

Monnier, E. (1987). *Évaluations de l'action des pouvoirs publics,* Paris, Economica.

Moore, P.V. et Williamson, G.C. (1984). « Health promotion : Evolution of a concept », *Nursing Clinics of North America,* vol. 2, p. 195-206.

Morin, L. et Brunet, L. (1992). *Philosophie de l'éducation. 1: Les sciences de l'éducation,* Sainte-Foy, Les Presses de l'Université Laval ; Bruxelles, De Boeck-Wesmael.

Morin, L. et Brunet, L. (1996). *Philosophie de l'éducation, 2. La formation fondamentale,* Sainte-Foy, Bruxelles, Les Presses de l'Université Laval, De Boeck-Wesmael.

Muller, P. (1990). *Les politiques publiques,* coll. « Que sais-je ? », Paris, Presses Universitaires de France.

Mundinger, M.O. (1994). « Advanced practice nurse – good medicine for physicians ? », *Nursing Forum,* vol. 330, p. 211-213.

Mundinger, M.O., Kane, R.L., Lenz, E.R., Totten, A.M., Tsai, W.Y., Cleary, P.D., Friedewald, W.T., Siu, A.L. et Shelanski, M.L. (2000). « Primary care outcomes in patients treated by nurse practitioners or physicians. A randomized trial », *JAMA,* vol. 283, nº 1, p. 59-68.

Munhall, P.L. (1997). « Déjà vu, parrotin, buy-ins, and opening », dans I.M. King et J. Fawcett (sous la dir. de), *The Language of Nursing Theory and Metatheory,* Indianapolis, Sigma Theta Tau International.

Nadeau, P. et Boyle, P. (1995). « Les mythes et les réalités du virage ambulatoire », *La Presse,* 21 juin, p. B2.

Naisbitt, J. (1984). *Megatrends : Ten New Directions for Transforming Our Lives,* New York, Warner Brooks.

National League for Nursing (NLN) (1999). *The Future of Nursing Education : Ten Trends,* New York, NLN.

National League for Nursing (NLN) (2002). *A Vision for Nursing,* New York, NLN.

Naylor, M.D., Munro, B.H. et Brooten, D.A. (1991). « Measuring the effectiveness of nursing practice », *Clinical Nurse Specialist,* vol. 5, nº 4, p. 210-215.

Neale, J. (1999). « Nurse practitioners and physicians : A collaborative practice », *Clinical Nurse Specialist,* vol. 13, nº 5, p. 252-258.

Neuman, B. (1989). *The Neuman Systems Model,* 2e éd., Norwalk (Conn.), Appleton & Lange.

Neuman, B. (1995). *The Neuman Systems Model,* 3e éd., Norwalk (Conn.), Appleton & Lange.

Newman, M.A. (1986). *Health as Expanding Consciousness,* Saint Louis, C.V. Mosby.

Newman, M.A. (1990). « Newman's theory of health as praxis », *Nursing Science Quarterly,* nº 3, p. 37-41.

Newman, M.A. (1991). « Health conceptualizations », dans J.J. Fitzpatrick, R.L. Taunton et A.K. Jacox (sous la dir. de), *Annual Review of Nursing Research,* New York, Springer.

Newman, M.A. (1994). *Health as Expanding Consciousness,* New York, National League for Nursing Press.

Newman, M.A. (1997). « Evolution of the theory of health as expanding consciousness », *Nursing Science Quarterly,* vol. 10, nº 1, p. 22-25.

Nightingale, F. (1859). *Notes on Nursing : What It Is and What It Is Not,* Philadelphie, J.B. Lippincott.

Nightingale, F. (1992). *Notes on Nursing : What It Is, and What It Is Not,* Commemorative Edition, Philadelphie, J.B. Lippincott.

Novak, J.C. (1988). « The social mandate and historical basis for nursing's role in health promotion », *Journal of Professional Nursing,* vol. 4, nº 2, p. 80-87.

Nutbeam, D. (1988). « Glossaire de la promotion de la santé », *Santé et Société : collection de la promotion de la santé,* nº 1, p. 21-32.

O'Brien-Pallas, L., Thomson, D., Alksnis, C. et Bruce, S. (2001). « The economic impact of nurse staffing decisions : Time to turn down another road ? », *Hospital Quarterly,* printemps, p. 42-50.

O'Connor, F.W. (1991). « Symptom monitoring for relapse prevention in schizophrenia », *Archives of Psychiatric Nursing,* n° 5, p. 193-201.

O'May, F. et Buchan, J. (1999). « Shared governance : A literature review », *International Journal of Nursing Studies,* vol. 36, p. 281-300.

O'Neill, M. (1977). *Vers une problématique de l'éducation sanitaire au Québec,* Thèse de doctorat, Université Laval, Québec.

O'Neill, M. (1987). « Les contraintes imposées par les facteurs politiques aux interventions gouvernementales en promotion de la santé », *Hygie,* vol. 6, n° 4, p. 32-37.

O'Neill, M. (1989). « The political dimension of health promotion work », dans C. Martin et O. McQueen (sous la dir. de), *Readings for a New Public Health,* Édimbourg, Edinburgh University Press, chap. 20, p. 222-234.

O'Neill, M. (1997). « Promotion de la santé : enjeux pour l'an 2000 », *Canadian Journal of Nursing Research,* vol. 29, n° 1, p. 63-70.

O'Neill, M. (1998). « Defining health promotion clearly for teaching it precisely : A proposal », *Promotion and Education,* vol. 5, n° 2, p. 14-16.

O'Neill, M., Cardinal, L., Fortin, J.P. et Groleau, G. (1990). « Villes et villages en santé », *Recherches sociographiques,* vol. XXX1, n° 3, p. 405-418.

O'Neil, M., Gosselin, P. et Boyer, M. (1997). *La santé politique,* Les monographies du centre québécois, collaborateur de l'Organisation mondiale de la santé pour le développement des villes et villages en santé, Monographie n° 3, Québec.

O'Neill, M., Gosselin, P., Messely, M.C. et Dontigny, P. (1990). *L'insertion de la promotion de la santé dans la législation et la structure gouvernementale québécoises,* Équipe de recherche sur les aspects socio-politiques et environnementaux de la promotion de la santé.

Oermann, M., Truesdell, S. et Ziolkowski, L. (2000). « Strategy to assess, develop, and evaluate critical thinking », *Journal of Continuing Nursing Education,* vol. 31, n° 4, p. 190-191.

Office des professions du Québec (OPQ) (1997). *Le système professionnel québécois de l'an 2000,* Québec, OPQ.

Oiler Boyd, C. (1993). « Toward a nursing practice research method », *Advances in Nursing Science,* vol. 16, n° 2, p. 9-25.

Oldnall, A.S. (1995). « Nursing as an emerging academic discipline », *Journal of Advanced Nursing,* vol. 21, n° 3, p. 605-612.

Ordre des infirmières et infirmiers du Québec (OIIQ) (1986). *Code de déontologie des infirmières et infirmiers du Québec* (L.R.Q., c. C-26, a. 87).

Ordre des infirmières et infirmiers du Québec (OIIQ) (1989). *Hypertension. L'urgence des choix,* Montréal, OIIQ, 149 p.

Ordre des infirmières et infirmiers du Québe (OIIQ) (1992). *Chapitre 42, Loi sur les services de santé et les services sociaux et modifiant diverses dispositions législatives : une réalité à saisir,* Montréal, OIIQ.

Ordre des infirmières et infirmiers du Québec (OIIQ) (1993). *Le conseil des infirmières et infirmiers : une instance stratégique,* Montréal, OIIQ.

Ordre des infirmières et infirmiers du Québec (OIIQ) (1996a). *Avis sur les modifications à la Loi sur les services de santé et les services sociaux,* Montréal, OIIQ.

Ordre des infirmières et infirmiers du Québec (OIIQ) (1996b). *Perspectives de l'exercice de la profession d'infirmière,* Montréal, OIIQ.

Ordre des infirmières et infirmiers du Québec (OIIQ) (1996c). *Pour soigner notre avenir : les infirmières à la croisée des chemins. Actes des états généraux de la profession d'infirmière,* Montréal, OIIQ.

Ordre des infirmières et infirmiers du Québec (OIIQ) (1997). *De l'hôpital à la communauté. Les retombées systémiques des nouvelles organisations de soins infirmiers,* Résumés des conférences. Conférence nord-américaine. Centre des congrès de Laval, avril 1997.

Ordre des infirmières et infirmiers du Québec (OIIQ) (1998a). *Bilan et perspectives de l'OIIQ sur la réforme du système de santé,* Montréal, OIIQ.

Ordre des infirmières et infirmiers du Québec (OIIQ) (1998b). *Projet de loi n° 404, Loi modifiant la Loi sur les services de santé et les services sociaux et modifiant diverses dispositions législatives : mémoire,* Montréal, OIIQ.

Ordre des infirmières et infirmiers du Québec (OIIQ) (1998c). *Stratégie organisationnelle,* Montréal, OIIQ.

Ordre des infirmières et infirmiers du Québec (OIIQ) (1999a). *Enquête statistique sur la population infirmière du Québec,* Montréal, OIIQ.

Ordre des infirmières et infirmiers du Québec (OIIQ) (1999b). *Évolution des effectifs de la profession infirmière à court et moyen termes au Québec : étude exploratoire,* Montréal, OIIQ.

Ordre des infirmières et infirmiers du Québec (OIIQ) (2000a). *Évolution des effectifs de la profession infirmière au Québec, Statistiques au 31 mars 2000,* Montréal, OIIQ.

Ordre des infirmières et infirmiers du Québec (OIIQ) (2000b). « Les infirmières devront préciser leur place dans le système de santé », *Le Journal,* vol. 7, n° 3.

Ordre des infirmières et infirmiers du Québec (OIIQ) (2000c). *Le Journal,* vol. 7, n° 4.

Ordre des infirmières et infirmiers du Québec (OIIQ) (2001a). *Étude sur la qualité des soins infirmiers dans les établissements de santé du Québec. Recommandations du Bureau de l'Ordre des infirmières et infirmiers du Québec,* Montréal, 150 p.

Ordre des infirmières et infirmiers du Québec (OIIQ) (2001b). *Évolution des effectifs de la profession infirmière au Québec,* Montréal, OIIQ.

Ordre des infirmières et infirmiers du Québec (OIIQ) (2001c). « La pratique infirmière avancée doit continuer d'émerger au Québec », *Le Journal,* vol. 9, n° 3.

Ordre des infirmières et infirmiers du Québec (OIIQ) (2001d). *La vision contemporaine de l'exercice infirmier au Québec,* Mémoire présenté au groupe de travail ministériel sur les professions de la santé et des relations humaines dans le cadre de la mise à jour du système professionnel, Montréal, 152 p.

Ordre des infirmières et infirmiers du Québec (OIIQ) (2001e). *Le guide d'autoapprentissage sur l'utilisation des Perspectives de l'exercice de la profession infirmière dans le cadre d'une démarche d'amélioration continue,* Montréal, OIIQ.

Ordre des infirmières et infirmiers du Québec (OIIQ) (2001f). *Projet de loi n° 28, Loi modifiant la Loi sur les services de santé et les services sociaux et modifiant diverses dispositions législatives : mémoire,* Montréal, OIIQ.

Ordre des infirmières et infirmiers du Québec (OIIQ) (2002). *Étude sur la qualité des soins infirmiers,* Montréal, OIIQ.

Ordre des infirmières et infirmiers du Québec (OIIQ) – Fédération des infirmières et infirmiers du Québec (FIIQ) (1997). *Conférence de presse conjointe. Texte de la conférence,* Montréal et Québec, 2 décembre.

Orem, D.E. (1971). *Nursing Concepts of Practice,* New York, McGraw-Hill.

Orem, D.E. (1985). *Nursing Concepts and Practice,* 3e éd., New York, McGraw-Hill.

Orem, D.E. (1991). *Nursing: Concepts of Practice,* 4e éd., Saint Louis, Mosby.

Organisation de coopération et de développement économiques (OCDE)

(1994). *La réforme des systèmes de santé. Étude de dix-sept pays de l'OCDE, Études de politiques de santé,* nº 5, Paris, p. 11.

Organisation mondiale de la santé (OMS) (1991a). *Preparing Nurse Teachers and Managers, Health for All Nursing Series,* nº 6, Copenhague, OMS.

Organisation mondiale de la santé (OMS) (1991b). « Reviewing and reorienting the basic nursing curriculum », *Health for All Nursing Series,* nº 4, Copenhague, OMS.

Orlando, I.J. (1961). *The Dynamic Nurse-Patient Relationship: Function, Process and Principles,* New York, Putnam.

Packard, S.A. et Polifroni, E.C. (1991). « The dilemma of nursing science: Current quandaries and lack of direction », *Nursing Science Quarterly,* vol. 4, nº 1, p. 7-13.

Paré, I. (1996). « Coûteux, les vieux? Faux! », *Le Devoir,* 14 décembre, p. A1.

Parker, M. et Gadbois, S., (2000a). « The fragmentation of community: Part 1. The loss of belonging and commitment at work », *Journal of Nursing Administration,* vol. 30, nºs 7-8, p. 386-390.

Parker, M. et Gadbois, S. (2000b). « Building community in the health-care workplace. Part 2. Envisioning the reality », *Journal of Nursing Administration,* vol. 30, nº 9, p. 426-431.

Parker, M. et Gadbois, S. (2000c). « Building community in the health-care workplace. Part 3. Belonging and satisfaction at work », *Journal of Nursing Administration,* vol. 30, nº 10, p. 466-473.

Parkin, P.A.C. (1995). « Nursing the future: A reexamination of the professionalization thesis in the light of some recent developments », *Journal of Advanced Nursing,* nº 21, p. 561-567.

Parse, R. (1998). *The Human Becoming School of Thought: A Perspective for Nurses and Their Health Professionals,* Californie, Sage.

Parse, R.R. (1981). *Man-Living-Health: A Theory of Nursing,* New York, Wiley.

Parse, R.R. (1992). « Human becoming: Parse's theory of nursing », *Nursing Science Quarterly,* nº 5, p. 35-42.

Parse, R.R. (1999). « Nursing science: The transformation of practice », *Journal of Advanced Nursing,* vol. 30, nº 6, p. 1383-1387.

Patronis-Jones, R.A. (1994). « Nurse-physician collaboration: A descriptive study », *Holistic Nurse Practitioner,* vol. 8, nº 3, p. 38-53.

Paty, M. (1990). *L'analyse critique des sciences ou le tétraèdre épistémologique,* Paris, L'Harmattan.

Peck, M.S. (1987). *The Different Drum: Community Making and Peace,* New York, Simon and Schuster.

Pederson, A.P., O'Neill, M. et Rootman, I. (sous la dir. de) (1994). *Health Promotion in Canada: Provincial, National and International Perspectives,* Toronto, Saunders.

Pender, N.J. (1982). *Health Promotion in Nursing Practice,* East Norwalk (Conn.), Appleton-Century-Crofts.

Pender, N.J. (1990). « Expressing health through lifestyle patterns », *Nursing Science Quarterly,* vol. 3, nº 2, p. 115-122.

Peplau, H.E. (1952). *Interpersonal Relations in Nursing: A Conceptual Frame of Reference for Psychodynamic Nursing,* New York, G.P. Putnam's Sons.

Peplau, H.E. (1962). « Interpersonal techniques: The crux of psychiatric nursing », *The American Journal of Nursing,* vol. 62, nº 6, p. 50-54.

Peplau, H.E. (1992). « Interpersonal relations: A theoretical framework for application in nursing practice », *Nursing Science Quarterly,* nº 5, p. 13-18.

Perreault, M., Leichner, P., Sabourin, S. et Gendreau, P. (1993). « Patient satisfaction with outpatient psychiatric services: Qualitative and quantitative assessments », *Evaluation and Program Planning,* nº 16, p. 109-118.

Perreault, M. et Saillant, F. (1996). « Sciences infirmières et sciences sociales: dialogue et fécondation mutuelle », *Sciences sociales et santé,* vol. 14, n° 3, p. 7-16.

Perry, C.M. (1906). « Nursing ethics and etiquette », *The American Journal of Nursing,* vol. 6, n° 7.

Perry, J.-B. (1997). *Soutien à la transformation du réseau. Évaluation des besoins en lits pour les soins de courte durée physique. Phase II,* Québec, Direction générale de la planification et de l'évaluation du ministère de la Santé et des Services sociaux, p. 12.

Peters, T. et Austin N. (1985). *A Passion for Excellence : The Leadership Difference,* New York, Random House.

Petitat, A. (1989). *Les infirmières: de la vocation à la profession,* Montréal, Boréal, p. 28.

Pew Health Professions Commission (1991). *Healthy America : Practitioners for 2005,* Durham (N.C.), Pew Health Professions Commission.

Pew Health Professions Commission (1995). *Critical Challenge : Revitalizing the Health Professions for the Twenty-First Century,* résumé du rapport.

Philips, N., Lawrence, T.B. et Hardy, C. (2000). « Inter-organizational collaboration and the dynamics of institutional fields », *Journal of Management Studies,* vol. 37, n° 1, p. 23-43.

Phillips, J. (1992). « Search in research », *Nursing Science Quarterly,* vol. 5, p. 50-51.

Phillips, J.R. (1977). « Nursing systems and nursing models », *Image, Journal of Nursing Scholarship,* vol. 9, n° 1, p. 4-7.

Phillips, J.R. (1997). « Beyond a decade of research : Moving to the white hole of unitary science », *Nursing Science Quarterly,* vol. 10, n° 1, p. 6-7.

Pillar, B. et Jarjoura, D. (1999). « Assessing the impact of reengineering on nursing », *Journal of Nursing Administration,* vol. 29, n° 5, p. 57-64.

Plante, L. (1997). « Les infirmières coûtent trois fois moins cher », *Le Nouvelliste,* 17 octobre, p. 4.

Poisson, M. (2000). « Urgent rôle propre cherche pensée même impure », *Soins,* n° 645, p. 56-61.

Polanyi, M. (1964). *Personal Knowledge : Towards a Post-Critical Philosophy,* New York, Harper Torchbooks.

Polivka, B.J. (1995). « A conceptual model for community interagency collaboration », *Image, Journal of Nursing Scholarship,* vol. 27, n° 2, p. 110-115.

Pollock, S.E. (1993). « Adaptation to chronic illness : A program of research for testing nursing theory », *Nursing Science Quarterly,* vol. 6, n° 2, p. 86-92.

Popper, K.R. (1984). *La logique de la découverte scientifique,* Paris, Payot.

Porter, S. (1992). « The poverty of professionalization : A critical analysis of strategies for the occupational advancement of nursing », *Journal of Advanced Nursing,* n° 17, p. 720-726.

Porter-O'Grady, T. (1994). « Whole systems shared governance : Creating the seamless organization », *Nursing Economics,* vol. 12, n° 4, p. 187-195.

Porter O'Grady, T (1999). « Quantum leadership : New roles for a new age », *Journal of Nursing Administration,* vol. 29, n° 10, p. 37-42.

Porter-O'Grady, T. (2001). « Collective bargaining : The union as partner », *Nursing Management,* vol. 32, n° 6, p. 30-32.

Porter-O'Grady, T. et Wilson, C.K. (1995). *The Leadership Revolution in Health Care : Altering Systems, Changing Behaviors,* Maryland, Aspen Publishers Inc.

Prescott, P.A. (1993). « Nursing : An important component of hospital survival under a reformed health care system », *Nursing Economics,* vol. 11, n° 4, p. 192-199.

Prescott, P.A., Phillips, C.Y., Ryan, J.W. et Thompson, K.O. (1991). « Changing how nurses spend their time », *Image, Journal of Nursing Scholarship,* vol. 23, n° 1, p. 23-27.

Pressler, J.L.F. et Fitzpatrick, J.J. (1988). « Contributions of Rosemary Ellis to knowledge development for nursing », *Image, Journal of Nursing Scholarship,* vol. 20, nº 1, p. 28-30.

Préville, M., Boyer, R., Potvin, L., Perreault, C. et Légaré, G. (1992). *La détresse psychologique : détermination de la fiabilité et de la validité de la mesure utilisée dans l'enquête Santé Québec,* Direction des communications, Québec, Ministère de la Santé et des Services sociaux.

Provencher, H.L., Fournier, J.P. et Dupuis, N. (1997). « Schizophrenia revisited », *Journal of Psychiatric and Mental Health Nursing,* nº 4, p. 278-285.

Québec (2001). *Loi modifiant la Loi sur les services de santé et les services sociaux et modifiant diverses dispositions législatives,* Québec, Éditeur officiel du Québec, L.R.Q., c. 24.

Rader, T. et Gagnon, A.J. (2000). « Expediting the transfer of evidence into practice : Building clinical partnerships », *Bulletin of the Medical Library Association,* vol. 88, nº 3, p. 247-250.

Rafael, A.R.F. (1999). « The politics of health promotion : Influences on public health promotion nursing practice in Ontario, Canada from Nightingale to nineties », *Advances in Nursing Science,* vol. 22, nº 1, p. 23-39.

Ramos, M.C. (1987). « Adopting an evolutionary lens : An optimistic approach to discovering strength in nursing », *Advances in Nursing Sciences,* vol. 10, nº 1, p. 19-26.

Record, J., McCally, M., Schweitzer, S., Blomquist, R. et Berger, B. (1980). « New health professions after a decade and a half: Delegation, productivity and costs in primary care », *Journal of Health Politics, Policy and Law,* vol. 5, nº 3, p. 470-497.

Régie régionale de la santé et des services sociaux de Québec (1995). *Plan triennal de transformation du système régional des services de santé et des services sociaux,* 20 juin, p. 6.

Règlement d'application de la Loi sur les services de santé et les services sociaux, R.R.Q., 1981, c. S-5, r. 1.

Règlement en vertu de la Loi sur les services de santé et les services sociaux, A.C. 3322-72, (1972) 104 G.O. II, 10566.

Règlement modifiant le Règlement en vertu de la Loi sur les services de santé et les services sociaux, A.C. 3276-73, (1973) 105 G.O. II, 5451.

Règlement modifiant le Règlement sur l'organisation et l'administration des établissements, Décret 9-87, (1987) 119 G.O. II, 814.

Reilly, D.E. (1975). « Why a conceptual framework ? », *Nursing Outlook,* nº 23, p. 566-569.

Renaud, M. (1977). « Réforme ou illusion : une analyse de l'intervention de l'État québécois dans le domaine de la santé », *Sociologie et société,* vol. 9, nº 1, p. 127-152.

Renaud, M. (1981). « Les réformes québécoises de la santé ou les aventures d'un État "narcissique" », dans L. Bozzini et autres (sous la dir. de), *Médecine et société, les années 80,* Montréal, Éditions Albert Saint-Martin.

Renaud, M. et Bouchard, L. (1996). « L'environnement social, facteur clé de la santé (1). L'industrie des soins en profonde mutation », *Relations,* mars, p. 44.

Richard, L., Potvin, L., Kiskchuk, N. Prlic, H. et Green, L.W. (1996). « Assessment of the integration of the ecological approach in health promotion programs », *American Journal of Health Promotion,* vol. 10, nº 4, p. 318-328.

Rifkin, J. (1996). *La fin du travail,* Montréal, Boréal ; Paris, La Découverte.

Ring, P.S. et Van de Ven, A. (1994). « Developmental processes of cooperative interorganizational relationships », *Academy of Management Review,* vol. 19, nº 1, p. 90-118.

Ritter, H.A. (1983). « Collaborative practice : What's in it for medicine ? », *Nursing Administration Quarterly,* vol. 7, p. 31-36.

Roberts, J.E. (1990). « Uncovering hidden caring », *Nursing Outlook,* vol. 38, n° 2, p. 67-69.

Roberts, S.J. (1983). « Oppressed group behavior : Implications for nursing », *Advances in Nursing Science,* juillet-août, p. 21-30.

Roberts, S.J. (2000). « Development of a positive professional identity : Liberating oneself from the oppressor within », *Advances in Nursing Science,* vol. 22, n° 4, p. 71-82.

Rocher, G. (1997). « La reconfiguration au Québec : le point de vue du sociologue », *La reconfiguration sur le terrain : tournant ou tornade ?,* Québec, Université Laval, 10 octobre.

Rochon, J. (1995). *Plan d'action sur l'accessibilité des services en chirurgie,* Québec, Ministère de la Santé et des Services sociaux, mars, p. 2.

Rodgers, G.L. (1993). « L'infirmière et l'action politique », dans O. Goulet (sous la dir. de), *La profession infirmière : valeurs, enjeux et perspectives,* Boucherville, Gaëtan Morin Éditeur, p. 131-148.

Rodgers, G.L. (1999). « Intraorganizational politics », dans J.M. Hibberd et D.L. Smith (sous la dir. de), *Nursing Management in Canada,* Toronto, Saunders, p. 279-296.

Rodgers, M. (1997). *Canadian Nursing in the Year 2020,* Ottawa, Association des infirmières et infirmiers du Canada.

Roger, M.E. (1992). « Nursing science and the space age », *Nursing Science Quarterly,* vol. 5, n° 1, p. 27-34.

Rogers, E. (1983). *Diffusion and Innovations,* 3e éd., New York, Free Press.

Rogers, M.E. (1970). *An Introduction to the Theoretical Basis of Nursing,* Philadelphie, F.A. Davis.

Rogers, M.E. (1980). « Nursing : A science of unitary man », dans J.P. Riehl et C. Roy (sous la dir. de), *Conceptual Models for Nursing Practice,* 2e éd., New York, Appleton-Century-Crofts, p. 329-337.

Rogers, M.E. (1990). « Nursing : Science of unitary, irreducible, human beings : Update of 1990 », dans E.A.M. Barrett (sous la dir. de), *Visions of Rogers' Science-Based Nursing,* New York, National League for Nursing, p. 5-11.

Rolfe, G. (1994). « Towards a new model of nursing research », *Journal of Advanced Nursing,* vol. 19, p. 969-975.

Rosanvallon, P. (1992). *La crise de l'État-providence,* Paris, Seuil.

Rosanvallon, P. (1995). *La nouvelle question sociale. Repenser l'État-providence,* Paris, Seuil, p. 108.

Rose, P. et Parker, D. (1994). « Nursing : An integration of art and science within the experience of the practitioner », *Journal of Advanced Nursing,* vol. 20, n° 6, p. 1004-1010.

Rosen, R. (1999). « "Proletarianizing" lives : Reasearching careers », *Law and Society Review,* vol. 33, n° 3, p. 703-712.

Rosenstock, I.A. (1990). « The health belief model : Explaining health behavior through expectancies », dans K. Mauz, F.M. Levis et B.K. Rimer (sous la dir. de), *Health Behavior and Health Education : Theory, Research and Practice,* San Francisco (Calif.), Jossey-Bass, p. 39-63.

Rousseau, N. (1997). « De la vocation à la profession », *L'infirmière canadienne,* mai, p. 39-44.

Roustang, G., Laville, J.L., Eme, B., Mothé, D. et Perret, B. (1996). *Vers un nouveau contrat social,* Paris, Desclée de Brouwer.

Roy, C. (1976). *Introduction to Nursing : An Adaptation Model,* Englewood Cliffs (N.J.), Prentice-Hall.

Roy, C. (1984). *Introduction to Nursing : An Adaptation Model,* 2e éd., Englewood Cliffs (N.J.), Prentice-Hall.

Roy, C. et Andrews, H.A. (1991). *The Roy Adaptation Model : The Definitive Statement,* Norwalk (Conn.), Appleton & Lange.

Roy, J. (1994). « L'histoire du maintien à domicile ou les nouveaux apôtres de l'État », *Service social,* vol. 43, n° 1, p. 7-31.

Royle, J. et Blythe, J. (1998). « Promotion research utilization in nursing : The role of the individual, organisation, and environment », *Evidence-based Nursing,* vol. 1, n° 3, p. 71-72.

Rush, J., Fiorino-Chiovitti, R., Kaufman, K. et Mitchell, A. (1990). « A randomised controlled trial of a nursery ritual : Wearing cover gowns to care for healthy newborns », *Birth,* vol. 17, p. 25-30.

Saba, V.K. (1992). « The classification of home health care nursing », *Caring,* vol. 11, n° 3, p. 50-57.

Sabatier, P.A. (1988). « An advocacy coalition framework of policy change and the role of policy learning therein », *Policy Sciences,* vol. 28, p. 129-168.

Sabatier, P.A. et Jenkins-Smith, H.C. (sous la dir. de) (1993). *Policy Change and Learning : An Advocacy Coalition Approach,* Boulder (Colo.), Westview Press.

Saillant, F. (1991). « Les soins en péril : entre la nécessité et l'exclusion », *Recherches féministes,* vol. 4, n° 1, p. 11-29.

Saillant, F. (1992). « La part des femmes dans les soins de santé », *Revue internationale d'action communautaire,* vol. 28, n° 66, p. 95-106.

Saillant, F. et Gagnon, E. (1996). « Le self-care : de l'autonomie-libération à la gestion du soi », *Sciences sociales et santé,* vol. 14, n° 3, p. 17-45.

Salsberry, P. (1991). « A philosophy of nursing : What is it ? What is it not ? », Communication présentée au colloque Philosophy in the Nurse's World Conference, Banff (Alberta).

Salvage, J. (1988). « Professionalization – or struggle for survival ? A consideration of current proposals for the reform of nursing in the United Kingdom », *Journal of Advanced Nursing,* vol. 13, n° 4, p. 515-519.

Sandelowski, M. (1996). « Using qualitative methods in intervention studies », *Research in Nursing and Health,* vol. 19, p. 359-364.

Sandelowski, M. (1997). « (Ir) Reconcilable differences ? The debate concerning nursing and technology », *Image, Journal of Nursing Scholarship,* vol. 29, n° 2, p. 169-174.

Sandhu, B.K., Duquette, A. et Kérouac, S. (1991). « Examen des méthodes de prestation des soins selon un cadre conceptuel », *Nursing Québec,* vol. 11, n° 3, p. 24-30.

Santé Canada (1997). *Prendre en main sa santé, L'Apport des infirmières et des médecins. Étude exploratoire,* Ottawa, La Direction générale de la promotion et des programmes de la santé.

Santé Québec (1995). *Et la santé, ça va en 1992-1993 ? Rapport de l'Enquête sociale et de santé 1992-1993, vol. 1,* C. Bellerose, C. Lavallée, L. Chénard et M. Levasseur (sous la dir. de), Montréal, Ministère de la Santé et des Services sociaux, p. 321.

Sarvimäki, A. (1988). « Nursing care as a moral, practical, communicative and creative activity », *Journal of Advanced Nursing,* vol. 13, p. 462-467.

Sarvimäki, A. (1995a). « Aspects of moral knowledge in nursing », *Scholarly Inquiry for Nursing Practice : An International Journal,* vol. 9, n° 4, p. 343-353.

Sarvimäki, A. (1995b). *Knowledge in Interactive Practice Disciplines. An Analysis of Knowledge in Education and Health Care,* Stockholm, Stockholm University College of Health Sciences, Unit for Research and Development.

Saul, J. (1993). *Les bâtards de Voltaire : la dictature de la raison en Occident,* Paris, Payot.

Schaffner, A. et Propotnik, T. (1992). « Specialty beds : Taking the $ $ pressure off », *Nursing Economics,* vol. 10, n° 6, p. 428-429.

Schlotfeldt, R.M. (1988). « Structuring nursing knowledge : A priority for creating nursing's future », *Nursing Science Quarterly,* vol. 1, n° 1, p. 35-38.

Schnieding, N.J. (1983). « An analysis of Orlando's nursing theory based on Kuhn's theory of science », dans P.L. Chinn (sous la dir. de), *Advances in Nursing Theory Development*, Rockville (Md.), p. 63-88.

Schultz, P.R. et Meleis, A.I. (1988). « Nursing epistemology : Traditions, insights, questions », *Image, Journal of Nursing Scholarship*, n° 20, p. 217-221.

Scott, C. (1998). « Specialist practice : Advancing the profession ? », *Journal of Advanced Nursing*, vol. 28, n° 3, p. 554-562.

Scott, J.G., Sochalski, J. et Aiken L. (1999). « Review of magnet hospital research : Findings and implications for professional nursing practice », *Journal of Nursing Administration*, vol. 29, n° 1, p. 9-19.

Seago, J.A. (2001). « Nursing staffing, models of care delivery and interventions », <http://www.ahrq.gov/clinic/ptsafety/chap39.htm>

Seaver, J.W. et Cartwright, C.A. (1977). « A pluralistic foundation for training early childhood professionals », *Curriculum Inquiry*, n° 7, p. 305-329.

Senge, P. (1990). « The leader's new work : Building learning organizations », *Sloan Management Review*, vol. 32, n° 1, p. 7-23.

Shah, C.P. (1995). *Médecine préventive et santé publique au Canada*, Québec, Les Presses de l'Université Laval.

Shamian, J. (1997). « How nursing contributes towards quality and cost-effective health care », *International Nursing Review*, vol. 44, n° 3, p. 79-84.

Shannon, V.J. (1998). « Partnerships : The foundation for future success », *Canadian Journal of Nursing Administration*, septembre-octobre, p. 61-75.

Shindul-Rothchild, J., Long-Middleton, E. et Berry, D. (1997). « 10 keys to quality care », *American Journal of Nursing*, vol. 97, n° 11, p. 35-43.

Shindul-Rothschild, J. (1996). « Patient care : How good is it where you work ? », *American Journal of Nursing*, vol. 96, n° 3, p. 22-24.

Shortell, S.M., Waters, T.M., Clarke, K.W. et Budetti, P.P. (1998). « Physicians as double agents : Maintaining trust in an era of multiple accountabilities », *JAMA*, vol. 280, n° 12, p. 1102-1108.

Silva, M.C. (1997). « Philosophy, theory, and research in nursing : A linguistic journey to nursing practice », dans I.M. King et J. Fawcett (sous la dir. de), *The Language of Nursing Theory and Metatheory*, Indianapolis, Sigma Theta Tau International.

Silva, M.C. et Rothbart, D. (1984). « An analysis of changing trends in philosophies of science on nursing theory development and testing », *Advances in Nursing Science*, vol. 6, n° 2, janvier, p. 1-13.

Sinclair, M. (2000). *An Inquiry into Twelve Deaths at the Winnipeg Health Sciences Center in 1994, The Report of The Manitoba Pediatric Cardiac Surgery Inquest*, Manitoba.

Smith, D. (1990). *The Conceptual Practices of Power*, Toronto, University of Toronto Press.

Smith, J.A. (1981). « The idea of health : A philosophical inquiry », *Advances in Nursing Sciences*, vol. 3, n° 3, p. 43-50.

Smith, M.C. (1990). « Nursing's unique focus on health promotion », *Nursing Science Quarterly*, vol. 3, n° 2, p. 105-106.

Smith, M.C. (1992). « The distinctiveness of nursing knowledge », *Nursing Science Quarterly*, vol. 5, n° 4, p. 148-149.

Smith, S. (1980). « Three models of the nurse-patient relationship », dans S.F. Spicker et S. Gadow (sous la dir. de), *Nursing : Images and Ideals. Opening Dialogue with the Humanities*, New York, Springer, p. 176-188.

Snyder, M., Egan, E.C. et Nojima, Y. (1996). « Defining Nursing Interventions », *Image, Journal of Nursing Scholarship*, vol. 28, n° 2, p. 137-141.

Snyder-Halpern, R., Corcoran-Perry, S. et Narayan, S. (2001). « Developing clinical practice environments supporting the knowledge work of nurses », *Computers in Nursing*, vol. 19, n° 1, p. 17-23.

Sormany, P. (1995). « Le high tech entre à l'hôpital », *Québec Science,* novembre, p. 27-29.

Sorrells-Jones, J. et Weaver, D. (1999). « Knowledge workers and knowledge-intense organizations. Part 1 », *Journal of Nursing Administration,* vol. 29, n°s 7-8, p. 12-18.

Spence Laschinger, H.K. et Wong, C. (1999). « Staff nurse empowerment and collective accountability : Effect on perceived productivity and self-rated work effectiveness », *Nursing Economics,* vol. 17, n° 6, p. 308-351.

Spence Laschinger, H.K., Finegan, J., Shamian, J. et Casier, S. (2000). « Organizational trust and empowerment in restructured healthcare settings : Effects on staff nurse commitment », *Journal of Nursing Administration,* vol. 30, n° 9, p. 413-425.

Sperhac, A.M. et Strodbeck, F. (2001). « Advanced practice in pediatric nursing : Blending roles », *Journal of Pediatric Nursing,* vol. 16, n° 2, p. 120-126.

Spitzer, A. (1998). « Nursing in the health care system of the post-modern world : Crossroads, paradoxes and complexity », *Journal of Advanced Nursing,* vol. 28, n° 1, p. 164-171.

Stein, K.F. (1995). « Schema model of the self-concept », *Image, Journal of Nursing Scholarship,* vol. 27, n° 3, p. 187-194.

Stelling, J. (1991). « S'agit-il vraiment de soins infirmiers ? », *Nursing Québec,* n° 4, p. 25-30.

Stelling, J. (1995). « Le temps en soins infirmiers. Une question d'autonomie et d'autodétermination », *L'infirmière du Québec,* vol. 2, n° 3, p. 48-51.

Stevens, P. (1989). « A critical social reconceptualization of environment in nursing : Implications for methodology », *Advances in Nursing Science,* vol. 11, n° 4, p. 56-68.

Stevenson, J.S. (1990). « The development of nursing knowledge », dans N.L. Chaska (sous la dir. de), *The Nursing Profession Turning Points,* Saint Louis, Mosby, p. 597-607.

Stevenson, J.S. et Woods, N.F. (1986). « Nursing science and contemporary science : Emerging paradigms », *Setting the Agenda for the Year 2000 : Knowledge Development in Nursing,* American Academy of Nursing, p. 6-20.

Stewart, M.J. et Leipert, B. (2000). « Community health nursing in the future », dans M.J. Stewart (sous la dir. de), *Community Nursing, Promoting Canadians' Health,* Toronto, Saunders, p. 602-632.

Sullivan, T.J. (1998). *Collaboration : A Health Care Imperative,* New York, McGraw-Hill.

Sung-Hyun, C. (2001). « Nurse staffing and adverse patient outcomes : A systems approach », *Nursing Outlook,* vol. 49, n° 4, p. 78-85.

Sutherland, R.W. (1996). *Will Nurses Call the Shots ? A Look at the Delivery of Health Care Twenty Years from Now,* Plevna (Ont.), L'Auteur (distribué par l'Association des infirmières et infirmiers du Canada).

Tanner, A. (1990). « Caring as a value in nursing education », *Nursing Outlook,* vol. 38, n° 2, mars-avril, p. 71.

Tanner, C.A., Benner, P., Chesla, C. et Gordon, D.R. (1993). « The phenomenology of knowing the patient », *Image, Journal of Nursing Scholarship,* vol. 25, n° 4, p. 273-280.

Taylor, A.G., Hudson, K. et Keeling, A. (1991). « Quality nursing care : The consumers' perspective revisited », *Journal of Nursing Quality Assurance,* vol. 5, n° 2, p. 23-31.

Taylor, J.S. (1997). « Nursing ideology : Identification and legitimation », *Journal of Advanced Nursing,* n° 25, p. 443-446.

Thibault, C. et Desrosiers, G. (1990). *L'organisation des soins infirmiers : évolution et perspectives,* Montréal, Association des hôpitaux du Québec.

Thorne, S., Kirkham, S. et MacDonald-Emes, J. (1997). « Interpretive description : A noncategorical qualitative alternative for developing nursing knowedge », *Research in Nursing and Health,* vol. 20, p. 169-177.

Toulmin, S. (1972). *Human Understanding,* Princeton (N.J.), Princeton University Press.

Tremblay, M., Nguyen, H. et Turgeon, J. (sous la dir. de) (1996). *La planification régionale des services sociaux et de santé. Enjeux politiques et méthodologiques,* Québec, Les Publications du Québec.

Tronto, J.C. (1989). « Women and caring : What can feminists learn about morality from caring ? », dans A.M. Jaggar et S.R. Bordo (sous la dir. de), *Gender/ Body/ Knowledge,* New Brunswick (N.J.) et Londres, Rutgers University Press, p. 172-187.

Trottier, L.-H. (1988). *Le rôle de l'État, dossier thématique,* Québec, Commission d'enquête sur les services de santé et les services sociaux.

Trottier, S. (1991). « La Réforme Côté et les organismes communautaires », *Nouvelles pratiques sociales,* vol. 4, n° 1, p. 147-152.

Truchon, S., Duquette, A., Kérouac, S. et Sandhu, B. (1990). « Le plan de carrière en milieu clinique », *Nursing Québec,* vol. 10, n° 6, p. 48-52.

Tuhoy, C.H. (1995). « What drives change in health care policy : A comparative perspective », *The Timlin Lecture,* Saskatoon, 30 janvier.

Tulman, L. et Fawcett, J. (1990). « A framework for studying functional status after diagnosis of breast cancer », *Cancer Nursing,* n° 13, p. 95-99.

Tulman, L., Fawcett, J. et Myers, S.T. (1988). « Development of the inventory of functional status after childbirth », *Journal of Nurse Midwifery,* vol. 33, n° 6, p. 252-260.

U.S. Congress, Office of Technology Assessment (1986). *Nurse Practitioners, Physician Assistants and Certified Nurse-Midwives : A Policy Analysis,* Health technology case study 37, OTA-HCS-37, Washington (D.C.), U.S. Government Printing Office.

Valois, M. (1997). *Répertoire d'expertises infirmières,* 3e éd., Montréal, Ordre des infirmières et infirmiers du Québec.

Valois, M. (2002). *La qualité des soins au Québec. La population au centre des préoccupations des CII,* Communication présentée au Congrès des CII des 23 et 24 avril.

Valois, M. et Villeneuve, L. (1997). *Bilan du suivi systématique de clientèles : vers un nouveau contrat entre les infirmières et les clientèles,* Montréal, Ordre des infirmières et infirmiers du Québec.

Van Maanen, H.M.T. (1990). « Nursing in transition : An analysis of the state of the art in relation to the conditions of practice and society's expectations », *Journal of Advanced Nursing,* n° 15, p. 914-924.

Vance, C.N. (1985). « Political influence : Building effective interpersonal skills », dans D.J. Mason et S.W. Talbot (sous la dir. de), *Political Action : Handbook for Nurses,* Menlo Park (Calif.), Addison-Wesley, p. 165-180.

Vinson, J.A. (2000). « Nursing's epistemology revisited in relation to professional education competencies », *Journal of Professional Nursing,* vol. 16, n° 1, p. 39-46.

Voyer, P. (2001). « L'interdisciplinarité, un défi à relever pour les infirmières », *La Gérontoise,* vol. 12, n° 1, p. 9-16.

Wade, G.H. (1999). « Professional nurse autonomy : Concept analysis and application to nursing education », *Journal of Advanced Nursing,* vol. 30, n° 2, p. 310-317.

Wainwright, P. (1999). « The art of nursing », *International Journal of Nursing Studies,* vol. 36, p. 379-385.

Wainwright, P. (2000). « Towards an æsthetic of nursing », *Journal of Advanced Nursing,* vol. 32, n° 3, p. 750-756.

Walker, R., Adam, J., Smith, P. et Cotton, S. (2001). *The Trust Evaluation Scale : Developmental Report,* Australia, La Trobe University.

Wallot, H.-A. (1988). « Pour un bilan des services psychiatriques et de santé mentale au Québec », *Santé mentale au Québec,* vol. XIII, n° 2, p. 21-34.

Walters, L.C. et Sudweeks, R.R. (1995). « Public policy analysis : The next generation of theory », *Journal of Socio-Economics,* vol. 25, n° 4, p. 425-452.

Watson, J. (1985). *Nursing: Human Science and Human Care: A Theory of Nursing,* Norwalk (Conn.), Appleton-Century-Crofts.

Watson, J. (1988). *Nursing: Human Science and Human Care. A Theory of Nursing,* New York, National League of Nursing.

Watson, J. (1990). « Caring knowledge and informed moral passion », *Advances in Nursing Science,* vol. 13, n° 1, p. 15-24.

Watson, J. (1999). *Post Modern Nursing and Beyond,* Édimbourg, Churchill Livingstone.

Way, C., Baker, N., Chubbs, D., Davis, J., Gregory, D., Barrett, B. et Parfrey, P. (2001). *The Impact of Health Care Reforms on Nurses,* Document inédit, Department of Health and Community Services, Government of Newfoundland and Labrador, Health Care Corporation of St. John's, Canadian Health Services Research Foundation.

Way, D., Jones, L., Baskerville, B. et Busing, N. (2001). « Primary health care services provided by nurse practitioners and family physicians in shared practice », *Canadian Medical Association Journal,* vol. 165, n° 9, p. 1210-1214.

Weber, D.O. (1992). « Planetree transplanted », *Healthcare Forum Journal,* septembre-octobre, p. 30-37

Weiner, B. (1985). « An attributional theory of achievement motivation and emotion », *Psychological Review,* n° 92, p. 548-573.

Weissert, C.S. (1991). « Policy entrepreneurs, policy opportunists, and legislative effectiveness », *American Political Quarterly,* vol. 19, p. 262-274.

Weitzel, M.H. (1989). « A test of the health promotion model with blue collars workers », *Nursing Research,* vol. 38, p. 99-104.

Wesorick B. (1997). « Partnering : The invisible field of hope, potential and discovery for the work setting », *Creative Nursing,* vol. 1, n° 1, p. 1-8.

Wheatley, M.J. (1992). *Leadership and the New Sciences: Learning About Organization from an Orderly Universe,* San Francisco, Berrett-Koehler Publishers Inc.

Whelton, B.J.B. (2000). « Nursing as a practical science : Some insights from classical aristotelian science », *Nursing Philosophy,* vol. 1, n° 1, p. 57-63.

White, J. (1995). « Patterns of knowing : Review, critique, and update », *Advances in Nursing Science,* vol. 17, n° 4, p. 73-86.

White, K.N. (2000). « The state, the market, and general practice : The Australian case », *International Journal of Health Services,* vol. 30, n° 2, p. 285-308.

White, S.J. (1997). « Education and debate. Evidence-based practice and nursing : The new panacea », *British Journal of Nursing,* vol. 6, n° 3, p. 175-178.

Wiedenbach, E. (1963). « The helping art of nursing », *American Journal of Nursing,* vol. 63, n° 11, p. 54-57.

Wigens, L. (1998). « Specialist practice and the professional project for nursing », *British Journal of Nursing,* vol. 7, n° 5, p. 266-269.

Wilkinson, R.G. (1992). « Income distribution and life expectancy », *British Medical Journal,* n° 304, p. 165-168.

Williams, D.M. (1989). « Political theory and individualistic health promotion », *Advances in Nursing Science,* vol. 12, n° 1, p. 14-25.

Wilson, J. (1983). « Ethics and the physician : Nurse relationship », *Canadian Medical Association Journal,* vol. 129, 1er août, p. 290-293.

Winslow, G.R. (1984). « From loyalty to advocacy : A new metaphor for nursing », *The Hastings Center Report,* vol. 14, n° 3, juin, p. 32-40.

Witmer, D. et Cullum, N. (1999). « Continuing professional development in Canada and the UK: How evidence-based resources can help », *Evidence-based Nursing,* vol. 2, n° 3, p. 71-72.

World Health Organization. (1984). *Health Promotion, a Discussion Document on the Concept and Principles,* Document icp/hsr 602 [n° 1], Copenhague, Regional Office for Europe.

World Health Organization, Health and Welfare Canada, & Canadian Public Health Association. (1986). *Ottawa Charter for Health Promotion,* Ottawa, Canadian Public Health Association.

Yarchesi, A. et Mahon, N.E. (1989). « A causal model of positive health practices : The relationship between approach and replication », *Nursing Research,* vol. 38, n° 2, p. 88-93.

Yergeau, J. (1992). « Un concept en émergence », *Artère,* vol. 10, n° 3, avril, p. 5.

Yura, H. et Torres, G. (1975). *Today's Conceptual Frameworks within Baccalaureate Nursing Programs,* New York, National League for Nursing (publication n° 15-1558).

Zaoui, E. (2000). « La pratique quotidienne source du changement », *Soins,* n° 645, p. 67-69.

Ziman, J. (1996). « Is science losing its objectivity? », *Nature,* n° 382, p. 751-754.

Index des auteurs

M

N

O

P

Index des sujets

N

O

P

Q

R

transcontinental
IMPRESSION
IMPRIMERIE GAGNÉ